EL CEREBRO FELIZ

DEAN BURNETT

EL CEREBRO FELIZ

La explicación científica de dónde se origina la felicidad y por qué

Traducción de Albino Santos Mosquera

 PAIDÓS

Burnett, Dean
El cerebro feliz / Dean Burnett. - 1a ed. - Ciudad Autónoma de Buenos Aires :
Paidós, 2018.
408 p. ; 23 x 15 cm.

Traducción de: Albino Santos Mosquera.
ISBN 978-950-12-9774-4

1. Neurociencias. 2. Cerebro. I. Mosquera, Albino Santos, trad. II. Título.
CDD 612.825

1ª edición en Argentina: noviembre de 2018

Título original: *Happy Brain*

ISBN 978-950-12-9774-4
5.000 ejemplares
Impreso en Master Graf,
Moreno 4794, Munro, Provincia de Buenos Aires,
en el mes de septiembre de 2018

Hecho el depósito que previene la Ley 11.723
Impreso en la Argentina – Printed in Argentina

A todos aquellos y aquellas que compraron mi primer libro.
Esto es culpa suya.

ÍNDICE

INTRODUCCIÓN

Un sabio filósofo dijo una vez: «Felicidad, *felicità,* el mayor don que la vida me da». Creo que fue Aristóteles. ¿O tal vez Nietzsche? Suena como si bien lo hubiera podido decir este. Pero da lo mismo, el mensaje es igualmente válido: la felicidad es importante.

Pero ¿qué hace feliz a una persona? ¿Por qué a cada individuo lo hacen feliz cosas distintas y en función del momento, además? ¿Qué *sentido* tiene la felicidad? ¿Acaso *tiene* alguno? Me interesé por este tema porque se suponía que debía escribir un segundo libro, pero no tenía ni idea de sobre qué. Cada persona a la que le pedía su parecer al respecto me sugería temas diferentes, pero, al final, siempre terminaban diciéndome lo mismo: «Tú escribe sobre lo que te haga feliz». Propenso a la literalidad como soy por mi mentalidad científica, hice una búsqueda justamente con esa pregunta: «¿Qué nos hace felices?». Y lo único que me devolvió la computadora fue una avalancha de modas pasajeras, técnicas de expertos en gestión, tratados de seudofilosofía, manuales de autoayuda y consejos de «*coaches* de vida» personal y profesional y gurús varios, todos de (más o menos) dudosa veracidad y todos empeñados en atribuirse el conocimiento del secreto definitivo de la felicidad para cualquier persona. Aquello no me habría importado especialmente de no ser por lo poco coherentes que los susodichos «secretos» eran entre sí, lo que me hizo pensar que muchos de ellos tal vez no fueran más que meros disparates.

A modo de ejemplo, he aquí algunos titulares reales extraídos del conocido tabloide sensacionalista británico *Daily Mail*: «Olvídese del dinero: vea cómo el sexo y el sueño son la clave de la felicidad»; «¿La clave de la felicidad? Un salario de 50.000 libras anuales es un buen comienzo»; «Por qué el secreto de la felicidad es tener 37 combinaciones de ropa que ponerse»; «¿Mimarse a uno mismo como a un bebé es la clave de la felicidad?»; «¿La clave de la felicidad superados los 55? Comprarse una mascota nueva y regalarse una excursión, con almuerzo en pub incluido, una vez al mes»; «¿La clave de la felicidad? Regalar pastelitos por la calle», etcétera, etcétera. No sé si ustedes sacan algo en claro.

Lo más irritante del caso para un doctor en neurociencia como yo, divulgador científico y, por lo que parece, chico de los recados al que pedir su opinión sobre noticias relacionadas con el cerebro para transmitírsela al público general, es que muchos de esos supuestos secretos hacen una explícita invocación de mi disciplina o aluden invariablemente a algún que otro aspecto tan (en apariencia) demostrado como inconcreto acerca del funcionamiento del cerebro —con palabras como «dopamina», «oxitocina» o «centros emocionales»— para justificar su supuesta validez. Un neurocientífico experto detecta enseguida cuándo alguien está simplemente tomando prestada la terminología de su campo para parecer creíble en vez de usarla con conocimiento de causa.

Así que pensé: «¿Saben qué? Si van a aprovecharse de mi campo, por lo menos esfuércense un poquito». Está claro que el cerebro no es perfecto y yo he sido muchas veces el primero en señalarlo, pero sigue siendo una de las cosas más fantásticas y tremendamente complejas que estudiar. Para explicar de verdad cómo aborda el cerebro la felicidad se necesitaría más que un impreciso resumen de un par de líneas, o unas someras nociones de términos deslumbrantes: se necesitaría un libro entero...

Y fue entonces cuando me di cuenta: ¡yo podía escribir ese libro! Uno dedicado a explicar cómo gestiona realmente el cerebro la felicidad en los niveles más fundamentales. Y ese es el libro que tienen ustedes ahora en sus manos. Porque si por algo me caracterizo es por hacer lo indecible por *desfacer* entuertos, aun cuando quien los haya causado viva sin tener ni idea de mi existencia.

Así pues, he aquí un libro sobre la felicidad y sobre su origen en el cerebro. ¿Qué la causa y por qué? ¿Qué hace que a nuestros cerebros les gusten tanto ciertas cosas y tan poco otras? ¿Existe alguna fórmula garantizada de inducir felicidad en cualquier cerebro humano tal y como muchos reclaman haberla encontrado, dando a entender que conseguir la felicidad es como teclear una contraseña de acceso a una cuenta bancaria en Internet? ¿Puede alcanzarse la felicidad eterna, y hasta qué punto sería deseable algo así? ¿Acaso experimentar lo mismo un día tras otro durante un sinfín de años no tendería más a acercarnos al precipicio de la locura que a procurarnos una satisfacción perpetua? Y estas entre otras muchas preguntas.

Algo que la extrema variedad de publicados «secretos» para ser feliz pone de manifiesto es el innegable e importante componente subjetivo de la felicidad. Todos tenemos ideas distintas de lo que nos hace (o nos haría) felices, como pueden ser la riqueza, la fama, el amor, el sexo, el poder, la risa, etcétera. Y, sin embargo, cada uno de nosotros solo puede llegar a saber realmente cuáles funcionan para *uno mismo*. Así que me propuse incorporar ideas y reflexiones de una amplia diversidad de personas de diferentes orígenes y estilos de vida para ver qué las hace felices (y qué no). Y ello me llevó a hablar con estrellas del escenario y la pequeña y la gran pantalla, con millonarios, con destacados hombres y mujeres de ciencia, con periodistas, con parapsicólogos cazafantasmas y hasta con una persona que... bueno, digamos que en ninguna otra de mis investigaciones había oído nunca el término «mazmorra sexual» empleado con semejante liberalidad y frecuencia.

De todos modos, debería advertirles que este *no* pretende ser un libro de autoayuda ni un modelo de cómo vivir una vida más feliz y plena, ni nada por el estilo. Simplemente, me fascina el cerebro y todo lo que hace, y una de esas funciones suyas es la de permitirnos que sintamos felicidad. Yo solo he pretendido explicar, lo mejor que he podido, cómo lo hace. Espero que los haga felices. Aunque, si no, comprenderé por qué.

Y cuando hayan leído el libro, también ustedes lo comprenderán.

1
LA FELICIDAD EN EL CEREBRO

¿Le gustaría que lo embutieran de cabeza en un tubo? No responda todavía, porque aún hay más.

¿Le gustaría que lo embutieran de cabeza en un tubo frío y estrecho, que no le permitiera movimiento alguno? ¿Durante horas? ¿Un tubo en el que tuviera que oír ruidos muy fuertes, un estrépito continuo de chasquidos y chillidos como los de un delfín metálico furioso?

Prácticamente todo el mundo respondería que no a semejante pregunta, para, acto seguido, ir a pedir amparo al agente de la autoridad más cercano. Sin embargo, imagínese que no solo aceptara esa propuesta, sino que incluso se ofreciera *voluntario*. ¡Y en repetidas ocasiones! ¿Qué clase de persona haría algo así?

Pues yo. Sí, yo he hecho eso mismo muchas veces. Y volvería a hacerlo si me lo pidieran. No es que padezca de una forma extraña y muy particular de fetichismo, sino que soy un neuro-científico, un ávido estudioso del cerebro y un entusiasta de la ciencia, por lo que en el pasado me he presentado voluntario para diversos experimentos de neurociencia y psicología. Y desde el amanecer del actual milenio, muchos de esos experimentos han implicado que me escanearan el cerebro mediante la técnica de la IRMf*.

IRM son las siglas de la «imagen por resonancia magnética», un complejo procedimiento de alta tecnología que se sirve de potentes campos magnéticos, ondas de radio y diversas formas más de magia tecnológica para producir imágenes muy detalladas del interior de un cuerpo humano vivo que nos revelan cosas como fracturas óseas, tumores de tejidos blandos, lesiones hepáticas y extraterrestres parásitos (si fuera el caso).

Pero los lectores más atentos se habrán percatado de que yo me he referido a la IRMf. La «f» es importante. Es la inicial de «funcional», por lo que hablamos de una imagen por resonancia magnética funcional. Eso significa que el mismo método que se emplea para observar la estructura del cuerpo puede adaptarse para observar la *actividad del cerebro en funcionamiento,* lo que nos permite ser testigos de las interacciones que tienen lugar entre las incontables neuronas que componen nuestros cerebros. Tal vez no parezca muy impresionante, pero esa actividad constituye esencialmente la base de nuestra mente y nuestra conciencia de un modo muy análogo a como las células individuales constituyen nuestro organismo: las células se combinan según pautas complejas para formar tejidos, que se combinan a su vez para formar órganos, que se combinan para formar un ente funcional, que es usted. Desde el punto de vista científico, eso es bastante importante.

Pero… ¿por qué les estoy diciendo esto? Se suponía que íbamos a ver de dónde procede la felicidad. ¿A qué viene esta de-

---

* Lo reconozco: he hecho que parezca mucho peor de lo que es en realidad para conseguir un efecto más cómico. De hecho, siempre podemos hacer que cualquier experiencia cotidiana parezca mucho más aterradora haciendo un uso creativo del lenguaje. Por ejemplo, la pregunta «¿le gustaría que lo desnudaran y lo embutieran en un ataúd de alta tecnología donde lo bombardearían con radiación nociva?» puede inducirlos a creer que les estoy hablando de una experiencia terrible, pero lo cierto es que las cabinas de rayos UVA no dejan de ser aparatos muy populares.

tallada descripción de unas técnicas avanzadas de neuroimagen? Lo cierto es que, aunque les mentiría si negara que hablar de complejas técnicas de neuroimagen me hace bastante feliz, hay una razón mucho más sencilla para sacarlas a colación aquí.

¿Quieren saber de dónde viene la felicidad? Pues muy bien. ¿Qué es la felicidad? Es un sentimiento, o una emoción, o un estado de ánimo, o un estado mental, o algo por el estilo. Sea como fuere que la definamos, resulta sumamente difícil negar que, en su nivel más fundamental, es algo producido por nuestros cerebros. Así que ahí lo tienen: la felicidad viene del cerebro. Ahí está todo el argumento del libro condensado en una sola página, ¿no?

Pues no. Aunque técnicamente es correcto afirmar que la felicidad viene del cerebro, este no deja de ser un enunciado esencialmente vacío de significado. Porque, según esa lógica, *todo* viene del cerebro. Todo lo que percibimos, recordamos, pensamos e imaginamos. Todas las facetas de la vida humana implican al cerebro en mayor o menor grado. Pese a sus pocos cientos de gramos de peso, el cerebro humano realiza una cantidad asombrosa de trabajo y tiene centenares de partes diferentes haciendo miles de cosas distintas a cada segundo, y todo ello nos proporciona la rica y detallada existencia que tan inconscientemente damos por descontada. Así que *por supuesto* que la felicidad viene del cerebro. Pero eso es como que le pregunten a uno dónde está Southampton y responda diciendo que «en el Sistema Solar»; es tan correcto como inútil.

Necesitamos saber *de dónde* viene exactamente la felicidad, qué parte del cerebro la produce, qué región la sustenta, qué área reconoce la presencia de hechos que inducen esa felicidad. Para ello hay que examinar un cerebro feliz por dentro y contemplar qué está ocurriendo en él en esos momentos. No es una labor sencilla, pero si alguna esperanza tenemos de llevarla a cabo, es recurriendo a las sofisticadas técnicas de neuroimagen. De ahí la IRMf.

¿Lo ven? Ya les dije que era relevante.

Por desgracia, varios son los obstáculos que se presentan a la hora de realizar ese experimento.

En primer lugar, un escáner mínimamente bueno de IRM pesa varias toneladas, cuesta millones de dólares o euros y genera un campo magnético capaz de atraer una silla de trabajo desde la otra punta de una oficina a una velocidad letal. Pero, aun en el caso de que pudiera tener acceso a semejantes superaparatos, yo no sabría muy bien qué hacer con ellos. He estado *en su interior* muchas veces, pero eso no significa que sepa cómo manejarlos (igual que el hecho de ser un viajero habitual de vuelos transcontinentales no me convierte en piloto).

Mis propias investigaciones neurocientíficas han girado en torno a los estudios conductuales de la formación de recuerdos.[1] Aunque esto pueda sonar a algo excepcionalmente complejo y detallado, lo cierto es que mi trabajo consistía sobre todo en fabricar unos intrincados (y baratos) laberintos para animales de laboratorio y en observar luego cómo estos los resolvían. Muy interesante todo, pero de dudosa utilidad si lo que pretendía era que se me confiara el manejo de cualquier herramienta que pudiera ser más peligrosa que un simple cúter (instrumento que usaba en mis experimentos para recortar cartón, y aun en ese caso, no sin antes advertir al resto de personas que despejaran la estancia, por si acaso). Nunca me habían dejado estar cerca de los mandos de algo tan sofisticado como un escáner de IRM.

Pero resulta que estaba de suerte. Vivo muy cerca del CUBRIC, el Centro de Técnicas de Imagen para el Estudio del Cerebro, de la Universidad de Cardiff, donde había participado como voluntario en todos esos estudios que mencioné antes. Cuando finalicé mi doctorado en la Facultad de Psicología de dicha universidad, el centro todavía estaba en construcción y no se inauguró hasta justo después de que yo me fuera. Era como si los plazos de finalización y puesta en marcha se hubieran previsto con toda la (mala) intención, como si la universidad misma se hubiera dicho: «¿Se ha ido ya ese pesado? Bien, ahora podemos estrenar lo bueno».

El CUBRIC es un lugar excelente al que acudir para todo lo relacionado con las investigaciones avanzadas más recientes sobre el funcionamiento del cerebro humano. En mi caso, soy doblemente afortunado porque, además, tengo amigos que trabajan allí. Uno de ellos es el profesor Chris Chambers, destacado experto e investigador en técnicas de imagen cerebral, que no tuvo inconveniente en reunirse conmigo para hablar sobre cómo enfocar un estudio dirigido a detectar y localizar la felicidad en el cerebro.

Aquella fue más una reunión de negocios que una mera conversación entre amigos. Yo sabía que, si quería convencer a un profesor para que me dejara utilizar su valiosísimo equipo para mi propia investigación personal sobre cómo se procesa la felicidad en el cerebro, debía asegurarme de haber hecho antes los deberes informándome bien sobre el tema. Pues, bien, ¿qué sabe (o sospecha) ya la ciencia sobre cómo funciona la felicidad en el cerebro?

FELICIDAD QUÍMICA

Si queremos saber qué parte del cerebro es responsable de la felicidad debemos considerar antes qué entendemos por una «parte» del cerebro. Aunque muchas veces se concibe como un ente único (y sorprendentemente feo), el cerebro es también un órgano que puede descomponerse en un elevadísimo número de componentes individuales*. Tiene dos hemisferios (izquierdo y derecho) formados por cuatro lóbulos diferenciados (frontal, parietal, occipital y temporal), cada uno de los cuales se compo-

---

* Que quede bien claro: no se le ocurra tratar de descomponer físicamente un cerebro. Hacerlo implicaría la muerte inmediata de su poseedor y una condena de cadena perpetua garantizada para usted.

ne a su vez de abundantes regiones y núcleos diferentes. Todos estos componentes están hechos, a su vez, de células cerebrales (llamadas neuronas) y de otras muchas células de apoyo vital (células gliales) que mantienen todo en funcionamiento. Cada célula consiste, en esencia, en un complejo sistema de sustancias químicas. Así que podría decirse que, como ocurre con la mayoría de órganos y entes vivos, el cerebro es un gran conglomerado de componentes químicos. Sustancias químicas dispuestas de formas y modos admirablemente complejos, pero sustancias químicas al fin y al cabo.

Para ser justos, podríamos seguir descomponiendo cada elemento en niveles todavía más básicos. Las sustancias químicas están formadas por átomos, que, a su vez, se constituyen a base de electrones, protones y neutrones, que, a su vez, están hechos de gluones, etcétera. Si entramos más a fondo en la composición fundamental de la materia misma, terminamos sumergiéndonos en la complejidad de la física de partículas. Sin embargo, hay ciertas sustancias químicas que el cerebro utiliza para fines que no son meramente los de procurarle una estructura física básica y que, por tanto, desempeñan un papel más «dinámico» que el de ser material de construcción de las células. Me refiero a los neurotransmisores, que desempeñan papeles clave en el funcionamiento cerebral. Son, desde luego, los elementos más simples y fundamentales del cerebro, de los que podemos decir que tienen una incidencia profunda en cómo pensamos y cómo nos sentimos.

El cerebro es, en esencia, una masa enorme e increíblemente compleja de neuronas, y todo lo que hace depende (y es resultado) de pautas de actividad generadas en esas neuronas. Una señal electroquímica, un impulso conocido por el nombre de «potencial de acción», viaja a lo largo de una neurona y, cuando alcanza el extremo final de esta, se transfiere a la siguiente, y así sucesivamente hasta que llega a su destino. Es como un amperio desplazándose por un circuito desde una central eléctrica hasta la lámpara de nuestra mesita de noche. Se trata de una distancia impresionante que recorrer para algo tan aparentemente insustancial, pero resulta tan habitual para nosotros que apenas si reparamos alguna vez en ello.

El patrón y el ritmo de esas señales, de esos potenciales de acción, pueden variar enormemente, y las cadenas de neuronas que los transmiten por relevos pueden ser increíblemente largas y ramificarse de manera casi interminable, dando lugar a miles de millones de patrones, a billones de cálculos posibles, sustentados por conexiones establecidas entre casi todas las regiones del cerebro humano. Eso es lo que hace que el cerebro sea tan potente.

Volvamos unos pocos pasos atrás para decir que el lugar en el que la señal en cuestión se transfiere de una neurona a la siguiente tiene una importancia crucial. Esa transmisión se produce en la sinapsis, que es el punto de encuentro entre dos neuronas. No obstante, y ahí es donde la cosa se vuelve un tanto extraña, no existe en realidad ningún contacto físico significativo entre dos neuronas: la sinapsis propiamente dicha es el hueco que hay entre una célula nerviosa y la siguiente, no un punto material sólido. Pero, entonces, ¿cómo viaja una señal de una neurona a otra si estas no se tocan entre sí?

Pues mediante los neurotransmisores. La señal llega al extremo terminal de la neurona precedente en la cadena y eso activa en dicha célula la liberación de neurotransmisores en el hueco de la sinapsis. Cuando esos neurotransmisores interactúan con unos receptores específicos para ellos que se encuentran en el extremo inicial de la segunda neurona, esta recoge la señal y la reenvía hasta la siguiente neurona de la cadena. Y así sucesivamente.

Podemos imaginarlo como si se tratara de un mensaje importante enviado por los centinelas de un ejército medieval a su alto mando en la retaguardia. El mensaje está escrito en un papel y es llevado a pie por un soldado. Llega a un río, pero tiene que hacer llegar el mensaje hasta el campamento que está instalado en la orilla opuesta. Así que lo ata a una flecha y la dispara para que llegue al otro lado, donde otro soldado podrá recogerlo y seguir transportándolo con destino al puesto de mando central. Los neurotransmisores son como esa flecha.

El cerebro usa una gran diversidad de neurotransmisores y cada uno de ellos tiene un efecto palpable sobre la actividad y el comportamiento de la neurona siguiente, siempre y cuando —claro está— esa neurona disponga en su membrana de los receptores pertinentes: los neurotransmisores funcionan únicamente si pueden encontrar un receptor compatible con el que interactuar. Son, en cierto sentido, como una llave que solo puede abrir una cerradura concreta (o toda una serie de ellas). Volviendo a la metáfora de los soldados, el mensaje estaría encriptado para que solo los conmilitones pudieran leerlo.

También es muy amplia la variedad de órdenes que ese mensaje podría contener: atacar, retirarse, reagrupar las fuerzas, defender los flancos izquierdos, etcétera. Pues bien, los neurotransmisores se caracterizan por una flexibilidad parecida. Los hay que incrementan la intensidad de la señal; los hay que la reducen; los hay que la detienen; los hay que provocan reacciones totalmente diferentes. Hablamos de células, no de cables eléctricos, por lo que sus formas de reaccionar pueden ser varias.

Dada la diversidad resultante de semejante configuración, el cerebro tiende a usar neurotransmisores específicos en ciertas áreas para desempeñar determinados papeles y funciones. Teniendo eso en cuenta, ¿es posible que haya un neurotransmisor, una sustancia química, responsable de la producción de felicidad? Aunque parezca sorprendente, no es una idea tan descabellada. De hecho, son incluso varios los candidatos a los que podría caberles tal honor.

La dopamina es uno de los más evidentes. La dopamina es un neurotransmisor que desempeña una amplia variedad de funciones en el cerebro, pero una de las más conocidas y contrastadas es su papel en la generación de placer y gratificación o recompensa.[2] La dopamina es el neurotransmisor que sustenta toda la actividad del circuito mesolímbico de recompensa en el cerebro (de ahí que también se le llame en ocasiones el circuito dopaminérgico de recompensa). Siempre que el cerebro de una persona detecta que esta ha hecho algo que él aprueba (beber agua cuando tenía sed, huir de una situación de peligro, intimar sexualmente con otra persona, etcétera), recompensa ese modo de actuar de un modo muy característico: haciendo que la persona experimente un breve pero, a menudo, intenso placer desencadenado por la segregación de dopamina. Y el placer da felicidad, ¿no? El circuito dopaminérgico de recompensa es la región cerebral responsable de ese proceso.

También hay pruebas que indican que la segregación de dopamina se ve afectada por lo *sorprendente* que sea una recompensa o una experiencia. Cuanto más inesperado es algo, más lo disfrutamos, algo que, al parecer, se debe a la cantidad de dopamina liberada por el cerebro.[3] Las recompensas *esperadas* se corresponden con un aumento inicial de dopamina que enseguida amaina. Pero las recompensas *inesperadas* activan un nivel de segregación aumentada de dopamina durante un periodo más prolongado desde el momento en que se experimenta la recompensa.[4]

Situemos todo esto en un contexto del mundo real. Si usted ve que ha llegado dinero a su cuenta corriente el día en que le abonan normalmente su salario del mes, obtiene una recompensa prevista. Pero si se encuentra 20 libras esterlinas en un bolsillo de unos pantalones viejos, tendrá una experiencia inesperada. Esas 20 libras son mucho menos dinero, pero son *más* gratificantes, porque no las esperaba. Y esto, según hemos podido estudiar, provoca una mayor secreción de dopamina.[5]

A su vez, la *ausencia* de una recompensa esperada (por ejemplo, que no le hayan depositado el salario en el banco el día que tocaba) parece provocar una *caída* sustancial de los niveles de dopamina, algo que le resultará desagradable y estresante. Así que es evidente que la dopamina resulta fundamental para su capacidad de disfrutar de las cosas.

Pero, como he mencionado anteriormente, sustentar el placer y la gratificación solo es uno de los múltiples y variados papeles y funciones de la dopamina en el cerebro. ¿Podría ser que otras sustancias químicas tuvieran funciones más específicas en lo referente a la inducción de placer?

Es evidente que los neurotransmisores llamados endorfinas son el verdadero «pez gordo» de las sustancias químicas causantes de placer. Tanto si se liberan al atiborrarnos de chocolate o durante el «subidón» del sexo, las endorfinas nos proporcionan esa vertiginosa y maravillosamente intensa sensación de calidez que invade todo nuestro ser.[6]

No deberíamos subestimar el poder de las endorfinas. Ciertas drogas opiáceas, como la heroína y la morfina, actúan porque activan los receptores de endorfina en nuestro cerebro y nuestro organismo.[7] Esas drogas son tan placenteras (de ahí el alarmante número de personas que las consumen) como debilitantes. Una persona atrapada en un intenso «subidón» de opiáceos no sirve para mucho más que para tener la mirada perdida en el espacio y babear de vez en cuando. Pues bien, algunas estimaciones calculan que la potencia de la heroína *solo es un 20 %* de la de las endorfinas naturales. Tenemos en nuestros cerebros sustancias el quíntuple de potentes que el más estupefaciente narcótico conocido: es increíble que podamos hacer algo siquiera.

Aunque es una mala noticia para los adictos al placer, la raza humana y su buen funcionamiento como tal tienen mucho que agradecer a que el cerebro use las endorfinas con ese sumo cuidado. Normalmente, el cerebro libera endorfinas como respuesta a un dolor y un estrés intensos. Un buen ejemplo de ambas cosas a la vez es el momento del parto.

Las madres usan muchos calificativos para describir el parto —«milagroso», «increíble», «asombroso», etcétera—, pero «agradable» casi nunca es uno de ellos. Y a pesar del esfuerzo extremo que exige del cuerpo de una mujer, lo superan y, en el caso de muchas de ellas, vuelven a pasar por la experiencia en algún otro momento de sus vidas. Esto se debe a que las mujeres han desarrollado evolutivamente muchos mecanismos de adaptación diferentes para facilitar el parto, y uno de ellos es el que consiste en la acumulación y liberación de endorfinas mientras proceden a dar a luz.

El cerebro recurre a las endorfinas para amortiguar el dolor y para impedir que alcance niveles de infarto (algo que literalmente puede ocurrir).[8] Es posible que también contribuyan a crear el estado casi delirantemente feliz que la mujer experimenta en el momento en que nace el bebé (aunque también podría tratarse de una mera sensación de alivio). Gracias a las endorfinas, el parto, por duro y penoso que sea, *no es aún peor*.

Este es un ejemplo extremo. Existen otras formas de exponerse a suficiente dolor y estrés como para desencadenar una liberación de endorfinas (incluyo entre ellas el hecho de ser hombre y decirles a quienes han sido madres que el parto podría ser peor). Por ejemplo, poner nuestro cuerpo en otras situaciones físicas extremas. Las personas que corren maratones dicen experimentar la llamada «euforia del corredor», un acceso increíblemente placentero que sobreviene cuando el organismo ha sido físicamente exigido hasta tal punto que el cerebro saca su artillería completa y dispara con todo para sofocar los dolores y sufrimientos.

Podría decirse, pues, que la función de las endorfinas no es tanto la de inducir placer como la de evitar el dolor. Tal vez calificar las endorfinas de sustancias «inductoras de placer» sería como describir un camión de bomberos como «una máquina que moja cosas»; sí, hace eso, pero, no, no es *para* eso.

Hay quienes sostienen que esa función reductora del sufrimiento solo se activa cuando hay unos niveles detectables de endorfinas, es decir, cuando surten un efecto que es perceptible para la persona.[9] Hay datos que parecen indicar que, en concentraciones más bajas, las endorfinas desempeñan un papel más básico, que es el de ayudar a regular el comportamiento y la gestión de tareas. El sistema endorfínico, a través de complejas interacciones con los sistemas neurológicos que regulan el estrés y la motivación[10], nos ayuda a saber cuándo algo está «hecho». Usted tiene que hacer una tarea importante y se estresa; cuando la termina, el cerebro segrega una dosis sutil de endorfinas para que tenga la sensación de que «esto ya está hecho: voy a pasar a otra cosa». No se trata exactamente de que produzcan placer, pero sí ayudan y disminuyen el estrés, con lo que contribuyen al bienestar y la felicidad.[11] Esa sería una prueba más de la función impeditiva o preventiva que tendrían las endorfinas como preservadoras de la felicidad.

Uno de los problemas de las explicaciones basadas en las dopaminas y en las endorfinas es que dan por supuesto que «felicidad» es lo mismo que «placer». Y aunque ciertamente es posible (e incluso normal) ser feliz experimentando placer, para ser verdaderamente feliz una persona seguramente necesita mucho más que eso. La vida es más que una serie de momentos eufóricos. La felicidad tiene que ver también con la alegría, la satisfacción, el amor, las relaciones, la familia, la motivación, el bienestar y otras muchas palabras habituales en los memes de Facebook. ¿Sería posible que hubiera una sustancia química que sirviera de soporte a todas esas cuestiones más «profundas»? Quizá.

Una aspirante sería la oxitocina. La oxitocina tiene una reputación muy poco habitual; a menudo se la llama la hormona «del amor» o «de los abrazos». A pesar de lo que cabría deducir viendo y leyendo los medios de comunicación modernos, los seres humanos conformamos una especie muy amistosa y, normalmente, *necesitamos* activamente tener lazos sociales con otras personas para ser felices. Cuanto más estrechos e intensos son esos lazos, más importantes se vuelven. Los lazos entre amantes, parientes o amigos muy cercanos tienden a hacer felices a las personas a largo plazo. Y la oxitocina parece ser un ingrediente integral.

Volviendo de nuevo al proceso del alumbramiento de un bebé, digamos que el papel mejor contrastado de la oxitocina es el de sustancia química que se libera en dosis elevadas durante el trabajo del parto y durante el amamantamiento.[12] Es clave para ese encuentro, que no deja de ser el más fundamental que puede haber entre dos individuos humanos: causa el inmediato e intenso vínculo afectivo que se produce entre la madre y el bebé, está presente en la propia leche materna e induce la lactancia.[13] No obstante, a la oxitocina se la ha relacionado también con otras situaciones: con la excitación y las respuestas sexuales, con el estrés, con la interacción social y hasta con la fidelidad, entre otras.

Tan amplio radio de acción da pie a toda una serie de extrañas consecuencias. Por ejemplo, la oxitocina es importante para la formación y la potenciación de los lazos sociales, pero también se libera durante las relaciones sexuales. Eso podría explicar por qué la tan a menudo citada situación de los «amigos con derecho a roce» (en la que dos personas unidas por la amistad deciden ir más allá y tener intimidad física, pero sin el agobio de una relación-compromiso estable de ningún tipo) es tan difícil de mantener. Gracias a la oxitocina, la interacción sexual puede alterar en lo más fundamental la percepción que uno de los dos amigos tiene del otro y transformar lo que era una atracción puramente física en un afecto y un anhelo genuinos. La oxitocina es lo que crea el «amor» mientras se hace el amor.

Y aunque la oxitocina tiende a afectar más a las mujeres que a los hombres, no deja de tener efectos muy potentes en estos últimos; por ejemplo, un estudio mostró que, aun administrándoseles las mismas dosis de oxitocina, los hombres que ya tienen una relación tienden a mantener mayor distancia con mujeres atractivas en un contexto de relación social que los hombres que están solteros.[14] La conclusión que se extrajo en ese caso es que el aumento de oxitocina hace que los hombres se sientan más comprometidos con sus parejas, lo que los lleva a ser más conscientes de cómo su propia conducta puede afectar a ellas, lo que a su vez los hace ser más cautos a la hora de interactuar con atractivas desconocidas, sobre todo en situaciones en las que pueden ser vistos por otras personas. Básicamente, lo que viene a decir ese argumento es que la oxitocina refuerza los vínculos amorosos. Pero eso no significa que los *cree,* pues los hombres solteros no muestran ese mismo comportamiento.

Podríamos decir mucho más al respecto, pero lo esencial es que la oxitocina es un ingrediente fundamental para que el cerebro experimente sensaciones como el amor, la intimidad, la confianza, la amistad y los vínculos afectivos sociales. Solo los más cínicos se atreverían a decir que todas esas cosas no son cruciales para una felicidad duradera. Así pues, ¿podemos afirmar que la oxitocina es responsable de la felicidad?

No precisamente. Como ocurre con la mayoría de cosas, la oxitocina tiene su lado negativo. Por ejemplo, potenciar nuestros lazos sociales con un individuo o con un colectivo puede incrementar nuestra hostilidad hacia quienes no están incluidos en dichos lazos. Según un estudio con sujetos humanos masculinos, los hombres a quienes se administró oxitocina se mostraron mucho más dispuestos a atribuir rasgos negativos a quienes no fueran de su propia cultura u origen étnico.[15] Por decirlo de otro modo, la oxitocina nos vuelve racistas. Y si el racismo es parte integral de la felicidad, entonces ya no estoy muy seguro de que los seres humanos nos la merezcamos.

La cosa no tiene por qué llegar a ese extremo. Probablemente hayan conocido alguna vez a alguien (o puede que hasta hayan sido ustedes mismos ese alguien) que sentía unos celos y un rencor terribles —u odio incluso— cuando veía a la persona que era objeto de su afecto interactuar de manera exageradamente amistosa con otra. El hecho mismo de que existan los llamados «crímenes pasionales» es una muestra de lo potente y destructiva que puede ser esa reacción. Existen muchas formas de calificar a alguien cuando es presa de la ira de los celos o de una suspicacia paranoica, pero, desde luego, «feliz» no es una de ellas. La oxitocina puede tener una importancia vital para la creación de vínculos sociales afectivos, pero no todos los lazos sociales conducen a la felicidad. De hecho, pueden muy bien llevar a todo lo contrario.

Quizá les parezca que todo esto es demasiado tangencial, que lo cierto es que el placer y la intimidad *conducen* a la felicidad y que, por tanto, cualquier sustancia química que produzca esas sensaciones no es más que una «causante» indirecta de la felicidad. ¿Existe entonces alguna sustancia química que *directamente* nos haga felices?

Puede que la serotonina, que es un neurotransmisor empleado en una gran variedad de procesos neurológicos. Tiene una gran diversidad de funciones, como facilitar el sueño, controlar la digestión y (la más relevante para el caso que aquí nos ocupa) regular el humor o el estado de ánimo.[16]

La serotonina es, al parecer, vital para que podamos sentirnos animados, que es otro modo de decir alegres o «felices». Los antidepresivos más recetados hoy en día actúan incrementando los niveles de serotonina disponibles en el cerebro. La teoría actualmente vigente sostiene que la depresión nace de una reducción de los niveles de serotonina y que ese es un problema que conviene arreglar.

El Prozac y otros medicamentos similares están clasificados como ISRS, o inhibidores selectivos de la recaptación de serotonina. Tras segregarse en las sinapsis para recoger y entregar las señales de unas neuronas a otras, la serotonina no se descompone ni se destruye, sino que es reabsorbida por las propias células nerviosas. Básicamente, los ISRS impiden que esa reabsorción tenga lugar. La consecuencia de ello es que, en lugar de un súbito estallido de actividad en la neurona siguiente a causa de la breve aparición de serotonina en la sinapsis, esa actividad se convierte en prolongada gracias a la permanencia de la presencia de la serotonina, incólume, que activa así continuamente los receptores pertinentes. ¿Se han dado cuenta de cómo, cuando una tostadora ya es vieja y no deja de escupir la rebanada antes de que esté tostada del todo, hay que volver a bajarla y dejarla más tiempo para que quede como queremos? Pues es un poco como eso. Y así se trata la depresión. Por tanto, podríamos concluir que la serotonina es una sustancia química que causa felicidad, ¿no?

Pues tampoco. Lo cierto es que nadie sabe a ciencia cierta (todavía) *qué hace* que aumente la serotonina en el cerebro. Si la culpa de que una persona no se encuentre en un estado de felicidad la tuviera una insuficiencia de serotonina, la solución sería fácil. Sin embargo, lo que observamos es que, por la velocidad misma a la que funcionan nuestros metabolismos y nuestros cerebros, los ISRS incrementan los niveles de serotonina de forma bastante inmediata y, aun así, la mayoría de esos ISRS tardan *semanas* de ingesta de dosis regulares en hacer efecto.[17] Así que es evidente que no es la serotonina por sí sola la responsable de que la persona tenga el ánimo alegre, y su efecto seguramente se debe a que tiene una incidencia indirecta sobre otra cosa que no sabemos qué es.

Tal vez el verdadero problema sea el enfoque; podemos atribuir a unas meras moléculas todas las propiedades neurológicas potentes que se nos ocurran, pero eso no significa que las cosas funcionen así en la realidad. No hay que buscar mucho para encontrar numerosos artículos en los que se nos explica cómo *hackear* nuestras «hormonas de la felicidad» u otras sustancias similares, alegando que unas cuantas técnicas simples de dieta y ejercicio pueden aumentar los niveles de los compuestos químicos oportunos en nuestro cerebro y, con ello, propiciar una alegría y un disfrute de la vida más duraderos. Por desgracia, eso no es más que una simplificación excesiva de unos procesos que, en realidad, son increíblemente complejos.

En esencia, todo parece indicar que tratar de atribuir la felicidad a una sustancia química concreta es un error de enfoque.

Los compuestos químicos ciertamente intervienen en el proceso, pero no son una *causa*. Un billete de 50 libras es valioso y está hecho de papel. Pero no es valioso *porque* esté hecho de papel. Así que es posible que las sustancias químicas aquí descritas sean a la felicidad lo que el papel es al dinero: hacen posible que exista, pero su contribución es secundaria.

Piense en ese lugar que lo hace feliz

Pues bien, si no la causan unos compuestos químicos concretos, ¿cuál puede ser el origen de la felicidad en el cerebro? ¿Hay un área cerebral específica que procese la felicidad? ¿Una región que reciba la información de otras partes del cerebro acerca de lo que estamos experimentando, que la evalúe y que dictamine que deberíamos sentirnos felices y, por tanto, nos haga alcanzar ese anhelado estado emocional? Si las sustancias químicas son el combustible, ¿no podría ser esa área específica el motor?

Desde luego, es posible, pero debemos andar con cuidado antes de extraer conclusiones precipitadas, y ahora explico por qué.

La época en la que estoy escribiendo este libro (mediados de 2017) es un buen momento para ser neurocientífico. La ciencia del cerebro y de cómo funciona se ha introducido muy a fondo en las corrientes de actividad científica principales y puede alardear de la existencia de grandes (y bien financiados) proyectos de estudio del cerebro anunciados tanto en Estados Unidos como en Europa[18], innumerables libros y artículos que analizan el funcionamiento cerebral, una bastante continuada publicación de noticias sobre los últimos avances o descubrimientos relacionados con el cerebro, etcétera. Ciertamente, son tiempos emocionantes —y lucrativos— para la neurociencia.

Pero esta popularidad más convencional y extendida tiene sus inconvenientes. Por ejemplo, si se quiere informar de algo en un periódico, debe hacerse de un modo que resulte fácilmente comprensible para los lectores, la inmensa mayoría de los cuales no han estudiado una carrera científica. Por tanto, conviene simplificar la información en cuestión y vaciarla de jerga especializada. También tiene que ser sucinta, sobre todo en el actual entorno mediático, donde la competencia es feroz y, por ello, prima el llamar la atención y el hallar frases o fórmulas pegadizas. Si alguna vez han leído una publicación científica, sabrán que la mayoría de científicos no escribe así, por lo que traducir las impenetrables explicaciones técnicas de unos experimentos meticulosamente planificados a una versión fácil de entender implica introducir muchos cambios.

Si hay suerte, esas modificaciones son realizadas por un periodista formado y especializado en ciencia o por un divulgador científico con experiencia: alguien que comprenda bien lo que exigen las plataformas comunicativas populares y, al mismo tiempo, entienda suficientemente la información como para saber qué es lo importante y qué puede suprimirse en aras de la claridad. Por desgracia, muchas veces quienes introducen los cambios no son personas de ese tipo. Puede tratarse de un periodista con escasa experiencia o nada preparado para estos temas, cuando no un becario*. O puede ser cosa del gabinete de prensa de la universidad o del instituto impulsor de la investigación, interesado sobre todo en dar publicidad a su trabajo y a sus esfuerzos.

Quienquiera que así actúe tiende a efectuar cambios o recortes que deforman e incluso tergiversan la noticia real. Si a ello añadimos otros factores que pueden distorsionar la información

---

* Muchos medios de comunicación convencionales siguen considerando las noticias de ciencia como un «nicho» informativo y, por ello, reservado a trabajadores de menor rango en la organización. Una vez tuve que hacer una entrevista para echar una mano a alguien a quien le había tocado cubrir una noticia de ciencia para un importante diario británico. El pobre, desorientado como estaba, me confesó que hasta la semana anterior había trabajado en la sección de entretenimiento del mismo periódico.

original (la posibilidad de que el periodista o el medio en cuestión tiendan a exagerar para llamar más la atención, o a poner el énfasis en un aspecto parcial del tema por algún interés ideológico concreto, etcétera), no es de extrañar que muchas noticias de ciencia que leemos o vemos en periódicos y noticieros estén muy alejadas de la realidad de los experimentos que las originaron.

En el caso de la neurociencia —un tema que motiva mucha cobertura e interés informativo, pero cuyos fundamentos científicos siguen siendo bastante confusos, relativamente novedosos y todavía poco conocidos—, tales distorsiones pueden inducir a la generalización de concepciones demasiado simplistas sobre cómo funciona el cerebro.[19]

Una de las que surgen con incesante regularidad es la idea de que el cerebro tiene reservada un «área», una «región» o un «centro» específico para todo lo que hace. Leemos noticias sobre las áreas del cerebro responsables de las preferencias de voto, o del sentimiento religioso, o del entusiasmo por los productos de Apple, o de los sueños lúcidos, o del uso excesivo de Facebook (todos estos son ejemplos que he visto publicados en letra impresa). La idea de que el cerebro es una masa modular, formada por componentes separados y claramente definidos, cada uno de ellos dedicado a una función especializada (como si fuera un armario de Ikea, aunque algo menos complicado), está cada vez más afianzada entre el público general. Pero la realidad es más compleja que eso.

La teoría de que ciertos trozos del cerebro son responsables de unas funciones concretas tiene siglos de antigüedad y ha pasado por no pocos avatares históricos ciertamente inquietantes. Recordemos, si no, la práctica de la frenología, aquella teoría según la cual la forma del cráneo podía usarse como referencia para estudiar los rasgos de personalidad de un individuo.[20] La lógica era muy sencilla: los frenólogos sostenían que el cerebro es una suma de regiones pensantes especializadas que trabajan unidas. Según esa teoría, todo pensamiento o acción o característica tiene una ubicación muy determinada en el cerebro y, como ocurre con los músculos, cuanto más se utiliza o más potente es una región concreta, más grande tiende a ser. Así, por ejemplo, cuanto más lista sea una persona, mayor será la región dedicada a procesar la inteligencia.

Cuando somos pequeños, nuestros cráneos son maleables y van endureciéndose a medida que nos hacemos mayores. Según los frenólogos, eso significaría que la forma de nuestros cerebros influye en la forma de nuestros cráneos y que, en función de si las áreas cerebrales son mayores o menores, el cráneo podrá presentar protuberancias o hundimientos. Ellos creían que estos rasgos podían estudiarse para determinar el tipo de cerebro (y, por consiguiente, las habilidades y la personalidad) que tiene un individuo. Una persona con una frente más inclinada sería alguien de inteligencia baja; una persona con unas protuberancias menos pronunciadas en la nuca carecería de aptitud artística... Esa clase de conclusiones. Todo muy simple.

El único problema serio de semejante enfoque es que se ideó allá por principios del siglo XIX, en un momento en que tener pruebas sólidas y rigurosas con las que respaldar las hipótesis propuestas era más una «bonita idea» que una práctica habitual. La frenología no tiene validez alguna. Es verdad que el cráneo puede ser «más blando» cuando somos muy pequeños, pero, incluso entonces, no deja de estar formado por varias placas de hueso relativamente denso y robusto, situadas ahí por nuestra evolución para proteger el cerebro de la acción de las fuerzas externas. Y eso por no hablar del fluido y de las membranas que también envuelven el cerebro.

La idea de que unas variaciones menores en el tamaño de las regiones cerebrales, formadas por materia gris esponjosa, pudiera causar distorsiones medibles en algo tan inflexible como nuestros cráneos, y que a su vez se correspondieran fiablemente (y en todos los individuos) con unos rasgos de personalidad, es ridícula. Por fortuna, incluso en aquel entonces la frenología se consideró una ciencia bastante «alternativa» y fue objeto de un paulatino descrédito que hizo que terminara pasando de moda. Su caída en el olvido fue además un hecho muy positivo desde el momento en que muchos habían aprovechado la frenología para justificar ideas ciertamente desagradables, ya que creían ver en ella una «demostración» de que las personas blancas eran superiores a las de otras razas, o de que las mujeres eran intelectualmente inferiores (pues, al ser, por lo general, de menor tamaño que los hombres, también sus cráneos tienden a ser equivalentemente más pequeños). Todo esto, sumado a la poca aceptación que cosechó en los círculos científicos dominantes, hizo que la frenología adquiriera una pésima reputación.

Una consecuencia menos evidente de la frenología, aunque igual de negativa, es que motivó —por reacción adversa— que algunos neurocientíficos contemporáneos se posicionaran radicalmente en contra de la teoría de la modularidad cerebral, es decir, de la idea de que el cerebro tiene partes concretas dedicadas a realizar labores específicas. Muchos científicos han sostenido que el cerebro es más «homogéneo», más indiferenciado en toda su estructura, por lo que todas sus partes participan en todas sus funciones. ¿Que unas áreas se dedican a hacer cosas específicas? Eso sonaba demasiado a frenología, así que cualquier teoría que insinuara algo así se arriesgaba a ser desdeñada con no pocas dosis de cinismo.[21]

Es una lástima, porque ahora sabemos que el cerebro sí tiene regiones específicas para el desempeño de ciertas funciones. Eso sí, son regiones dedicadas a labores más fundamentales que la conformación de rasgos de personalidad, y en ningún caso detectables a partir de bulto alguno en nuestros cráneos.

Una de ellas, por ejemplo, es el hipocampo, situado en el lóbulo temporal*, que, según amplio consenso científico, resulta

---

* Aclaremos que el cerebro se compone de un hemisferio izquierdo y un hemisferio derecho, como ya se ha dicho antes. Lo normal es que uno de los esencial para la codificación y el asentamiento de recuerdos. Pero también están, entre otras, el giro fusiforme, que, según se cree, se encarga del reconocimiento facial; el área de Broca, una región compleja y diversa del lóbulo frontal responsable del lenguaje; el córtex motor (o corteza motora), en la zona posterior del lóbulo frontal, que supervisa el control consciente del movimiento... Y la lista continúa.[22]

Recordar, ver, hablar, moverse: procesos fundamentales todos ellos. Pero, volviendo al argumento central, ¿podría haber una región cerebral encargada de algo más abstracto, algo como la felicidad? ¿O, como ocurría con la frenología en el pasado y con la distorsión habitual en los grandes medios de comunicación actuales, no estaríamos ante una excesiva simplificación de la estructura del cerebro llevada hasta extremos irracionales?

Existen indicios que apuntan a que la asignación de la felicidad a una región más o menos concreta del cerebro no sería del todo absurda. Varias regiones parecen tratar emociones específicas. La amígdala, por ejemplo, es una reducida área contigua al hipocampo que resulta crucial a la hora de dotar a los recuerdos de un «contexto emocional».[23] Básicamente, si usted tiene el recuerdo de algo que lo asustó, fue la amígdala la que añadió el miedo a esa reminiscencia. Así, los animales de laboratorio a los que se extrae la amígdala parecen incapaces de recordar que ciertas cosas deberían asustarlos.

Otro ejemplo sería el córtex insular (o ínsula), localizado en una zona profunda del cerebro, entre los lóbulos frontal, parietal

---

hemisferios sea el «dominante» y que ello determine si una persona es zurda o diestra, por ejemplo, pero ambos vienen a ser estructuralmente idénticos. Así que cuando me refiero a un área en particular, como «el hipocampo», en realidad el cerebro tiene dos: uno izquierdo y otro derecho. Ambas regiones paralelas suelen funcionar juntas o tienden a apoyarse mutuamente. Hay mucha superfluidad en el cerebro. En cualquier caso, en este contexto en particular, será más fácil que me refiera a ambas como si fueran una sola, en singular.

y temporal. Una de las funciones que se atribuyen a la ínsula es el procesamiento de la sensación de asco. La ínsula muestra actividad, por ejemplo, en respuesta a olores pestilentes, a imágenes de mutilaciones o a cualquier cosa de parecida visceralidad desagradable y, de hecho, se cree que está aún más activa cuando la persona nota una expresión de repugnancia en el rostro de otra, o incluso cuando aquello que da asco no se está viendo en ese momento, sino que simplemente se está *imaginando*.

Así que ahí tenemos dos trozos del cerebro que procesan lo que muchos considerarían un sentimiento o una emoción, más o menos como también lo sería la felicidad. ¿Existe entonces un área responsable de la felicidad en sí?

Anteriormente mencionamos una candidata: el circuito mesolímbico (o vía mesolímbica) de recompensa. Este se encuentra en el mesencéfalo (o cerebro medio: un área más profunda y «asentada» del cerebro, situada más abajo, entre el tallo cerebral) y es el responsable de que obtengamos esa sensación gratificante que nos invade cuando hacemos algo placentero. Si hablamos de felicidad en vez de placer, algunos estudios muestran que el cuerpo (o núcleo) estriado tiene que estar activo para que aquella sea duradera. Otros señalan que el córtex prefrontal izquierdo se excita cuando se experimentan sensaciones de felicidad.[24] Otro estudio sostiene que el que intensifica su actividad es el precúneo derecho.[25] Básicamente, han sido varios los científicos de primer nivel que han tratado de detectar qué trozo del cerebro produce la felicidad y sus respuestas han diferido bastante entre sí.

No es algo tan raro como puede parecer. El cerebro es un espacio increíblemente complejo y las técnicas que se utilizan para estudiarlo con detalle son aún relativamente nuevas, en términos científicos al menos. Y la idea de emplear enfoques analíticos rigurosos y tecnología avanzada para estudiar estados emocionales intangibles es aún más novedosa. Eso quiere decir que todavía andamos dirimiendo cuál es la vía «idónea» o «correcta» para aislar la felicidad, por lo que nos encontramos en un estadio en el que cabe esperar cierta confusión y algunas incongruencias. No es culpa de los científicos (o, mejor dicho, no suele serlo), porque hay muchas cuestiones por resolver que generan bastante confusión añadida.

La que más salta a la vista es el método empleado por los investigadores para conseguir que los sujetos de sus estudios estén «felices». Algunos se valen de preguntas e instrucciones que evocan recuerdos de felicidad; otros usan imágenes agradables; otros recurren a mensajes y tareas que inducen un estado de ánimo de alegría, etcétera. Exactamente, hasta qué punto podemos decir que esas técnicas hacen que las personas participantes en los experimentos estén más o menos felices es difícil de saber y no cabe duda de que la variabilidad entre dichos sujetos debe de ser elevada. Además, esos experimentos dependen normalmente de lo que los propios sujetos dicen acerca de lo felices o infelices que están. Y esto añade una capa más de confusión.

Se trata de un problema con el que se encuentran muchos experimentos de psicología que aspiran a analizar lo que hacen los seres humanos en determinados contextos, pero confinándolos dentro de unas condiciones de laboratorio. Lo cierto es que el hecho mismo de hallarse en un laboratorio realizando un experimento es una situación que no tiene nada de normal para la mayoría de las personas, por lo que estas tienden a sentirse un poco confundidas y, posiblemente, hasta intimidadas por el contexto. Eso significa que son más propensas a hacer lo que la figura de autoridad más próxima en ese momento les ordena que hagan. Como esta persona siempre es el investigador o la investigadora de turno, los sujetos inconscientemente acaban por decirle lo que *piensan* que quiere oír (en este caso, dando una descripción lo más precisa posible de su estado interior). De modo que siempre se corre el riesgo de que los sujetos intenten «ayudar» exagerando o modificando la descripción de lo que están sintiendo en realidad (diciéndose, por ejemplo, que «este es un experimento sobre felicidad, así que, si no digo que estoy feliz, podría estropearlo todo»).

Pese a la bondad de tales intenciones, con ello, más que ayudar a la investigación, se consigue justamente lo contrario.

Si sumamos todos estos factores, se hace evidente que la búsqueda de la felicidad en el cerebro de una persona es un ejercicio cargado de dificultades. Podríamos reducirlas, sin embargo, si pudiéramos encontrar a un sujeto que estuviera totalmente familiarizado con los entornos de laboratorio, que no se sintiera intimidado por los investigadores ni por los extraños artilugios que manejan, que supiera lo suficiente del tema como para dar descripciones completamente precisas de su estado interno, que pudiera diseñar su propio experimento y hasta analizar sus propios datos…

Eso fue lo que me decidió. No solo le pediría al profesor Chambers que me dejara usar sus aparatos de IRM, sino que *yo mismo fuera el sujeto escaneado*. Tenía todo el sentido; yo sabría si estaba feliz o no, y me dejaría influir mucho menos por la situación, lo que haría que todos los datos obtenidos fueran realmente válidos y significativos. Así que lo único que tenía que hacer era deslizarme dentro de un escáner, encenderlo, ponerme en un estado de felicidad y luego examinar los datos. Pan comido.

Obviamente, en cuanto se me ocurrió la idea, me asaltó la preocupación de que fuera demasiado absurda o, sencillamente, extraña. Por suerte para mí, basta un somero repaso del corpus de estudios sobre la felicidad para darse cuenta de que las cosas suelen alcanzar niveles muy elevados de rareza en este terreno.

Cómo cuesta ser feliz

A principios de 2016 asistí a una charla del profesor Morten L. Kringelbach, director del grupo de investigación transnacional Hedonia. Imagínense a Benedict Cumberbatch interpretando a un experto científico danés. Así es básicamente el profesor Kringelbach. Solo que más bajo.

El grupo de investigación Hedonia del profesor Kringel-bach es una iniciativa colaborativa de la Universidad de Oxford en el Reino Unido y la Universidad de Aarhus en Dinamarca.[26] Estudia las diversas formas en que las personas experimentan placer, sobre todo en lo relativo a la salud y a la enfermedad. Ese día, el profesor Kringelbach habló de algo extraño que habían descubierto.

Los investigadores estaban analizando qué hace que cierta música nos guste tanto que nos incite a bailar. A muchas personas les gusta hacerlo y muchas disfrutan también viendo cómo otras bailan. El baile hace felices a muchas personas. Pero no a todas. A algunas no les agrada la idea de lanzarse a bailar o, cuando menos, no en lugares donde otras puedan verlas. Pero incluso esas personas sienten en ocasiones que ciertas canciones o melodías las impulsan a moverse, aunque su «baile» consista simplemente en un acompañamiento rítmico con la pierna o con la cabeza, o un contoneo involuntario cuando creen que nadie está mirando. Tratándose de algo manifiestamente desagradable para esas personas, ¿cómo es que, pese a todo, hay ocasiones en que no lo pueden remediar?

Según explicó el profesor Kringelbach, existe un espectro específico de propiedades musicales que es el preferido por el cerebro. Los experimentos de su grupo muestran que la música debe presentar un nivel medio de síncopa (de imprevisibilidad) para despertar una reacción placentera y un movimiento corporal acorde en la persona. Es decir que la música tiene que sonar sincopada (como en el funk), pero sin pasarse, para que guste a una persona hasta el punto de hacer que quiera bailar.[27]

Probablemente, a casi todos ustedes su propia experiencia les confirmará que esto es así. Los ritmos simples y monótonos no son especialmente entretenidos (prueben bailar al son de un metrónomo y verán lo que consiguen); tienen niveles de síncopa muy bajos y, desde luego, no hacen que nos vengan ganas de bailar. Por otra parte, la música caótica e impredecible, como la del free jazz, presenta niveles muy elevados de síncopa y rara vez —por no decir que nunca— anima a nadie a echarse un baile. Por supuesto, siempre habrá personas que no estén de acuerdo con esto que acabo de decir, pero ya sabemos que por muy desagradable/peculiar/indescifrable que algo pueda ser, siempre podremos encontrar a un ser humano en alguna parte a quien le guste. Hay gente para todo.

El punto medio (la música funky de James Brown es la más mencionada por los investigadores y fue también la que bailó el profesor Kringelbach para gran regocijo de los allí presentes) encaja perfectamente entre lo predecible y lo caótico: ese terreno por el que el cerebro muestra particular preferencia. La mayoría del pop moderno cae dentro de ese intervalo. Ese es probablemente el motivo por el que podemos odiar a muerte una canción pop y proclamar a los cuatro vientos que detestamos hasta su última nota y, aun así, descubrir un día que estamos siguiendo su ritmo con el pie al escucharla de fondo en una tienda.

Lo que quiero decir con esto es que, por algún motivo, las melodías que alcanzan un equilibrio concreto entre la previsibilidad y el caos inducen placer en nuestros cerebros y nos hacen felices hasta el punto de que nos impelen a responder físicamente a ellas. Es evidente, pues, que los procesos de fondo que hacen que nuestros cerebros determinen qué nos hace felices no son exactamente directos y sencillos. No hay cosas que siempre nos hagan felices o infelices sin más; a menudo es una *cantidad específica* de algo lo que nos da felicidad, y cualquier otra que sea mayor o menor tiene el efecto opuesto. Es como la sal: si echamos muy poca, la comida no sabe bien. Si le echamos demasiada, tampoco. Pero si añadimos la cantidad correcta de sal a la comida, sí que sabe bien y el pobre camarero puede por fin atender las otras mesas.

He aquí otro dato curioso: puede que no sea siquiera nuestro cerebro el que determine nuestra felicidad, sino nuestro intestino.

Aunque no son pocos los tópicos y dichos que reconocen la existencia de vínculos entre nuestro cerebro y nuestro sistema digestivo («a los hombres se los conquista por el estómago» o «no puedo pensar con el estómago vacío», por ejemplo), no dejaría de sorprendernos descubrir cuántos datos científicos parecen indicar que el funcionamiento de nuestro intestino podría tener un efecto directo y profundo en nuestro estado mental.

Es importante recordar que nuestro estómago y nuestros intestinos no son solo unos tubos bamboleantes por los que circulan los alimentos que aprovechamos, sino que evidencian también una elevada sofisticación. Además de poseer un intrincado sistema nervioso propio (el sistema entérico, que en algunos casos puede llegar a funcionar de manera independiente; de ahí que a menudo lo llamen «el segundo cerebro»), nuestro intestino alberga también decenas de billones de bacterias de miles de diferentes cepas y tipos. Todas ellas desempeñan potenciales funciones en nuestro proceso de digestión, pues determinan qué sustancias entran en nuestro torrente sanguíneo y viajan a todas las partes de nuestro organismo, teniendo así la posibilidad de influir en la actividad de hasta el último órgano y tejido. Tomadas en conjunto, es evidente que estas bacterias tienen una repercusión muy directa en nuestro estado interno.

Recuerden que el cerebro, pese a su sofisticación y a su desconcertante complejidad, es un órgano más. No solo lo afectan las cosas que sentimos y percibimos del mundo que hay más allá de nuestras cabezas, sino que también está influido por lo que sucede dentro de nuestros cuerpos. Las hormonas, la circulación sanguínea, los niveles de oxígeno y las otras innumerables facetas de la fisiología humana inciden en el funcionamiento cerebral. Dado que el intestino (y las bacterias que alberga) desempeña un papel crucial a la hora de seleccionar qué entra en el organismo, cabría tal vez esperar que tuviera también una influencia (por indirecta que esta fuera) en cómo funciona el cerebro *. Los científicos así lo reconocen e incluso han acuñado un concepto para referirse a ello: el «eje intestino-cerebro».[28]

Una consecuencia de tan enrevesada relación es la fuerte conexión que se ha hallado entre el intestino y los episodios de depresión.[29] Algunos estudios sugieren que la posesión de ciertas cepas y tipos de bacterias intestinales es una precondición para sufrir estrés y depresión, entre otros trastornos del ánimo similares.[30] Muchos de esos indicios se limitan de momento a modelos animales, por lo que sería difícil afirmar sin reservas la existencia de un vínculo «profundo» entre intestino y estado de ánimo en el caso de los seres humanos, aunque no es una idea tan descabellada.

En el organismo, el 90 % de la serotonina —ese neurotransmisor que tan crucial parece ser para que estemos de buen humor— se localiza en el intestino. También hemos visto cómo ciertos neurotransmisores determinan nuestro estado de ánimo y nuestra percepción del placer. Estos neurotransmisores se crean en las neuronas y, para ello, estas células precisan de un suministro fiable de todas aquellas sustancias y moléculas que utilizan para fabricarlos. Esos ingredientes elementales se obtienen normalmente de los alimentos que ingerimos y las bacterias presentes en nuestro intestino son esenciales en ese proceso. De ahí que, si andamos faltos o sobrados de bacterias del tipo requerido para extraer los metabolitos (los elementos que forman los compuestos químicos más complejos que resultan de los procesos metabólicos) con los que se producen los neurotransmisores, varíe consiguientemente la cantidad de estos que el cerebro tiene disponible. Y es de suponer que algo así afecte nuestro ánimo, ¿no?

---

* No vayan a pensar que se trata de una relación unidireccional: pueden estar seguros de que el cerebro a menudo domina y desautoriza (por así decirlo) al sistema digestivo de muchas (y, no pocas veces, nocivas) formas. De bastantes de ellas doy buena cuenta en mi primer libro, *El cerebro idiota*.

Lo que sucede es que, si bien este argumento de que «las bacterias intestinales afectan nuestro estado de ánimo» es hasta cierto punto razonable, deja de lado el hecho de que estamos hablando de una estructura y un sistema *increíblemente* complejos, y que tan breve descripción no les hace justicia*. La serotonina de los intestinos, al menos según lo que sabemos en estos momentos, no parece estar conectada con la del cerebro o, al menos, no de un modo que pueda resultar funcionalmente útil. Pero, además, centrarse en algún aspecto de cómo una parte de nuestro organismo afecta a alguna de las funciones de nuestro cerebro es abrir las puertas de par en par a todas las combinaciones posibles de influencias de ese tipo, y nadie tiene tiempo para perderse en semejante infinidad de posibilidades. Lo importante es aceptar la idea central: entre los factores que influyen en la capacidad de nuestro cerebro para hacer que nos sintamos felices hay muchas más cosas que nuestras experiencias y nuestras preferencias personales.

Pese a todo, hay quienes insisten en tratar de hallar una solución simple al misterio de qué hace feliz a la gente. Los medios han publicado muchas veces noticias sobre ecuaciones y fórmulas que supuestamente predicen qué aporta felicidad a las personas, cuál es el día más feliz del año (y el más deprimente), etcétera. A la vista de todo lo dicho aquí hasta el momento acerca de la compleja naturaleza de la felicidad, puede parecernos sorprendente que alguien sea capaz de explicarlo con una única ecuación o fórmula. Y hacemos muy bien en sorprendernos, porque tal cosa es imposible.

Hay una serie de motivos que explican la existencia de tan inverosímiles fórmulas. Una de ellas es algo que se conoce como «envidia de la física».[31] Pensemos lo que pensemos de ellas, la

---

* El excelso divulgador científico Ed Yong aborda con gran detalle el crucial y complejo papel de las bacterias intestinales en su libro *Yo contengo multitudes* (Barcelona, Debate, 2017), por si les interesa leer más sobre el tema.

física y las matemáticas son materias muy «fundamentales» que estudian las propiedades de los números, las partículas, las fuerzas: básicamente, todos aquellos elementos que componen el universo y nuestra realidad. Son cosas que, por lo general, obedecen a unas leyes complejas, pero definibles, lo que significa que se comportan de un modo predecible y medible en casi todos los contextos. De ahí que, si se conocen todas las variables, puedan definirse mediante ecuaciones.

Sin embargo, las ciencias de base biológica (más «blanda»), y la psicología en particular, no pueden compararse con aquellas en cuanto a la solidez y el carácter predictivo de sus leyes. Un objeto que tenga una determinada masa se acelerará al mismo ritmo sea cual sea la azotea del mundo desde donde lo dejemos caer, pero una misma persona puede comportarse y reaccionar de maneras muy distintas dependiendo de la habitación en la que se encuentre, o de las personas con quien esté hablando en ese momento, o de si hace mucho o poco que comió, o de qué fue lo que comió, etcétera.

Una de las consecuencias de esa diferencia es que muchas veces se considera que la física y las matemáticas son ciencias «de verdad». Los académicos y los estudiosos de otros campos, quizá de forma inconsciente, quieren que se los tome tan en serio como a sus colegas que se dedican a la física, así que intentan imitar cosas de esa ciencia y de las matemáticas en sus propias disciplinas, generando ecuaciones para cosas tan increíblemente complejas y embrolladas como los comportamientos y los estados de ánimo humanos. Cosas como la felicidad.

Así que, teniendo presente todo lo anterior, yo ya conocía las trampas de las que tenía que cuidarme si pretendía estudiar bien la felicidad. Sabía qué no hacer. Pero ¿*cuál* debía ser mi siguiente tarea? Yo ya había hecho mis deberes, había estudiado el tema para tener todos los factores relevantes en cuenta y había extraído de todo ello un plan muy meditado. Quería saber cuál es el origen de la felicidad en el cerebro. Para ello, necesitaba un escáner de

IRM con el que observar un cerebro activo y feliz. Ante los diversos problemas planteados por el uso de sujetos humanos no acostumbrados a tales estudios, había llegado a la conclusión de que la opción idónea era utilizar *mi propio* cerebro, debido a mi currículum y mis experiencias en este campo. Así que necesitaba:

1. Tener acceso a un escáner de IRM.

2. Introducirme en él.

3. Inducirme un estado de felicidad (me haría falta, seguramente, algún tipo de estímulo agradable o placentero, pero si lograba llegar tan lejos con mis planes, era probable que, para entonces, ya estuviera sobradamente feliz con la vida en general).

4. Conseguir que alguien me escaneara el cerebro.

5. Analizar los resultados para descubrir qué parte había estado más activa y, por tanto, podía considerarse la fuente de la felicidad en el cerebro.

Muy sencillo todo. Así que lo siguiente que debía hacer era encontrar a un profesor que dispusiera de los recursos necesarios y convencerlo de que me dejara hacer todo.

CHAMBERS

Llegué a mi cita con el profesor Chambers en el agradable pub de Cardiff, muy próximo a su despacho, donde habíamos quedado para almorzar. Se había sentado en el fondo del local y me hizo una seña con el brazo cuando me vio entrar.

El profesor Chris Chambers es un australiano encantador y tranquilo que raya en la cuarentena. En un aparente ejercicio de sometimiento total a los estereotipos culturales, ese día llevaba una camiseta de manga corta y unos pantalones cortos anchos (a pesar de que afuera estaba lloviendo). Además, es calvo («relucientemente calvo», diría yo). Son varios los profesores varones más jóvenes que yo con los que he coincidido que tienen muy poco (o nada de) pelo en la cabeza. Y mi teoría es que esos grandes y potentes cerebros suyos generan tanto calor que abrasan los folículos del cuero cabelludo desde dentro.

El caso es que decidí tirarme a la piscina y decirle sin mayor dilación lo que quería pedirle: «¿Puedo utilizar uno de tus escáneres de IRM para escanear mi propio cerebro cuando esté feliz para ver cuál es el origen exacto de la felicidad en el cerebro?».

Tuve que esperar unos cinco minutos a que parara por fin de reírse a carcajadas en mi cara. Ni la persona más optimista del mundo podría decir que aquello tenía la pinta de ser un buen comienzo. Durante la hora siguiente, más o menos, el profesor Chambers me explicó con todo lujo de detalles por qué mi plan era ridículo.

—La IRMf no funciona así en realidad —me dijo—, o no debería funcionar así, por lo menos. Cuando se desarrolló inicialmente como técnica, allá por la década de 1990, que hoy consideramos la «época oscura» de la neuroimagen, había mucho de aquello que entonces llamábamos «manchología»: se colocaba a personas diversas en los escáneres y se intentaba detectar ciertas «manchas» informes de actividad en sus cerebros.

»Uno de mis ejemplos favoritos de aquello —continuó— lo vi en uno de los primerísimos congresos a los que asistí, donde presentaron un estudio titulado "La IRMf de la oposición ajedrez-descanso". Básicamente, se habían dedicado a tumbar a varias personas en un escáner y a algunas les habían pedido que jugaran partidas de ajedrez mientras estaban allí dentro mientras que a otras les habían dicho que permanecieran quietas sin hacer nada. Los cerebros de unos sujetos y otros se habían mostrado activos durante el experimento, pero su forma de estarlo varió según lo que se les había pedido que hicieran. Así, en los que jugaron al ajedrez, se observó "mayor" actividad en ciertas regiones cerebrales. A partir de ello, los investigadores habían deducido que esas regiones eran las responsables de los procesos implícitos al hecho de jugar al ajedrez. Aquello era un abuso de la inferencia inversa: "Esta parte se activa y estas son las cosas que hacemos cuando jugamos al ajedrez; por tanto, esas áreas deben de ser las encargadas de tales funciones o de tales otras en general". Era un ejercicio de deducción al revés. Era como concebir el cerebro como si fuera el motor de un coche, desde la idea de que cada región cerebral debía realizar una función y nada más que una función.

»Ese enfoque conduce a conclusiones equivocadas; vemos actividad en una región del cerebro y atribuimos a esta una función específica. Pero es del todo erróneo. Hay múltiples funciones incorporadas en áreas igualmente múltiples, gestionadas a su vez por diversas redes cognitivas. Es todo muy complejo. He ahí el problema de la neuroimagen en general: nos lleva a deducir conclusiones precipitadas cuando analizamos fenómenos subjetivos como la felicidad».

Pese a que, por fuera, me uní abiertamente a él en lo de reírnos de los incautos ingenuos que pensaron en su día que podían usar una IRMf para descubrir de qué lugar del cerebro viene la capacidad de jugar al ajedrez, yo me estaba muriendo de vergüenza por dentro. Eso mismo había esperado conseguir yo. Acababa de descubrir, por utilizar el término que aprendí ese mismo día, que yo también era un redomado manchólogo.

Resulta, pues, que una cosa es usar herramientas de imagen para estudiar cosas como la vista: en ese caso podemos controlar con un nivel aceptable de fiabilidad qué están viendo nuestros sujetos y podemos garantizar que a cada uno de ellos se le enseña la misma imagen para asegurarnos de la consistencia de los resultados, y de ese modo podemos localizar y estudiar el córtex visual. Pero es mucho más complicado estudiar lo que el profesor Chambers llama «la cosa interesante»: las funciones superiores, como las emociones o el autocontrol.

—La pregunta no es «¿de qué lugar del cerebro sale la felicidad?». Eso es como preguntarse «¿en qué lugar del cerebro se produce la percepción del ladrido de un perro?». Mucho mejor es preguntarse «¿cómo logra el cerebro sustentar la felicidad?, ¿qué redes y procesos se usan para que aquella aparezca?».

El profesor Chambers también tocó el tema que he planteado antes: ¿qué *es* la felicidad, técnicamente hablando?

—¿De qué escala temporal estamos hablando? ¿Hablamos de una felicidad inmediata como la de «¡qué buena está esta cerveza!»? * ¿O es algo más a largo plazo y general, como cuando los hijos nos hacen felices, o trabajamos para lograr un objetivo, o conseguimos estar satisfechos con nuestra vida, tranquilos y relajados, ese tipo de cosas? Tenemos varios niveles de funcionamiento cerebral que sustentan todo eso, así que ¿cómo los desacoplamos?

Para entonces, yo ya había abandonado toda esperanza de llevar a cabo mi mal concebido plan de experimento y hasta me había hecho a la idea. El profesor Chambers, a pesar de mis temores previos sobre la ferocidad de los académicos con las personas de intelecto inferior, fue muy amable en todo momento y me confesó que, en cualquier otro caso, habría estado dispuesto a dejarme probarlo, aunque solo fuera a efectos de hacer una demostración útil del potencial de la técnica. Pero, por desgracia, el funcionamiento de los aparatos de IRMf es tremendamente caro y, además, siempre hay varios grupos de investigación en lista de espera para usarlos. Probablemente contrariaría a mucha gente si desperdiciaba tan preciado tiempo de su escáner dejando que un tonto como yo examinara su propio córtex en busca de la felicidad.

Evalué la posibilidad de costear el uso del aparato de mi propio bolsillo, pero era demasiado caro. No todas las personas que escribimos libros somos J. K. Rowling, e incluso alguien tan generoso como lo es Sophie —mi publicista— cuando se trata de tra-

---

* Estábamos en un pub, así que pedí cerveza para los dos. Como él la mencionó y yo lo he explicado aquí, ahora puedo hacerla constar como gasto fiscalmente deducible. Mira qué bien.

mitar facturas como gastos de trabajo costeables por las editoriales se negaría a admitir un presupuesto como ese. «Serán 48 libras por un pasaje de tren, 5 por el sándwich del mediodía, 3 por el café, y 13.000 por el alquiler de un día de IRMf». No se me ocurría cómo algo así podría pasar inadvertido en ningún departamento contable.

Pero en vez de dar por concluida la reunión (y por perdida mi causa), en ese mismo instante opté por preguntar al profesor Chambers si había más problemas con el uso de la técnica de la IRMf de los que me convenía estar al corriente antes de intentar reformular mis ideas en algo más «factible». Y resulta que el profesor Chambers es una persona muy entusiasta y activa en lo tocante a destacar los inconvenientes y los problemas que aquejan a los modernos estudios de neuroimagen y a la psicología en general. Incluso ha escrito un libro titulado *The Seven Deadly Sins of Psychology* (*Los siete pecados capitales de la psicología*)[32] sobre cómo podría y debería mejorarse la psicología moderna.

Varios son los problemas importantes de la IRMf que me pusieron de manifiesto lo difícil que me iba a resultar usarla para realizar un experimento dirigido a localizar la felicidad. Para empezar, como ya se ha dicho aquí, es cara. Por tanto, los estudios que recurren a ella tienden a ser relativamente reducidos, limitados a un número pequeño de sujetos. Y eso es un problema, porque cuantos menos sujetos se usan, menos confianza tiene el investigador en que sus resultados sean realmente significativos. Cuantos más sujetos, mayor es el «poder estadístico»[33] de unos resultados y mayor es la confianza que se puede tener en que son válidos.

Pensemos en el ejemplo de un dado. Lo lanzamos veinte veces y, en un 25 % de ellas, nos sale un seis. Es decir, que nos ha salido en cinco ocasiones. Podríamos pensar que eso es un poco improbable, pero perfectamente posible. No parecería significativo. Ahora digamos que lo lanzamos veinte mil veces y que, en un 25 % de ellas, nos sale un seis. Es decir, que en cinco mil ocasiones ha salido un seis. Eso sí que parecería extraño. Probablemente llegaríamos a la conclusión de que algo raro le pasa al dado, que debe de estar trucado o cargado por algún lado. Pues lo mismo ocurre con los experimentos en psicología: detectar un mismo efecto o resultado en cinco personas es interesante, pero detectarlo en cinco mil constituiría seguramente un gran descubrimiento.

Realizar un experimento con una sola persona, como yo aspiraba a realizarlo, es básicamente un ejercicio inútil desde el punto de vista científico. Menos mal que alguien me lo advirtió antes de que lo hiciera.

El profesor Chambers también me explicó que el elevado coste disuade a muchos de repetir sus experimentos. La presión que tenemos los científicos para publicar resultados positivos (del tipo «¡hemos descubierto algo!», en vez de «lo intentamos, pero ¡no descubrimos nada!») es inmensa. Los primeros tienen más probabilidades de ser publicados en las revistas especializadas y de ser leídos por los colegas e incluso por otros lectores, y por tanto, de potenciar sus carreras, las opciones de conseguir becas, etcétera. Pero eso no quiere decir que no sea mejor repetir los experimentos siempre que sea posible, a fin de demostrar que el resultado obtenido no fue una mera casualidad. Por desgracia, los científicos se sienten presionados a pasar rápidamente al estudio siguiente, a ser quienes realicen el gran descubrimiento que está por venir, por lo que ciertos resultados de interés quedan sin respuesta sin más[34], especialmente los obtenidos a partir del empleo de la IRMf.

Así pues, aun en el caso de que pudiera llevar a cabo mi experimento, convendría que lo repitiera varias veces, fueran cuales fueren los resultados, incluso aunque no me estuviera dando los datos que yo pretendía inicialmente que me diera. Y esa es otra cuestión a tener en cuenta.

Los datos generados por la IRMf no son ni mucho menos tan claros como las noticias de los medios generalistas podrían darnos a entender. En primer lugar, hablamos de partes del cerebro que «se activan» durante un estudio, pero, como bien me señaló el profesor Chambers, «eso carece de todo sentido real. *Todas* las partes del cerebro están activas en todo momento. El cerebro funciona así. Lo que podemos preguntarnos, en todo caso, es cuánto más activas están esas regiones concretas y si ese nivel de actividad es significativamente mayor que el habitual».

Para cumplir siquiera con los mínimos exigidos por la «manchología», hemos de ser capaces de determinar qué manchas de las que se aprecian en la imagen del escáner son «relevantes» y cuáles no. Eso es mucho pedir cuando se trata de algo tan peliagudo como monitorizar la actividad de áreas específicas del cerebro[*]. Para empezar, ¿qué se considera un cambio «significativo» en el nivel de actividad? Si todas las partes del cerebro muestran continuas fluctuaciones de actividad, ¿cuánto tiene que incrementarse esta para que la consideremos relevante? ¿Cuál es el umbral que debe traspasar? Hablamos de un nivel que puede variar de un estudio a otro. Es como estar en el concierto de la megaestrella pop del momento y tratar de averiguar cuál es su seguidor más acérrimo en función de cuál de ellos lanza los gritos de fascinación más sonoros: posible, sí, pero en absoluto fácil y, en todo caso, laboriosísimo.

Y ahí radica otro inconveniente bastante notorio, según me explicó el profesor Chambers:

—La IRMf tiene un enorme problema con eso que llamamos «grados de libertad del investigador». Muchas veces, la gente no

---

[*] Y cuando ni siquiera es eso lo que la IRMf hace realmente, por cierto. La IRMf detecta las ondas electromagnéticas dispersadas por los átomos y, gracias a ello, nos revela cambios en los niveles de oxígeno en sangre en partes muy concretas del cerebro. El tejido cerebral (como todos los tejidos del cuerpo) usa oxígeno cuando tiene que hacer algo, así que, cuanto más activa esté una región, más oxígeno consumirá, lo que se reflejará en una mayor variación en los niveles de oxígeno en sangre en esa área, que es justamente lo que la IRMf puede detectar. La medición que nos da es válida, pero, como constatación de la actividad cerebral, no deja de ser todo lo indirecta que una medición de ese tipo puede ser.

decide cómo analizará sus datos, y, en ocasiones, ni siquiera sabe qué pregunta va a formular hasta después de haber realizado el estudio. Y cuando se ponen a ello y examinan lo que tienen, descubren que tienen un verdadero «jardín de los senderos que se bifurcan», pues incluso en el más simple de los estudios con IRMf hay miles de decisiones analíticas que tomar, cada una de las cuales los llevará a un resultado ligeramente distinto según la opción por la que se decanten. ¿Qué hacen entonces los investigadores? Extraer los datos al final en busca de un resultado que les sea útil.

Esto ocurre porque existen muchas y diferentes vías de análisis de unos datos complejos, y puede ser una combinación de técnicas la que nos proporcione un resultado útil. A algunos les parecerá una práctica poco honrada (algo así como disparar con una ametralladora contra un muro, dibujar a continuación una diana alrededor de la zona donde haya más orificios de bala concentrados y presumir luego de nuestra buena puntería). No es tan grave, pero no va por buen camino. Aunque, claro, cuando la carrera y el éxito de un investigador dependen de acertar en la diana y él tiene esa opción a mano, ¿por qué no iba a obrar así?

De todos modos, esa solo es la punta del iceberg del conjunto de los problemas asociados con los experimentos con IRMf. El profesor Chambers tenía respuestas y soluciones potenciales para todos esos problemas: dejar claras las técnicas de análisis con anterioridad a la realización de los experimentos; compartir bases de datos y de sujetos entre grupos de investigación para incrementar la validez de los resultados y reducir costos; cambiar la manera de valorar y evaluar a los científicos a la hora de conceder becas y oportunidades.

Todas ellas, buenas y válidas soluciones. Pero ninguna que me sirviera *a mí* en mi propósito particular. Yo había ido a aquel almuerzo con la esperanza de obtener permiso para usar una maravilla de alta tecnología para localizar el origen de la felicidad en mi cerebro y lo único que estaba sacando de todo aquello era que ese mismo cerebro se estuviera devanando con el sinfín de problemas asociados a la ciencia avanzada, y que, además, se estuviera sintiendo claramente infeliz por culpa de ello.

El profesor Chambers regresó finalmente a su trabajo y yo me tuve que volver decepcionado a casa, con la cabeza zumbándome por algo más que las dos solitarias cervezas que me había tomado durante nuestra conversación. Al empezar, pensaba que sería relativamente fácil determinar qué nos hace felices y de dónde viene la felicidad. Pero resulta que, aun en el caso de que las técnicas científicas que yo esperaba usar fueran claras y simples (que para nada lo eran), habría tenido que aceptar que la felicidad, esa cosa que todo el mundo siente alguna vez, que todo el mundo desea y que todo el mundo cree saber qué es, es mucho más complicada de lo que había previsto.

Para mí era como las hamburguesas. Todo el mundo sabe qué son. Todo el mundo las conoce. Pero ¿de dónde vienen? La respuesta fácil sería «del McDonald's» o «del Burger King», o de cualquier otro local que prefiramos. Muy simple, ¿verdad?

Sí, si no fuera porque las hamburguesas no se presentan por generación espontánea, como de la nada, hechas y listas para comer en la cocina de un restaurante de comida rápida. Hay que tener en cuenta que están hechas de carne de ternera (suponiendo que hablemos de una hamburguesa de ternera) previamente picada y aplanada en forma de medallón por la empresa que las suministra al restaurante, una empresa que obtiene esa carne a su vez de un matadero, que la compra en un proveedor de ganado para carne, que cría ese ganado en unos pastos y con unos piensos, actividad que, a su vez, consume unos recursos considerables.

Además, las hamburguesas se sirven dentro de unos bollos de pan. Estos proceden de otro proveedor, un panadero (por así decirlo) que necesita harina y levadura y otras muchas materias primas (tal vez incluso semillas de sésamo para espolvorearlas por encima) que amasa juntas y cuece en un horno, que precisa de un suministro constante de combustible para crear el calor necesario para el horneado. Y no podemos olvidar la salsa (con sus correspondientes cantidades elevadas de tomate, especias, azúcares y material con el que envasarla mediante procesos industriales) y la guarnición (campos de cultivo de verduras y hortalizas que hay que cosechar, transportar y almacenar por medio de una compleja infraestructura).

Y todas estas cosas solo nos proporcionan los elementos básicos de una hamburguesa. Ahí no está incluido el hecho de que hace falta que alguien la cocine y la monte. Eso lo hacen unos seres humanos de carne y hueso a los que hay que dar de comer y de beber, y a quienes hay que formar y pagar. Y el restaurante que sirve las hamburguesas requiere de electricidad, agua, calefacción, mantenimiento, etcétera, para funcionar. *Todo* esto, todo ese interminable flujo de recursos y de trabajo del que el individuo medio ni siquiera es consciente, se necesita para que nos pongan una hamburguesa en un plato y luego podamos comerla abstraídos mientras miramos el celular.

Tal vez esta sea una metáfora un tanto enrevesada y compleja, pero de eso se trata. Miradas de cerca, es como si las hamburguesas y la felicidad fueran ambas los resultados finales, familiares y agradables a la vez, de una complejísima maraña de recursos, procesos y acciones. Si queremos comprender el todo, debemos fijarnos también en las partes que lo componen.

Así que si quería saber cómo funciona la felicidad, iba a tener que fijarme en las diversas cosas que nos hacen felices y averiguar por qué. Al final decidí hacer precisamente eso. Justo después de comerme una hamburguesa.

Es que, no sé por qué, pero de pronto me vinieron muchas ganas de una.

2

EN NINGÚN LUGAR COMO EN CASA

Podría decirse que mi estado de ánimo cuando salí de aquel almuerzo con el profesor Chambers era de todo menos «feliz». Volví andando a casa y el trayecto se me hizo largo y triste, preocupado como estaba porque no sabía cómo proceder a partir de ahí.

Sin embargo, algo extraño sucedió cuando llegué a mi calle; ver mi casa hizo que, de pronto, empezara a sentirme mejor. No me refiero a una euforia desbordada ni a un «subidón» de vértigo, sino a una sensación bien definida de positividad y alivio que, en otro momento, ni siquiera habría advertido, pero que en aquel estado en el que me encontraba representaba un notable cambio. De hecho, al entrar en casa, mi ánimo mejoró más todavía. Dejé de pensar en «¿qué se supone que *debo hacer* ahora?» y comencé a planteármelo de otro modo: «Voy a hacer algo. Veamos, ¿qué *hago* ahora?, ¿en qué me fijo a continuación?». Mi primer estado de ánimo indicaba abatimiento, decaimiento; el segundo, acción, motivación, implicación. Llegar a casa me había levantado el ánimo. Son muchas las personas que reconocen sentir algo parecido: ese alivio y ese placer de llegar a casa tras una ardua (o, simplemente, prolongada) jornada de trabajo. Es una sensación muy común. Se podría decir que nuestro hogar nos hace felices en diversos sentidos.

¿Es así? ¿No será simplemente que nos sentimos aliviados por la idea de que una labor o una serie de acciones poco agradables para nosotros termina en el momento en que cruzamos la puerta de nuestra casa? ¿O hay algo más en el hecho de estar allí, en el hogar, que activa sensaciones positivas en nuestro cerebro? ¿Qué ocurre realmente en ese momento?

Desde un punto de vista neurocientífico, la idea de que nuestro hogar nos hace felices no tiene mucha lógica. Neurológicamente, nos adaptamos enseguida a lo que nos resulta familiar. Las neuronas dejan de reaccionar a las señales y a los estímulos cuando estos ocurren de forma repetida y previsible.[1] Pensemos, por ejemplo, en cuando entramos en una cocina donde se está cociendo algo que desprende un olor intenso, como un guiso de pescado, por decir algo. ¡Huele muy fuerte! Y, sin embargo, al cabo de unos minutos, dejamos de notarlo. Llega entonces otra persona, hace un comentario sobre lo mal que huele allí y nosotros nos preguntamos entonces de qué se queja. Es por la habituación. Cuando nos vestimos, dejamos enseguida de «percibir» la sensación de la ropa que nos acabamos de poner. También es por la habituación. Hay estudios que muestran que las personas podemos acostumbrarnos incluso a las descargas eléctricas[2], siempre y cuando estas sean predecibles y relativamente suaves. La habituación es un proceso muy potente que significa que el cerebro se concentra inicialmente en cualquier cambio repentino en nuestra situación, pero si ese cambio permanece y no provoca ninguna consecuencia importante, el cerebro termina perdiendo el interés por él.

Pasamos posiblemente la mitad de nuestras horas de vigilia (y casi todas las de sueño) en nuestro hogar, por lo que cabría suponer que ese sería el último lugar al que nuestro cerebro reaccionaría. ¿Por qué, entonces, la casa en la que vivimos induce una respuesta en nuestro cerebro que hace que nos sintamos felices?

Este argumento, como el de la presunta «química de la felicidad», supone una simplificación excesiva del modo en que funciona el cerebro. Nuestros cerebros y nuestros sistemas nerviosos dejan de reaccionar a las cosas…, cuando estas no son *biológicamente relevantes*. Ahí radica la clave; significa que dejamos de responder a aquello que no tiene *consecuencias biológicas* para nosotros.

Necesitamos comer. Lo hacemos varias veces al día. Pero ¿nos «aburrimos» alguna vez de comer? Podemos cansarnos de ciertos tipos de comida; si nos pasamos una semana entera sin comer otra cosa más que pasta, acabaremos hartos de ella. Pero el acto de comer en sí, de ingerir alimentos, nunca se nos vuelve aburrido *. Si tenemos hambre, el más rutinario y rudimentario de los almuerzos puede proporcionarnos una sensación de satisfacción, de alegría, de placer, de felicidad. Incluso un simple vaso de agua nos parece ambrosía manada de la espita del barril de los dioses si tenemos calor o sed, porque es *biológicamente relevante*. Nuestros cerebros la reconocen como algo que necesitamos para seguir vivos y nos recompensa por ello con sensaciones placenteras cuando nos reabastecemos de ella.[3]

No funciona solo con las cosas agradables y buenas. Las personas también podemos acostumbrarnos rápido a la temperatura del agua en la que estamos sumergidos, aunque no si está que quema (literalmente), porque eso provoca un dolor agudo, y esa sí que es una sensación a la que el cerebro difícilmente (o nunca) llega a adaptarse del todo. La intensidad inicial puede remitir, pero el dolor nos indica que el organismo ha sufrido (o está sufriendo) un daño. Eso resulta biológicamente *muy* relevante, por lo que no se puede ignorar. De hecho, el dolor incluso tiene

---

* Salvo en situaciones extremas como las de quienes sufren algún trastorno alimentario, claro está.

sus propios neurotransmisores, neuronas y receptores especializados[4], dedicados a la «nocicepción», la percepción del dolor. Es tan esencial como desagradable.

Nuestros cerebros «anulan» la habituación cuando se trata de cosas importantes. Y si son positivas, beneficiosas, se activa el circuito de recompensa, lo que significa que percibimos algún tipo de placer cuando nos ocurren. De ahí que haya cosas a las que sigamos siendo aficionados y a las que sigamos reaccionando con independencia de lo familiares que nos resulten.

¿Qué tiene esto que ver con el hogar? ¿Acaso nuestros hogares son «biológicamente significativos»? Es muy posible que sí. Pensemos, si no, en la cantidad de cosas imprescindibles que suceden en nuestro hogar: en él tenemos lo necesario para alimentarnos, dormir, calentarnos e incluso evacuar los residuos de nuestro organismo (otra función vital fundamental).

Los famosos perros de Pavlov aprendieron que un sonido inocuo podía significar la inminente llegada de comida y reaccionaban con entusiasmo cuando lo oían*[5], lo que sentó las bases del aprendizaje asociativo, fundado en el establecimiento de conexiones mentales entre sucesos separados. Al formidable cerebro humano no le lleva tiempo alguno aprender que nuestra casa es el lugar donde podemos satisfacer todas nuestras necesidades biológicas esenciales, así que formamos una asociación positiva con ella.

Pero es algo *aprendido*. Nuestra casa no está haciendo nada relevante desde el punto de vista biológico; solo es el lugar donde ocurren cosas biológicamente relevantes. ¿Hay algo que nos indique que nuestros cerebros reaccionan a nuestro hogar direc-

---

* Esa entusiasta respuesta se cuantificó midiendo la cantidad de saliva que secretaban, convertida así en un indicador fiable de la expectativa de comida en los perros. Sí, uno de los más famosos experimentos psicológicos de la historia implicó la recogida y medición de babas caninas. Nadie dijo que en ciencia todo el monte fuese orégano.

tamente? Para responder a esta pregunta, fijémonos en hasta qué punto los hogares son *hechos naturales*.

Los hogares no son algo que los humanos nos inventamos un día para tener un lugar donde guardar los zapatos y los iPads. Existen por doquier en el mundo natural y adoptan muchas formas diferentes: nidos de ave, hormigueros, termiteros, madrigueras de conejo, oseras, y un largo etcétera. Son innumerables las especies que tienen hogares; los seres humanos solo hemos sido los primeros en incorporarles un timbre en la puerta.

Si algo es habitual en tan numerosa y variada lista de especies, es porque sirve para cubrir una necesidad biológica de algún tipo. Los indicios apuntan a una sensación de *protección*. En general, las cosas biológicamente relevantes son aquellas que nos mantienen con vida, que contribuyen a procurar nuestra supervivencia. Pero, en la naturaleza, no solo nos mata la falta de comida; allí existen también otros muchos peligros y amenazas, de los que los más evidentes son los depredadores, pero entre los que podemos contar igualmente los propios peligros del medioambiente. De poco sirve la abundancia de alimento si nos caemos por un barranco sombrío y nos partimos el cuello.

De ahí que hasta el más básico de los mamíferos haya desarrollado por vía evolutiva un complejo y sensible mecanismo de detección de amenazas. En los humanos, una serie de regiones como la amígdala, el córtex cingulado anterior subgenual, el giro temporal superior y el giro fusiforme, entre otras[6], forman parte de una intrincada red que procesa velozmente la información que llega de los sentidos, la evalúa en busca de algo que pueda parecer una amenaza y activa la reacción apropiada (por ejemplo, una respuesta de huida o lucha). Ese sistema de detección de amenazas resulta extraordinariamente útil en el momento de explorar nuevos lugares con los que no estamos familiarizados, o de buscar recursos o parejas sexuales, cuando no sabemos muy bien si hay algún carnívoro hambriento acechando entre las sombras.

Pero no es algo que simplemente podamos encender cuando nos venga bien, como quien se lleva un paraguas por si llueve; siempre está ahí, listo para entrar en acción ante la más mínima sensación de peligro. Hay datos que indican que podría bastar una simple forma geométrica para activarlo. Un estudio de Christine Larson y sus colaboradores, publicado en 2009[7], mostró que esas áreas de detección de las amenazas se activaban más cuando a los sujetos se les enseñaban unas formas bidimensionales básicas formadas por una ve corta («V») con la punta hacia abajo. Básicamente, la conclusión fue que esos triángulos puntiagudos disparan el sistema de detección de amenazas. No lo hacen de una manera sustancial, pues, si no, nos pasaríamos el día temblando de miedo ante las letras del alfabeto o los barriletes. Pero, aun así, tiene cierta lógica. Muchos peligros naturales, como la cara de los lobos, los colmillos, las garras, las púas, etcétera, tienen una forma de «V». Nuestros cerebros en evolución así lo detectaron y potenciaron una actitud de cautela ante ella.

Nuestros sistemas cerebrales de detección de amenazas son sensibles y persistentes, pero el miedo y la paranoia constantes debilitan mucho, como cualquier persona que padezca de ansiedad crónica sabe bien.[8] Es una manera muy estresante de vivir que afecta negativamente la salud del organismo y del cerebro. Muchas personas que padecen ansiedad no se sienten capaces siquiera de salir de casa. También eso tiene sentido: los lugares familiares son menos peligrosos, pues ya hemos estado en ellos a menudo y seguimos vivos, así que no hacen que nuestro sistema de detección se module al máximo de sensibilidad, cual francotirador bajo los efectos de las anfetaminas. Todo lo contrario. Se modula a un tono mucho más bajo, como el de un sereno en su ronda nocturna pasando ante la vidriera de una zapatería de su pueblo: atento, sí, pero sin previsión alguna de que realmente vaya a pasar nada. Para contener los efectos del temor y del estrés constantes ayuda mucho, pues, tener acceso a un lugar fiablemente seguro y familiar. Así que, *voilà,* he ahí una clara ventaja biológica de tener un hogar.

Lo interesante es que, cuando estamos en casa, podemos centrarnos con mayor facilidad en todo aquello que se sale de lo corriente. Si estamos en un restaurante desconocido para nosotros y oímos que un vaso se hace añicos contra el suelo, ese ruido nos distrae por un instante, pero técnicamente *todo* nos distrae allí, porque todo nos resulta poco familiar, así que apenas si le prestamos una atención superficial. Pero ¿y si estamos en casa y oímos el ruido de un vaso que se rompe? Eso es inusual y, de pronto, nos sentimos preparados para el peligro porque sabemos que esa es una indicación de un riesgo (doble si, además, da la casualidad de que estamos solos en el domicilio). Hay estudios que sugieren incluso que podemos detectar y reconocer estímulos amenazantes con mayor rapidez en un entorno familiar que en uno que no lo es.[9] Es lógico: en el primero hay menos cosas que nos distraen, pues nuestro cerebro está acostumbrado a «ignorar» los elementos que allí nos rodean, por lo que cualquier cosa que difiera de aquellos es objeto de nuestra atención mucho antes. Puede que sea difícil detectar un tigre en la selva, pero, desde luego, será mucho menos complicado de detectar en un campo de críquet.

Proporcionarnos un entorno fiable donde podemos sentirnos libres de estrés es una de las maneras que tiene nuestro hogar de hacernos felices. Eso no quiere decir que nuestro hogar sea necesariamente un sitio desprovisto de factores de estrés. Puede ser la fuente de una gran ansiedad, pero lo más habitual es que eso se deba a problemas desafortunados, pero solucionables (unas humedades que van en aumento, una caldera de la calefacción estropeada, etcétera), o a las personas con las que lo compartimos (por ejemplo, una pareja abusadora). Un estudio realizado en los años ochenta llegó incluso a sugerir que, para unos padres ya mayores, tener a sus hijos adultos viviendo aún en casa es una fuente potencial de estrés si la relación paterno-filial es antagónica[10], un problema que sin duda se está volviendo más relevante por culpa de la caótica situación actual del mercado inmobiliario. Pero, aun así, en líneas generales, nuestros hogares suelen funcionar como un entorno reductor del estrés, no como potenciadores de este.

El hecho de que nuestro hogar nos proporcione un entorno protegido tiene una importante consecuencia añadida: el sueño, otra función esencial que, por lo general, realizamos allí. Se sabe que el sueño y el estado de ánimo están fuerte y complejamente interconectados. Un sueño alterado o limitado puede causar irritabilidad, estrés y desánimo en los seres humanos[11], así que, por el mero hecho de facilitar que durmamos lo suficiente, nuestros hogares incrementan la probabilidad de que seamos felices. Los científicos han investigado incluso qué ocurre cuando las personas intentan dormir en lugares poco familiares para ellas, como los hoteles. En un estudio realizado en 1966, se colocaron electrodos en las cabezas de decenas de voluntarios para que pasaran cuatro noches durmiendo en un laboratorio[12] y, mientras tanto, se registrara su actividad cerebral por medio de electroencefalogramas (EEG). Los investigadores hallaron que el sueño de los voluntarios se veía muy disminuido y alterado durante la primera noche, pero no así durante las siguientes. Esa fue la primera demostración constatada del fenómeno conocido por el nada sorprendente nombre de «efecto de primera noche»[13], que es el que se observa cuando las personas tienen problemas para dormir en un lugar nuevo tan a pierna suelta como lo hacen normalmente. Da igual que se trate de un hotel de cinco estrellas, en una cama con baldaquino y sobre almohadas rellenas de plumas de ángel, no dormiremos igual de profundo que en nuestro propio colchón abollado porque estaremos en un entorno poco conocido y una parte de nuestro cerebro permanecerá más «despierta», haciendo que estemos alertas a cierto nivel subconsciente*.

---

* Hay especies que llevan esto al extremo. Un ejemplo muy claro es el del sueño unihemisférico[14], en el que una mitad (hemisferio) del cerebro duer-

Hasta aquí nos hemos centrado en el «hogar» como recinto físico concreto que constituye nuestro domicilio. Pero las personas pueden tener barrios, localidades o hasta países a los que llaman «hogar» (sus patrias chicas y sus patrias grandes). Aunque pueden ser más una construcción abstracta que un entorno concreto (un país entero es demasiado grande como para que un ser humano tenga una conexión tangible con todo él), es evidente que el sentido humano del hogar no termina en las cuatro paredes en las que cada uno de nosotros reside.

Esto también es aplicable a otras especies; nunca veremos a un elefante en un nido (aun cuando eso sería ciertamente alucinante), pero, por más que carezcan de una morada concreta, eso no significa que no tengan un hogar. Muchos animales —incluidos los elefantes— tienen un «espacio vital», un área concreta dentro de la cual se mueven y de la que muy rara vez salen. Otros tienen un «territorio» y se diferencian de los animales que tienen un espacio vital porque a ellos sí les importa compartirlo: los animales territoriales defienden su espacio frente a cualquier intruso. Un alce que vea a otro en su espacio vital hará poco más que gruñirle, pero si un tigre se aventura en el territorio de otro, la cosa enseguida se vuelve sangrienta.[16]

Los humanos podemos vivir (y vivimos) en lugares con densidades de población que desesperarían a otras especies. El hecho de que no nos opongamos a compartir el entorno con nuestros congéneres da a entender que somos animales que poseen un «espacio vital». Pero tampoco podemos olvidar que muchas personas que han sido objeto de robos en sus casas confiesan que lo que más les disgusta de esa situación es la sensación de violación, de saber que un desconocido ha estado en su casa sin su conocimiento ni su permiso. Tampoco es raro que las personas se muestren

---

me mientras la otra permanece despierta y sigue ocupándose de que el cuerpo haga lo que tiene que hacer. Eso ocurre en los delfines mientras nadan con su manada y en muchas aves migratorias mientras vuelan sobre el océano.[15]

suspicaces, poco amistosas e incluso hostiles con los extraños o con alguien diferente en «su propio» vecindario. ¿Puede ser, pues, que los humanos evidencien una conciencia mixta de espacio vital *y* de territorio, aunque la mayoría de los animales tengan solo una de las dos? Sea como sea, todo esto muestra que nuestros cerebros son muy conscientes de nuestros hogares, aunque abarquen áreas impresionantemente extensas.

Que eso sea siquiera posible se debe a nuestra conciencia espacial, un sistema que hace que sepamos dónde estamos y adónde vamos en todo momento. Parece ser que el hipocampo y las áreas cerebrales que lo rodean en el lóbulo temporal son clave para esquematizar «mapas» del entorno, desplazarnos por él, orientarnos y otras habilidades de similar importancia.[17] El hipocampo tiene un papel crucial en la formación de la memoria a largo plazo; por lo que es lógico que presente también esa otra faceta: para saber dónde estamos necesitamos recordar dónde hemos estado antes.

Eso no es todo. En esas áreas hay neuronas que reaccionan a factores como la «dirección de la cabeza» y se activan solamente cuando la cabeza está orientada de cierta manera, lo que permite que el cerebro controle hacia dónde va. Hay otras que son «células de lugar» y solo se activan cuando nos encontramos en una ubicación espacial reconocible.[18] Eso posibilita que el cerebro lleve un registro de lugares familiares, como quien clava chinches en un mapa. También hay «células de red» (o cuadrícula), que, al parecer, nos hacen ser conscientes de nuestra posición en el espacio. Si una persona se levanta y se desplaza por una sala con los ojos cerrados, mantendrá la conciencia de dónde está y hacia dónde se ha movido. Pues bien, se cree que necesitamos las células cuadrícula para tener tal habilidad.[19]*

---

* En realidad, las células de red que llevan a cabo esa clase de función se han descubierto en animales como ratas y monos, pero todavía no se han localizado a ciencia cierta en cerebros humanos. Puede que las usemos como

Incluso existen unas «células de límite», unas neuronas que se activan cuando llegamos a una frontera ambiental concreta, como un río que marca el término de nuestro territorio, o una puerta que separa nuestro hogar del mundo exterior. Son neuronas que se activan cuando nuestros sentidos detectan que nuestro entorno presente se «acaba» y nos informan que estamos a punto de traspasar un umbral importante. La mayoría de esos tipos de células se encuentran en el hipocampo o en las regiones próximas asociadas a él.

Estos sofisticados sistemas espaciales hacen que sepamos dónde estamos y adónde vamos, sobre todo en lo referente a nuestros hogares. «Esta es mi casa»; «aquí termina mi casa»; «mi casa está en esa dirección». Eso explicaría en parte por qué somos capaces de hallar el camino de vuelta a casa sin reparar siquiera en ello, por ejemplo, cuando estamos un poco ebrios. *

Esta cuestión es relevante porque nos introduce en otra función importante de un hogar y nos ayuda a resolver lo que, de otro modo, podría parecer una contradicción. Si nuestros cerebros necesitan un hogar porque les suministra una reconfortante sensación de familiaridad —opuesta a la activación del sistema de detección de amenazas que provocan los entornos poco familiares—, ¿cómo se explican fenómenos como la curiosidad? Ratas, ratones, gatos (pese a lo que diga el refrán) y otras muchas criaturas hacen gala también de cierta «preferencia por la novedad», un interés espontáneo por cosas con las que nunca antes se habían encontrado[20]; es otra forma de llamar a la curiosidad de toda la vida. Pero esas mismas criaturas también evidencian neofobia, un

---

las demás especies, o puede que el nuestro sea un sistema más evolucionado, más diverso y flexible. Sea como sea, es un fenómeno impresionante.

* Es lo que en el Reino Unido se conoce como el «taxi cervecero»: el hecho de que uno (o una) se despierte en su cama a la mañana siguiente, tras una noche de borrachera, sin ser capaz de recordar cómo demonios llegó hasta allí.

miedo o una ansiedad reflejas cuando se las expone a algo que no les resulta familiar.[21] ¿Cómo es posible que coexistan la preferencia por la novedad y la neofobia en un mismo cerebro? Hay que tener en cuenta que las situaciones cambian; una respuesta que resulta útil en un escenario podría ser muy desaconsejable en otro. Aplaudir a alguien que ha dado su discurso de boda es apropiado; hacerlo tras un panegírico en un funeral, seguramente no. Un cerebro sin problemas de funcionamiento tiene en cuenta el contexto a la hora de decidir su modo de respuesta, incluso en los niveles más básicos.

Hay estudios que muestran que lo que estresa a los ratones no es tanto lo que es novedoso o poco familiar en sí, sino el hecho de *no poder huir* de esa novedad. Si dejamos que un ratón acceda a un lugar desconocido para él desde otro que sí le resulta familiar, el animal se dedicará a explorar el nuevo espacio y las cosas que encuentre en él. Pero si lo colocamos en un lugar extraño sin vía de escape alguna, no mostrará más que miedo y ansiedad.[22 23] Al parecer, las cosas desconocidas solo dan miedo si nos las encontramos en una situación en la que no tenemos un lugar seguro al que retirarnos. Otra función crucial de un hogar: nos proporciona un entorno protegido desde donde explorar e investigar las novedades, buscar recursos útiles y sobrevivir.

Como equivalente humano de esa forma de ansiedad, consideremos el caso de la nostalgia cuando se refiere a una añoranza del hogar. Hay una teoría según la cual la angustia que sentimos cuando echamos de menos nuestra propia casa es una reacción que evolucionó en los seres humanos para disuadirnos de aventurarnos por nuestra cuenta lejos de la protección de la comunidad.[24] El cerebro cronometra el momento en que nos separamos de nuestro hogar y la reacción a ese paso del tiempo suele ser negativa. Un ejemplo especialmente crudo de esto es el llamado «duelo cultural»[25] que afecta a los emigrantes cuando se vuelven tan conscientes de la pérdida del apoyo social, las costumbres y las normas culturales de su país de origen que su propio bienestar mental queda perjudicado. Es una sensación que aqueja con especial intensidad a los refugiados, quienes se ven obligados a instalar un nuevo hogar en un país distinto tras haber vivido unas circunstancias ya de por sí traumáticas. Como resultado, los problemas de salud mental tienen una incidencia relativamente elevada en esas poblaciones.[26] Posiblemente, ese sea el ejemplo más evidente del que disponemos actualmente de cómo el vínculo entre nuestros hogares y nuestros cerebros afecta nuestra felicidad.

En resumen, nuestros hogares son biológicamente relevantes; proporcionan protección y seguridad, elementos ambos que son imprescindibles para nuestra supervivencia y nuestro bienestar general, por lo que el cerebro reacciona positivamente a ellos y hace que nos sintamos felices. Qué sistema más bueno y más bonito, ¿verdad? Sí, pero quizá haya llegado el momento de sacar a relucir sus desventajas.

El humano típico del primer mundo puede imaginarse que tendrá muchos hogares distintos a lo largo de la vida. Algunos los recordará con cariño; de otros apenas sí guardará recuerdo alguno. Yo tuve múltiples hogares durante mis años de universidad, pero hoy apenas logro recordar la dirección de muchos ellos. Sin embargo, sí me acuerdo con detalle del hogar en el que me crié. ¿Por qué esa diferencia? Si la utilidad de un hogar no es otra que satisfacer una necesidad biológica, ¿por qué algunos de ellos nos resultan deseables y otros no? Además, ¿por qué alguien se mudaría de casa? En una mudanza, no solo renunciamos a un entorno que sabemos protector por otro nuevo del que estamos mucho menos seguros, sino que cambiar de casa es sin duda una de las experiencias más estresantes (dejando de lado los traumas y las calamidades) para cualquier ser humano típico.[27] El tiempo, el esfuerzo, el costo, la incertidumbre, la pérdida de control personal de la situación…, todos estos factores desencadenan la reacción del estrés en nuestro cerebro. ¿Por qué nos sometemos voluntariamente a semejante convulsión?*. Es una decisión más extraña, si cabe, si tenemos en cuenta el fenómeno de la aversión al riesgo[28], un sesgo cognitivo inherente a la mayoría de cerebros por el que minimizamos el valor de los beneficios potenciales y exageramos la importancia de las pérdidas potenciales que puede ocasionar una decisión. Muchos de nosotros nos aferramos a lo que ya conocemos; a lo mejor, pedimos siempre el mismo plato del menú cuando comemos fuera: «Puede que haya otros que estén mejor, pero yo *sé* que me gusta el que pido normalmente, conque no me arriesgo». Si nuestro cerebro nos aparta de la posibilidad de cambiar de elección culinaria, ¿por qué no nos impide cambiar de hogar?

Se trata de una realidad que no me parecía lógica, así que me decidí a hablar de ella con alguien que tiene una gran experiencia en el mundo de la compraventa y el alquiler inmobiliarios en una zona que ha demostrado ser una de las más populares para la búsqueda humana de hogares de todo tipo: me refiero a la ciudad de Nueva York**. Pues bien, resulta que, en 2016, tuve el inesperado (y surrealista) placer de aparecer en Brick Underground, un sitio web que se anuncia como la «guía de supervivencia cotidiana para quien quiera comprar, vender, alquilar y vivir en Nueva York». Así que les pregunté si serían tan amables de devolverme el favor y me dijeron que fuera a hablar con Lucy Cohen Blatter, redactora y periodista de la propia web de Brick Underground, quien ha entrevistado a centenares de propietarios y vendedores de viviendas en la Gran Manzana.

---

* Desde luego, son muchísimas las personas que han cambiado de domicilio por circunstancias ajenas a su voluntad: problemas financieros, desastres, trabajo, etcétera. Aquí me estoy refiriendo específicamente a quienes lo hacen por decisión libre y propia.

** Esto sucede también en Londres, lugar que me habría resultado mucho más cercano (y fácil) de investigar. Pero, como buen británico que no vive en esa ciudad, ¡estoy harto de oír hablar de Londres todo el tiempo! Así que ni pensarlo.

START SPREADING THE NEWS (QUE CORRA LA VOZ) *

Lucy es una neoyorquina nativa. Nadie mejor que ella puede conocer los entresijos y el atractivo de esta ciudad. Además, su marido es de Birmingham (la de Inglaterra), por lo que está también muy familiarizada con los acentos británicos, lo que fue de gran ayuda, pues mi acento galés cerrado y mi costumbre de hablar bastante rápido suelen hacer que a los anglohablantes no británicos les resulte un «desafío» entenderme cuando hablo. Llamé a Lucy a su casa, un departamento de Nueva York, y empecé preguntándole por qué su ciudad era para tantas personas un destino tan popular como lugar en el que instalar sus hogares.

—Creo que el motivo es doble —me dijo—. Probablemente, el factor más evidente es el trabajo. Si quieres encontrar empleo, Nueva York es donde mejor puedes hacerlo. Seguramente, tienes muchas más probabilidades de que te ofrezcan uno aquí que en cualquier otra parte.

Eso me parecía lógico, pero ¿hasta qué punto era relevante para lo que estamos explicando aquí? Muchas personas se mudan de domicilio todos los días por un cambio de empleo o una mejora en su carrera profesional**. Pero eso no nos indica realmente nada sobre lo que buscan en un hogar, pues este pasa así a ser un simple factor secundario de cara a lograr (y mantener) un trabajo. Las personas que eligen un hogar porque les ayudará a conseguir un empleo son como los viajeros que eligen con qué aerolínea volar para irse de vacaciones; volar los ayuda a conseguir su objetivo, pero no es la parte más importante, no es el objetivo en

---

* Primera frase de la archiconocida canción *New York, New York*. (N. del T.)

** En especial, los científicos. Quien se dedica a trabajar en algún campo de investigación muy competitivo suele tener que ir allá donde haya financiación y puestos disponibles, que rara vez están a un simple viaje de autobús del lugar en el que vivía hasta entonces.

sí. A nadie le gusta la comida de los aviones hasta tal punto. De todos modos, ese es un ámbito muy amplio, el del «trabajo», así que en aquel momento opté por dejarlo para más adelante y centrarme en la cuestión de los hogares.

—Lo otro que destaca enormemente en Nueva York es la variedad de culturas —prosiguió Lucy—. Hay tantas comunidades e influencias diferentes que, si quisieras, podrías hacer algo distinto cada noche de tantas opciones que hay para entretenerse, explorar, socializar, etcétera. Asimismo, en Nueva York (sobre todo tras los sucesos del 11 de septiembre) se respira una conciencia muy fuerte de comunidad, de solidaridad. Puede palparse una «energía» en esta ciudad que no detectas en otros lugares.

Las personas que nos rodean, la comunidad en la que vivimos, tienen un efecto muy directo y significativo en nuestro ánimo y en nuestro modo de pensar. En nuestros cerebros, vaya. Eso no es algo privativo de Nueva York, pero aceptemos de momento que nuestras interacciones con otras personas repercuten sensiblemente en nuestra felicidad. Repito: volveré sobre este tema más adelante.

Sin embargo, que Nueva York ofrezca semejante multiplicidad de opciones y fuentes de entretenimiento es un detalle que merece un examen más detenido. ¿Por qué esa vertiginosa variedad de espectáculos, películas, exposiciones, etcétera, resulta tan embriagadora para tanta gente?

Básicamente, nunca debemos subestimar la importancia de la novedad. Aunque a veces pueda asustarnos, como vimos que ocurre con la neofobia, suele ser una cualidad poderosa y gratificante. Muchos estudios con animales han mostrado que el enriquecimiento ambiental (la colocación de elementos en el entorno que lo vuelvan más complejo e interesante) tiene efectos tangibles beneficiosos en el cerebro, como pueden ser un aumento del crecimiento cerebral, un desarrollo mayor del hipocampo (que puede potenciar la memoria y otros procesos relacionados)[29] e incluso la prevención de convulsiones y de la muerte neuronal.[30] ¿Es posible, entonces, que vivir en una ciudad animada como Nueva York, Helsinki o Berlín sea en realidad muy *bueno* para nosotros, al menos en lo tocante al funcionamiento de nuestro cerebro? ¿Será por eso que tantos escritores, artistas y personas creativas acuden a la Gran Manzana?[31] Además de la enorme escena cultural que esta ciudad les da para promocionar y vender sus creaciones, ¿podría atraerles también porque vivir en un lugar estimulante inspira los procesos del pensamiento creativo?

La novedad también es importante en lo relativo al placer. Hay áreas específicas del cerebro, como la sustancia negra y el área tegmental ventral (ambas próximas al centro mismo del cerebro), que evidencian un incremento de actividad cuando se nos expone a una estimulación novedosa. Pero dichas regiones también están más activas cuando adivinamos una gratificación o recompensa. Y, lo que es más importante, ciertas partes muestran una actividad incrementada cuando prevemos obtener una recompensa *en un contexto novedoso*.[32] En esencia, la novedad puede acentuar la respuesta gratificante.

¿Qué significa todo esto en lenguaje llano? Pues nos indica con bastante fuerza que, aun suponiendo que todas ellas sean placenteras, a nuestro cerebro le resultan más agradables las cosas que le son nuevas que las que ya conoce. Un chiste nunca es igual de gracioso cuando nos lo cuentan por segunda vez. El primer beso es el que recordamos más especialmente, y no los incontables besos posteriores que nos hayamos dado durante todos estos años de casados con nuestra pareja. La novedad hace que el cerebro potencie la estimulación positiva que experimentamos. Bien podría decirse, pues, que la novedad nos hace más felices.

La vía por la que eso se produce es la activación del circuito de recompensa comentado anteriormente. Hay estudios que muestran que, si disponemos de menos receptores de dopamina en dicha vía de recompensa, necesitamos más estimulación para experimentar unos niveles «normales» de placer[33] y perseguimos emociones hasta extremos que la mayoría de personas consideraría excesivos. En definitiva, terminamos probando cosas como el puenting, los excesos alcohólicos y, tal vez, vivir en Nueva York.

La interminable novedad que nos ofrece la vida urbana es otra probable razón de que tener domicilio allí pueda ser más deseable para alguien dotado de un cerebro humano convencional (o no tan convencional). También podría ayudarnos a responder la pregunta de por qué iba alguien a hacer algo tan estresante si estamos programados para evitar el riesgo. Hay muchas y complejas teorías, amén de complicadísimos modelos matemáticos, sobre las propiedades exactas de la aversión al riesgo, pero una conclusión importante que se deriva de todas ellas es que esa aversión se supera *si la recompensa potencial es suficientemente grande*. Introducirse en una lata metálica, sujetados a miles de toneladas de explosivo líquido, es un riesgo inmenso, pero los astronautas lo hacen voluntariamente porque así consiguen ir al espacio, una recompensa que ellos consideran que «merece la pena». Y para muchas personas, arriesgarse a perder la protección de un hogar conocido en busca de otra vivienda en otra parte —en Nueva York, por ejemplo— se considera que vale la pena el esfuerzo por las potenciales recompensas que puede reportar. Mejores empleos, más cosas que hacer, más gente a quien conocer…, son todas ventajas claras y tangibles que su hogar previo no les puede proporcionar. Recuerden que ese lugar no se limita al edificio que habitamos, sino que incluye toda el área circundante que nuestro cerebro considera también nuestro «hogar». Así pues, nuestro cerebro sopesa los posibles pros y contras, y aunque normalmente exagera los segundos, llega a veces a la conclusión de que los pros pesan suficiente como para inclinar la balanza a su favor; así, un hogar seguro y conocido en medio de ninguna parte puede ser valorado por debajo de un hogar potencialmente inferior, pero situado en medio de *alguna parte*.

ESPACIO PARA LA CABEZA

Hay estudios que sugieren que la sensación de continuidad es necesaria para que un lugar transmita la impresión de ser un hogar[34], lo que quiere decir que es menos probable que nos sintamos en casa en un sitio del que sepamos que pronto tendremos que mudarnos. Eso explica por qué, si acumulamos varias direcciones sucesivas diferentes en un lugar como Nueva York en un breve espacio de tiempo, la ciudad misma pueda parecernos más nuestro hogar que cualquiera de los edificios o departamentos puntuales en los que hayamos vivido, pues la ciudad en su conjunto sí habrá llegado a inducir en nosotros esa sensación de continuidad que ninguna de las casas o los departamentos por separado tuvo tiempo de inducir.

Aun así, a nadie le gusta vivir en un basurero. Difícil será que alguien que busca un sitio donde vivir acepte la primera vivienda que le enseñen sin buscar un poco más: inevitablemente tratará de ver más opciones para quedarse con la «mejor» disponible. Así que debe de haber ciertas cualidades y aspectos que las personas buscamos en una vivienda, tal vez algo a lo que nuestros cerebros reaccionen de forma activa, aunque sea a nivel inconsciente. Pregunté a Lucy por la naturaleza concreta de los hogares que las personas buscan en Nueva York.

—Muchas veces, el espacio es lo que más preocupa. Es una ciudad muy densamente poblada, así que cualquier cosa que tenga suficiente espacio para el buscador de vivienda tendrá mucha demanda. De hecho, una de las principales razones por las que las personas terminan yéndose de Nueva York es porque necesitan más espacio. Quieren formar una familia o desean un lugar más grande para vivir por otros motivos y, a menudo, no lo pueden encontrar en la ciudad, así que tienen que mudarse a otra parte.

Aquello ya era de por sí muy interesante, pero lo que Lucy me dijo a continuación me dio a entender que, en Nueva York, el espacio es más valioso que el dinero.

—Yo escribí una serie de artículos en los que analicé los hogares de la gente muy adinerada, la que pertenece al 1 % más rico de la sociedad, e incluso esas personas tenían que sacrificar algo para vivir en el centro de la ciudad. En Manhattan vivían en departamentos de dos dormitorios; unos pisos inmensamente grandes y bonitos de dos dormitorios, sí, pero hablamos de gente que podría permitirse mansiones en cualquier otro lugar. Y, sin embargo, son personas que están dispuestas a vivir en lugares más pequeños con tal de tener su hogar en una ubicación tan deseable como Nueva York.

Al parecer, pues, todos tenemos que hacer sacrificios para comprar el espacio que deseamos. Pero ¿por qué es tan importante el espacio? Si un hogar simplemente satisface un deseo instintivo de protección, no haría falta que ocupase demasiado espacio. Bastaría con un lugar suficientemente grande como para que cupieran en él todas nuestras pertenencias y todos los servicios y comodidades esenciales (plomería, sanitarios, una cama, etcétera); cuanto menos espacio, mejor. Cuanto más pequeño sea un hogar, más barato será mantenerlo y calentarlo, más fácil resultará protegerlo, etcétera.

Pero tener una casa o un departamento pequeños significa que ya no podemos adquirir cosas nuevas, ni llevar a nuestros amigos allí, ni ampliar la familia. También hay que tener en cuenta la cuestión del estatus social: tener una casa grande es una señal de riqueza y de éxito.

Pero nuestras ansias de espacio son aún más profundas; nuestros cerebros *necesitan* una cantidad concreta de espacio para sentirse tranquilos y no estresarse. Hay todo un campo dedicado al estudio de nuestro sentido del espacio llamado proxémica. Lo fundó el antropólogo Edward T. Hall con un libro que publicó en 1966.[35] Hall sugirió entonces que la persona típica tiene cuatro «zonas», caracterizadas por unos límites sorprendentemente bien definidos: el espacio íntimo, el espacio personal, el espacio social y el espacio público, ordenados por lo lejos que se van extendiendo sucesivamente desde nuestro cuerpo.

Algunos datos más recientes indican que la conciencia espacial de los seres humanos varía de una persona a otra y según las culturas.[36] La gente tiene nociones diferentes de lo que se considera «cercano» o «lejano», por ejemplo, y un estudio sugiere incluso que las personas que tienen un exagerado sentido de la proximidad son más proclives a padecer claustrofobia.[37] Pero incluso cuando no tienen problemas clínicos en ese sentido, las personas poseen una sensibilidad aguda al espacio; como ya hemos visto, varios han sido los aspectos de los sistemas sensoriales de nuestros cerebros que se han vinculado directamente al procesamiento y la codificación de nuestro entorno tridimensional. Si nos hallamos en un espacio restringido, nuestro cerebro cobra conciencia de ello en múltiples niveles. Y no le gusta. Si una persona estresada grita: «¡Necesito un poco de espacio!» y se marcha echando chispas, es muy probable que lo esté diciendo en un sentido bastante literal.

Lo que quiero decir con toda esta explicación es que, dado que nuestros cerebros procesan el espacio, es probable que un hogar muy pequeño nos resulte menos tolerable. Un espacio restringido significa que estamos atrapados, que tenemos menos posibilidades de conocer lo que está ocurriendo cerca de nosotros (más allá de las cuatro paredes entre las que estamos confinados), y que también son más reducidas nuestras opciones de escape. Nuestro hogar tiene que ser el lugar al que podamos retirarnos cuando nos sintamos estresados o preocupados, pero si es demasiado pequeño, el sistema de detección de amenazas de nuestro cerebro permanece activo, que es justamente lo que el hecho de estar en nuestro hogar debería evitar. Además, hay datos que parecen indicar que, si ya estamos estresados o preocupados, nuestros límites personales se «expanden», lo que quiere decir que toleramos peor que haya personas o cosas demasiado cerca de nosotros.[38][39] Así pues, aun dejando a un lado las cuestiones prácticas y arquitectónicas, lo cierto es que algunos hogares son demasiado pequeños en un sentido *psicológico*. No es que no podamos vivir en casas o departamentos más pequeños, sino, más bien, que nos resulta más difícil sentir positividad, felicidad, en ellos.

Y no hay que olvidar otro factor importante que hace que las personas quieran casas más espaciosas: la privacidad.

La mayoría de las personas no viven solas. Eso es bueno en general: compartir interacciones sociales es importante para la felicidad, como ya se ha dicho aquí. Pero ¿quién quiere estar con otras personas *todo el tiempo?* Hasta el más expansivo y entusiasta extrovertido del mundo necesita tomarse una pausa en su propio espacio privado, aunque solo sea para dormir. Interactuar con otras personas, por muy agradable que sea, representa trabajo para el cerebro. Los psicólogos sociales admiten que, en prácticamente cualquier contexto imaginable, llega un momento en que la interacción se vuelve irritante para todos los implicados en ella[40], básicamente porque todos terminan mentalmente fatigados. De ahí que, al final, siempre necesitemos retirarnos y abstenernos de interactuar durante un rato. Eso permite que los individuos «recarguen las pilas» y se ahorren malos tragos sociales, y que puedan así mantener relaciones importantes, y que surjan modas como la de que los padres de familia se acondicionen habitaciones para juegos en el sótano de su propio hogar familiar donde aislarse. A veces necesitamos estar rodeados de gente; otras veces necesitamos privacidad.

No cabe duda de que esa posibilidad de retirarse es especialmente importante para los urbanitas, que viven en un entorno caracterizado por un intenso estrés donde hay personas prácticamente en todas partes. Un hogar sito en una de esas calles nos coloca justo en medio de toda la acción, pero también nos permite huir de ella, lo que significa que podemos afrontar las cosas en nuestros propios términos. Eso nos proporciona una sensación de control e independencia, que es algo que las personas tendemos a encontrar agradable. Así que he ahí otra manera que nuestro hogar tiene de facilitar nuestra felicidad.

Hablando de espacio, las casas con jardín o con algún espacio verde próximo siempre tienen mucha demanda. Lucy me comentó que las calles más codiciadas (y más caras) de Nueva York son aquellas que tienen vistas directas a Central Park, y que las viviendas con jardín normalmente se consideran superiores a las que no lo tienen, aunque el así llamado «jardín» no sea más que un pedacito de terreno. Obviamente, la posibilidad de salir sin abandonar los «confines» de nuestra propia casa nos aporta una excelente sensación de espacio y sabemos que eso es importante. Pero incluso quienes no tenemos jardín tendemos a llenar nuestro hogar y sus alféizares de macetas con diversas clases de plantas. ¿De dónde sale ese impulso compulsivo a rodearnos de verde?

No se trata de una simple preferencia estética; las interacciones con la naturaleza y la biodiversidad parecen tener efectos positivos tangibles en nuestros cerebros. Stephen Kaplan dio una explicación de ese fenómeno en forma de lo que llamó la teoría de la restauración de la atención.[41] Según Kaplan, el sistema de atención de nuestro cerebro está habitualmente «activo», siempre pasando de una cosa a otra, siempre tratando con multitud de personas, aunque bajo órdenes conscientes de centrarse en lo que es más importante en cada momento (por ejemplo, el libro que están leyendo ahora mismo). Todo ello requiere esfuerzo y energía y, por consiguiente, es agotador para el cerebro. Si alguno de ustedes, tras una larga y ajetreada jornada en la que su atención ha estado sometida a una exigencia constante, ha sentido alguna vez la necesidad de apoltronarse en el sofá y desconectar por completo con algo tan poco «sesudo» como tragarse entera la filmografía de Adam Sandler, sabrá de lo que le hablo.

Los entornos de naturaleza llaman nuestra atención de un modo pasivo a través de un proceso que Kaplan denomina «fascinación». Nuestra atención puede dejarse ir más en tales entornos naturales, con lo que nuestro cerebro se toma un descanso de toda esa otra atención enfocada que tanto esfuerzo neurológico requiere de él. Nuestros cerebros pueden reposar y recuperarse, reponer recursos, fortalecer conexiones, potenciar las facultades cognitivas y mejorar el ánimo. De ahí que Kaplan dé el nombre de «espacios restauradores» a esos entornos caracterizados por la abundancia de verde y de biodiversidad.

Las propiedades beneficiosas de los espacios verdes no se quedan ahí; incluso afectan nuestros cuerpos. En un estudio se detectó que, entre pacientes hospitalarios aquejados de lesiones o afecciones muy similares, los que estaban ubicados en habitaciones con vistas a entornos con árboles y naturaleza se recuperaban más rápido que los que estaban en habitaciones con vistas a paredes de ladrillo.[42][43] Es fácil intuir la lógica evolutiva que se esconde tras ese fenómeno. Como ya hemos visto, los entornos poco familiares activan el sistema de detección de amenazas en nuestro cerebro, por lo que, técnicamente hablando, un entorno sin nada en particular debería resultarnos más relajante que otro repleto de elementos desconocidos para nosotros. Pero, en el mundo natural, un entorno vacío es un lugar yermo y estéril, lo que resulta negativo para una criatura viva que trata de sobrevivir. Por su parte, los entornos verdes y ricos están llenos de recursos esenciales para la vida; son lugares donde podemos encontrar todo lo que necesitamos. Una criatura provista de un cerebro que reacciona positivamente a tales entornos, que se siente atraída por ellos y no la estresan en demasía, tiene una clara ventaja de cara a la supervivencia. Sería infinitamente poco práctico que nos diera miedo todo lo que no nos resultara familiar.

MI HOGAR, MI CASTILLO

—Conozco a muchas parejas formadas por personas de orígenes distintos —me comentó Lucy—. La mujer se crio en una zona rural y el marido en una ciudad, por ejemplo. Y ahora viven en un departamento pequeño en Nueva York y tienen que guardar la bicicleta en la salita. La mujer ve el panorama y piensa: «Tenemos una bici en el salón, necesitamos más espacio, debemos mudarnos a otro sitio». Y, sin embargo, el marido no ve problema alguno en la situación en la que viven. —Continuó—: Tienes que ser un determinado tipo de persona para vivir en Nueva York. Hay personas que son «100 % Nueva York», que están muy a gusto en una ciudad que les encanta. Otras no lo son y se van pronto. Alguien a quien la ciudad le encante, pero que tenga que irse de aquí por motivos económicos u otros factores que escapen a su control, también es una persona «100 % Nueva York».

Lo que Lucy quería decirme es que la personalidad individual es un factor significativo a la hora de determinar cómo y por qué nos hacen felices nuestros hogares. No era ninguna sorpresa, pero me encantó oírlo de todos modos. Intentar explicar la personalidad en términos de procesos neurológicos es como tratar de entender la anatomía de un gato diseccionando la bola de pelo que acaba de escupir; no cabe duda de que existe un nexo entre lo uno y lo otro, pero calificarlo de enrevesado es quedarse muy corto.

La personalidad y las diferencias individuales pueden restar autoridad a buena parte del argumento que he venido exponiendo hasta aquí. He dicho, por ejemplo, que el cerebro humano prefiere los hogares espaciosos, pero eso no es universal; mientras escribo este libro, me entero de que está creciendo una especie de nueva moda de búsqueda de viviendas muy pequeñas.[44] También he sostenido que nuestros cerebros *necesitan* privacidad y, sin embargo, algunas personas optan por vivir en comunidades alternativas (sectas, comunas, etcétera) donde aquella brilla por su ausencia, o en algunas de las ciudades más densamente pobladas del mundo, que ofrecen muchas menos oportunidades de espacio y privacidad.

Mi interés por dilucidar tan complicado misterio fue el motivo por el que, una hora después de despedirme de Lucy, iba yo conduciendo por la autopista M4 en sentido oeste. No estaba huyendo, sino todo lo contrario: volvía a casa. A mi primera casa, quiero decir: al hogar donde crecí.

La lógica que me guiaba era la siguiente: puede que nuestras personalidades sean un factor importante a la hora de explicar por qué nuestros hogares nos hacen felices y por qué algunos son mejores que otros, pero nadie sale del seno materno con una personalidad plenamente formada. Así que ¿dónde se forma? Si acudimos a la clásica confrontación entre lo innato y lo adquirido *(nature vs. nurture),* en el caso de las personalidades parece claro que se da una mezcla de ambos. Nuestros genes desempeñan un papel importante, pero también son relevantes nuestras experiencias durante nuestro crecimiento y desarrollo.[45] Lo que hacen y dicen nuestros padres, nuestras interacciones con nuestros iguales y, de manera muy especial, el entorno en el que vivimos: todos son factores que influyen a la hora de determinar nuestra personalidad de adultos. ¿Y cuál es el entorno en el que pasamos la mayor parte del tiempo, sobre todo cuando estamos creciendo? ¡Nuestro *hogar* de origen!

La idea de que nuestro hogar de la infancia contribuye a formar nuestra personalidad para el resto de la vida no es algo que haya supuesto yo sin más; hay pruebas que lo sustentan. En un extenso estudio de Shigehiro Oishi y Ulrich Schimmack, publicado en 2010, se realizaron entrevistas a más de siete mil personas que, de niños, se habían mudado de domicilio con frecuencia (por ejemplo, porque eran hijos o hijas de padres militares a quienes asignaban cada cierto tiempo a nuevos destinos). Los investigadores descubrieron un vínculo directo entre ese cambio frecuente de hogar durante la infancia y una disminución del bienestar psicológico, la satisfacción con la vida y la frecuencia de relaciones personales significativas en la edad adulta.[46] Dicho con otras palabras, crecer sin un hogar estable y continuado durante la infancia puede hacer que una persona sea menos feliz de adulta. He ahí un vínculo muy claro entre nuestro hogar, nuestro cerebro y la felicidad.

Mientras escuchaba las explicaciones de Lucy acerca del atractivo de Nueva York, me di cuenta de que, a pesar de que aquello me estaba ayudando a entender mejor por qué tanta gente quería mudarse allí, en ningún momento sentí que *yo mismo* quisiera hacerlo, lo que me pareció ciertamente interesante. Jamás había entendido el atractivo de vivir en una ciudad con tanto ajetreo. Huyo de las grandes multitudes, no me llevo bien con el ruido de fondo constante, los edificios muy altos me resultan intimidantes y opresivos, y no soy tan osado como para enfrentarme a esas manías y derrotarlas. Sospecho que es algo que se debe a cómo crecí, a que mi cerebro se desarrolló en una pequeña, aislada y tranquila localidad rural, donde jamás aprendí a valorar (o siquiera tolerar) cosas así.

Técnicamente, pues, si mi intuición era la correcta, el lugar donde más feliz debería sentirme era mi hogar de la infancia, donde adquirí todos esos rasgos de personalidad. Así que pensé: «Qué demonios, ¿por qué no compruebo esa teoría? Vámonos a la casa donde crecí y veamos qué efecto tiene sobre mí».

Lo cierto es que no crecí en una «casa», sino en un pub. En el Royal Hotel de Pontycymer. Nos mudamos allí cuando yo tenía 2 años y quizás aquella experiencia, la de pasar de una casa pequeñita donde estábamos solos mis padres y yo a un edificio relativamente grande, lleno de extraños en diversos estados de ebriedad, fuera excesivamente perturbadora para mi pequeño cerebro en desarrollo. Quizá fuera eso lo que me inculcó mi desagrado por las multitudes y el ruido, y mi reticencia a llamar la atención autoafirmándome. Eso explicaría por qué pasé mis años de formación deambulando por un concurrido establecimiento de bebidas tratando siempre de evitar el contacto visual con los clientes y atiborrándome de papas fritas (fui un niño tímido que, con el tiempo, también adquirió un problema de sobrepeso).

Así que puse rumbo a aquel pub. ¡Por la ciencia!

Reconozco que tuve mis reparos cuando iba de camino hacia allí. Nos mudamos de aquel pub cuando yo tenía unos 15 años, y solo había vuelto allí como cliente una vez, cuando ya tenía edad legal para beber (más o menos). Pero la sensación de ver a otras personas en el sitio que había sido mi hogar durante años había sido muy extraña. Supongo que fue como ir a la boda de alguien con quien habías tenido una relación previa de muchos años: una confusa mezcla emocional de nostalgia, afecto, arrepentimiento, envidia, ira y amargura, entre otros ingredientes.

Hacía ya casi veinte años que no visitaba el lugar. ¿Cómo me sentiría allí? ¿Habría cambiado el paso de los años aquella antigua sensación de «vuelta a casa»? ¿Mis viejos recuerdos habrían perdido su intensidad hasta el punto de que ahora vería mi infancia como quien ve una prenda de ropa vieja: algo que tuvo su utilidad en su día, pero que ahora ya no sirve para nada? O, puesto que se sabe que las señales ambientales activan recuerdos relacionados[47][48], y que los recuerdos de infancia tienden a ser los más vívidos[49], ¿esa visita al hogar más temprano del que tengo memoria provocaría en mí algún tipo de reversión a la clase de persona que era en aquel entonces, según afirman algunos que puede suceder?

Al final, todas aquellas elucubraciones fueron para nada, pues no había señal de vida alguna en el pub que había sido mi hogar de la infancia. Se había convertido en un desorden de ventanas y puertas selladas con tablones de madera, cristales rotos y zarzas que nadie había cortado y que cubrían buena parte del lugar dándole un aspecto penoso. El declive económico que azota a mi región de origen desde la década de 1980 se había cobrado allí una víctima más.

¿Cómo me sentí en aquel momento? No se puede decir que «feliz», desde luego, pero tampoco lograba hallar la palabra precisa. Solo que era extraño, muy extraño. Activado por aquella presencia ante mi viejo hogar, mi cerebro iba regurgitando toda una serie de recuerdos entrañables: jugar con soldaditos en las escaleras de piedra de la entrada exterior, o con *karts* en el inclinado patio donde guardábamos la cerveza, o perseguir al perro de la casa porque se había colado en la cocina y se había llevado un bife cuando nadie lo vigilaba, o decorar el lugar entero todas las navidades, o muchos otros.

Al mismo tiempo, mientras espiaba por las grietas abiertas en las deterioradas ventanas, una serie de imágenes del presente se iban superponiendo a tan entrañables evocaciones: todos aquellos lugares recordados con tanto cariño estaban ahora lastrados por una pesada capa de deterioro, podredumbre, ruina, destrucción y pintadas obscenas. Intentar procesar dos reacciones emocionalmente tan dispares a la vez fue una experiencia incómoda, por no decir otra cosa. Imagínense si, tras la mencionada boda de ese antiguo amor de su vida, estuvieran viendo el coche que se lleva a los dos recién casados hacia su luna de miel y, de pronto, explotara.

Me senté en la acera del exterior de la puerta principal de mi antigua casa (tras barrer un poco los cristales rotos por allí esparcidos) y, como dedicado neurocientífico que soy, traté de pensar en una explicación neurológica para mi reacción. Lógicamente, aquello solo era un edificio con el que ya no me vinculaba conexión tangible alguna. El hecho de que ahora estuviera en tan mal estado era una lástima, sin duda, pero a estas alturas no tenía ninguna influencia ni en mí ni en mi vida.

¿No la tenía? ¡Mentira! Sí que la tenía, pues allí estaba yo, sintiendo una potente reacción emocional ante el estado de mi antiguo hogar que no estaría sintiendo si aquello no tuviera algún tipo de relevancia profunda para mí. Era evidente que estaban pasando cosas en mi cerebro que iban más allá del simple reconocimiento abstracto de una morada anterior. Me sentía como si una parte de mí hubiera muerto. ¿Era justo sentirse así? Si nuestro hogar interactúa con nuestro cerebro de tantas y tan variadas maneras como las que aquí he descrito, y si nuestro cerebro es «nosotros», ¿es ir demasiado lejos afirmar que nuestros hogares forman parte de nuestra identidad? Si lo pensamos bien, parece que no, que no lo es.

La profesora Karen Lollar, del Metropolitan State College, una universidad pública de Denver, perdió una vez su casa en un incendio y escribió un artículo sobre su experiencia.[50] Fue un suceso sumamente traumático, como ya se podrán imaginar. La nostalgia puede causar mucha tristeza, como ya hemos visto, así que ¡cuánta más pena no causará perder definitivamente un hogar! Hasta las asociaciones del ramo de la psicología lo reconocen[51], sobre todo en el caso de un hogar que ha sido objeto de una destrucción física, como la que tiene lugar en un incendio o a raíz de un desastre natural. No existe un término específico para denominar esa sensación, pero puede compararse al duelo cultural, por cuanto es inevitable que una repentina pérdida involuntaria de nuestro hogar permanente en circunstancias traumáticas sea psicológicamente dañina para nosotros.

Como la profesora Lollar muy elocuentemente escribió en su artículo, «mi casa no es "una cosa" más [...]. La casa no es una simple pertenencia ni una edificación de paredes inertes. Es una prolongación de mi cuerpo físico y de mi sentido del yo que refleja quién he sido, quién soy y quién quiero ser».

Según estudios realizados con aparatos de escáner cerebral, esa noción de que «mi hogar es una parte de mí» se refleja en el funcionamiento de nuestro cerebro. Uno de esos estudios mostró que la actividad del córtex prefrontal medio se incrementaba cuando los sujetos veían objetos que consideraban «suyos» a diferencia de otros pertenecientes a otras personas.[52] Curiosamente, esa misma área del cerebro evidenciaba mayor actividad cuando los sujetos valoraban adjetivos y palabras que consideraban que describían su propia personalidad. En resumidas cuentas, las mismas regiones cerebrales que procesan nuestra conciencia del yo y de la personalidad son las que se usan también en el reconocimiento de nuestras pertenencias y propiedades. Aunque ese estudio analizó las posesiones individuales en general, más que las viviendas en sí, lo cierto es que nuestro hogar es nuestra mayor y más destacada propiedad. Es aquello en lo que más dinero gastamos, lo que más nos esforzamos por adaptar a nuestros gustos y donde guardamos la mayor parte (cuando no la totalidad) de nuestras pertenencias.

El fenómeno puede extenderse más allá de los límites del recinto físico básico que constituye nuestra vivienda. Existe una teoría psicológica, conocida como la «identidad de lugar», según la cual una persona atribuye tanto sentido y significación a un sitio determinado que este contribuye a (e influye en) su propia conciencia del yo.[53] Esa influencia está vehiculada por una sensación de apego a un lugar[54], aquel en el que el individuo forma un vínculo emocional fuerte con un espacio concreto. ¿Alguna vez les ha pasado que estaban buscando casa, visitaron una vivienda en concreto y pensaron «sí, este es el sitio», antes incluso de echarle un buen vistazo? ¿O han ido de visita a algún lugar y se han enamorado al instante de él, hasta el punto de que siguen visitándolo año tras año o incluso tienen pensado mudarse allí en cuanto puedan? Un amigo mío, Chris, planificó un viaje de vuelta al mundo en varios meses con comienzo en Japón. Y allí se quedó. Ha pasado ya casi una década y no ha querido salir de aquel país. A veces, un lugar satisface todas las expectativas de nuestro cerebro (incluso algunas que ni siquiera imaginábamos que tenía) y de inmediato nos *identificamos* con él. Eso es la identidad de lugar.

Pues, bien, ¿qué conclusiones podemos extraer de todo esto? A partir de mis propios estudios, de las ideas que me proporcionó Lucy en cuanto al atractivo de Nueva York y de mi propia e inesperadamente traumática visita al hogar de mi infancia, ¿qué aprendí sobre cómo interactúan nuestros hogares y nuestros cerebros y sobre cómo eso nos hace felices o no?

Parece ser que los seres humanos nos sentimos impelidos a encontrar un hogar porque este satisface un impulso innato a buscar protección y seguridad, pues esto permite que nuestros cerebros dejen de escudriñar el entorno en busca de amenazas y peligros, y que no estén en alerta constante todo el tiempo. Nuestros cerebros aprenden rápido también que en nuestros hogares atendemos otras necesidades biológicas básicas, como comer, calentarnos y dormir. Al eliminar toda una serie de factores de estrés inmediato, el concepto mismo de hogar induce en el cerebro una asociación positiva que contribuye a nuestro bienestar, a nuestra felicidad.

Pero hay hogares más preferidos que otros. Aquellos que ofrecen una mayor protección y seguridad, un mayor espacio, una mayor privacidad y un mejor acceso a entornos más verdes, por ejemplo. Nuestros cerebros valoran más esos hogares que otros. Nuestros cerebros son asimismo lo suficientemente sofisticados como para que nuestro sentido de hogar no se limite a la vivienda física en la que residimos y abarque también el área circundante, y si un hogar está en un área que entraña un mayor acceso a la novedad, la estimulación y las oportunidades, será normal que también nos resulte preferible a otros que no estén en zonas de ese tipo.

Tomado desde un nivel cognitivo más complejo, buena parte de lo que buscamos en un hogar y de lo que nos gusta de él está determinado por nuestra personalidad y nuestras preferencias subyacentes. Nuestra vivienda es algo más que un objeto útil o una pertenencia: es una parte muy importante de nuestra vida. Pasamos tanto tiempo en ella, le dedicamos tantas de nuestras energías y adquirimos tantos recuerdos y tantas asociaciones con ella que nuestro cerebro la reconoce literalmente como una prolongación de nosotros mismos, de nuestra identidad. Repito que esto es aplicable igualmente a un área más extensa, hasta el punto de que las personas tendemos a incorporar localidades o entornos geográficos concretos en nuestro sentido de la identidad (como, por ejemplo, cuando alguien dice «yo soy neoyorquino»).

Hay una cuestión muy importante a tener en cuenta de todo esto: un hogar puede hacernos felices, pero la ubicación y la naturaleza de ese hogar vienen normalmente determinadas por otros factores, como el trabajo, el dinero, la variedad, la seguridad, la proximidad a amigos y familiares, etcétera. Los hogares más populares siempre tienen algo más que ofrecer, no son solo «un lugar agradable donde vivir». A veces, ni siquiera son esto último. Lo que pone de manifiesto que, aun siendo importante, nuestro hogar no es *lo más* importante para nuestra felicidad.

Teniendo todo esto en cuenta, puede incluso que la interacción entre nuestro cerebro y nuestro hogar sea *demasiado* fundamental. Quizá intentar explicar cómo nuestro hogar nos hace felices sea como tratar de explicar cómo nos hacen felices nuestras piernas: son muchas las maneras en las que pueden aportarnos felicidad, pero eso no quiere decir que esa sea su *finalidad*. Su razón de ser es más profunda.

Tal vez sería más justo decir que nuestros hogares nos ayudan a evitar la infelicidad, más que a hacernos felices. Habrá a quien le parezca que esto es hilar demasiado fino, pero lo cierto es que no son lo mismo; «no estar endeudado» no es lo mismo que «ser rico». Nuestros hogares están demasiado imbricados con todos los aspectos de nuestras vidas, y nuestros cerebros interactúan con ellos por muchas y muy variadas vías, demasiadas como para poder afirmar sin lugar a dudas que nos hacen felices de un modo determinado. ¿No será quizá que la finalidad de un hogar es satisfacer un número suficiente de nuestras necesidades y requerimientos básicos como para que podamos centrar nuestras energías en otras cosas que nos hacen felices? Trabajo, entretenimiento, familia, relaciones, creatividad y un largo etcétera. Nuestros hogares no nos hacen felices, pero nos facilitan que alcancemos la felicidad. Si alguna conclusión hay que sacar de todo lo dicho, ¿podría ser esta?

Empecé este capítulo con un propósito: mostrar que nuestros hogares nos hacen felices y que existe una explicación neurológica clara de por qué eso es así. Ahora lo termino sentado entre cristales rotos frente a mi hogar de la infancia en ruinas. Sé que me gustan las metáforas elaboradas, pero esta me resulta excesiva incluso a mí.

3
TRABAJO Y CEREBRO

Mientras recorría las peligrosas carreteras de los valles de vuelta a casa desde el lugar donde me crie, tuve bastante claro que mi investigación sobre los mecanismos de la felicidad no estaba yendo demasiado bien. Un profesor de reluciente calva había dado al traste con mis planes de valerme de técnicas de neuroimagen, y el examen de las conexiones entre el hogar y la felicidad me había llevado de vuelta a los restos hechos añicos del que fuera el domicilio de mi infancia. Bien se me podría haber perdonado que semejante panorama hiciera que me sintiera infeliz.

Solo que no había nada que disculpar porque, por extraño que parezca, no me sentía tan mal. Tal vez no avanzaba tan rápido como había creído en un principio, pero estaba consiguiendo escribir un libro, un sueño para muchos. Todo es cuestión de perspectiva, y yo no había perdido el entusiasmo ni el ánimo, y estaba deseoso de ver adónde me llevarían mis siguientes indagaciones.

En febrero de 2017 al fin lo supe: a Bolonia, Italia, ciudad que, entre otras cosas, alberga la universidad más antigua de Europa[1] y un aeropuerto donde se venden Lamborghinis en la terminal de llegadas. Vamos, lo normal.

Yo estaba allí para dar una charla en la fundación MAST, una institución cultural y filantrópica que tiene una parte de museo de la ciencia, una parte de galería, una parte de restaurante, una parte de guardería, una parte de universidad, una parte de gimnasio y probablemente otras muchas, como una colonia espacial construida por accidente en una antigua ciudad italiana. Mientras estaba allí pude visitar su última instalación de arte, una experiencia que me resultó sorprendentemente útil.

Se componía de videos de varios escenarios de la vida real: un hombre de aspecto mediterráneo, de mediana edad y a pecho descubierto, manejando una excavadora que arrancaba bloques de una enorme cantera de mármol[2]; unos ghaneses varones, jóvenes, rebuscando chatarra entre montañas de desechos tecnológicos procedentes de países occidentales; varios oficinistas sellando interminables pilas de documentos; un montón de trabajadores de una fábrica alemana terminando los vehículos que salen de una cadena de montaje automatizada, etcétera.

El tema de la exposición era «Trabajo en movimiento», pues trataba de mostrar las múltiples formas de trabajar de personas de todo el mundo. Dado que pasamos una enorme parte de nuestra vida adulta trabajando —un decenio entero, según algunas estimaciones[3]—, el carácter de nuestro trabajo tiene inevitables efectos duraderos en nosotros, y uno de ellos es lo felices (o infelices) que somos. Creo que no me arriesgo mucho a provocar una gran controversia si digo que un trabajo malo o desagradable puede hacer muy desdichada a cualquier persona, y que el estrés relacionado con el trabajo es un problema de primer orden.[4] Y, por otra parte, todos hemos conocido a alguien que todas las mañanas está impaciente por «levantarse de la cama» para ir a trabajar porque le encanta su profesión *. Así que parece claro: los buenos

---

* Es algo que normalmente se dice con tanta petulancia que uno tiene que comerse las ganas de estrangular al interfecto con la graciosísima corbatita que seguramente lleva puesta ese día.

trabajos nos hacen felices; los malos hacen que estemos estresados y tristes.

El problema es que aquí estamos hablando del cerebro, y ¿desde cuándo son tan claras las cosas cuando de ese órgano se trata?

Como la exposición de la MAST ponía de manifiesto, las personas se dedican a trabajos inmensamente variados y hasta el occidental típico desempeña una media de doce empleos diferentes desde que se inicia en la vida laboral hasta que cumple los 50 años (y, al parecer, esa cifra no deja de crecer).[5]* Pero, sea cual sea el trabajo, siempre son un ser y un cerebro humanos los que lo desempeñan. Así que ¿cómo actúa el trabajo en nuestros cerebros para hacernos felices o infelices?

UN DURO TRABAJO PARA EL CEREBRO

La definición más básica de trabajo es «energía y esfuerzo empleados para realizar una tarea». En esencia, toda labor requiere un gasto de algún tipo de energía y de esfuerzo, sea físico o mental. Pero incluso en un nivel tan rudimentario, el trabajo tiene un efecto apreciable en el cerebro que es posible (y probable) que nos haga sentir más felices.

Abundan los indicios que muestran que cuanto más físicamente activos somos, mejor funciona nuestro cerebro.[6] Tiene sentido; el cerebro, un órgano biológico, necesita energía y nutrientes (más que otros órganos).[7] El aumento de la actividad física fortalece y mejora el corazón, reduce la grasa y el colesterol, acelera el metabolismo, y todo ello mejora el riego sanguíneo y el abastecimiento de nutrientes del propio cerebro, lo que incrementa su capacidad para hacer… en realidad, cualquier cosa.

---

* Me refiero a la cifra media de empleos acumulados. Ya se sabe que la edad de una persona siempre aumenta: es lo que tiene el paso del tiempo.

Pero la actividad física tiene, al parecer, un efecto aún más «directo» sobre el cerebro, pues aumenta la producción del llamado factor neurotrófico derivado del cerebro (FNDC), una proteína que estimula el crecimiento y la creación de nuevas células cerebrales.[8] Esta podría ser una explicación de los muchos beneficios neurológicos constatados de la actividad física, como la mejora de la capacidad de aprendizaje y de la memoria[9], el incremento del volumen del hipocampo y la elevación de los niveles de materia gris en todo el cerebro.[10] Hay estudios que indican también que los niños que practican más actividades físicas y deportivas suelen obtener mejores puntuaciones en las pruebas académicas. *[11]

Así pues, si nuestro trabajo nos obliga a realizar una mayor actividad física, es posible que los efectos positivos que ello tiene en nuestro cerebro hagan que nos sintamos más felices, pues la consiguiente potenciación de nuestras facultades relacionadas con el aprendizaje nos hace (posiblemente) más inteligentes y, a pesar de lo que dicen quienes alaban la «bendita ignorancia», las pruebas disponibles parecen indicar que cuanto mayor es la inteligencia, (ligeramente) mayor es la felicidad.[12] Por otra parte, el ejercicio físico libera endorfinas[13], el «compuesto químico de la felicidad» del que ya hablamos en el capítulo 1. Y, por supuesto, una mejor salud física general implica que tenemos mayor capacidad para hacer aquellas cosas con las que nos sentimos felices, pues en ese caso desaparecen los problemas de mala salud y de estrés derivados de la ausencia de ejercicio que nos impedirían hacerlas.

Al mismo tiempo, la actividad mental tiene también beneficios aparentes para el cerebro y para el cuerpo, una buena noticia

---

* Sin embargo, no obligue aún a su hijo a salir a la cancha de fútbol. ¿La actividad deportiva aumenta la inteligencia de los niños? ¿O sucede más bien que es a los niños más inteligentes y más decididos a quienes mejor se les dan los deportes y los ejercicios académicos? Como con la mayoría de fenómenos neurocientíficos, no está claro.

para aquellos que tenemos trabajos que no implican mayor exigencia física que la de llegar puntuales al despacho por la mañana. También se ha demostrado que cuanto mayores son los niveles de estudios de la persona, más protegida puede estar frente a la demencia y el Alzheimer[14], hasta tal extremo que una serie de autopsias practicadas en personas que habían alcanzado un alto nivel educativo en vida revelaron que tenían el cerebro gravemente dañado por la enfermedad y, sin embargo, no habían mostrado ningún síntoma clínico evidente de padecerla antes de morir.[15] La conclusión general que se extrajo de ello es que, cuanto más activo es un cerebro, más resistente se vuelve.

Sabemos que el cerebro es flexible y adaptativo, que está constantemente formando nuevas conexiones y reforzando las ya existentes, y dejando que las ya innecesarias desaparezcan. El cerebro tiende a aplicar la política de que «lo que no se usa se tira», así que cuanto más se usa un cerebro, más conexiones y más materia gris tendrá. La edad y la entropía van cobrándose un precio, desde luego, pero los cerebros más utilizados son capaces de resistirlas mejor. Poseen una mayor «reserva cognitiva», como se la suele llamar. Cuanto más usamos nuestro cerebro, más inteligentes nos volvemos. Por así decirlo.

Así que trabajar implica que practiquemos cierta forma de actividad física o mental, y esto mejora (con el tiempo) el funcionamiento de nuestro cerebro, lo que nos vuelve más inteligentes y más felices. ¡Qué práctico todo!

Solo hay un ligero «problemita» con esta conclusión: es absurda. No cabe duda de que la actividad física, el trabajo fatigoso y la mejora del funcionamiento cerebral y la felicidad están ligados, pero es evidente que esa no es toda la historia. Si engrapamos a una persona a un caballo, ambos estarán muy ligados, pero de ello no cabe deducir automáticamente que los centauros existen. La explicación real es mucho más compleja y difícil... ¡tanto como tratar de engrapar a una persona a un caballo!

Por ejemplo, si el esfuerzo físico nos hace más felices, ¿por qué intentamos normalmente evitarlo? ¿Por qué no vamos todos los días corriendo a trabajar a una cantera y excavamos roca directamente con las manos? Si el esfuerzo físico nos anima de forma tan automática, los ghaneses que se pasan todo el día reptando por montañas de dentados desperdicios metálicos deberían ser más felices que los mimados ejecutivos de empresa que se pasan el día sentados a la mesa de su espacioso despacho en una de las plantas más altas de un rascacielos. Pero esa es una conclusión bastante dudosa, por no decir ilógica.

La realidad es que, aunque el esfuerzo físico puede tener sus beneficios, pronto puede volverse perjudicial y doloroso. Por eso los trabajos forzados están considerados un castigo brutal y no un premio. La física básica nos dice que realizar una actividad como el «trabajo» requiere de energía. Nuestros organismos están muy bien preparados para usar y almacenar energía, pero esta obviamente es *finita;* no podemos seguir y seguir como el conejito del anuncio de pilas. Si nos excedemos en nuestra actividad física, nuestras reservas de energía se agotan y nuestros cuerpos se dañan.

Esto tiene implicaciones evidentes en lo que a la supervivencia se refiere. Ya hemos hablado de cómo el cerebro liga acciones a recompensas para animarnos a llevarlas a cabo. Pero ¿y si la acción en cuestión exige *demasiado* de nosotros? Un gato montés que necesite un día entero para cazar una insignificante musaraña habrá gastado mucha más energía persiguiéndola que la que obtenga al ingerir tan nimia presa, por lo que habrá *perdido* energía neta. Si persiste a menudo en semejante conducta, esta terminará matándolo (literalmente). En términos humanos, podemos imaginarnos un trabajo con un sueldo que, aun abonado sin retrasos y con la debida regularidad, represente una remuneración diaria inferior al costo de desplazarse al lugar donde ha de desempeñarse todos los días. Lo importante, en definitiva, no es que nos paguen por nuestros esfuerzos, sino que estos sean *suficientemente* recompensados.

Por fortuna, parece ser que la evolución ha hecho que nuestros cerebros intervengan para evitar esos desajustes. En 2013, Irma T. Kurniawan y un equipo de colaboradores publicaron un estudio[16] en el que se analizó a un grupo de sujetos a los que se les pidió que realizaran grandes o pequeñas cantidades de esfuerzo para ganar dinero o para evitar perderlo, y hallaron indicios de la existencia de un sistema neurológico que prevé la necesidad de realizar esfuerzos, un sistema que se localizaría en el giro cingulado anterior y en el cuerpo estriado dorsal. Estas regiones evidencian una mayor actividad cuando los sujetos son conscientes de la necesidad de dedicar cantidades mayores de esfuerzo, lo que se acompaña de un incremento de la actividad en el cuerpo estriado ventral cuando la recompensa experimentada es mayor que la prevista. Aunque, seguramente, lo más interesante es el hallazgo de que ese efecto se reduce cuando la cantidad de esfuerzo invertida es más elevada.

Traduzcamos: parece ser que esas regiones cerebrales evalúan automáticamente cuánto esfuerzo precisa una tarea y cuál será el resultado de esta, y —esto es fundamental— combina ambas evaluaciones para decidir si *vale la pena* realizarlo. Si alguna vez han visto una oferta de trabajo y han pensado «la verdad es que no merece la pena», ahora saben por qué. No obstante, ese sistema evaluador del esfuerzo —como el sistema de detección de amenazas— no se detiene jamás, ni siquiera cuando no se requiere realmente de su concurso (el *summum* de la ironía). Esto último tiene importantes implicaciones para nuestro trabajo y para otras cosas.

Si ese sistema neurológico se limitara a determinar si un esfuerzo está justificado o no y no pasara de ahí, podría estar muy bien. Pero la verdad es que hace que nuestro cerebro sea tan sensible a todo gasto inútil de esfuerzo que trata activamente de prevenirlo, hasta el punto de alterar nuestra forma de pensar y nuestro comportamiento. Por ejemplo, en un estudio dirigido por Nobuhiro Hagura en el University College de Londres[17], se pidió a los sujetos participantes que respondieran si una nube de puntos proyectada en una pantalla se desplazaba hacia la izquierda o hacia la derecha, y que activaran la manija correspondiente para dar su respuesta. Los investigadores hicieron que una de esas manijas fuese cada vez más difícil de girar y que requiriese de un esfuerzo mayor para quienes quisieran responder que los puntos se estaban moviendo en uno de los sentidos. Y lo alarmante del caso es que los resultados dan a entender que los sujetos *dejaron de ver* el tipo de movimiento que más les costaba informar, aunque fuera innegablemente ese el que se estuviera produciendo y no el otro.

Pensemos en las implicaciones: nuestra percepción misma se ve modificada con tal de ahorrarnos un esfuerzo innecesario. Nuestra conciencia, nuestra visión del mundo, varía sutilmente para evitarnos trabajar de más por nada.

En realidad, los datos sugieren que el cerebro hace eso mismo con preocupante frecuencia. Las personas tienden sistemáticamente a decir que un aroma etiquetado como «prado primaveral» huele mucho mejor que otro etiquetado como «agua de inodoro usada», aun cuando ambos olores sean idénticos.[18] Los objetos relevantes para nuestros objetivos más inmediatos pueden aparecer «más grandes» en nuestro campo visual, y las colinas y las cuestas pueden parecer más empinadas de lo que son en realidad si nuestra disposición es desfavorable: por ejemplo, si nos dan miedo las alturas o si sabemos que la subida va a ser ardua porque estamos llevando una carga pesada. Parece, pues, que nuestra percepción se ve muchas veces alterada a fin de desanimarnos de hacer cosas a las que el cerebro decide no dar su aprobación.

Una explicación de ello es que las cosas desagradables provocan un estado emocional relacionado (asco, frustración, etcétera). En principio, el cerebro tiene que «crear» una representación de todo lo que percibimos basándose en los datos en bruto que recibe a través de los sentidos. Eso es algo que, evidentemente, requiere de muchas extrapolaciones y cálculos, pero nuestro estado emocional acude entonces en ayuda del cerebro ofreciéndose como una especie de «atajo» para decidir tales cosas. Digamos que alguien está al borde de un precipicio. El cerebro le dice entonces: «La verdad es que podría utilizar todas las señales visuales relevantes para calcular la altura a la que me encuentro, pero lo que siento ahora mismo es nerviosismo y miedo, así que debo de estar muy alto, y eso es lo que voy a decir». Esto, en apariencia, distorsiona nuestra percepción de las cosas. Las arañas más diminutas parecen gigantes para un aracnófobo; los otros coches parecen aterradoramente rápidos para quienes están aprendiendo a conducir; y si alguien odia su trabajo, el lugar en el que lo realiza puede parecerle gris, triste y deprimente, aunque un observador neutral no lo vea así. Lo que percibimos no está basado exclusivamente en un análisis detallado de la información sensorial que se nos suministra, sino que está retocado y modificado por las asociaciones emocionales desencadenadas por aquello que estemos mirando, y la posibilidad de esforzarnos para nada parece ser un buen desencadenante de esas asociaciones emocionales.

Así que, en resumidas cuentas, a nuestros cerebros no les gusta que invirtamos esfuerzos en hacer algo sin beneficio aparente, y cuando nuestros cerebros deciden que algo no nos gusta, hacerlo nos inspira percepciones y sentimientos negativos. O dicho de modo más sucinto si cabe, ¡esforzarse por nada (o por demasiado poco) nos hace infelices! Si alguien dedica horas a montar un armario con los tablones y los tornillos que venían en un embalaje plano y, luego, este se le viene abajo con los primeros calcetines que trata de guardar en él, su reacción puede oscilar entre la desesperación más devastadora y la rabia más enfebrecida, pero, desde luego, la felicidad no será una posibilidad.

Pensemos en la frecuencia con que esto ocurre en el mundo del trabajo y las profesiones. Uno pasa meses trabajando en una solicitud de beca o en un proyecto de investigación y, al final, se lo rechazan. O uno se esfuerza, día sí y día también, pero ve cómo una y otra vez eligen a otros para ese ansiado ascenso. O trata con amabilidad a los clientes y ellos le devuelven el favor tratándolo con agresividad y mala educación. O años de resultados positivos se quedan en nada cuando la empresa finalmente es absorbida por otra. La propia naturaleza de buena parte del mundo laboral moderno implica que sea muy fácil que nos invada cierta sensación de intrascendencia, así que tal vez no sea de extrañar que muchas personas (si no la mayoría) hablen de sus trabajos en un sentido negativo y que tiendan a despertarse los lunes por la mañana con una sensación de apatía (en el mejor de los casos), cuando no de terror.

Hacer esfuerzos físicos puede ser bueno para nuestro cerebro y puede tener un efecto positivo en la cognición y en la felicidad en general, pero esa influencia se materializa a través de un proceso lento y sutil. Sin embargo, invertir un esfuerzo sin recompensa aparente es una manera garantizada de hacer que nuestros cerebros cataloguen una tarea como desagradable. Y debido a la naturaleza de muchos trabajos modernos, el esfuerzo no recompensado es un fenómeno muy habitual.

Por tanto, si esto es así, ¿por qué trabajamos?

EL TRABAJO EN SÍ NO ES SU PROPIA RECOMPENSA

He aquí un dato autobiográfico: yo tuve una vez un trabajo que consistía en embalsamar y diseccionar cadáveres para una facultad de medicina de mi zona. Se usaban para enseñar lecciones de cirugía y anatomía a los estudiantes. Desde entonces, siempre «gano» todas las discusiones sobre quién ha tenido el peor trabajo. Pero reconozco que es una victoria pírrica.

Pese a lo desagradable y perturbador de aquella labor, me dediqué a ella durante casi dos años. Y puede que aquella experiencia mía fuese más cruda que la de la mayoría de la gente, pero lo cierto es que ese no es un fenómeno inhabitual. Muchas personas se quejan continuamente de lo terribles que son sus empleos, pero siguen yendo a regañadientes todos los días al trabajo para hacer lo que se les pide, aun maldiciendo todos y cada uno de los minutos que pasan allí. ¿Por qué? *¿Cómo?*

La respuesta evidente es porque *tienen que* hacerlo. Puede que hayamos creado un mundo tremendamente complejo a nuestro alrededor, pero los seres humanos continuamos precisando de cosas esenciales, como comida, agua y vivienda. Solo que ahora no salimos a buscar tales cosas nosotros mismos, sino que las compramos. Con dinero. Y conseguimos dinero trabajando. Así que no está bien que nos quejemos tanto de que nuestros esfuerzos en el trabajo no obtienen recompensa, porque bien que nos pagan por ellos, ¿no?

Bien, técnicamente, sí, nos pagan. De hecho, a un nivel fundamental, el cerebro reconoce ese dinero como una recompensa válida por nuestros esfuerzos. Los datos disponibles indican que la remuneración económica provoca una respuesta en partes del cerebro como el circuito mesolímbico de recompensa[19], que son las mismas que se estimulan cuando se obtienen gratificaciones biológicamente significativas (como la comida, el sexo, etcétera). Así que percibir dinero hace que nos sintamos bien. Ni una rata ni una paloma sentirán nada parecido con el dinero; para ellas solo es un conjunto de circulitos de metal y de papelitos de colores que no son dignos más que de un rápido olisqueo. Nosotros, sin embargo, sí podemos captar el valor y la importancia inherentes del dinero, así como el hecho de que trabajando es como lo obtenemos.

Todo lo que digamos sobre la importancia del dinero es poco. Tiene lógica que muchas veces preguntemos a otra persona «¿cómo te ganas *la vida?*» para saber a qué se dedica laboralmente; no tener dinero suficiente es —literalmente— una amenaza para nuestra supervivencia, y eso explica por qué los psicólogos occidentales incluyen la pérdida del empleo entre las diez experiencias más estresantes que una persona puede sufrir.[20] La falta de dinero también activa el siempre sensible sistema cerebral de detección de amenazas. Trabajar es la forma más obvia, menos arriesgada y más aceptable desde el punto de vista social de no llegar a esa situación. Así que, además de una retribución a nuestro esfuerzo, el dinero también nos proporciona una sensación de seguridad[21], de «seguridad económica», para ser más precisos.

No debe sorprendernos, pues, que dediquemos tanto tiempo a trabajar en empleos que detestamos pese a que nuestros cerebros se opongan a ello. En lo aquí dicho se intuye también cómo nos hace feliz nuestro trabajo, al menos en parte. Y es que, al igual que ocurre con nuestros hogares, satisface unas necesidades básicas y nos proporciona una sensación de seguridad, factores ambos que normalmente provocan una respuesta positiva en el cerebro. Eso explica también por qué, como vimos en el capítulo anterior, nuestros trabajos suelen determinar el lugar en el que elegimos vivir; necesitamos dinero para tener una vivienda, y necesitamos un trabajo para tener dinero.

Pero no todo es una cuestión de dinero, porque, como sabemos, el cerebro se habitúa a cualquier cosa que le resulte suficientemente fiable y familiar. Nuestro primer sueldo nos hace muy felices; es como si nos quitaran un peso psicológico de encima (el de preocuparse por cómo pagaremos nuestras facturas) y nos dieran más libertad de elección y mayor margen económico de maniobra para hacer cosas. Pero después de unas semanas o de unos meses cobrando la misma cantidad de dinero el mismo día de cada mes, terminamos por insensibilizarnos a ello. Es como cualquier otra cosa que, al volverse predecible, pierde «potencia»: de ahí que encontrarnos 50 libras en unos pantalones viejos nos haga sentir mejor que recibir 500 libras en forma de salario habitual.

Por suerte, nuestro trabajo tiene otros aspectos que el cerebro reconoce también como gratificantes, porque a nuestros cerebros no les interesa solamente la satisfacción de las necesidades orgánicas básicas. Algunos científicos diferencian las necesidades de supervivencia de las necesidades «psicológicas»[22], que son aquellas no estrictamente imprescindibles para nuestra supervivencia biológica, pero que nos resultan satisfactorias por razones cognitivas más sofisticadas. Una de ellas es la sensación de control.

En la década de 1960, el psicólogo Julian Rotter desarrolló el concepto del llamado *locus* de control.[23] Si una persona piensa que es responsable de lo que le sucede, se dice que su *locus* de control es «interno». Si piensa más bien que está a merced de los demás y de los acontecimientos exógenos a ella, se dice que su *locus* de control es externo. Varios estudios han relacionado el *locus* de control interno con unos mayores niveles de bienestar y felicidad (e incluso de salud) en colectivos tan diversos como los estudiantes universitarios[24] o los veteranos de guerra mayores.[25] Tiene sentido: si alguien controla los acontecimientos, puede impedir que le ocurran cosas malas. Si no, poco será lo que pueda hacer para prevenirlas. ¿Cuál de esas situaciones suena más estresante? *

Hay quienes sostienen que el *locus* de control es un rasgo inherente, algo que viene esencialmente «prefijado» en cada persona, pero existen pruebas de que tiene mucho más de factor aprendido y modificable a través de nuestras experiencias.[26] Los mecanismos neurológicos no están claros, pero hay al menos un estudio que vincula el *locus* de control, la autoestima y las respuestas al estrés con el tamaño del hipocampo[27], de lo que cabría deducir que la experiencia y la memoria son en realidad condicionantes clave de ese *locus*. De todos modos, también hay indicios (distintos en este caso) de que la sensibilidad a la sensación de control y la aversión a perderlo se forman a muy temprana edad, antes incluso de que aprendamos a andar.[28][29] No es de extrañar, pues, que los niños pequeños detesten tanto la palabra «no».

---

* Esto no siempre es así, desde luego. Hay personas para quienes la sensación de control representa un mayor estrés y una mayor responsabilidad personal ante la posibilidad de que las cosas vayan mal, y para quienes sentir que nada está bajo su control significa liberarse de toda presión. Así de variados somos los seres humanos.

Sea cual sea el mecanismo de fondo, las implicaciones para el trabajo al que nos dedicamos son obvias: si tenemos un trabajo dotado de cierto grado de autoridad y responsabilidad, es más probable que percibamos una sensación de control, que, siendo como es algo que agrada al cerebro, nos lleva a ser más felices.

Nuestro trabajo puede recompensarnos con una sensación de control, pero también puede reportarnos una pérdida o una falta de control, lo que puede ser psicológicamente dañino, incluso, en ocasiones, hasta extremos clínicos.[30] Los empleos que nos despojan de autonomía porque nos imponen unas reglas o unas políticas estrictas (códigos de vestimenta, sometimiento al control de un jefe aficionado a «microgestionarlo» todo, etcétera) o que nos obligan a ser constantemente complacientes con otras personas (como les ocurre a los televendedores, los dependientes de comercios minoristas, etcétera) generalmente se consideran poco agradables y muy estresantes. Es posible que la insistencia de las empresas en aquello de que «el cliente siempre tiene razón» haya tenido un efecto muy dañino en sus empleados.

Un aspecto relacionado con el control es la competencia, entendida en el sentido de nuestra aptitud para hacer algo y hacerlo bien. La capacidad del cerebro para valorar con precisión nuestro rendimiento y nuestras habilidades es una función cognitiva crucial. Nos permite tomar decisiones aptas sobre lo que debemos y lo que no debemos hacer. Si cuando vamos por la calle vemos que alguien se desmaya, sacamos nuestro teléfono y llamamos a una ambulancia porque sabemos que eso es algo que podemos hacer perfectamente. No intentamos practicar una intervención quirúrgica a corazón abierto en la misma acera valiéndonos de las llaves del coche y la lapicera que llevamos en el bolsillo, porque sabemos que eso supera nuestras capacidades y provocaría un daño considerable. El *modo* exacto en que el cerebro juzga su propio (nuestro propio) rendimiento no se conoce muy bien. Existen indicios que relacionan la densidad del tejido del córtex prefrontal ventromedial (en el lóbulo frontal) —la cantidad de materia gris importante en él concentrada— con la precisión de la autoevaluación[31], por lo que es presumible que esa área desempeñe algún papel. Pero, en cualquier caso, nuestros cerebros parecen atribuir mucho valor a la competencia.

Nuestros empleos nos conceden una amplia oportunidad de adquirir y demostrar competencia: si no podemos alcanzar un nivel mínimo de esta en el desempeño de nuestro trabajo, solemos perderlo, y puesto que el cerebro reconoce el puesto de trabajo como un elemento importante para nuestra supervivencia, el deseo de ser competentes es muy elevado en nosotros. Dicho deseo también está conectado con nuestro sistema cerebral de evaluación de los esfuerzos, pues hacer algo en lo que no somos competentes supone un esfuerzo considerablemente mayor que hacer algo en lo que somos unos consumados expertos. Ir en coche a comprar leche es una tarea rutinaria para muchas personas, pero para las que no saben conducir o desconocen a qué tienda ir, es una labor poco menos que hercúlea. Es evidente, pues, que nuestro nivel de competencia es una faceta importante de los cálculos de fondo que nuestro cerebro realiza todo el tiempo.

Esto puede observarse incluso en la estructura misma de nuestros cerebros. Se ha demostrado, por ejemplo, que los taxistas londinenses veteranos tienen aumentadas ciertas regiones del hipocampo, en concreto las dedicadas a la navegación espacial compleja[32], y que los músicos que tienen un gran dominio del piano o del violín presentan unas áreas del córtex motor dedicadas a la motricidad fina de las manos y los dedos significativamente más extensas que las del resto de las personas.[33] Básicamente, nuestros trabajos nos obligan a realizar ciertas acciones y comportamientos de manera repetitiva, lo que hace que nuestros cerebros tengan tiempo para adaptarse a ellos, lo que a su vez permite que nos manejemos mucho mejor en su desempeño. Y eso puede hacernos más felices, porque al cerebro le gusta ser competente.

Además, muchos trabajos nos suministran formas diversas de *medir* nuestra competencia. Objetivos de ventas, primas de productividad, ascensos, estudios de rendimiento, escalas salariales, premios al empleado del mes…, todas estas son cosas que proporcionan un indicador bastante rápido y definitivo de lo «bueno» que alguien es en su trabajo. Parece ser que a nuestros cerebros les gusta medir cosas y que poseen regiones específicas dedicadas a ello. Según un estudio de Castelli, Glaser y Butterworth, de 2006[34], el surco intraparietal, que es una parte del lóbulo parietal del cerebro, desempeña un papel fundamental en el procesamiento cerebral de las mediciones y tiene incluso sistemas separados para las mediciones más específicas o numéricas (del tipo «hay treinta y ocho papas fritas en el plato») y para otras más «analógicas» o relativas (como «hay más papas en ese otro plato que en el mío, nunca más vuelvo a comer aquí»). Al surco intraparietal también se le ha atribuido en repetidas investigaciones una participación esencial en la integración de la información suministrada por los sentidos y en la vinculación de esta con nuestros sistemas motores y con otras facetas que controlan nuestro comportamiento[35], conque todo suma. Lo que no deja de tener gracia, hablando de cálculos y mediciones.

Así pues, por razones varias, nuestros cerebros ansían una sensación de competencia, y cuando sentimos que somos competentes es más probable que seamos felices. Nuestro trabajo nos brinda mayores oportunidades de mejorar nuestra competencia y de confirmarla de un modo objetivo, y eso es agradable (a menos, claro está, que se critique nuestra competencia, que es de todo menos agradable).

El trabajo también ofrece recompensas de otro tipo, como una mayor exposición a la novedad, es decir, a cosas y situaciones desconocidas (algo que agrada al cerebro, como ya vimos en el capítulo anterior, y que explica por qué los trabajos machaconamente repetitivos suelen recibir críticas tan negativas), y más oportunidades de interactuar con otras personas y de establecer conexiones sociales (algo de lo que hablaré más adelante). El argumento importante que quiero dejar claro aquí es que, si bien la mayoría de las personas trabaja porque necesita el dinero que gana trabajando, los mecanismos cerebrales ofrecen otras vías por las cuales el cerebro puede recompensarnos y satisfacer necesidades y deseos instintivos, con el consiguiente potencial que ello encierra de cara a hacernos felices, aun cuando nuestro trabajo consista en diseccionar cadáveres.

DÓNDE SE VE EL CEREBRO A SÍ MISMO DENTRO DE CINCO AÑOS

Todas estas investigaciones sobre el modo en que el cerebro aborda el trabajo me hicieron rememorar el sonrojante (literalmente) recuerdo de un incidente laboral que tuve una vez. Así que, aunque pueda parecerles ilógico que lo haga, voy a compartirlo con ustedes.

Una vez, al poco de comenzar a trabajar en una empresa, asistí a un «seminario introductorio» obligatorio de todo un día donde se daba a los nuevos empleados una serie de charlas y exposiciones sobre las metas y objetivos de la compañía y otras cosas por el estilo. Fue, como era de prever, una jornada terriblemente aburrida y, durante una sesión de sobremesa dedicada a los valores de la empresa, me quedé dormido en mi silla.

Me desperté sobresaltado cuando el conferenciante dijo: «Muy bien, Dean, ¿cuáles son nuestros tres valores centrales?». Debido al estado semiconsciente y confuso de mi cerebro, respondí: «Eh, ¿servir a la confianza pública, proteger al inocente y defender la ley?». Siguió una larga e incómoda pausa, provocada sin duda por el hecho de que acababa de recitar las directivas fundamentales del conocido personaje de ciencia ficción de los años ochenta Robocop, en vez de los valores centrales de la compañía de los que nos acababan de hablar. Es decir, di una respuesta no muy relevante en aquel contexto.

Dejando de lado lo ridículo de mi exhibición de erudición fílmica, sí quisiera dejar claro que mi experiencia de aquella tarde es un fenómeno habitual en muchos de nosotros. Conocemos muchas anécdotas de personas que se esfuerzan lo indecible por no dormirse durante alguno de esos tediosos talleres, seminarios o conferencias que, aun así, sus empresas insisten en organizar. Podría decirse que es una realidad más de la vida laboral moderna, particularmente irritante para todos los empleados que, por no ocupar puestos de alta dirección, no tienen capacidad decisoria alguna sobre ella. ¿Por qué? ¿Por qué insistir en esos actos de mero trámite que no hacen más que molestarnos y distraernos a todos de hacer el trabajo que de verdad nos toca?

Pues porque muchas empresas y organizaciones *quieren* que sus empleados se sientan felices y se esfuerzan (y gastan) mucho por conseguirlo, ya sea mediante jornadas y retiros, ejercicios para fomentar el espíritu de equipo, asesores y seminarios motivacionales, planes de retención de personal, encuestas de valoración, beneficios adicionales para los trabajadores, y otros muchos elementos. Y aunque hay quienes tal vez lo hacen por pura generosidad, por la pura preocupación por el bienestar de su plantel, la cínica verdad es que un personal feliz es un personal más rentable.

Existen datos bastante contundentes que indican que unos empleados felices son hasta un 37 % más productivos. Por tanto, si una empresa tiene a cien empleados en plantilla y consigue que todos sean felices, estos podrían terminar haciendo el trabajo de ciento treinta y siete personas sin costo adicional alguno. Por el contrario, unos empleados infelices pueden llegar a ser hasta un 10 % menos productivos.[36] Si a esto añadimos que las personas felices son más sanas[37] y menos proclives a quejarse, vemos hasta qué punto es lógico que las empresas quieran que sus empleados estén felices, aunque, en el fondo, no sean para ellas más que unos peones sin otro valor.

Por desgracia, hacer que un grupo de individuos diversos sean felices porque se les ordena serlo es inconcebiblemente difícil a menos que se tomen medidas drásticas, como echar éxtasis en las fuentes de agua fría (vayan ustedes a saber cómo *eso* repercutiría en las cifras de productividad). Y ello se debe a que el cerebro no deja de poner trabas y problemas, y uno de los más importantes es la motivación (otro de los elementos que los directivos tratan de despertar en sus empleados) y el particular funcionamiento neurológico de esta.

La motivación se orienta principalmente a metas; tenemos una meta que queremos alcanzar y nuestra motivación orienta nuestra conducta de manera acorde a los pasos necesarios para conseguirla.[38] Para la mayoría de criaturas vivas, ese es un sistema muy simple: la meta es «conseguir alimento», por lo que están motivadas a cazar y buscar comida, o sencillamente a «no sufrir una muerte brutal y desagradable», lo que las lleva a rehuir a aquella otra criatura de inquietante y terrorífica dentadura.[39] Pero nosotros, los seres humanos, con nuestra exasperante inteligencia, hemos tomado esos procesos motivacionales y hemos tejido con ellos una nutrida serie de comportamientos complejos. Antes se suponía que solo nos motivaba aquello que nos gustaba, que nos hacía felices, y que evitábamos lo que no. El mismísimo Freud defendió eso mismo con su famoso «principio del placer».[40] Pero resulta que ni los seres humanos ni sus cerebros son tan simples.

La manera en que el cerebro procesa la motivación hace que esta sea muy difícil de aprovechar para otros propósitos concretos, incluso en el nivel de lo cotidiano. El sentido común nos diría que lo que motiva a la mayoría de empleados es el deseo de ganar dinero. Por tanto, si les ofreciéramos más dinero, más motivados estarían, ¿verdad? ¡Falso! Algunos datos indican que, en ciertas situaciones, pagar más a las personas puede *disminuir* su motivación para hacer algo. ¿Por qué?

Pues porque la motivación también puede dividirse en dos tipos: la extrínseca y la intrínseca. La primera es la que nos lleva a hacer cosas para obtener una gratificación externa; la segunda nos induce a actuar para obtener una gratificación interna, ya sea porque nos resulta personalmente agradable o satisfactorio, ya sea porque se ajusta a nuestros impulsos y aspiraciones particulares.[41] Que alguien quiera ser médico porque desea ayudar a las personas y hacer el bien en el mundo es una motivación intrínseca. Pero si lo que lo mueve es el deseo de un buen sueldo y de un empleo seguro, estará actuando por una motivación extrínseca, pues esas son recompensas suministradas por agencias externas al propio individuo.

Es importante señalar que la motivación intrínseca parece ser más poderosa porque, por así decirlo, sus recompensas salen de dentro de nuestro propio cerebro.[42] La contradicción que se produce en ese caso es que, en ocasiones, si se coacciona a una persona para que haga algo ofreciéndole una recompensa en forma de incentivos económicos, por ejemplo, esta puede tener la sensación de que la *decisión* por la que ha acabado haciendo ese *algo* no ha sido suya, y su motivación queda así exclusivamente supeditada a la mencionada recompensa. Eso significa, en esencia, que en cuanto se recibe (o se elimina) la recompensa, la motivación asociada a esta se desvanece. Y eso es algo que no parece ocurrir de igual modo cuando la motivación surge de una fuente interna, personal; es decir, si hacemos algo porque nosotros mismos hemos decidido hacerlo.

Hace años, se realizó un estudio con unos niños a quienes se les facilitaron materiales para trabajar la expresión artística. A algunos se les prometió una recompensa si los utilizaban; a otros simplemente se les dejó hacer lo que quisieran con ellos. Más adelante se les volvieron a entregar los materiales, pero sin instrucciones adicionales. A quienes no se les había recompensado la primera vez porque habían jugado con aquellos bártulos por voluntad propia mostraron un mayor interés y entusiasmo por volver a hacerlo.[43] A partir de esto, las empresas podrían concluir que sus empleados estarían más felices y motivados si se les diera mayor autonomía y mayor control sobre sus trabajos, en vez de subirles el sueldo sin más. Tal vez el chef de cocina del restaurante de una cadena estaría más feliz con su trabajo si le dejaran servir los platos a su gusto, en lugar de como se le ha dicho que lo haga desde la «sede central» de la compañía. O quizá —no lo sé— los autores de libros de divulgación científica estarían dispuestos a renunciar a cobrar un anticipo a cambio de la posibilidad de fijar sus propios plazos y fechas límite de entrega. *

De todos modos, permítanme unas palabras de advertencia. En primer lugar, lo que aquí se plantea no es una alternativa entre opciones excluyentes: la gente sigue queriendo (*necesitando,* de hecho) que le paguen. El estudio de los niños y los materiales artísticos puede parecernos convincente, pero los niños no tienen hipotecas ni hijos pequeños que mantener. Y también sabemos que el cerebro está predispuesto a aplicar el esfuerzo mínimo, así que, si nos dan libertad para «lo que queramos», muchas personas probablemente no hagamos gran cosa. Es evidente que las empresas saben esto y, por ello, casi todos los empleos tienen reglas y normativas que los trabajadores deben cumplir si quieren mantenerlos. Por otra parte, esas reglas reducen la autonomía del empleado, lo que hace que sean menos felices y menos productivos. Se trata de un equilibrio difícil que no tiene una solución simple y evidente.

No obstante, existe un nivel diferente de motivación que también debemos tener en consideración. La mayoría de los animales vive «el presente» y ya está, pero nuestros cerebros humanos pueden pensar (y piensan) con mayor previsión. Eso significa que, además de los objetivos inmediatos, también tenemos unos fines a largo plazo, unas metas de vida, unas aspiraciones, en definitiva. Existen indicios que vienen a sugerir que esas metas de vida hacia las que tratamos de encaminarnos nos hacen más felices que si nos centramos exclusivamente en las necesidades básicas de la supervivencia.[44] La «teoría general de la tensión» postulada por el criminólogo Robert Agnew[45] hace referencia incluso al fracaso

---

* Nota para la editorial de mi libro: no, no lo estarían.

en la consecución de metas como una de las grandes categorías de causas del comportamiento criminal o delictivo. Es evidente que la posesión de unos objetivos y unas aspiraciones a largo plazo incide significativamente en la felicidad y en la conducta.

¿Por qué? Muchos psicólogos sostienen que nuestros cerebros manejan imágenes separadas de nosotros mismos: concretamente, nuestro «yo ideal» y nuestro «yo obligado».[46] Nuestro yo ideal representa una meta, un estado ideal que nos gustaría encarnar *en último término,* mientras que nuestro yo obligado es la conducta que creemos que debemos mostrar *ahora* para conseguir ese ideal *después.* Nuestro yo ideal podría ser un deportista campeón en la cima de su forma física. Nuestro yo obligado sería, en ese caso, alguien que va al gimnasio y que se abstiene de comer pizzas y postres, porque eso es lo que está *obligado* a hacer si quiere cumplir su objetivo final. Hay pruebas de que nuestro yo ideal es un factor muy importante de nuestra felicidad cuando estamos haciendo nuestro trabajo.[47] Básicamente, si nuestro cerebro reconoce que lo que hacemos en un momento dado nos acerca a materializar nuestro yo ideal, nos sentiremos más felices. Si no se lo parece, estaremos menos contentos. Así que si nos dedicamos a un trabajo que no se ajusta con nuestras metas personales, o que incluso nos aleja de ellas, será más difícil que nos sintamos felices mientras lo desempeñamos.

La situación ideal, pues, consistiría en trabajar en algo que queramos activamente hacer y que facilite la realización de nuestras propias metas de vida, a fin de que nuestras aspiraciones y las de las personas para quienes trabajamos se complementen. Muchos empleadores parecen ser conscientes de ello, al menos hasta cierto punto. Una explicación de tan constante empeño en implicar a los empleados y en hacerlos partícipes del «ideario de la empresa» es el deseo que tienen los altos cargos de explicar sus planes y sus intenciones para persuadir a los empleados de que compartan esas metas. De ahí que, en las entrevistas de trabajo, sea habitual la pregunta «¿dónde se ve usted dentro de cinco años?». Si un solicitante de empleo dice «en un puesto de adjunto a la dirección en el departamento de compras», está dando a entender que será un trabajador dedicado y entusiasta de la empresa. Si dice «espero ser campeón olímpico de tap», es bastante probable que no acabe entregándose al 100 % a su trabajo.

Por desgracia, en el mundo actual, conseguir un empleo que encaje con nuestras metas de vida es una misión harto incierta. Son muchos los niños que dicen que quieren ser astronautas y muy pocos los que confiesan tener aspiraciones de ser baristas. Pero ¿cuál de los dos empleos es más probable que acabemos desempeñando a lo largo de la vida? No es que ser barista tenga nada de malo, desde luego, pero dudo que preparar cafés latte con leche de soja y café doble* pueda compararse con viajar en una nave espacial, y poco puede hacer el gerente de una cafetería para cambiar eso. Además, ejercer un trabajo poco relacionado con nuestras metas de vida —sobre todo, si es un empleo con unos niveles de presión y exigencia elevados— puede ser directamente perjudicial para nuestra probabilidad de alcanzarlas. El estrés laboral comporta un elevado agotamiento mental que nos resta entusiasmo y fuerza de voluntad para perseguir objetivos que estén fuera de nuestras conductas rutinarias[48], por lo que es habitual que muchas personas caigan en malos hábitos y en vicios liberadores de estrés (como, por ejemplo, los atracones de comida y de alcohol) que repercuten negativamente en su salud y las alejan más si cabe de su yo ideal. De ello no pueden salir más que nuevas dosis adicionales de estrés e infelicidad. ¿De qué nos extrañamos cuando oímos a tanta gente quejarse de su trabajo?

Aun así, por extraño que parezca, no deja de ser posible que seamos felices haciendo un trabajo al que no teníamos necesaria-

---

* No soy muy cafetero, así que no sé si eso que he dicho existe realmente o no. Suena correcto, ¿no?

mente previsto dedicarnos, porque, en ciertas circunstancias, el cerebro da un giro y decide que sí, que, en realidad, sí queríamos hacerlo. Supongamos que usted quiere ser un campeón olímpico de tap y que solo trabaja de oficinista para pagarse las facturas y, de ese modo, permitirse a sí mismo perseverar en sus sueños. Pero un día se da cuenta de que jamás alcanzará esa meta (puede que porque alguien le aclara con toda la crueldad del mundo que no existe tal disciplina olímpica). En ese momento, a su cerebro se le presenta un problema. Hasta entonces, existía una razón válida (más o menos) para que usted trabajara en una oficina, que era algo que, de otro modo, no habría querido hacer. Pero tal razón ha desaparecido. De pronto, usted se da cuenta de que está haciendo algo que no quiere hacer y de que no tiene ningún motivo de peso para hacerlo. Eso activa una incongruencia en el cerebro y al cerebro no le gustan las incongruencias. Así que tiene que resolverla.

Una de las cosas que ese cerebro suyo puede hacer para hallar una solución es aceptar que usted ha fracasado, que todos sus esfuerzos han sido en vano, que carece de la competencia necesaria, que debería dejar su trabajo y comenzar de nuevo. Esta podría parecer la opción lógica y sensata, pero comporta un costo psicológico considerable. La otra opción es que usted simplemente cambie su modo de pensar y que, de pronto, sí quiera trabajar en una oficina y se diga a sí mismo que lo otro era una burda quimera infantil, que el trabajo que tiene ahora sí que es un trabajo de verdad, y que si se lo toma en serio y se concentra en su propia trayectoria profesional, puede terminar siendo adjunto de dirección en el departamento de compras... ¡en cinco años!

Lo que acabo de describir es una forma de disonancia cognitiva[49], que es lo que ocurre cuando, ante una incompatibilidad o una incoherencia entre nuestros pensamientos, nuestros comportamientos y nuestros actos, el cerebro toma cartas en el asunto para resolver tal contradicción. Y si no puede cambiar la realidad, cambiará lo que la persona cree y piensa. Así que modifica su yo ideal, sus metas de vida. Porque el cerebro nos protege instintivamente del estrés y del fracaso siempre que sea posible, aun cuando no resulte el proceder más lógico de todos. De manera que, aunque nuestro trabajo puede no ser de utilidad alguna para acercarnos a nuestros sueños y aspiraciones, hay situaciones en las que el cerebro cambiará instintivamente esas aspiraciones para que sí sea útil, todo con tal de incrementar las probabilidades de ser felices.

De todos modos, ese solo es un resultado de varios posibles. La dura realidad es que, como casi todos los lugares de trabajo se organizan conforme a una estructura jerárquica (así hacemos las cosas los humanos[50]), las probabilidades de que seamos felices en nuestro empleo tienden a sernos contrarias. El cerebro anhela control y el hecho de trabajar para otros lo limita. * Además, pese a que habitualmente se los acuse de lo contrario, los jefes y los directivos son también seres humanos, como humanos son sus cerebros, por lo que tienen las mismas carencias y necesidades que sus subordinados. Por desgracia, las motivaciones del empleado típico (básicamente, conseguir el máximo dinero posible por el mínimo trabajo posible) no son compatibles con las de los peces gordos responsables del éxito de la compañía (que no son otras que conseguir que los empleados trabajen lo máximo posible por el mínimo pago posible). ¿De verdad se extraña alguien de que una aparente mayoría de personas conciba su trabajo como un «mal necesario», como un trámite imprescindible pero indigno de celebración alguna? Con razón se está volviendo tan popular el concepto del balance vida-trabajo.

---

* Lo lógico sería que convirtiéndonos en trabajadores por cuenta propia solucionáramos ese problema. Sin embargo, con ello no hacemos más que introducir un nivel de incertidumbre mucho mayor en nuestras vidas, sin olvidar que nuestros ingresos pasan a estar directamente al albur de los deseos de nuestros clientes, por lo que, en realidad, no solucionamos nada.

Si yo fuera rico

Llegado a este punto, consideré que ya me había hecho una buena idea de cómo afecta nuestro trabajo a nuestros cerebros y de cómo esa incidencia determina nuestra felicidad. El esfuerzo físico puede mejorar palpablemente el funcionamiento del cerebro, pero el trabajo sin recompensa es algo que (por efecto de la evolución) el cerebro parece rehuir al máximo. Trabajamos porque necesitamos dinero para sobrevivir y eso es algo que nuestros cerebros reconocen en un nivel muy fundamental, lo que hace que las personas perseveremos con empleos que, según los casos, incluso detestamos. Pero nuestro cerebro nos inculca otras necesidades y deseos —tener el control, ser competentes, ser admirados— y el trabajo al que nos dedicamos puede aportarnos esas cosas, como también puede negárnoslas, todo lo cual afecta lo felices o lo infelices que nos sentimos. Los humanos también podemos tener aspiraciones a largo plazo, y el hecho de que nuestro trabajo contribuya (o dificulte) a alcanzarlas es otro gran factor que considerar.

Si nos fijamos en el conjunto de lo que acabo de decir, alguien podría concluir que *todo* se reduce a objetivos. Los psicólogos y los neurocientíficos suelen hablar de la conducta orientada a fines[51], la cual vendría a englobar prácticamente todas las acciones y comportamientos que no sean puramente habituales o reflejos, pues todo acto consciente tiene un propósito, un objetivo, que lo motiva, y el cerebro parece disponer de una serie de sistemas complejos que facilitan que eso sea así.[52] La supervivencia, la estabilidad económica, el control, la competencia, la aprobación…, técnicamente, todos son objetivos que, unidos a cualquier posible aspiración global «de vida», ayudan a explicar por qué trabajamos y cuáles son los efectos que el trabajo ejerce en nosotros. Así que eso explicaría también cómo afecta el trabajo a la felicidad y por qué todos trabajamos.

Si no fuera porque… no lo explica del todo. El problema más evidente es que los objetivos pueden *cumplirse*. Ahí radica su lógica. «Persigue tus sueños» puede ser una fórmula muy trillada o cursi, pero algunas personas realmente logran hacerlos realidad. Es perfectamente posible tener un control total y una seguridad económica absoluta, ser el mejor en tu campo, materializar tus aspiraciones, etcétera, y a veces a una edad sorprendentemente joven. ¿Qué ocurre entonces? ¿La gente para... y ya está?

Pues, al parecer, no. Pensemos en todos los empresarios superricos o en los grandes campeones deportivos que siguen con lo suyo aun después de haber triunfado en todo. Atesoran más dinero y respeto del que jamás habrían imaginado, por lo que, si no *necesitan* trabajar, ¿por qué siguen haciéndolo? ¿Qué felicidad les aporta el trabajo a partir de ese momento?

Yo quería averiguarlo, pero ¿cómo? Si deseaba tomármelo con un ánimo científico, buscaría a una persona, la despojaría de todas sus razones para trabajar y analizaría de qué modo le afecta esa ausencia de motivos. Por desgracia, cuando pedí a la editorial un millón de libras «para dárselas a un extraño, a ver qué le pasa entonces», mi propuesta fue recibida con una seca negativa, acompañada de un suspiro de displicencia. Así que tuve que optar de nuevo por la segunda opción: conversar con alguien que ya estuviera en esa situación. Básicamente, necesitaba hablar con un multimillonario que siguiera trabajando a pesar de todo.

¿Pero dónde iba a encontrar a uno? ¿Qué se suponía que debía hacer? ¿Frecuentar los bares y los locales (del exclusivo barrio londinense) de Mayfair en busca de alguien a quien le apeteciera charlar? Entonces me di cuenta de que había uno que había asistido al acto de lanzamiento de mi primer libro: el promotor inmobiliario, emprendedor, consultor de empresas y paisano (galés como yo) Kevin Green. ¿Estaría dispuesto a echarme una mano?

Además de lo mucho que se ajustaba al perfil que yo buscaba, una rápida investigación previa me reveló que, en 1999, tras conseguir una de las prestigiosas becas Nuffield[53], Kevin se dedicó a estudiar las actitudes y las personalidades de grandes triunfadores y, para ello, entrevistó a Bill Gates, Richard Branson y otras personalidades de esa índole. Kevin Green no era solo una opción de conveniencia, sino que era la persona *ideal* con quien hablar. Así que fui a hacerle una visita.

Sabemos que el dinero es el motivo más obvio para trabajar. De hecho, Kevin también imparte seminarios de formación y de ayuda sobre cómo ganar dinero, un servicio que, como podemos imaginar, es tan popular como solicitado. Pero la gente no busca trabajos o carreras profesionales única y exclusivamente en función de la gratificación económica que estos puedan reportar. Así que pregunté a Kevin, cuánta era la importancia —según su perspectiva— del factor dinero en la vida laboral y en la felicidad de las personas.

—Yo entiendo que, si vas a elegir un sector laboral al que dedicarte, tienes que tomártelo con pasión y disfrutarlo —me contestó—. Si solo buscas dinero, el dinero huirá de ti. Hay personas que se hicieron muy ricas y luego lo perdieron todo porque solo iban tras el dinero.

Puede que esta nos parezca una perspectiva muy interesante, sobre todo si la oímos de boca de un empresario millonario, pero lo cierto es que cuenta con pruebas que la sustentan. Un estudio de 2009 dirigido por Talya Miron-Shatz para la Universidad de Princeton[54] aportó datos de que, entre las mujeres estadounidenses al menos, la tendencia a centrarse en lo económico reduce la probabilidad de que la trabajadora sea feliz, *sea cual sea su nivel de ingresos*. No importa solo cuánto dinero se tiene, sino, además, qué *actitud* se tiene ante el dinero; de ahí que quienes cobran salarios de seis o siete cifras puedan muy bien ser mucho menos felices que quienes ganan una fracción mínima de esas cantidades.

Sabemos que el cerebro reconoce el dinero como una recompensa válida porque lo necesitamos para sobrevivir, pero, a diferencia de la comida o del agua, no parece haber ningún punto a partir del cual el cerebro nos diga «basta, ya es suficiente». Técnicamente hablando, no hay un límite superior a cuánto puede ganar una persona, pero para garantizarnos por completo un grado suficiente de seguridad económica ante cualquier gasto imaginable, cualquier catástrofe o cualquier problema que el mundo pueda poner en nuestro camino, necesitaríamos ahorrar cifras ridículamente elevadas de dinero. De ahí que, si alguien tiene propensión a la paranoia o al pesimismo, nunca piense que dispone ya de dinero «suficiente» y viva con un miedo constante a caer en la ruina económica sean cuales sean sus ingresos. Y, desde luego, eso no es bueno para la felicidad.

Hay incluso quienes sostienen que, como el dinero activa el circuito cerebral de recompensa de forma parecida a una droga, hay personas que se vuelven adictas al dinero.[55] Eso explicaría muchos de los comportamientos cuestionables que vemos en las noticias, con todos esos magnates podridos de pasta que continúan inmersos en prácticas empresariales agresivas y despiadadas. La adicción modifica drásticamente el cerebro y hace que las regiones encargadas de procesar sensaciones de recompensa entren en contacto con (y modifiquen o repriman) áreas como las que, en el córtex frontal, se encargan de la contención, la lógica y otros comportamientos conscientes.[56] El resultado es una alteración de nuestras prioridades, inhibiciones y motivaciones que se traduce en que nos obcequemos en la fuente de nuestra adicción y la prioricemos sobre todo lo demás.

Además, la adicción se ve potenciada a su vez por la tolerancia, que es lo que desarrolla el cerebro cuando se adapta a la fuente del «subidón» y hace que, con ello, este pierda su potencia. En la práctica, eso haría que necesitáramos sumas cada vez mayores de dinero y que, en cuanto agotáramos todas las vías «normales» de obtenerlo, probáramos otros métodos más arriesgados o inciertos, como poner en marcha nuevas empresas, atreverse con inversiones de alto riesgo, etcétera. Pero el mundo financiero rara vez perdona, por lo que esa conducta incrementa las probabilidades de perderlo todo. De modo que seguramente no sea extraño que, como dice Kevin, quienes van a la caza del dinero por encima de cualquier otra cosa corran un mayor riesgo de perderlo todo.

Teniendo esto en cuenta, le pregunté a Kevin qué motivación lo había guiado cuando empezaba. ¿Acaso no se había movido por el dinero en sí?

—Yo quería seguridad —me respondió al instante, y de un modo muy coherente con lo que yo había investigado hasta entonces acerca de cómo funciona el cerebro. Pero aquella no había sido una mera respuesta refleja subconsciente de Kevin. Él tenía un recuerdo muy vivo de su propia experiencia—. Me propuse tener «libertad» económica para procurarme una seguridad y procurársela a mis hijos también. Porque, tras haber pasado por la experiencia de ser un «sin techo» en 1988, lo último que quería era que eso me volviera a ocurrir. Esa fue mi motivación y me alegro, porque me hizo valorar hasta el último penique.

De hecho, ese motivo por él admitido explicaría sin duda su posterior fervor por triunfar en los negocios y en la vida. Se sabe que el cerebro humano tiene numerosos sesgos «optimistas»[57], es decir, que muchas veces damos por supuesto que las cosas están bien, a menudo sin motivo. Tal vez el hecho de que perdamos ese optimismo (temporalmente, al menos) por haber experimentado calamidades de algún tipo sea un motivador aún más poderoso, ¿no creen? Y que, como dice Kevin, pueda muy bien llevarnos a valorar más las pequeñas cosas de la vida. Quizá todos los refranes y tópicos que insisten en ello tengan una base de verdad; quizá el hecho de haber sufrido en el pasado haga que seamos más felices ahora, porque nuestro cerebro cuenta con una experiencia directa de lo mal que pueden ir las cosas en comparación.

Aun así, si Kevin quería seguridad económica, es evidente que la consiguió. Entonces, ¿qué pasó a partir de ahí? Una vez alcanzada su meta, ¿qué hizo después? Pues hizo más o menos lo que cabía esperar: terminó tumbado a la bartola en una playa de Barbados bebiendo mojitos. Sin embargo, como él me comentó, transcurridas apenas dos semanas de tan idílico descanso, comenzó a aburrirse como una ostra y decidió regresar rápidamente a casa, dedicarse a labores benéficas y volver a sus negocios para, finalmente, darse cuenta de que le *gustaba* su trabajo.

Lo sorprendente es que las experiencias de Kevin concuerdan con lo que ya sabemos. Varios estudios han caracterizado la relación entre nivel de ingresos y felicidad (o satisfacción con la vida, o bienestar) como una función curvilínea.[58] Eso significa que la felicidad aumenta a medida que el dinero a nuestra disposición también aumenta, pero solo al principio. A partir de cierto punto, esa relación decrece, de tal modo que a igual incremento de la cantidad de dinero ingresada, no se obtiene ya tanta felicidad como antes. Una persona pobre puede estar encantada de que le paguen 1.000 libras, mientras que un multimillonario puede que ni se dé cuenta. Hay quienes argumentan que el punto en el que esa relación cambia es aquel en el que todas nuestras necesidades fisiológicas están ya suficientemente atendidas. Si usted tiene 10 millones en el banco sin ninguna hipoteca por pagar, la probabilidad de que acabe un día muriéndose de hambre es insignificante, y hasta la persona más pesimista lo admitiría. Nos quedan aún las necesidades psicológicas (de control, de competencia, de aprobación), así como la necesidad de mantenernos activos e implicados, como bien mencionó Kevin, pero esas son las menos fáciles de satisfacer exclusivamente con dinero.

Ahora bien, no solo es una cuestión de aburrimiento; hay también un lado más oscuro que el propio Kevin me señaló:

—Yo vengo del campo y allí se ve esto muy a menudo. Hay personas que se pasan la vida trabajando en su granja y, en cuanto se jubilan, se instalan en el pueblo. Al cabo de cinco o seis años, se mueren. Sin embargo, son las personas que se mantienen activas, implicadas, las que duran mucho más. Es una de las razones por las que no me imagino a mí mismo jubilándome.

Es verdad que la jubilación puede despojar a muchas personas de un sentido en la vida, de una motivación, pero las consecuencias directas sobre nuestra salud nada más jubilarnos son sorprendentes. Nuestro trabajo, pensemos lo que pensemos de él, ofrece un estímulo, por muy soporíferamente aburrido que sea. Si tenemos suerte, también nos proporciona en mayor o menor grado el resto de cosas comentadas en este capítulo. Pero, cuando nos jubilamos, todo eso se detiene de golpe. Grandes cambios repentinos en la vida como ese estresan nuestro cerebro, que no tolera bien la incertidumbre, y, por tanto, nos hacen infelices. Pensemos también que pasamos tanto tiempo trabajando que el trabajo se convierte en un gran factor de nuestra identidad, sobre todo si es un trabajo que nos gusta. Es algo que se puede detectar en las palabras mismas que se usan; comparen, si no, «trabajo de administrativo» o «trabajo de dependiente» con «soy médico» o «soy piloto». Dejar de hacer un trabajo que nos gusta, aunque sea una interrupción voluntaria, puede parecerse mucho a perder un hogar por cuanto se pierde una parte importante del sentido del «yo» de la persona. No es extraño, pues, que la jubilación ocupe un puesto muy elevado en la escala de estrés de Holmes y Rahe, ¡por encima incluso del embarazo! *[59]

Sí, ya lo sé, a mucha gente no le gusta trabajar, así que la jubilación encierra un atractivo evidente. Pero ¿no sería mejor que concibiéramos la jubilación como el momento en que dejamos de *ganar un salario,* más que como el momento en que dejamos de trabajar? Lo digo porque la inactividad completa es muy mala para el cerebro y disminuye su duración y la salud en general. Y aunque todavía no se entiende muy bien, la existencia de fenómenos como el efecto placebo nos revela hasta qué punto están fundamentalmente conectados nuestros estados mental y físico, a veces hasta extremos fatales, como bien advirtió Kevin.

También me intrigaban los estudios que el propio Kevin había llevado a cabo viajando por el mundo y entrevistando a grandes triunfadores para conocer mejor cómo habían llegado a donde

---

* Los tiempos dictados por la naturaleza hacen que sea muy improbable que una mujer pueda jubilarse embarazada, pero solo Dios sabe lo estresante que semejante coincidencia de factores en el tiempo podría suponer.

habían llegado, y me preguntaba si había extraído alguna conclusión particularmente importante que pudiera compartir. Y sí que había extraído algunas.

—Yo me reunía con aquellas personas inmensamente ricas —me dijo—, pero siempre les hacía las mismas preguntas. Y la primera invariablemente era: «¿Uno nace emprendedor o se hace emprendedor? (por decirlo de otro modo, la clásica discusión de lo innato frente a lo aprendido). Casi el 100 % de las respuestas eran que, si se da el entorno correcto, cualquiera puede triunfar.

—Pero que tales respuestas se correspondiesen del todo con la realidad no estaba tan claro, como el propio Kevin me explicó—. Si a una persona la sitúas en el entorno adecuado, podrá sobresalir y brillar, y eso me lo han demostrado muchas veces, y es una conclusión ciertamente profunda. Pero también me ha quedado claro en muchísimas ocasiones que, para ello, la persona en cuestión tiene que tener cierta chispa en su interior.

Puede que esto parezca incoherente, pero, en realidad, no lo es. Son innumerables los individuos que comparten el mismo entorno que una persona triunfadora, pero solo la segunda llega a conseguir grandes cosas. Así que algo único debe de poseer para ello. ¿No será algo genético, innato? No saquen todavía conclusiones definitivas: Kevin tenía aún más cosas que decir:

—Esa chispa se genera por toda una serie de razones, pero normalmente sale de un dolor producido en algún otro contexto, así como del empeño por triunfar que suele crearse cuando se ha experimentado ese dolor.

No hay duda de que las propias experiencias de Kevin como persona sin hogar proyectan una larga sombra sobre esa conclusión suya, pero, en todo caso, sería difícilmente discutible. La «chispa» que se necesita para tener éxito podría deberse a algún factor genético o intrínseco. Por ejemplo, Bill Gates, una de las personas entrevistadas por Kevin y, en el momento de escribir este libro, el hombre más rico del mundo, parece haber tenido una infancia y una juventud relativamente cómodas en comparación con la de la mayoría de personas y, sin embargo, comenzó a hacer gala de una inquietante competitividad cuando apenas tenía 11 años de edad, lo que indicaría algún tipo de factor raro en su genética o en su desarrollo que lo estaba impulsando a ser así. Pero la susodicha chispa también nos la puede dar nuestro entorno, a raíz de algún trauma o suceso desagradable que haga que nuestros cerebros tengan un recuerdo muy claro del mal trago vivido y se impregnen de una honda y duradera motivación para evitar a toda costa que se repita. Parece que una de las cosas que aumenta la motivación de nuestros cerebros para triunfar es la vivencia directa y visceral del fracaso y la desesperación. Quizá esto signifique que lo que nuevamente interviene en estos casos es el consabido e hiperactivo mecanismo de detección de amenazas.

No se trata de un fenómeno automáticamente bueno, desde luego; tal vez quienes se sienten más impulsados a triunfar tengan menos reparos a la hora de pisotear a alguien que se interponga en su camino. Pero no cabe duda de que es un poderoso factor motivador.

De todos modos, aquello apuntaba a una conclusión interesante: que la motivación que nos impulsa a esforzarnos mucho por triunfar, por conseguir todas aquellas cosas que pensamos que nos harán felices, se ve muy potenciada por el hecho de ser (o haber sido) desdichadamente *in*felices. ¿Sería eso así?

Al principio de este capítulo mencioné que yo no había dejado de ser feliz pese a mis malogrados esfuerzos en la investigación sobre la temática de este libro. Luego revelé que, tiempo atrás, había pasado dos lúgubres años trabajando de embalsamador de cadáveres. Así que no podía evitar preguntarme: ¿estaban ambos hechos ligados entre sí? ¿Habría sido tan optimista a propósito de mis vacilantes progresos si no hubiera conocido de primera mano lo que era pasarlo realmente mal en el trabajo? Es evidente que los verdaderos traumas suelen ser muy debilitantes para cualquier persona, pero, en lo que al cerebro se refiere, las experiencias negativas *son* en realidad beneficiosas: lo son para nuestra salud mental, para nuestro bienestar y, por supuesto, para nuestra felicidad. Una mayor riqueza de experiencias a las que el cerebro pueda recurrir en el posterior transcurso de nuestra vida puede potenciar considerablemente nuestra ambición y nuestra motivación, factores ambos que, como ya hemos visto, están estrechamente ligados a la felicidad. Experimentar una amplia gama de emociones posibles, buenas y malas, hace que también adquiramos una mayor competencia emocional[60], lo que nos permite reaccionar y responder apropiadamente a lo que vaya surgiendo. Esto también debería traducirse en una mayor felicidad, y por varios motivos.[61]

Una conclusión evidente que cabe extraer de todo esto es que, gracias al oscuro funcionamiento del cerebro, los factores que determinan si alguien es feliz en su trabajo (o no) son fantásticamente complejos y variables. Pero si eso es así, los esfuerzos constantes e insistentes (hasta el punto de rayar en el fanatismo) de las empresas por *obligar* a sus empleados a ser felices están condenados al fracaso, ¿no? De hecho, los datos disponibles (y una breve charla con cualquier empleado destinatario de esas sesiones) sugieren que sí; hay estudios que indican que solo un 30 % de los empleados sienten algún grado, no ya de felicidad, sino simplemente de «implicación» con su trabajo.[62]

Por suerte, esto podría tener un lado positivo, en realidad. En un esclarecedor artículo publicado por la *Harvard Business Review* en 2015[63], André Spicer y Carl Cederström expusieron múltiples razones por las que unos empleados perpetuamente felices, aun siendo más productivos a nivel individual, podrían ser en realidad *malos* para el negocio de sus empresas y para su lugar de trabajo. Por ejemplo, las personas felices no son muy buenas negociando; suelen capitular con mayor facilidad con tal de ahorrarse interacciones negativas. Esa es una suerte que se les suele dar mejor a las personas iracundas.[64] El estado de felicidad constante en el trabajo también implica que nuestra vida fuera de él se resienta por comparación, con lo que nuestra vida doméstica y nuestras relaciones familiares pueden verse sometidas a una mayor tensión, lo que cancelaría los beneficios de tanta felicidad laboral. Una persona puede ser feliz en su trabajo, pero no por ello deja de estar a merced de los factores económicos; además, los empleados felices de serlo sufren más cuando pierden su trabajo que quienes no lo son. Sin olvidar que, en su caso, varios fenómenos parecen coincidir; así, los trabajadores que se sienten continuamente felices con su trabajo suelen requerir de elogios constantes y de reacciones positivas a su labor, y se contrarían cuando no las reciben; por otra parte, pueden ser más solitarios y más egoístas, porque se concentran más en la continuidad de su propia felicidad que en la conexión con otras personas. Y ninguna de esas conductas es buena para los negocios.

En cuanto estuve de vuelta en casa de mi visita al despacho de Kevin Green, me senté y traté de incorporar todo lo que él me había dicho a lo que yo ya sabía, para sintetizar exactamente cómo y por qué el trabajo afecta el cerebro haciéndonos felices o infelices.

Nuestros cerebros reconocen que *necesitamos* trabajar para sobrevivir y, de hecho, el trabajo puede tener numerosos beneficios para la salud, tanto mental como física. Pero la evolución ha preparado también a nuestros cerebros para que no gasten esfuerzos sin motivo, por lo que estos hacen que sintamos reticencia y aversión a trabajar duro si no hay ningún beneficio obvio que obtener de ello. Por suerte, los empleos generalmente significan que cobramos dinero por desempeñarlos, y el cerebro reconoce el dinero como una recompensa válida, porque lo necesitamos para sobrevivir y porque, cuanto más tengamos, más «seguros» estaremos, por lo que ganar más dinero suele aumentar nuestra felicidad. De todos modos, la cosa es más compleja, pues el cerebro humano es suficientemente sofisticado como para no querer limitarse simplemente a sobrevivir, lo que significa que tenemos también otras necesidades más psicológicas que biológicas. Entre ellas está la necesidad de autonomía, de tener control, de sentirnos competentes, de sentirnos valorados y aprobados, de alcanzar nuestras metas a largo plazo. Cualquier trabajo que pueda procurarnos alguna de esas cosas (o todas) tiene muchas más probabilidades de aumentar la felicidad que nos da el hecho de trabajar. La ausencia o, directamente, la supresión de esas satisfacciones, sobre todo si se sigue esperando de los trabajadores que cumplan con sus tareas en unos niveles que juzguen irrazonables, hará muy infeliz a cualquier plantilla.

En 2015, el diario *The Guardian* recopiló los resultados de varias encuestas en las que se había preguntado a muchas personas qué trabajos las hacían más felices[65], y sus conclusiones son bastante concordantes con las mías. Al parecer, el trabajo más feliz es el de ingeniero, una labor bien pagada que incluye también autonomía, competencia y una manera muy tangible de observar y validar los resultados de los esfuerzos de quien trabaja. Entre las otras profesiones y empleos allí mencionados estaban los de médico, enfermero, profesor y, aunque esto pueda sorprender a más de uno, jardinero*. Los que no figuraban allí eran trabajos como los de teleoperador, dependiente, empleado de un restaurante de comida rápida y otros por el estilo. Estos son empleos que tienden a ser muy exigentes y mal recompensados y remunerados. Muchas veces son puestos ofrecidos y aprovechados por grandes compañías con enorme volumen de negocio, por lo que quizá la idea de que los empleados felices no son buenos para la actividad de las empresas sea verdad, después de todo, y tal vez aquellas otras compañías que insisten en fomentar la felicidad de sus asalariados estén desperdiciando dinero y tiempo en gran cantidad.

Pero ¿por qué *es posible* que la felicidad resulte tan perjudicial? Recordemos que, en el capítulo anterior, vimos lo mucho que

---

* O quizá no haya tanto de qué extrañarse: da también autonomía, competencia y visibilidad de resultados, y no olvidemos el beneficio psicológico de los espacios verdes, del que ya hablamos en el capítulo anterior.

necesitamos conectar e interactuar con otras personas, pero que, precisamente por el esfuerzo cognitivo que tal interacción requiere, también precisamos de privacidad y de espacio para dar un descanso a nuestros cerebros para que recarguen las pilas. Algo parecido sucede con la felicidad. Aunque puede adoptar múltiples formas, la felicidad «productiva» —aquella en la que la persona se siente animada, alegre y motivada— termina siempre por ser agotadora para el cerebro si la mantenemos durante demasiado tiempo.[66] Ese precio metabólico que se cobra la felicidad podría hacer que el cerebro terminara anteponiéndola a otras cosas importantes, como ser generosos y considerados, lo que redunda en un perjuicio para todas las personas en conjunto.

De aquí cabe extraer una idea muy importante: necesitamos trabajar, pero, técnicamente, no necesitamos estar felices. Se supone que somos felices cuando nos suceden cosas buenas o cuando hacemos cosas que disfrutamos. Pero si insistimos en la felicidad constante —como se hace en muchos lugares de trabajo e, incluso, en muchos ámbitos de nuestra sociedad moderna—, introducimos un desequilibrio que aísla nuestro cerebro de una gama más diversa de experiencias emocionales, al tiempo que exige demasiado de él.[67] Tal vez el balance vida-trabajo sea un concepto más vigente de lo que yo creía, aunque la noción clave en ese caso no sería tanto la de «trabajo» como que dicho balance sea «equilibrado», factor que demasiada gente pasa por alto (para su propio mal).

Es posible que todo se reduzca a que, aunque es muy posible que nuestro trabajo nos haga felices, el motivo por el que resulta tan difícil serlo trabajando es que, desde el punto de vista del cerebro, ¡la felicidad muchas veces *es* un trabajo en sí misma!

Nada más pensarlo, admito que tuve que sentarme un poquito a descansar.

4

LA FELICIDAD SON LAS OTRAS PERSONAS

Tal vez recuerden del capítulo anterior que lo que despertó mi interés en el papel del trabajo y los empleos en nuestra felicidad fue una visita a una galería de arte de vanguardia en la antiquísima ciudad italiana de Bolonia. No obstante, para que vean que no todo en mi vida son lugares exóticos ni conceptos tan profundos, todo lo que trato en este capítulo comenzó con un sándwich.

Mientras conducía de vuelta a casa tras mi encuentro con Kevin Green, me di cuenta de que era ya la hora del almuerzo, así que me detuve en un centro comercial cercano y entré en un local de una conocida cadena de sándwiches. Sin embargo, mientras estaba esperando en la cola, recordé que la casa de mi madre no estaba lejos de allí. Si lo hubiera planificado con anterioridad, podría haberme acercado a verla y almorzar con ella. Lástima. El caso es que, como en aquel momento estaba absorto en mis pensamientos, cuando la mujer que me estaba atendiendo en el mostrador me dijo: «Buen provecho», yo le respondí con un «gracias, mamá». Tras la breve (pero, para mí, en aquel momento, insoportable) pausa que siguió, opté por salir rápido por la puerta, abochornado. ¡Qué vergüenza! ¿Y si ella pensó que la había tratado con sarcasmo? ¿O con desprecio? ¿O que me había traicionado el subconsciente? ¿Y si todos los clientes y empleados del local estaban en ese mismo momento riéndose a carcajadas de mi imbecilidad?

Al final, la parte científica de mi cerebro intervino y zanjó la situación con un «¿y qué más da?». En el peor de los casos, unos perfectos desconocidos tuvieron un momento fugaz de diversión a costa de mi tan extraño como inocuo desliz. Desde el punto de vista práctico, nada de eso importaba. Y, sin embargo, a mí *sí* que me había importado. Unos minutos antes, yo estaba feliz, pero, justo después del incidente, me moría de vergüenza por dentro en un estacionamiento mojado por la lluvia, con un sándwich cada vez más empapado en la mano, y todo por culpa de un mínimo diálogo con una desconocida. Aquel (objetivamente) intrascendente incidente había tenido un inmediato y sustancial impacto en mi felicidad.

Pero quizá debería haberme esperado algo así, ¿no? En todo lo que he tratado hasta aquí sobre lo que nos hace felices o no, se aprecia la reiterada presencia de un elemento al que he hecho alusión pero que aún no he abordado directamente: me refiero al impacto de las demás personas. ¿Por qué aspiramos a tener una casa bonita? ¿A ser muy ricos? ¿A ser campeones en algún deporte? Por muchas razones, claro, pero una subyacente a todos los casos es el deseo de recibir la aprobación, la admiración y el respeto de nuestros congéneres humanos. Por otra parte, las otras personas pueden ser fuente de una infelicidad considerable: compañeros de trabajo «tóxicos», situaciones domésticas tensas, separaciones familiares, artesanas del sándwich que maliciosamente te inducen a decir algo embarazoso…, todas esas cosas pueden hacer que nos sintamos ciertamente infelices.

Es evidente que, en lo que a la felicidad se refiere, nuestros cerebros atribuyen un valor considerable a las interacciones positivas con (y a la aprobación de) nuestros congéneres humanos. Exactamente cómo y por qué eso es así es lo que trataremos a continuación. Suponiendo que nadie tenga reparo en que lo hagamos, claro.

LA EVOLUCIÓN, AMIGA DE LA INTELIGENCIA

En un sentido neurológico, mi reacción a mi metedura de pata pública fue bastante reveladora. Aplicando la lógica, llegué a deducir que mi error no tendría ninguna consecuencia duradera, pero, para entonces, ya nadie me podía quitar el profundo y visceral bochorno que había sentido. Es evidente que nuestro cerebro responde a las interacciones sociales a través de vías y mecanismos separados del pensamiento consciente (y más rápidos que él). Las partes inteligentes, lógicas, de nuestro cerebro solo *limitan* los efectos desestabilizadores que los percances públicos embarazosos tienen en nuestro estado de ánimo, pero no los *impiden*. Se parecen a ese anciano sabio empeñado en describir a los exasperados bomberos los pormenores de cómo su inquieto nieto disparó accidentalmente la alarma.

Ese tipo de configuraciones suelen estar reservadas para funciones que se consideran importantes para nuestra supervivencia. Por ejemplo, la atención humana está controlada tanto por procesos activados «desde arriba» como por procesos activados «desde abajo». Desde arriba dirigimos conscientemente nuestra atención hacia aquellas cosas en las que nos queremos concentrar.[1] Cuando escudriñamos las diferentes partes de un dibujo de *¿Dónde está Wally?* en busca de tan esquivo anteojudo de gorrita con borla, usamos la atención activada desde arriba. Desde abajo, sin embargo, opera nuestra percepción cuando activa los elementos más reflejos —más instintivos— del cerebro, porque estos detectan a través de aquella algo «biológicamente significativo» (una posible amenaza, una recompensa potencial, un compañero o compañera sexual atractivo, etcétera) y de inmediato dirigen nuestra atención hacia ello.[2] Si usted está viendo la tele solo, sentado en su sofá, y nota que el susodicho Wally se le abalanza desde el armario en el que había estado escondido hasta entonces, el sistema de atención activado desde abajo orientará su atención y la centrará en él, lo quiera usted o no.

Por desgracia, para el cerebro toda complejidad implica retraso (algo así como pedir un cóctel laborioso en un bar muy concurrido). De ahí que el sistema que se activa desde arriba suele ser más lento en reaccionar. Cuando usted está solo en casa y se cae un libro de una estantería, los sensibles sistemas de detección de amenazas que guían su atención activada desde abajo inmediatamente le dicen: «¡RUIDO INESPERADO!, ¡POSIBLE ASESINO!», lo que hace que su corazón palpite desbocado antes de que sus procesos analíticos conscientes hayan podido averiguar qué causó realmente el ruido. A juzgar por mi propia experiencia, parece que lo mismo ocurre cuando metemos la pata en nuestras interacciones sociales. Pensemos también que, cuando nos avergonzamos de algo, se nos pone la cara roja como un tomate. *¿Elegimos* nosotros que lo haga? ¿Nos detenemos un momento a realizar el ejercicio consciente de pensar: «Si me esfuerzo mucho por parecerme a una hortaliza colorada de vergüenza podría arreglar semejante pifia»? Es evidente que no. Lo único que esto nos muestra es que en nuestras interacciones sociales hay un claro elemento subconsciente, es decir, involuntario.

También la sensación de asco que notamos cuando comemos comida estropeada o desagradable es instantánea, poderosa, involuntaria y muy *duradera;* si nos intoxicamos con un sándwich de atún, por mucho que nos digamos que fue una desafortunada casualidad puntual, tardaremos bastante en volver a comer atún. El cerebro tiene áreas encargadas de procesar la reacción del asco (la ínsula, por ejemplo)[3], porque comer alimentos en mal estado es un riesgo muy real y nuestros cerebros han desarrollado por vía evolutiva mecanismos para impedirlo.

Ahora pensemos en un incidente embarazoso tomado de nuestra propia vida: un discurso ofensivo en una boda por efecto del alcohol, un humillante «fallo de vestuario» en una función escolar, un comentario ridículo sobre Robocop en un taller formativo de la empresa... Cuando nos ponemos en ridículo, como todos terminamos haciendo en un momento u otro, ¿llegamos realmente a «superarlo» algún día? Nos decimos a nosotros mismos que a nadie le importan tales incidentes y que nadie se acuerda de ellos, pero siguen ocasionando una honda y persistente sensación de vergüenza siempre que pensamos en ellos, muy parecida a las náuseas residuales que todavía nos asaltan con siquiera imaginarnos un alimento que nos cayó mal.

¿Por qué? Lo de la comida en mal estado y la intoxicación alimentaria tiene sentido, pero ¿por qué nos hallamos tan indefensos ante una potencial desaprobación de las otras personas? No se puede decir que el hecho de que gustemos o no a los demás sea una cuestión de vida o muerte, ¿verdad que no? Pues curiosamente (y un tanto irónicamente, dado el contexto), la respuesta radica en cómo adquirieron nuestros cerebros esa capacidad de pensamiento y análisis racional.

Unos cerebros y una inteligencia grandes no son una consecuencia inevitable de la evolución. Los cerebros grandes e inteligentes suponen un increíble gasto de recursos, y cualquier cosa que mina energías sin motivo es caballo perdedor en la carrera de la selección natural. Instalar una supercomputadora gigante en un coche para convertirlo en el automóvil más inteligente del mundo es ciertamente factible. Pero ¿por qué querría hacerlo alguien? No representaría más que una inmensa merma constante de combustible y batería, y los demás coches —más simples y eficientes— lo adelantarían continuamente por la carretera. Pues eso mismo sucede con nuestro cerebro y con la evolución; los organismos son indefectiblemente todo lo inteligentes que *necesitan* ser, ni más ni menos.

Entonces, ¿por qué los humanos hemos terminado teniendo cerebros considerablemente más grandes de lo que cabría esperar por nuestro tamaño corporal* y que, solo para mantenerse vivos, consumen en torno al 20 % de la energía disponible total del organismo?[4] Las pruebas dan a entender que, durante los últimos tres millones de años, el cerebro humano ha expandido su tamaño en un 250 %, aproximadamente, que buena parte de ese aumento se ha concentrado en el córtex, donde se genera la inteligencia, y que ha tenido lugar principalmente en el último millón y medio de años. De modo que sea lo que sea lo que nos ha hecho tan inteligentes sucedió además en un momento relativamente reciente de la historia de las especies. Para las escalas temporales típicas de la evolución, es casi como si una araña radiactiva hubiese picado a Peter Parker y él se hubiese levantado a la mañana siguiente con superpoderes. Pero ¿por qué la selección natural ha potenciado el desarrollo de un cerebro grande en los seres humanos? O, por así decirlo, ¿cuál ha sido esa araña radiactiva en el caso de la humanidad?

Hay quienes sostienen que esa evolución se debió a que la inteligencia era un rasgo atractivo desde el punto de vista sexual[5], pues es indicativa de salud, buenos genes y resistencia a las enfermedades, de modo que los seres humanos inteligentes se reproducían más y así propagaban mejor sus genes de la inteligencia, engendraban y criaban a hijos inteligentes, etcétera, en una especie de círculo virtuoso. No obstante, si eso hubiera sido todo, los científicos seríamos ahora las personas más sexis del mundo, lo que claramente no es el caso.** Por el contrario, muchas otras teo-

---

* Persiste el mito de que, cuanto mayor es el cerebro de un animal, automáticamente mayor es su inteligencia. Pero lo cierto es que mucho mejor indicador de esta última es el hecho de que ese animal tenga una ratio «tamaño del cerebro-tamaño total del cuerpo» superior a la media (es decir, que el tamaño de su cerebro sea mayor respecto del conjunto del cuerpo de lo que lo es en el promedio del conjunto de especies).

** Con excepciones notables, como un servidor. La mayoría de los días apenas si puedo moverme entre tantas fans. Esto hace que mi entrada y salida en coche del estacionamiento de la facultad sean muy complicadas.

rías, entre las que estarían la hipótesis del cerebro social[6] y el modelo del dominio ecológico y la competencia social[7], sostienen que el factor más sustancial fue nuestra sociabilidad, nuestro deseo de formar relaciones y ganarnos el apoyo de nuestras comunidades.

Pensemos en lo que implica formar parte hasta de la más básica tribu humana. Hay que saber quién es quién, obedecer unas reglas y unas normas sociales para mantener la paz y ser aceptados en la comunidad, coordinar nuestras acciones con otros individuos en actividades tales como la caza, la defensa, la búsqueda de alimento, etcétera. Hay que cuidar de los vulnerables o compensar a quienes se encargan por nosotros. Hay que formar alianzas y relaciones, y resolver disputas cuando aquellas fracasan. En esencia, se debe mantener una red actualizada de conexiones, alianzas e historias, así como unas simulaciones fiables en tiempo real del comportamiento de otros muchos humanos (que son, con mucho, los elementos más complejos que podemos encontrar en cualquier entorno)... *¡Y todo ello dentro de nuestra propia cabeza!* Para ello se precisan unas considerables reservas de potencia cerebral. Por fortuna, los seres humanos las poseemos.

Son muchos los animales que también forman grupos sociales y, de hecho, las pruebas disponibles indican que, cuanto más social es un animal, más inteligente tiende a ser.[8] No obstante, eso no es un absoluto. Los solitarios tigres, por ejemplo, tienen una ratio cerebro-cuerpo superior (indicativa de una mayor inteligencia) que la de los sociales leones, por ejemplo. Además, ciertas criaturas «más simples», como las ratas, los ratones y hasta las avispas[9], constituyen grupos sociales reconocibles como tales. Formar parte de un grupo social puede ser más fácil para un animal inteligente, pero esto último no es condición *sine qua non* de lo primero.

Sin embargo, otro factor que liga las interacciones sociales con la inteligencia es la estrategia de apareamiento. La mayoría de los animales son promiscuos, y para eso no se requiere de mucha inteligencia; todo está centrado en el reconocimiento («¡mira, una hembra sexualmente atractiva!»), en el ciclo de los períodos fértiles («¡y parece que está en celo!») y en la accesibilidad («me pregunto si el bestia fortachón ese que la vigila me dejará aparearme con ella»). Es un proceso que depende más de las feromonas y la oportunidad que de pensárselo mucho.

Sin embargo, el vínculo de pareja característico de los animales monógamos[10] precisa de mayores dosis de pensamiento y reflexión, como cualquiera que se haya olvidado de un aniversario de boda sabrá bien. Implica incorporar toda una serie de necesidades, contextos de situación y comportamientos de otro individuo a nuestro propio pensar. Viene a ser básicamente un grupo social complejo, pero de dos miembros. Precisamente, muchos mamíferos y aves evidencian una correlación directa entre el tamaño del cerebro y la inteligencia, por un lado, y la tendencia a formar vínculos de pareja vitalicios, por el otro.[11] En esencia, los animales monógamos son más inteligentes porque *necesitan* serlo.

No obstante, las especies que recurren al vínculo de pareja suelen presentar sistemas neurológicos especializados que fomentan y recompensan esa conducta, por lo que tener una mayor inteligencia no es 100 % esencial para comportarse así. La oxitocina y la vasopresina (otra de las llamadas «sustancias químicas de la felicidad» del cerebro) son elementos muy importantes en la capacidad de nuestro cerebro para «vincularnos» con un compañero o una compañera específicos. Ciertas pistas sensoriales ligadas a esa pareja (su cara, su silueta, su olor, etcétera) activan la liberación de esos compuestos químicos, que a su vez activan unos receptores específicos en el circuito mesolímbico de recompensa a través de la dopamina y de otros neuropéptidos. Es un proceso complejo y de múltiples niveles, pero básicamente significa que el individuo siente placer cuando interactúa con su compañero o compañera y que, por condicionamiento, termina asociando la sola visión de ese otro individuo con la sensación de recompensa, de placer, de... ¿felicidad?

Es cierto que este sistema, tal como aquí se ha descrito, se ha deducido a partir del estudio de los ratones, pero hay buenos indicios de que otros mamíferos más sofisticados —como los primates— están sometidos a procesos neurológicos similares.[12] Aun así, si una especie ya es bastante inteligente y tiene una esperanza de vida superior a la de los ratones (que es de aproximadamente un año), va a necesitar de una mayor inteligencia para mantener vínculos de pareja. Y son numerosas las especies para las que se cuenta con pruebas del nexo entre los vínculos de pareja y un mayor volumen cerebral.

De hecho, muchos estudiosos sostienen que el hecho de que los seres humanos nos volviéramos monógamos fue un paso clave en nuestro desarrollo intelectual, y una de esas teorías sugiere incluso que en los humanos (y en otros primates) los mecanismos neurológicos en los que se sustenta la vinculación de pareja se «desagregaron» de algún modo del proceso de apareamiento[13], lo que nos permitió formar lazos duraderos y emocionalmente gratificantes con *múltiples* individuos, y no solo con compañeras o compañeros reproductivos. Básicamente, nos permitió desarrollar nuestro concepto de «amigos». Y si formar conexiones para toda la vida con solo un individuo requiere de un cerebro mayor, ¿qué decir de la formación de vínculos con varios individuos? ¿Docenas de ellos? ¿*Centenares* incluso? Nuestro cerebro tendrá entonces que ser exponencialmente más potente también. De ahí que, en el caso específico de los primates, el tamaño del grupo social típico esté fuertemente conectado con el tamaño del cerebro y la inteligencia.[14]

Pero por inteligentes que nuestros parientes primates puedan ser, los humanos lo somos en un grado considerablemente superior. La teoría predominante de por qué eso es así es el ya mencionado modelo del dominio ecológico y la competencia social, según el cual los grupos sociales humanos alcanzaron tal nivel de éxito en el dominio del ecosistema que las presiones ecológicas que habitualmente impulsaban y condicionaban la evolución dejaron de actuar en su caso; si un individuo forma parte de una comunidad humana, está protegido de factores como los depredadores y dispone de fácil acceso a la comida, la seguridad, las compañeras o compañeros sexuales, etcétera. Por consiguiente, tener éxito en el entorno *natural* dejó de ser tan importante como tenerlo en el entorno *social* de la comunidad. La supervivencia de los más aptos pasó a ser la supervivencia de los más simpáticos y agradables, los más capaces de beneficiar al grupo con ideas e innovaciones como herramientas o como la agricultura. Estos individuos fueron entonces los que triunfaron y pudieron propagar mejor sus genes. Y todas esas cualidades requieren de una mayor inteligencia. De modo que varios cientos de miles de años después, aquí estamos nosotros.

Lo que se desprende de esa teoría es que, gracias al modo en que evolucionamos, la sociabilidad está hondamente integrada en nuestro modo de pensar, en nuestra conciencia, en *nuestro ADN*, por así decirlo.[15] Hasta las comparaciones entre humanos y chimpancés (nuestros parientes evolutivos más cercanos) así lo muestran: las pruebas revelan que los chimpancés tienen un mejor procesamiento visual y sensorial que el nuestro, pero que nosotros somos mucho mejores procesando lo social y, además, mucho más proclives a ello.[16] Esencialmente, si damos un plátano a un chimpancé, este se centrará en el plátano en sí. «Un plátano. Me gustan los plátanos. Voy a comérmelo». Si damos un plátano a una persona, se centrará en *nosotros,* en quien se lo haya dado: «¿Por qué me está dando esta persona un plátano? ¿Qué es lo que quiere? ¿Es que ahora somos "compañeros de plátanos" o qué?», etcétera.

Esto es lo que ocurre cuando una especie evoluciona con arreglo a presiones sociales más que medioambientales. Si nuestra supervivencia depende de nuestra comunidad, nuestro grupo, cuanto más sociales seamos, mayores serán nuestras probabilidades de aceptación y supervivencia. Ser evitado o rechazado por el grupo no es baladí; en el mundo hostil en el que hemos evolucionado, lo segundo equivale a una pena de muerte.

De ahí que para nuestros (presuntamente) lógicos cerebros, ser aceptados por las otras personas sea una cuestión de vida o muerte: porque, tal y como ellos lo entienden, ¡lo es!

MANTENERSE EN CONTACTO

Ustedes tal vez piensen que sí, que la interacción social nos llevó hasta ese punto, pero que actualmente ya lo hemos rebasado con creces. Puede que, en su momento, nuestras interacciones con otros humanos nos hayan hecho más inteligentes, pero ahora no es que «necesitemos» a otras personas para ser felices, o no las necesitamos más de lo que necesitaríamos un hacha de sílex para trinchar una gacela para la cena, dirán algunos. Y no les faltará razón: el mundo tecnológico cada vez más sofisticado en el que vivimos implica que podamos trabajar, comer, dormir y jugar sin tener contacto directo con otros seres humanos. Así que ¿qué trascendencia pueden tener nuestras interacciones sociales para nuestra felicidad?

Pues la verdad es que mucha. Recuerden que nuestros cerebros han experimentado una evolución rápida e intensa en millones de años que ha sido impulsada, al parecer, por la presión de agradar al máximo a nuestros congéneres *Homo sapiens* e interactuar todo lo posible con ellos. Esto dejó unos efectos profundos y duraderos en nuestros cerebros, efectos que no han desaparecido sin más porque hayamos inventado Netflix y el reparto de pizzas a domicilio. Nuestros cerebros continúan disponiendo de abundantes sistemas, circuitos, procesos y mecanismos, tanto conscientes como inconscientes, dedicados a facilitar y potenciar conexiones e intercambios con nuestros congéneres humanos. Así que sí, *podemos* vivir y hasta sentir felicidad en ausencia de otras personas, saltándonos en la práctica todos esos sistemas neurológicos, pero no más de lo que podríamos desplazarnos de un lado para otro saltando en una pata, prescindiendo de una pierna: es posible, pero resulta mucho más sencillo y menos dañino *no* hacerlo. Lo que quiero decir es que las otras personas no son un elemento más del entorno, como los árboles, los edificios y las paradas del autobús: es decir, algo con lo que interactuamos a través de nuestros sentidos y a lo que nuestros cerebros reaccionan cuando y según lo requiere el contexto. Al contrario, son un factor de suma importancia en el modo de funcionamiento de nuestro cerebro.

Por ejemplo, la mayoría de especies sociales son gregarias y sus individuos buscan activamente la compañía de otros con quienes interactuar. Tiene lógica: los vínculos sociales pueden ser importantes para nuestra supervivencia, pero no «ocurren» sin más. Se necesita tiempo y esfuerzo para forjarlos y mantenerlos, como entenderá cualquiera que haya tenido un (o una) BFF* en el colegio con quien ya no hable casi nunca. A tal fin, nuestros cerebros evolucionaron volviéndose potenciadores directos de la amistad activa. Ya hemos visto, por ejemplo, cómo la oxitocina fomenta y recompensa la interacción social. Pues, además, por un estudio de 2014 a cargo de Lisa A. Gunaydin y su equipo de colaboradores[17], tenemos pruebas de la existencia de un circuito especializado que enlaza el área tegmental ventral (anexa al tallo cerebral) y el núcleo accumbens con las regiones frontales inferiores del cerebro encargadas de codificar y predecir el comportamiento social. El incremento/disminución de actividad en ese circuito en concreto (en ratones, eso sí) se correspondió con un incremento/disminución de la conducta de interacción social. Y si esas áreas cerebrales nos suenan familiares, es porque los nexos neuronales que las conectan forman el circuito mesolímbico de la recompensa[18]. La sola acción de interactuar con otra persona pue-

---

* Iniciales inglesas de *best friends forever* (o algo así como «mejores amigos para siempre»). He ahí un concepto que encierra una proyección de futuro optimista donde las haya, aunque solo sea porque los seres humanos no somos inmortales.

de ser placentera y hay un buen motivo para ello: el mecanismo que guía nuestro deseo de interacción social está incrustado justamente en la parte del cerebro responsable de que experimentemos placer. Es como una invitación para una fiesta entregada en un paquete envuelto en capas y capas de billetes y entregado en persona por todos los compañeros o compañeras de quienes estábamos enamorados en el instituto; podemos rechazarla, pero no nos va a ser fácil hacerlo. Se entiende, pues, que nos guste tanto mantenernos en contacto con otras personas.

Uso la expresión «en contacto» adrede, porque la felicidad que experimentamos con las interacciones sociales comenzó con el contacto físico. Concretamente, con el acicalamiento y el aseo mutuos. La mayoría de los animales se acicalan por sí mismos eliminando suciedad y parásitos de su piel/pelo/escamas/plumas, etcétera. Los hay que dedican horas a ello, como es el caso de los muy autocomplacientes gatos. Es bueno para la higiene y la salud, por lo que la evolución ha hecho que se *sientan* bien haciéndolo. Literalmente. El contacto se siente a través de unas terminaciones nerviosas en la piel que reaccionan a los cambios de presión (y de más factores)[19] y envían las señales correspondientes al cerebro. Algunas de las neuronas que facilitan esas sensaciones se llaman fibras C y, además de ser más pequeñas que otras muchas células nerviosas, son también más lentas en cuanto a la conducción de las señales.[20] Transmiten sensaciones como el dolor sordo o el agudo, pero también otras como el contacto placentero. Y si bien todas las sensaciones táctiles son procesadas por el córtex somatosensorial del cerebro, las fibras C también transmiten el tacto *placentero* al córtex insular, una región asociada con la sensación del placer y con la conducta orientada a la obtención de gratificación, sobre todo en el caso del consumo de drogas.[21] Gracias a la evolución, una de esas formas placenteras de contacto es el acicalamiento.[22] ¿Se han preguntado alguna vez por qué los seres humanos nos arrancamos las costras? ¿O nos hurgamos la nariz? Son comportamientos absurdos, a no ser, tal vez, que los viejos circuitos cerebrales que recompensan el acto de retirar restos o materia superflua de nuestro cuerpo estén todavía ahí, actuando de algún modo. Eso podría explicar también por qué hay personas que se muerden las uñas cuando se sienten estresadas.

No obstante, la mayoría de especies sociales forman y mantienen vínculos entre sus miembros a través del acicalamiento mutuo, *social*. Se disfruta más si nos lo hace otro individuo. Esto puede deberse a que la sensación de acicalarse uno mismo o una misma no se corresponde con actividad alguna en el córtex motor cerebral; es como cuando no podemos hacernos cosquillas a nosotros mismos, porque nuestro propio cerebro «sabe» por adelantado que estamos intentando hacérnoslas.[23] Pero si otra persona nos las hace, la sensación es mucho más impredecible e intensa.

El acicalamiento social presenta características similares. De hecho, incluso propicia la secreción de endorfinas, que producen sensaciones de relajación, placer y felicidad.[24] Si administramos opiáceos a un animal social, este pierde todo interés en el acicalamiento porque ya está sintiendo el «subidón» que aquellos le producen; pero si le inyectamos algo que bloquee la acción de las endorfinas, anhelará desesperadamente que lo acicalen.[25] Parece, pues, que podemos volvernos realmente adictos al acicalamiento social. Además, los chimpancés que practican el acicalamiento social revelan mayores niveles de oxitocina —sustancia crucial para sentir la gratificación de los lazos interpersonales— tras ser acicalados por individuos con los que ya mantienen vínculos, como sus parejas, sus parientes y los miembros de su propio grupo. Así pues, el acicalamiento social forma lazos, pero también cimenta los ya existentes. Hasta tal extremo los fomenta que muchos animales (los babuinos, por ejemplo) pasan gran parte de sus horas de vigilia acicalándose socialmente y dedican a ello mucho más tiempo del estrictamente necesario para mantener su higiene. Al parecer, la especie que se acicala unida, se mantiene unida.

No obstante, esto representaba un problema para los seres humanos, pues mantener lazos por medio del acicalamiento social consume mucho tiempo y esfuerzo; cuantos más individuos hubiera en el grupo propio, más tiempo de acicalado se necesitaba. Y los grupos humanos no dejaban de crecer. ¿Cómo podían solucionar el dilema?

Una de las teorías al respecto es que los seres humanos adaptaron su comunicación verbal* y sus habilidades lingüísticas para que estas reemplazaran finalmente el acicalamiento social. Básicamente, en vez de dedicar horas a quitar las garrapatas del pelo de otro individuo, pasamos a ser capaces de decir «me gustas» en múltiples versiones. Nuestros cerebros parecen reaccionar a los cumplidos y los elogios del mismo modo en que lo harían con el acicalamiento social[26], pero con la ventaja de que elogiar es mucho más rápido y fácil, y puede hacerse a distancia.

Si nuestras facultades lingüísticas y comunicativas han sido aprovechadas para facilitar las interacciones sociales y las relaciones, ¿alguien se extraña de que dediquemos tanto tiempo a chismear con amigos en bares y cafeterías? Hay quienes sugieren que los chismorreos son la razón de fondo por la que comenzamos a desarrollar un lenguaje complejo.[27] El uso del lenguaje para reforzar los lazos sociales, unido a la inclinación del cerebro por la recolección de información útil, hace que las conversaciones que revelan detalles acerca de otros miembros del grupo, de la comunidad o de la sociedad sean especialmente gratificantes, como las buenas ventas de los tabloides y las indefectibles revistas de chismes parecen indicar. De hecho, como ocurre con el acicalamiento social en otras especies, la cantidad de tiempo que pasamos charlando en la cafetería o en el bar supera con mucho la que necesitaríamos para transmitirnos información. Por lo menos, el

---

* Y visual. Muchos sostienen que el lenguaje hablado se desarrolló a partir de gestos físicos, y lo cierto es que el lenguaje de signos parece activar las mismas regiones cerebrales que los lenguajes hablados.

chismorreo es verbal y ya no nos dedicamos a quitarnos parásitos los unos a los otros. Esto último haría seguramente que nuestras visitas al Starbucks de turno fuesen harto incómodas (en más de un sentido).

Con esto no quiero decir que el contacto físico no siga siendo importante para la interacción humana. Abrazarnos, darnos la mano, rozarnos los pies, darnos palmaditas en la espalda: los seres humanos tenemos diversas formas de afianzar las interacciones positivas mediante el tacto. Este puede ser sorprendentemente poderoso; según un estudio, el personal que atiende mesas en un local recibe propinas más generosas si toca ocasionalmente al cliente de algún modo. *[28] Aun así, para la interacción social humana, el contacto suplementa al lenguaje, pero no es la «función principal», por así llamarlo.

Habrá a quienes esto les parezca inquietante. Normalmente, nos gusta pensar que somos individuos decididos e independientes, por lo que la idea de que la comunicación pueda ser tan poderosa que nuestro cerebro, nuestras sensaciones y nuestros estados de ánimo queden fácilmente afectados por las otras personas, resulta un tanto perturbadora. Pues bien, abróchense los cinturones, porque esto no es nada para lo que viene a continuación.

LAS VIDAS DE LOS OTROS

Algunos estudios con electroencefalogramas han revelado la existencia de redes de neuronas (las que forman el denominado «complejo fi» —por la letra griega φ—, situado en el córtex centro-parietal derecho) que evidencian pautas de actividad sincronizada

---

* Me refiero a un leve toque en el hombro o a un roce de manos mientras se toma nota de la comanda, no a un manoseo agresivo ni a un «abrazo de oso». Esto último difícilmente despertaría en nadie el deseo de dejarnos una propina.

cuando dos personas interactúan entre sí. La clave parece radicar en que esas regiones del cerebro constituyen esencialmente «nodos» de una «red cerebral interindividual», según lo he visto descrito en un estudio científico publicado[29], y no, por mucho que así lo parezca, porque lo leyera en una novela ciberpunk de los años noventa.

No se me escapa la ironía de que algo que trata de describir un proceso de comunicación fluida entre dos seres humanos suene como un disparate lleno de términos técnicos, así que ¿qué significa todo eso en lenguaje llano? El complejo fi es una parte del cerebro que se especializa en procesar las interacciones personales en tiempo real. Se activa cuando dos personas interactúan, sea cual sea la forma concreta de tal interacción. Pero la interacción en sí no deja de ser una *cosa* creada por dos cerebros, por lo que parte de ambos se «sincroniza» en la práctica: ambos están procesando exactamente la misma información. Si mostramos a dos cerebros diferentes el color rojo, ambos evidenciarán una actividad muy similar en la retina, y desde esta hasta el córtex visual.[30] Imaginémonoslos como dos modernas consolas de videojuegos jugando la misma partida en línea. La interacción es el juego, el flujo de información sensorial es la conexión en línea, las consolas son los cerebros, y el complejo fi es la representación del juego en cada consola*. Lo que quiero decir es que cuando dos personas interactúan, sus cerebros proceden a una «sincronización» efectiva. Y eso es genial. O alarmante. Cuestión de gustos.

Se cree que ese proceso se sustenta en las llamadas neuronas espejo. En la década de 1980, cuando un equipo de investigadores dirigido por el neurocientífico Giacomo Rizzolatti estaba estu-

---

* Los lectores aficionados a la tecnología probablemente estarán ahora mismo criticándome por haber dejado por el camino los servidores, los procesadores y todos esos elementos. En mi defensa diré que soy un humilde neurocientífico; si el objeto de estudio en cuestión no hace «¡plaf!» cuando lo dejas caer sobre una superficie, no puedo serles de mucha ayuda.

diando la actividad en el córtex motor de los monos, descubrió que las neuronas que se activaban cuando un mono estiraba el brazo para tomar un maní o cuando lo mordía también se disparaban cuando los monos *veían a otro hacer esas mismas cosas.*[31] Bien es cierto que todavía no se han localizado neuronas espejo individuales en seres humanos (hallarlas en monos fue principalmente una cuestión de suerte), pero parece ser que existen unas áreas espejo que llevan a cabo la función (y evidencian la misma clase de actividad) que cabría esperar si hubiera en ellas unas neuronas espejo.

Si las neuronas espejo de otras criaturas les permiten imitar y aprender de otros individuos, las de los humanos parecen haberlos llevado bastante más allá. ¿Les ha ocurrido alguna vez que no han podido reprimir un gesto de dolor solidarizándose con alguien que les estaba describiendo la espantosa lesión que se había hecho? ¿Han sentido en su fuero interno vergüenza ajena cuando leyeron lo de mi incidente en el local de sándwiches? ¿Se han indignado alguna vez al enterarse de una injusticia de la que otra persona ha sido objeto? ¿Por qué? Nada de eso les atañe a ustedes directamente y, sin embargo, reaccionan emocionalmente como si lo hiciera. Y no es que lo estén fingiendo por amabilidad o cortesía; varios estudios han revelado que las personas que observan a alguien cuando está oliendo algo desagradable muestran actividad en las áreas del cerebro que procesan el asco[32], y que, cuando nuestros cerebros leen expresiones faciales, la emoción revelada por la expresión de turno desencadena una actividad neurológica en aquellas áreas especializadas en procesar dicha emoción cuando la experimentamos en primera persona.[33] Eso es la empatía, la capacidad de entender y compartir los sentimientos de otros individuos.

El proceso automático, irreflexivo, por el que compartimos las experiencias emocionales de otras personas se denomina empatía *afectiva* o emocional. Pero existe también una empatía *consciente* o cognitiva —también llamada «teoría de la mente»[34]—, que es la capacidad de comprender conscientemente el estado mental de otro individuo, de darnos cuenta de que tiene su propia y sofisticada vida interior, diferente de la nuestra. Ninguna otra especie parece razonablemente capaz de hacer eso[35]; los niños humanos, sin embargo, la adquieren enseguida. *[36]

Aunque suelen coincidir, los procesos de la empatía consciente y los de la inconsciente pueden diferir. Si le estamos explicando a otra persona los motivos por los que pensamos que nuestro trabajo es horrible, esta se quedará con la boca abierta, dejará escapar un suspiro, sacudirá la cabeza de un lado a otro... claramente empatizará con nosotros y con el infierno que estamos pasando. Y luego dirá «¿y por qué no lo dejas?», como si fuéramos tan estúpidos que no hubiéramos valorado y descartado ya esa posibilidad. Esa persona tiene una buena empatía afectiva, pero una empatía consciente no muy aguda, y su respuesta molesta más que ayuda. También puede darse el caso de alguien que tal vez esté escuchando lo que le contamos sin apenas mostrar interés pero luego nos ofrezca una solución perfecta. Su empatía consciente es buena; su empatía afectiva no tanto.

Las implicaciones de lo anterior son muchas y profundas, pero una que es bastante evidente es que podemos *compartir* la felicidad. Se puede contagiar. Hay muchas cosas que pueden hacernos felices, como comer bien, explorar lugares exóticos, crear obras de arte, mejorar nuestra casa, ir al teatro o al cine, practicar deportes, etcétera. Son cosas que podemos hacer solos, pero rara vez es el caso: tener a alguien más con quien compartir esas experiencias es un ingrediente importante (a veces, incluso

---

* Puede que hayan oído hablar de esta cuestión dentro del contexto del autismo. Hay quienes sostienen que las personas con autismo presentan cierta forma de déficit en lo relativo a las neuronas espejo y a la capacidad de adquirir una teoría de la mente.

el elemento esencial) de aquello que las hace agradables y placenteras. Y parte de que sea así podría tener su origen en el hecho mismo de que nuestros cerebros nos permiten «experimentar» la felicidad de otras personas, además de la nuestra. Así que hacemos algo que disfrutamos, lo cual nos hace felices, y si estamos con alguien que también lo disfruta, empatizamos con esa persona, lo cual nos hace más felices a su vez... y el cerebro nos recompensa por esas interacciones sociales nuestras, lo que nos hace más felices si cabe, y así sucesivamente.

La idea general es que gran parte de nuestro cerebro está dedicado a potenciar y facilitar las interacciones sociales. Esto parece indicar que la interacción social es una necesidad básica para un cerebro sano y no un simple añadido agradable. De ello cabría deducir, por lógica, que la ausencia de interacción social es muy poco saludable. Y así parece ser. Algunos estudios con animales han mostrado que los individuos que no experimentan interacción social enseguida desarrollan problemas y alteraciones psicológicas.[37] Y no solo eso. Algunos estudios con monos han evidenciado que los cerebros de los individuos que se crían en aislamiento son notablemente distintos de los criados en compañía.[38] Lo preocupante es que la privación de interacción social causa unos claros cambios celulares (e incluso químicos) perjudiciales en las regiones responsables del procesamiento de las recompensas y el placer. Esto vendría a decirnos que la interacción social no solo nos hace felices, sino que su ausencia puede dificultar hasta nuestra capacidad misma para experimentar la felicidad. No es de extrañar, pues, que los psicólogos consideren el confinamiento en celdas de aislamiento una clara forma de tortura.[39]

Así pues, lo lógico es que, si queremos ser felices, interactuemos con el máximo de personas posible y el máximo de veces posible. Si eso es lo único que hay que tener en cuenta, bien que debería funcionar.

El problema es que no, no es lo único. Así que no funciona.

Sɪ todos se tiraran por un precipicio

Cuando era niño, una vez pregunté a mi madre si podía ir a jugar junto al río que pasaba por allí, muy cerca de donde vivíamos. Me respondió que no, porque era «demasiado peligroso». Yo le repliqué argumentando que «todos los demás juegan allí», lo que, para ser justos, era verdad. Mamá apeló al clásico repertorio de respuestas de los padres y sentenció: «Y si todos se tiraran por un precipicio, ¿te tirarías tú también?».

Mi respuesta fue: «La verdad es que, dado que la evolución ha creado en el cerebro humano la necesidad intrínseca de agradar y de ser aceptado por otros, una necesidad que puede anular (y a menudo anula) nuestras facultades de toma racional de decisiones por mucho que ello tenga unas consecuencias manifiestamente negativas para nuestro propio bienestar y hasta para nuestra supervivencia, si yo me viera ante la tesitura de que todos mis amigos —ninguno de los cuales se había tirado nunca antes por un precipicio— decidieran de pronto y a la vez hacerlo, no podría jurar que no fuera a ser víctima de ese mismo proceso ni que no me dejara guiar por el supuesto de que debía de existir una razón de peso para que actuaran de ese modo, y que, por tanto, no fuera a seguir su mismo ejemplo. En resumen, que, en vista de cómo funciona el cerebro, sí, probablemente yo también me tiraría por el precipicio».

O, mejor dicho, esa habría sido mi respuesta si hubiera dispuesto de más tiempo para reflexionar sobre ello. Digamos que unos veinticinco años más. Pero lo cierto es que es la verdad. Las famosas disyuntivas paternas y maternas como esa del precipicio distan mucho de ser la mera pregunta retórica que muchos padres y madres de todo el mundo piensan que son.

Gracias al particular modo en que funcionan nuestros cerebros, las interacciones sociales son algo que buscamos activamente y que disfrutamos, como también buscamos y disfrutamos la comida. Pero esto último, por ejemplo, no lo hacemos constantemente, ni tampoco se desprende automáticamente de tal *capacidad* nuestra para disfrutar la comida que vayamos a disfrutar de *cualquier* comida. Lo mismo puede decirse de las interacciones sociales. Por ejemplo, alguien intentó asaltarme una vez. No pudo, principalmente porque yo lo doblaba en edad y en estatura, pero técnicamente podemos considerar que aquello fue una interacción social. Pero no la disfruté para nada y supongo que él tampoco. Las que buscamos, pues, son las interacciones sociales *positivas*. Pero ¿qué hace que una interacción social sea positiva? Pues, en resumidas cuentas, una interacción social es positiva cuando con ella conseguimos *gustar* de algún modo a la otra persona. Una broma compartida, un chisme interesante, una reunión productiva, una transacción comercial agradable o incluso una muestra de compasión en momentos difíciles, como cuando tratamos de consolar o ayudar a alguien tras la muerte de un ser querido. Sea cual sea la motivación consciente de esas interacciones, todas ellas incrementan las probabilidades de que la otra persona tenga una buena (o una mejor) opinión de nosotros. Y es que el cerebro quiere *(necesita)* que les gustemos a otras personas o que, cuando menos, nos acepten.

Ahí están los motoqueros, los góticos, los punks o los *skinheads*. Sea vistiendo imponentes camperas de cuero, o yendo todos de negro riguroso, o usando elaborados peinados, todos esos grupos tienden a adoptar una imagen o una estética específica propia. A menudo, son personas que han cuestionado de forma activa las expectativas, los criterios y hasta las normas de la sociedad en general, pero que, aun así, se pliegan a seguir un código de vestimenta. ¿Por qué? Porque, pese a su rechazo consciente de las exigencias del mundo, la necesidad de recibir aceptación de los demás que tan inherente es al cerebro humano sigue siendo en ellas muy profunda.

Mucho de lo anterior parece originarse a partir de cierta actividad en el cuerpo estriado. Ya he comentado que la ausencia de interacción social ocasiona deficiencias en determinadas áreas del cerebro responsables de que experimentemos gratificación y placer. El cuerpo estriado es una de esas áreas, posiblemente la principal. En él están incluidos el núcleo accumbens, del que ya se ha dicho aquí que es una parte crucial del circuito cerebral que nos mueve a la interacción social, y también de la capacidad general de experimentar placer. En esencia, el cuerpo estriado es la parte del cerebro que hace que nos sintamos bien teniendo interacciones sociales (cuando son relevantes).

Por ejemplo, un interesante estudio examinó el comportamiento de las personas en una situación en la que se les daba a elegir entre donar dinero a una causa benéfica o quedárselo para sí mismas.[40] Los resultados muestran que la probabilidad de que una persona haga donaciones benéficas es mucho mayor cuando otras la están observando, y que se aprecia un notable incremento de la actividad en el cuerpo estriado cuando lo hacen. Alguien podría decir que eso tiene más que ver con el deseo de no ser censuradas por otras personas que con que se sientan gratificadas por su aprobación, pero lo cierto es que el experimento reveló también que el cuerpo estriado evidenciaba el mismo tipo de actividad si los sujetos se quedaban el dinero para sí mismos cuando nadie los observaba. Esto sería muy indicativo del hecho de que nuestro cerebro procesa la aprobación social como si de una recompensa o gratificación se tratara, pareja a la de la ganancia económica, pues ambas inducen actividad en el cuerpo estriado procesador de las recompensas. Los autores del estudio llegaron incluso a afirmar que nuestro cerebro procesa las recompensas económicas y las sociales de maneras idénticas (o, al menos, similares), por lo que de ambas podemos obtener la misma sensación de placer y satisfacción. Esto explicaría en buena medida por qué vivir ayudando a otras personas puede hacernos igual de felices[41] —incluso más felices— que perseguir un beneficio monetario particular, como Kevin Green ya me había comentado.

Algún lector podría pensar que esto dibuja una imagen bastante cínica de la naturaleza humana, pues el hecho de que, para hacer algo altruista, tengamos en cuenta si alguien nos está observando es señal de lo mucho que el egoísmo debe de ser un rasgo inherente a nuestra especie. Pero las pruebas disponibles sugieren que apenas si pensamos o «tenemos en cuenta» factor alguno antes de actuar en casos así. Otros estudios parecidos revelan que las personas somos más generosas con las propinas y las causas benéficas si, cuando se nos da la oportunidad de serlo, nos sentimos observadas simplemente por *fotografías* de ojos de otros individuos.[42] Y en un estudio, para que los sujetos se mostraran más generosos bastó con situarlos ante una figura de tres puntos dispuestos de tal modo que recordaran muy rudimentariamente a una cara.[43] El giro fusiforme del cerebro es la parte del córtex visual encargada del reconocimiento facial y es sumamente sensible (de ahí que algunas personas vean el rostro de Jesús en una tostada quemada). Parece que incluso una disposición determinada de tres puntos basta para activarlo y que eso, a su vez, influye en nuestro comportamiento prosocial. Esto demuestra de nuevo que los efectos de las interacciones sociales en nuestros cerebros calan mucho más hondo que en el nivel del pensamiento consciente. También da a entender que los «chapados a la antigua» que se quejan del uso de *emojis* y emoticones en las comunicaciones modernas están equivocados, porque parece ser que la simple visión de una cara nos hace ser personas más agradables y consideradas. ¡Hasta puede que la exposición constante a los *emojis* esté contribuyendo a aumentar la felicidad general de la raza humana!

Funciona también al revés: el rechazo social es potente y desagradable. Otra de las regiones neurológicas que se resiente cuando hay una ausencia de interacción social desde muy tierna edad es la amígdala, responsable de la sensación del miedo y fundamental para nuestros sistemas de detección de amenazas, de lo que cabe deducir que los aspectos negativos de las interacciones sociales pueden ser igualmente esenciales para el desarrollo de un cerebro sano.

No es de extrañar que las interacciones sociales sean consideradas suficientemente desagradables como para catalogarlas de amenaza; el rechazo social es *doloroso*. Literalmente. Igual que las interacciones sociales positivas activan el sistema de recompensa subyacente en el cerebro, el rechazo social parece activar las regiones responsables de procesar el dolor. El dolor físico. Un estudio para el que se realizó una simulación en la que los sujetos jugaron a un juego con pelota en el que iban siendo rechazados poco a poco por otros jugadores evidenció que se producía en ellos un aumento de la actividad en la ínsula anterior y en el córtex cingulado anterior, regiones corticales ambas que están ligadas a la experiencia del dolor.[44] Durante un tiempo, se dijo que esto demostraba que el rechazo social causa la misma sensación de dolor que las lesiones físicas, pero nuevos análisis más a fondo de los datos indican que, si bien se activan las mismas regiones, lo hacen de forma distinta en uno y otro caso[45], como si la misma lapicera se usara para escribir una carta de amor en un momento dado y, en otro, para redactar una petición de rescate en un caso de secuestro; la misma cosa está desempeñando funciones similares, pero distintas. Aun así, nadie está diciendo que el rechazo social no duela de verdad, en el sentido de un malestar psicológico. No es la primera vez que lo menciono, pero ese refrán inglés que dice que las palabras no hieren como sí lo hacen las pedradas y los palos está totalmente equivocado: los insultos *duelen*. La ciencia así lo confirma.

Ni siquiera hace falta que se trate de algo especialmente importante; algunos estudios revelan que las personas que no establecen un breve contacto visual con nosotros al pasar, que «ignoran» a los demás, nos producen instintivamente desagrado.[46] Y el dolor del rechazo social perdura incluso cuando sentirlo ha perdido toda su lógica; el estudio con el juego de pelota simulado mostró que los afrodescendientes sentían el dolor del rechazo aun cuando se les decía que quienes los rechazaban eran miembros nada menos que del Ku Klux Klan. Y las personas se sentían también dolidas en situaciones en las que se las recompensaba económicamente por cada rechazo del que fueran objeto.

De ahí que nuestros cerebros hagan todo lo posible por evitar el rechazo. Ya hemos visto que son capaces de autoevaluarse, por lo que, en principio, nos sería bastante fácil presentar una imagen sincera de nosotros mismos a quienes nos rodean. Pero eso sería un riesgo, porque ¿y si no les gusta la clase de persona que somos? Mejor «afinar» o «exagerar» nuestros aspectos positivos para dar una impresión más favorecedora. Y eso hace el cerebro, hasta el punto de que a menudo alcanza el grado de un autoengaño. Hay un proceso al que nuestros cerebros suelen entregarse y que se conoce con el nombre de «gestión de la impresión», que es lo que hacen cuando tratamos de dar la mejor imagen posible de nosotros mismos influyendo en la percepción de las otras personas. Para un estudio sobre los correlatos neurales de ese proceso, se pidió a los sujetos que se presentaran a sí mismos haciendo una descripción no acorde con la realidad en la que exageraran para bien o para mal, lo que exigía de ellos cierto grado de autoengaño. Los resultados reflejaron un aumento de la actividad en el córtex prefrontal medio y en el córtex prefrontal ventrolateral.[47] Pero lo más interesante fue que esa actividad incrementada solo se observó cuando los sujetos tuvieron que presentarse a sí mismos de un modo negativo. Si tenían que dar descripciones positivas de sí mismos, no había cambio en el nivel de actividad. Recordemos que el cerebro nunca se «apaga», siempre está activo, como el ruido de los motores de un avión en pleno vuelo, y que lo que los escáneres con IRMf como los usados para ese estudio muestran son *cambios* de actividad (disminuciones y aumentos). No estamos hablando de algo absolutamente claro y evidente, pero el hecho de que no se registren cambios de actividad cuando se les pide a los sujetos que se presenten a sí mismos de un modo inexacto pero positivo indica que ¡*eso mismo debía de ser lo que sus cerebros ya estaban haciendo hasta ese momento!* Es nuestro «estado por defecto».

Y lo cierto es que no hay de qué sorprenderse, dada la suma importancia que nuestros cerebros atribuyen a la aceptación y las acciones de otras personas. Y si todavía lo dudan, piensen en la situación siguiente: están entrando en la ducha y, en ese momento, se les cae la bata y se quedan totalmente desnudos. No es problema, es perfectamente normal. Necesario en ese momento, incluso. Ahora cambien lo de que «están entrando en la ducha» por «entran sin querer en el concurrido vestíbulo de un hotel». La cosa ya no es tan inocua, ¿verdad? Diríase incluso que pasa a ser apocalípticamente embarazosa. Mi metedura de pata materno-freudiana de aquel día en el local de sándwiches no le llega ni a la suela del zapato. Pero se trata de la misma acción en ambos escenarios, el mismo proceso: la única diferencia es que, en el segundo caso, otras personas pueden verlos. Y pueden juzgarlos. Y pueden pensar que no dan la talla.

Eso es la vergüenza. Es una emoción social, una emoción que depende de los pensamientos, los sentimientos o las acciones de otras personas, tanto si los experimentamos en directo como si los recordamos, los prevemos o incluso los imaginamos. Mi embarazosa experiencia relatada al comienzo del capítulo fue un incidente que viví de primera mano y fue horroroso. Pero continúo sintiéndolo como un horror cuando lo recuerdo, como suele ocurrir con los recuerdos embarazosos. Jamás podré volver a ese local, no vaya a ser que se acuerden de mí, así que también siento esa vergüenza por adelantado, la preveo. Y continúa invadiéndome una vaga sensación de horror cuando entro en otros locales de esa misma franquicia, porque me imagino la posibilidad de que haya circulado entre sus empleados el rumor de lo que ocurrió aquel día con una de sus compañeras. Un simple intercambio de apenas un par de palabras ha ocasionado unos hondos y duraderos efectos emocionales secundarios. Otras emociones sociales por el mismo estilo son la culpa, los celos, la pena, etcétera. Solo se desencadenan en un contexto en el que hay presencia de otras personas. ¡Tan importantes piensan nuestros cerebros que son las interacciones sociales que incluso han evolucionado en ellos emociones específicas y especializadas para regularlas! Por suerte, la felicidad no parece ser una de ellas, aunque, como hemos visto, es mucho más fácil ser felices con otras personas que sin ellas.

De manera quizá inevitable, a la vista de lo anterior, las personas con quienes nos relacionamos desempeñan un papel muy importante en nuestra conciencia de un yo, en nuestra identidad. Varios estudios con escáneres han revelado que, cuando valoramos la posibilidad de formar parte de un grupo o pensamos en quiénes son las personas con las que nos identificamos, se aprecia un incremento de actividad en áreas como el córtex prefrontal medio y en el córtex cingulado anterior dorsal.[48] Pero esas áreas también manifiestan una actividad mayor cuando pensamos en nuestro sentido del yo.[49] Esto implica que los grupos y las comunidades a los que pertenecemos son parte clave de nuestra identidad. No debería sorprendernos; ya hemos visto antes que nuestras pertenencias y nuestros hogares conforman nuestra identidad, así que sería extraño que las personas de las que nos rodeamos no lo fueran también.

Que aquellos y aquellas con quienes interactuamos tengan un papel tan destacado en cómo nos definimos a nosotros mismos explica también por qué las interacciones positivas y la aprobación son tan gratificantes, y por qué el rechazo duele tanto. Eso, añadido a todas las demás cosas que hace el cerebro para forzarnos a ser socialmente agradables, explica por qué somos tan susceptibles a las acciones, los comportamientos y hasta los estados de ánimo de quienes nos rodean. Es un proceso complejo y variable, por supuesto, pero nos es bastante común a todos. Nos sentimos enojados cuando formamos parte de una multitud tensa, damos por supuesto que los demás saben más que nosotros en situaciones ambiguas[50], y a menudo seguimos su iniciativa, aun cuando esta se contradiga con nuestro propio criterio o, incluso, con nuestro bienestar. De ahí que muchos conscriptos no dejen de avanzar hacia el frente en plena batalla junto a quienes los rodean, o que los medios tengan directrices de ser muy cautelosos a la hora de informar de suicidios por miedo a desatar un efecto de imitación, o que, si a todos los demás de pronto les diera por tirarse por un precipicio, probablemente nosotros también lo haríamos.

Y es que queremos gustar, queremos la aprobación de las otras personas, y por ello, nos esforzamos al máximo por encajar. Porque esa es una parte muy importante de quiénes somos. Porque nos hace felices.

LA FAMA, ¿A QUÉ PRECIO?

Cuando salió mi primer libro, me invitaron a dar una charla de promoción en el festival Aye Writes, en la biblioteca central de Glasgow. Fue un acto que despertó mucha expectativa y tuvo que celebrarse en el salón principal para que entraran todas las personas que habían solicitado entradas. Yo había tratado algunos de los temas relacionados con el amor de los seres humanos por la interacción y la aprobación sociales en la mencionada obra y volví a insistir en esa cuestión durante el turno de preguntas y respuestas diciendo algo así como que «quizá por eso a las personas les gusta ser famosas». Entonces, quien presidía la mesa aquella tarde no perdió la ocasión para, con un dejo de ironía en la voz, replicar: «Pero Dean, tú ya debes de saberlo, *tú eres famoso*».

¿Lo era? ¿Lo soy? Desde luego, no sentía que lo fuese y sigo sin sentirme famoso, pues mi vida diaria consiste principalmente en escribir, trabajar y cuidar de los niños. Pero, claro, allí estaba yo aquel día, sentado ante un público de cientos de personas, todas interesadas en que les explicara cosas de un libro que yo había escrito y en comprarlo, un libro que ha gustado a suficientes lectores como para justificar la publicación de este segundo libro que ustedes están leyendo ahora. Yo intentaba de verdad huir de toda jactancia o presuntuosidad, pero les mentiría si les dijera que nada de aquello me afectaba. Ganarme la aprobación y el interés de tanta gente me hacía (y sigue haciéndome), desde luego, feliz. Pero ¿famoso? Eso todavía lo discuto.

En cualquier caso, recuerdo que algo me dio mucho en qué pensar entonces: ¿qué es la fama sino la aprobación de otras muchas personas —algo que nos hace felices— a mucha mayor escala de lo que la persona media puede esperar? Y luego estaba también la cuestión de que, como hemos visto antes, el cerebro procesa la aprobación social y la ganancia económica aproximadamente del mismo modo. A menudo, para referirnos a las celebridades, decimos que son personas «ricas y famosas», pero, en lo que al sistema cerebral de recompensa se refiere, no hay mucha diferencia entre lo uno y lo otro. Ahí podría radicar una explicación de todas esas historias de grupos de música pop famosos cuyos miembros ganan sorprendentemente poco porque son un producto prefabricado por despiadados ejecutivos de la industria musical que se quedan con todas las ganancias. ¿Cómo puede alguien acceder a semejante acuerdo?, seguramente nos preguntamos. ¿Será que la fama puede ser recompensa suficiente por sí misma?

En realidad, es posible que la fama sea incluso *más* gratificante que la riqueza material. Ya hemos visto que nuestro cerebro percibe el dinero como una recompensa aceptable, igual que la comida o la vivienda, porque es importante para nuestra supervivencia. Pero la aprobación de los demás parece actuar en otros muchos niveles de cognición y, al parecer, es importante para la salud del cerebro. También vimos en el capítulo anterior que el dinero nos hace felices *hasta cierto punto,* a partir del cual su potencia disminuye. Pasamos entonces a derivar placer de otras cosas. Si el cerebro la procesa igual que el dinero, ¿podría decirse eso mismo de la fama también? ¿Acaso ser un poco famosa hace feliz a una persona —como me hacía a mí—, pero ser inmensamente famosa ya no? Si eso es así, podría explicar mucho acerca de cómo procesa el cerebro la aprobación social.

Era evidente, sin embargo, que, para investigar si la fama desbordada hace infeliz a una persona, iba a tener que hablar con alguien que fuera increíblemente famoso. El problema con ese tipo de personas es que uno no puede acercarse tranquilamente a ellas por la calle y pedirles un favor como ese sin más. Su fama, aquello mismo sobre lo que quería preguntar a alguna de ellas, hace que se mantengan apartadas de gente como yo. ¿Qué podía hacer entonces?

Digamos, resumiéndolo mucho, que, tras un prolongado intercambio de mensajes con diversas personalidades famosas del mundo del espectáculo en Gales, terminé en un tranquilo bar del Centro Millennium de Cardiff, sentado frente a frente, en la misma mesa, con la cantante, actriz y presentadora Charlotte Church, que se estaba comiendo un plato de *cawl* (un estofado tradicional galés) con una mano, mientras sostenía en la otra un ejemplar de mi libro anterior, *El cerebro idiota,* que le había regalado yo nada más llegar allí a modo de tarjeta personal de visita (la tarjeta de visita más inflada del mundo).

Para aquellos de ustedes que no conozcan a Charlotte Church (algo que, lo reconozco, pondría un poco en cuestión la aparición de Charlotte en este contexto), les diré que, con solo 12 años de edad, alcanzó fama internacional con su álbum debut *Voice of an Angel.* Era como si, en aquel 1998 el mundo llevara tiempo aguardando con emoción contenida la llegada de una soprano preadolescente como ella. Su LP vendió millones de copias y el éxito la llevó a actuar ante presidentes, a participar en las bandas sonoras de grandes películas, a cantar junto a diversas megaestrellas y a presentar programas de televisión, entre otras cosas. Y ahí la tenía entonces, frente a mí, en aquella mesa de aquel bar. Comiendo estofado. Da que pensar... según me doy cuenta ahora.

Básicamente, Charlotte Church lleva siendo muy famosa más de la mitad de su vida (en el momento en que escribo estas líneas, ella solo tiene 31 años). La inmensa mayoría diríamos que su vida no ha sido precisamente «normal», pero ¿ha sido feliz? Eso quería averiguar yo. Y ella tuvo la generosidad de estar dispuesta a ayudarme. Así que comencé preguntándole la que entendí que era la pregunta más obvia: ¿*quería* ser famosa cuando tenía 12 años? ¿Tenía la más mínima idea de lo que eso podía significar?

—No, para nada —me dijo—. Sabía que quería ser cantante, incluso ya de muy pequeñita, pero pensaba que iría a la universidad, estudiaría música, tal vez sería cantante de ópera... pero entonces sucedió todo y fue una absoluta locura. Pero no, no tuve tiempo de «quererlo» para nada.

Ahí ya había información interesante. ¿Puede la fama hacer feliz a una persona si nunca *quiso* ser famosa? ¿No implica eso que básicamente ha perdido el control de su propia vida? Y si se convierte en una gran estrella prácticamente de la noche a la mañana, ya no va a tener modo humano alguno de devolver el genio a la lámpara de donde ha salido. Así que, dado que, en principio, no lo quería ni lo esperaba, ¿qué tal era realmente eso de ser famosa para Charlotte?

—Era de locos —continuó—. Tremendo viajecito. El primer año o así fue increíble, era *tan* emocionante. Pero no lo era por la fama en realidad, lo era por las oportunidades que me abría: los viajes, los famosos... las *otras* personas famosas a las que conocí. Yo me llevaba mi libreta de autógrafos y tenía en ella los de gente como Joan Collins. Era todo eso, la novedad de todas aquellas experiencias, en realidad.

A juzgar por aquello, se diría que la vida de la fama sí hizo feliz a Charlotte, aunque *indirectamente* sobre todo; la hacían más feliz las consecuencias de la fama que la fama en sí. Sacamos así a colación el tema de los *reality*. Vista a través del prisma de todo lo que hemos tratado en este capítulo hasta aquí, la participación en *reality shows* parece cobrar mucho más sentido: proporciona una satisfacción directa y constante para esas partes del cerebro que ansían chismes y contactos y conexiones con otras personas, sean quienes sean. Recuerdo que una vez vi un documental sobre el programa arquetípico de *reality show* en todo el mundo, *Gran hermano,* para el que entrevistaron a candidatos a entrar en el programa que no fueron aceptados. Uno de ellos era una joven que quería salir por la tele porque «sabía» que sería famosa algún día. Lo que no sabía era dar ningún motivo de *por qué* se suponía que iba a ser famosa. No era artista, no había creado nada reseñable; simplemente existía y entendía que eso bastaba.

Justo es decir que, actualmente, los *reality shows* hacen posible que cualquiera sea famoso sin mayor motivo real, pero esa joven de la que hablo proporciona un interesante contrapunto a la historia de Charlotte. Consideremos todo lo tratado en el capítulo anterior sobre la ambición y la motivación, y sobre nuestro yo obligado y nuestro yo ideal. La búsqueda consciente de la fama implica mantener en nuestro cerebro una representación de nuestro yo ideal en forma de persona famosa, una representación que nos da una meta, un objetivo que alcanzar y con el que comparar nuestro yo real. Pero la fama es muy difícil de cuantificar. Podemos hacer un cálculo preciso de la estatura, el peso o el patrimonio de una persona, pero no de lo famosa que es, pues la fama es una propiedad mucho más vaga y subjetiva*. Básicamente, si alguien se pone como meta ser famoso, le será muy difícil saber a ciencia cierta cuánto se está acercando a serlo, sobre todo si no tiene ni idea de cómo se supone que debe sentirse cuando lo sea. La mayoría de personas ha ganado dinero en algún momento, por lo que cuenta con experiencia relevante sobre lo que significa hacerse rico. Pero ¿sobre la fama? Es mucho más difícil de

---

* Hay que reconocer que con la llegada de Internet y las redes sociales, donde se puede llevar un recuento preciso del número de visitas/suscriptores/descargas (etcétera) que propician nuestros contenidos, esto posiblemente esté cambiando.

precisar. Constituye lo que los filósofos llaman un sorites, una paradoja entre cuyos ejemplos clásicos está la pregunta «¿a partir de qué punto una pila de arena pasa a ser un montón?». Pues bien, ¿cuántas veces tiene que haber sido reconocido alguien por la calle, o haber sido mencionado en un periódico de tirada nacional, o haber recibido correo de sus fans para ser famoso? Todas estas cosas son síntomas que revelan que nuestro nivel de fama va en aumento, pero eso es todo lo que podemos detectar. Que nos sorprenda un aguacero no significa que sepamos exactamente cuánta agua nos ha caído encima; solo sabremos que estamos empapados. Así que las personas que quieran alcanzar cierto nivel indefinido de fama probablemente tendrán problemas para reconocer si han avanzado debidamente en pos de ese objetivo, lo que introducirá el fracaso y la incertidumbre como elementos en su propia autovaloración. Y esas son cosas que no nos hacen felices.

Sin embargo, si alguno de ustedes se hiciera famoso sin haberlo previsto nunca (y suponiendo que no tuviera especial objeción al hecho de serlo), tal vez sintiera algo así como si se hubiera ganado la lotería. Al menos, en lo que respecta al procesamiento de la recompensa y el disfrute en su cerebro. Obtendría todos los beneficios psicológicos del hecho de gustar a millones de personas, pero sin ninguno de los problemas de angustia y autoevaluación propios de quienes quieren ser famosos y no saben si lo son. Es una hipótesis, por lo menos.

No obstante, saber que las personas nos dan su aprobación en un sentido abstracto estaba bien, pero interactuar directamente con ellas parecía algo totalmente distinto, según me comentó la propia Charlotte:

—Al principio, estaba bien, pero cuando entré en la pubertad, se volvió un poco… inquietante. Muchísimas personas estaban visiblemente muy nerviosas, hasta tenían miedo de estar conmigo y conocerme. Las había que incluso creían que yo era literalmente un ángel.

Esto nos presenta otra faceta muy peculiar de la fama y de cómo afecta nuestra felicidad. Gustar a hordas enteras de extraños y extrañas puede estar muy bien, pero, como ya hemos visto, el cerebro ansía interacciones sociales y se beneficia de ellas; hablo de interacciones reales entre dos personas. Si alguien es tan famoso que otras personas tienen problemas para interactuar con él (o ella), se produce una situación que dista mucho de ser ideal. Pero ¿por qué le cuesta tanto a la gente hablar con una persona famosa? Ya hemos visto lo poco que tolera el cerebro hasta el más mínimo rechazo social y cuánto esfuerzo invierte en evitarlo, así que imagínense lo que es que nos rechace alguien que nos gusta mucho y a quien muchísimas otras personas dan su aprobación y respetan/admiran. Esa posibilidad es, sin duda, muy perturbadora para algunas personas; para las partes del cerebro dedicadas a la detección de amenazas debe de ser como hacer malabares con una granada sin el seguro. Así que es lógico que estén nerviosas cuando se encuentran con personas famosas, y que sus temerosos cerebros, con su aversión al riesgo, traten desesperadamente de minimizar el peligro de decir algo de lo que puedan luego arrepentirse reduciendo la comunicación a monosílabos, gruñidos y gestos toscos y torpes.

Y tampoco es un proceso indoloro para la propia persona famosa. Sentada con nosotros en aquella mesa estaba la amiga de Charlotte, la actriz y cantante Carys Eleri, quien nos contó cómo había visto al actor Rhys Ifans, en el momento cumbre de su fama a raíz del éxito de la película *Notting Hill,* tardar casi treinta minutos en cruzar una sala para ir al baño de tantos fans que lo pararon ese día para pedirle que les firmara autógrafos o que posara para una foto con ellos. Es evidente, pues, que muchas personas se sienten suficientemente seguras como para no tener reparos en acercarse a una persona famosa, y que consideran que los beneficios de estar con ella superan con creces el costo del riesgo al rechazo.

Si esto ocurre de manera constante, no hay duda de que representa una gran tensión para el cerebro humano. En el capítulo 2 me referí a lo mucho que necesitamos tanto la compañía como la privacidad, y a que esas dos necesidades, contradictorias en principio, no lo son tanto, pues las interacciones sociales, por agradables y necesarias que muchas veces sean, exigen del cerebro un esfuerzo y una energía que este solo puede recuperar descansando durante sus correspondientes períodos de privacidad. Ahora bien, todo esto se enmarca en un contexto mucho más amplio.

Con anterioridad, en este mismo capítulo, ya hablamos del vínculo entre el tamaño medio de un grupo social y el tamaño del cerebro y la inteligencia. Buena parte de la investigación sobre esa conexión y sobre la hipótesis del cerebro social en general se debe al antropólogo británico Robin Dunbar, que fue el primero en postular tal idea. Entre otras cosas que produjo, está el número de Dunbar, que es la cifra máxima teórica de relaciones sociales estables que nuestro cerebro puede mantener al mismo tiempo.[51] Sabemos que las relaciones sociales requieren de potencia cerebral y que esta es limitada en cada uno de nosotros. Pues bien, Dunbar calculó que el número máximo de relaciones que podemos mantener a la vez es 150. Aunque muchos discuten esa conclusión y es harto improbable que sea algo tan preciso o simple, nadie cuestiona que haya un límite máximo al volumen de interacción social que un cerebro puede soportar, como hay un límite máximo de comida con la que llenarnos el estómago sin que nos duela.

Es evidente que las personas que son muy famosas, tanto si querían serlo como si no, se ven obligadas a encontrarse con otras personas y a socializar mucho más a menudo de lo normal, lo que les provoca mucha más tensión también en el cerebro (y, en el caso de Rhys Ifans, en la vejiga). Desde esa perspectiva, no puede sorprendernos que algunos famosos y famosas parezcan fríos, distantes o incluso secos con sus fans y admiradores; no es necesariamente una muestra de desprecio personal o de arrogancia, sino un intento desesperado de proteger su cordura, su bienestar y su felicidad. Por supuesto, también puede ser que tengan una personalidad desagradable. Eso siempre es una posibilidad. Se dice: «Nunca conozcas a tus héroes», pero bien podría ser que «tus héroes» no estén precisamente encantados de conocerte a ti tampoco. Yo me preguntaba cómo lidiaba Charlotte con esa otra cara de la situación.

—A mí se me daba muy bien tratar con la gente cuando era más joven —me confesó—, pero luego, entre los 16 y los 18 años, cuando hacía de «chica mala» me volví horrible. Era mucho más brusca con la gente. No siempre me dignaba a firmar autógrafos ni a posar para tomarme fotos con los fans. Pero jamás me sentí realmente cómoda comportándome así, solo trataba de hacerme la estupenda. Quería impresionar a mi grupo de colegas.

Confieso que aquello me sorprendió. Ya he hablado de cómo nuestros cerebros hacen que queramos adaptarnos, ser aceptados por aquellos con quienes nos identificamos, pero suponía que alcanzar el estrellato internacional y gozar del cariño de millones de personas contrarrestaría en cierta medida ese impulso. Al parecer, me había equivocado. Y mucho.

—Aprendí a no hablar del tema con mis amigos; a nadie le interesaba. Yo empezaba a contarles que había ido a los Grammy y que los NSYNC me habían dedicado una canción, pero ellos reaccionaban en plan «ah, bueno; oye, ¿sabes a quién encontraron besuqueándose a escondidas?». No les interesaba en lo más mínimo. En parte, por eso cambié la música que hacía*, porque me sentía totalmente aislada de mi propio grupo de edad; mi música no tenía nada que ver con la que les gustaba a la mayoría de chicos y chicas de mi edad. Y por eso la cambié, supongo, por una simple necesidad de aprobación de mi grupo.

Que Charlotte sintiera casi vergüenza de su éxito y cambiara

---

* Hacia el año 2005, Charlotte transformó su estilo y cambió la música clásica por un pop más convencional.

literalmente el rumbo de su carrera, abandonando su anterior estilo —que era evidente que gustaba a muchísimas personas— puramente en aras de la aprobación potencial de aquellos y aquellas con quienes más identificada estaba, muestra cuán poderoso es ese instinto de nuestro cerebro que nos impulsa a la búsqueda de interacciones sociales positivas y de aprobación. Pero, como tantas otras cosas que gustan al cerebro, los objetivos deben ser tangibles, algo que el cerebro pueda reconocer y apreciar. El olor de nuestra comida favorita cuando se está cocinando puede ser increíblemente agradable, pero si no llegamos a comerla realmente, ese atractivo pronto se apagará. Lo mismo ocurre con el hecho de que gustemos a legiones de extraños a quienes ni siquiera vemos: eso está muy bien, pero si no gustamos a las personas con quienes realmente mantenemos contacto, lo otro no bastará para hacernos felices. Las recompensas de la fama pueden ser muchas y variadas, pero el placer directo real y la felicidad que derivamos de la fama en sí parecen ser cosas bastante pasajeras.

Ahora bien, es posible que el desinterés del grupo de amigos y amigas de Charlotte tuviese su lado positivo después de todo. Su familia y sus amistades son, según sus propias palabras, «de lo más común y corriente», así que ella es la única cantante superestrella entre ellos. Para adaptarse, para formar parte de, y ser aceptada por los grupos que claramente más le importaban, por su propia felicidad, tuvo que minimizar y hasta ignorar el prestigio de la fama, lo que muy probablemente le resultó muy útil a largo plazo. Puede que sea algo muy galés, ¡quién sabe! Aquí tendemos a estar muy centrados en nuestra comunidad o familia. Y lo que me contó Charlotte sobre la tremenda reprimenda que le dio su padre cuando la descubrió bebiendo cubalibre cuando aún no tenía edad para consumir alcohol me recordó otra anécdota parecida que relataba Tom Jones, otro cantante galés de inmensa fama: una vez, nada más despertarse en su casa de Los Ángeles tras una noche de borrachera cuando tenía treinta y tantos años de edad, recibió un reto de su madre, que estaba aquellos días de visita en la ciudad, por tan indecente manera de comportarse. Y nadie hace enojar a una mamá galesa dos veces.

Pese a todo, es fácil ver cómo esa clase de inconvenientes descritos por Charlotte minan los otros aspectos más «embriagadores» de la fama y por qué son factores que resultan perjudiciales a largo plazo. Si debemos fiarnos de lo que se dice en los medios, cuando alguien se hace famoso de verdad, pasa a estar rodeado de una nube de representantes, cuidadores, ayudantes, parásitos y demás gentes variopintas: todas esas personas dedicadas a hacer que esté feliz. Puede que suene muy bien, pero eso coloca a esa persona en el centro de un grupo social en el que todos están de acuerdo con que lo más importante de todo es que ella sea feliz. La probabilidad de que ese grupo social la rechace se reduce a cero, por lo que dicha persona echa en falta un determinante importante de una conducta socialmente aceptable. No es de extrañar que los individuos megafamosos parezcan vivir en un mundo diferente del nuestro: psicológicamente, así es. Charlotte me reveló una historia que le contaron acerca de un artista más famoso aún que ella y de su ridícula manera de comportarse, inducida por el consumo de cocaína. Es desternillante, pero si se me ocurriera siquiera reproducirla aquí, en un medio impreso como este, me caería una demanda que me condenaría al olvido antes incluso de que la tinta hubiera tenido tiempo de secarse.

En definitiva, pues, quizá la fama puede hacernos felices, pero también puede hacer que terminemos rodeados de un grupo en el que nuestra aprobación y nuestra aceptación sean automáticas sin que nos las hayamos ganado realmente. Y eso puede tener efectos duraderos en el cerebro. De hecho, puede ser más dañino aún para las estrellas infantiles. La fama, como perspicazmente advirtió Charlotte, hace que los niños se diferencien de sus grupos de iguales. Si no se esfuerzan activamente por solucionarlo como hizo ella, se arriesgan a quedar marginados o excluidos. Este «gaje» de la fama, entre otros muchos, puede contribuir a generar una sensación de aislamiento, de pérdida de las interacciones sociales normales. Y estamos hablando de niños. Recordemos: ¿qué efectos provoca el aislamiento, según los datos disponibles, en el cerebro en desarrollo? Lo altera. Lo *daña*. Dificulta su capacidad para ser feliz. No es de extrañar, pues, que tantas estrellas infantiles terminen metidas en problemas de drogas, de relaciones o de otros tipos. La exposición a unos niveles elevados de fama, cuando no se gestionan correctamente, puede muy bien ser perjudicial para el cerebro de un niño.

Y es que, como ya hemos visto, nuestras interacciones con otras personas son cruciales para el bienestar de nuestro cerebro y nuestra felicidad. Disfrutamos con las interacciones positivas, nos sentimos impelidos a buscarlas, y la formación y el mantenimiento de relaciones sociales es una fuente bastante segura de felicidad. Porque necesitamos amoldarnos, pertenecer a un grupo, para sentirnos protegidos y seguros y para que nuestros cerebros funcionen como deben. La empatía hace que podamos «compartir» emociones, por lo que tener a otras personas a nuestro alrededor cuando hacemos cosas que nos hacen felices sencillamente mejora la experiencia para todos. Por otra parte, el rechazo social es muy desagradable, venga de quien venga. Y aunque nos parezca que, por lógica, obtener la aprobación de millones de individuos gracias a la fama nos hará más felices, lo cierto es que la cosa no funciona así. Importa más la calidad de la aprobación social que recibimos que la cantidad. Importa de quién obtenemos la aprobación, no de cuántos.

Tanto buscar la felicidad excluyendo a las otras personas como buscar la fama por la fama misma pueden describirse con una misma metáfora: es como no comer más que azúcar a cucharadas, una tras otra. Está muy bien al principio, se disfruta y gratifica mucho. Pero al final nos deja insatisfechos y hace que nos comportemos raro y que mucha otra gente termine resintiéndose con nosotros.

De acuerdo, reconozco que en esa analogía la mayoría de personas que se enojarían probablemente serían dentistas, pero la mantengo igualmente.

5

AMOR O SEXO, CUESTE LO QUE CUESTE

—Hace poco pude hacer realidad una fantasía que tenía desde hacía tiempo: un trío con dos hombres en el que yo me había portado como, digamos, una «chica muy mala» y ellos me «daban una lección». Pero la realidad al final no fue ni mucho menos como la había imaginado. En un determinado momento tuve que parar para ir al baño, y luego un repartidor llamó a la puerta, con lo que dos de nosotros tuvimos que escondernos detrás del sofá, desnudos.

Las escenificaciones sexuales «sadomaso» con más de dos participantes no son uno de mis temas de conversación habituales. Y, sin embargo, allí estaba yo, sentado en la barra de un pub a pocos metros de la estación londinense de King's Cross mientras me contaban esa anécdota.

¿Por qué? Podría decirse que Charlotte Church había tenido la culpa. Su revelación a propósito de que la aprobación y la admiración de masas no pueden sustituir la aceptación y el afecto de nuestros seres queridos realmente me hizo pensar. Y el concepto mismo de «seres queridos» trajo a colación otro factor importante en lo tocante a nuestra felicidad. Es un lugar común decir que, cuando encontramos el amor «verdadero», ya podemos vivir felices y comer perdices por siempre jamás; recordemos que ya lo dijeron los Beatles: lo único que necesitamos es amor. Eso es mucho decir, pero ¿es correcto? ¿El amor es esa poderosa fuerza omnipresente que domina nuestras vidas y nos procura felicidad sin fin? ¿O solo una particularidad de la química cerebral de la que, por aquellas ironías de la vida, no nos hemos cansado de hacer una idealización romántica?

Así que eso fue lo que decidí investigar a continuación. Pero algo resultaba evidente: la cosa iba a complicarse un poco. El amor romántico, por mucho que nos lo imaginemos puro y bueno, se solapa muchísimo con la lujuria, con ese poderoso y fundamental impulso que nos lleva a compartir una intimidad física con otras personas: con el sexo, en definitiva.

Pese a que a muchas personas no les gusta hablar de ello, el sexo es una parte muy importante de la vida de la mayoría de los humanos adultos y nos afecta de maneras muy extrañas. Puede hacer que nos sintamos increíblemente felices, eufóricos incluso, o puede volvernos calamitosamente infelices, y todo lo que digamos sobre su repercusión en nuestra conducta y nuestro pensamiento cotidianos es poco.

No obstante, aunque no puedo decir que no esté familiarizado con el amor o con el sexo, no me atrevería en ningún caso a proclamarme un experto en lo uno ni en lo otro, como tampoco me creería un director cinematográfico porque haya visto películas en el cine. Así que, como ya iba siendo habitual, terminé buscando a personas mejor preparadas que yo para hablar de esos temas. Una de ellas es una experta psicóloga y asesora en relaciones y la otra, una bloguera que es famosa por escribir sobre sexo. Como ya se imaginarán, fue la segunda quien me regaló los oídos con anécdotas de tríos fallidos, y eso mientras conversábamos en un lugar público, lo que bien podría haber acabado destruyendo mi imagen de hombre (mayormente) probo e íntegro.

Pero, en cualquier caso, yo soy neurocientífico, así que, antes de zambullirnos en el mundo del sexo y las relaciones amorosas, pensé que haría bien en averiguar un poco más de lo que pasa en el cerebro cuando experimentamos esas cosas. Y eso fue exactamente lo que hice, a pesar de los perturbadores efectos que tales indagaciones inevitablemente tendrían en mi historial de búsquedas por Internet.

DEMASIADO SEXI PARA ESTE LIBRO

Si les he de ser sincero, les diré que el sexo y la sexualidad humana son desconcertantes ya de entrada, antes incluso de profundizar en la literatura especializada sobre el tema. No necesitamos sexo para sobrevivir como individuos, pero, de todos modos, dedicamos una cantidad exagerada de tiempo a buscarlo y conseguirlo. El sexo figura en casi todas las facetas de la cultura y la sociedad, y, sin embargo, suele considerarse grosero o inapropiado hablar de él. En el Reino Unido, la edad legal mínima de consentimiento sexual es de 16 años, pero hay que haber cumplido los 18 para poder ver material «explícito» como la pornografía, así que, en teoría, se puede *practicar* sexo antes de poder *verlo*. Y a pesar de la descabellada variedad de opciones de que disponen los seres humanos en lo tocante a la forma de sus interacciones sexuales, quienes tienen preferencias que no se amoldan a la «norma» (es decir, a la relación entre un hombre y una mujer) suelen ser objeto de estigma y persecución. Así que el sexo puede hacernos felices, pero son muchas las formas en que puede hacernos infelices también. ¿Por qué nos importa *tanto*?

Gran parte de las investigaciones científicas sobre esa cuestión se centran en dos componentes fundamentales de la sexualidad humana: la excitación sexual y el deseo sexual (o libido). La primera implica que estemos física y mentalmente preparados para practicar sexo; la segunda significa que queremos practicarlo. Y ambas tienen efectos considerables en nuestros cerebros.

La excitación suele venir primero[1] y, a menudo, es la consecuencia de que percibamos algo que nos resulte sexualmente estimulante. O, mejor dicho, *alguien*. A la mayoría de personas las excitan otros seres humanos; más concretamente, los cuerpos de esos humanos (y, hasta cierto punto, sus rostros).[2] Y aunque valoramos el conjunto, ciertas partes del cuerpo tienden a ser más excitantes que otras. Unos abdominales bien marcados, unas caderas voluptuosas, unos sensuales labios carnosos, unos pechos grandes *, unas nalgas firmes, unos músculos voluminosos…, todas esas cosas tienden a excitarnos más que la visión del lóbulo de una oreja o un codo. El motivo es que se considera que son características sexuales secundarias[3], elementos que evolucionaron para atraer a los compañeros sexuales pero que no forman directamente parte del proceso reproductor (algo parecido a la cornamenta de un alce o la cola de un pavo real). Son sexis, pero no son «órganos sexuales» como lo son los genitales. Se cree que insinúan rasgos deseables en una potencial pareja, como fertilidad, fuerza y buena salud. Son básicamente la manera que tiene el cuerpo de poner una valla publicitaria dirigida a las partes instintivas del cerebro del otro (o la otra) con un mensaje que diga: «¡Mira qué fuertote y sanote que estoy! Mis genes deben de ser de primera. ¡Tú y yo engendraríamos unos bebés excelentes!».

Otro gran factor en la excitación es el tacto. Ya sabemos que el contacto físico con otra persona puede ser gratificante, pero ciertas partes del cuerpo son especialmente reactivas al tacto o a las caricias. Los genitales son el caso más obvio, pues contienen una alta densidad de terminaciones nerviosas que provocan pla-

---

* La mayoría de hembras de mamífero solo tienen glándulas mamarias agrandadas cuando están lactando, para alimentar a sus pequeños. Únicamente las mujeres tienen que llevarlas así durante toda su vida adulta. Nadie dijo que la evolución fuese atenta y considerada.

cer y respuestas de recompensa cuando se los estimula, y envían señales neuronales al cerebro a través de diversas rutas[4]. Parece ser que la estimulación genital es procesada por dos partes del córtex somatosensorial; una procesa la sensación física real, mientras que la otra, denominada córtex somatosensorial secundario, añade el elemento «placentero».[5]

Curiosamente, ciertas áreas no genitales, las llamadas zonas erógenas, también proporcionan estimulación sexual al ser tocadas.[6] El motivo exacto por el que las orejas, los pezones, los muslos o el cuello son zonas erógenas, y otras no, sigue sin estar muy claro. Hay quienes sostienen que se produce cierto desborde en las regiones del córtex dedicadas a procesar el placer que hace que, tocando una parte del cuerpo, se active parcialmente el área cerebral (cercana a aquella otra) que se ocupa de la estimulación genital. En esencia, esta teoría viene a decirnos que las zonas erógenas funcionan un poco como la música del vecino que oímos a través de la pared de nuestra casa: no suena igual de alta para nosotros, pero sí lo suficiente como para que nos vengan ganas de bailar. No obstante, varios estudios no han hallado prueba alguna que confirme esa hipótesis;[7] podría ser, simplemente, que las zonas erógenas fuesen una peculiaridad evolutiva sin más.

Ahora bien, ¿qué ocurre realmente en el cerebro cuando sentimos algo excitante? Si la causa de la excitación es algo que estamos viendo, se produce una actividad correspondiente en el cuerpo extraestriado, una parte del córtex visual que se especializa en el reconocimiento de la forma y el movimiento del cuerpo humano, lo que tiene bastante sentido. Sin embargo, también se activa el córtex prefrontal ventromedial, que, a su vez, activa a través de muchas y diversas conexiones importantes las otras regiones cerebrales implicadas en la excitación en general.[8] Si nos imaginásemos el sistema de la excitación como una alarma de incendios, el córtex prefrontal ventromedial sería la parte que dispara la alarma a la primera señal de humo y hace saber así que la situación se va a poner muy caliente. También desvía nuestra atención —por medio del sistema activado desde abajo (mencionado en el capítulo anterior)— hacia la causa de la excitación.

En cuanto se inicia el proceso de excitación, la amígdala se dispara. Como parte vital del procesamiento emocional y del aprendizaje que es[9], amén de una especie de «nudo» que liga numerosas regiones importantes del cerebro entre sí, la amígdala realiza varias funciones durante la excitación y el sexo. Una de ellas es evaluar el componente emocional del estímulo[10], decidir si la excitación está «justificada». ¿Un hombre hermoso o una mujer hermosa desnuda en nuestra cama? En potencia, algo muy excitante. ¿La misma persona desnuda sobre una mesa de operaciones porque somos el cirujano que la va a operar? La amígdala determinará entonces (o esperemos que así sea) que la excitación *no* está justificada en ese contexto, aun cuando las pistas visuales sean similares.

Si la amígdala decide realmente que la excitación es apropiada en el contexto en cuestión, desencadena varias reacciones a través de los numerosos circuitos y nexos a los que tiene acceso. Uno de ellos es la vía amigdalofugal, que conecta la amígdala con el tálamo, el hipotálamo, el tallo cerebral y el núcleo accumbens; es la vía supuestamente responsable de muchos de los elementos placenteros del sexo y la excitación.[11] Otra área clave activada por la excitación es el eje hipotalámico-hipofisario-adrenal[12], que estimula y modula el deseo sexual por medio de la liberación de hormonas sexuales, como son la testosterona de los testículos en el caso de los hombres, y el estrógeno de los ovarios en el de las mujeres. Y es aquí donde la cosa se complica un poco.

Las hormonas sexuales se llaman así porque son segregadas por el cerebro durante la pubertad y son las responsables de todos esos cambios sustanciales y, a menudo, desconcertantes que se producen a esa edad. Básicamente, esas hormonas hacen que se desarrollen en nuestros cuerpos las características sexuales secundarias y que se «activen» nuestros sistemas reproductores[13]. El resultado de ello es una parte crucial del desarrollo humano general, a pesar del indecoroso pelo y los granos que muchas veces nos salen por culpa de ello. Pero el concepto «hormonas sexuales» tiene también el sentido de que estas están involucradas asimismo en la actividad y la excitación propias del sexo. Experimentamos un «subidón» de hormonas sexuales cuando nos excitamos, y el cerebro cuenta todo él con numerosos receptores que reaccionan a ellas. Las hormonas sexuales hacen que las partes relevantes del cuerpo sean más sensibles y más receptivas al contacto y a la actividad sexual, lo que sin duda ayuda a incrementar la excitación.[14] Pero ¿puede decirse que *causen* la excitación?

De las dos, la testosterona es la más extensamente estudiada; está presente tanto en hombres como en mujeres y parece la más claramente vinculada con la excitación*. Se dice a menudo que el aumento de los niveles de testosterona hace que los hombres se exciten más y se centren más en el sexo, pero las pruebas de que eso sea así distan mucho de ser concluyentes.[15] La testosterona baja puede causar disfunción eréctil en los varones, por ejemplo, pero cuando se les administra artificialmente esa hormona para aumentar los niveles, el problema no desaparece sin más.[16] ¿Por qué no?

Más confusa aún es la situación en el caso de las mujeres. Las mujeres menopáusicas que se someten a tratamientos de sustitución hormonal, que incluyen la testosterona, reconocen normalmente un aumento de la facilidad de excitación[17], si bien la sensibilidad a la testosterona varía mucho de una mujer a otra. El estrógeno, producido por los ovarios, se considera a menudo el equivalente femenino de la testosterona, pero su papel en la excitación sexual es menos claro todavía.[18] Si añadimos a todo

---

* Pese a estar presente en todos nosotros y nosotras en grados diversos, merece la pena señalar que la mayoría de estudios disponibles se han centrado en varones heterosexuales, por razones varias.

ello el hecho de que el estrógeno también está presente en los hombres y que, a través de varios procesos, la testosterona puede convertirse en estrógeno (y a la inversa), sobre todo en las mujeres, y que hay otras sustancias precursoras implicadas, veremos que el panorama se nos vuelve un tanto difícil de describir. De lo que no hay duda alguna, en todo caso, es de que las hormonas sexuales son un elemento clave (aunque confuso) del proceso de excitación.

Así pues, en cuanto el cerebro se excita, envía nuestras señales al cuerpo a través de las hormonas sexuales y el sistema nervioso periférico.[19] Esto origina los síntomas visibles de la excitación: dilatación de las pupilas, rubor de las mejillas, aceleración del ritmo cardíaco y, claro está, la afluencia de sangre a los genitales que hace que se dilaten y se enderecen (dependiendo de qué genitales tengan ustedes). Básicamente, nos prepara para, y nos dispone a, practicar sexo.

Hasta aquí he descrito los aspectos subyacentes, instintivos, fisiológicos: lo que cabe esperar de la mayoría de los animales sexuados (que son prácticamente todos). Pero los seres humanos tenemos un poco más de «margen» en lo referente a la excitación sexual. Las pistas físicas y visuales pueden ser la base sobre la que se erige esa excitación, pero nuestros voluminosos y potentes cerebros pueden ir mucho más allá de esos estímulos básicos y hallar una intensa estimulación en algo tan neutro (objetivamente hablando) como las palabras escritas en un papel o pronunciadas en una conversación.

Además, nuestros cerebros ponen tanto empeño en el sexo y la excitación que podemos «excitarnos» con cosas *que no han sucedido nunca y posiblemente nunca sucedan*. Las fantasías sexuales son un elemento importante de la sexualidad humana y ocurren con similar frecuencia en hombres y en mujeres. Algunos estudios indican que nuestro córtex orbitofrontal, que es una parte en nuestro lóbulo frontal que se encarga de muchas funciones sofisticadas[20], es una región relevante para las fantasías sexuales, aunque no deja de parecer contraproducente dedicar tanta valiosa potencia cerebral a imaginaciones sexuales, que no son relevantes por el contexto ni son siquiera remotamente probables (en la mayoría de casos). ¿Cómo puede eso hacernos felices? Lo más normal es que nos frustre, nos distraiga y nos irrite, ¿no?

Pues, al parecer, no; existen pruebas de que fantasear regularmente con esas imaginaciones mejora nuestra concentración, nuestra atención por los detalles y nuestra memoria.[21] Muchas regiones y procesos cerebrales diferentes colaboran para producir algo tan detallado y potente como una fantasía sexual. Pues bien, se cree que la comunicación eficiente y fiable entre regiones cerebrales dispares es fundamental para gran parte de la inteligencia humana. ¿No podría decirse, entonces, que imaginar con regularidad esa clase de fantasías mantiene nuestros cerebros en óptimas condiciones?

Además, se cree también que todas esas fantasías ayudan a pulir y perfeccionar nuestras propias conductas y «aptitudes» sexuales[22] sin tener que recurrir a un método de ensayos y errores sexuales reales (con la obvia y terrible vergüenza que ello nos haría pasar). Todos y todas nos imaginamos de manera constante e impulsiva los peores casos posibles y los riesgos potenciales para preverlos y saber reaccionar en consecuencia, antes de tener que idear soluciones en el momento. ¿Por qué no iba a funcionar esa misma lógica para las situaciones sexuales?

Como ya se mencionó en el capítulo anterior, hay quienes manejan la hipótesis de que nuestra intensa sociabilidad es la causa de que los humanos seamos tan inteligentes. Pero una de las consecuencias de vivir en grupos tan inmensamente grandes y, por lo general, pacíficos es que estamos rodeados de potenciales parejas sexuales nuestras *todo el tiempo*. En un contexto así, no sería demasiado de extrañar que las partes más reactivas e instintivas de nuestro cerebro nos hicieran pensar en el sexo *continuamente*. Sin embargo, por la razón que sea, la manera que el cerebro tiene de gestionarlo hace que podamos excitarnos y estar listos para practicar sexo básicamente cuando queramos.

Esto es importante: *cuando queramos*. Lo digo porque no siempre queremos practicar sexo aunque estemos excitados.

Esta noche no, me duele la cabeza

Muchas personas sienten en algún momento excitación sexual en lugares y situaciones en los que no tienen intención alguna de practicar sexo. Me han contado muchas anécdotas de humillantes reacciones de excitación física en el momento de un examen médico íntimo necesario para el paciente. Muchos hombres comentan incluso haber tenido erecciones no deseadas (y hasta desconcertantes para ellos) cuando iban tranquilamente sentados en un autobús, absortos en sus pensamientos.

Buena parte de esto ocurre porque varios elementos de la excitación pueden activarse por puro reflejo, lo que significa que no implican participación alguna del cerebro, pues son procesados por una conexión neural básica entre los genitales y la médula espinal. Las vibraciones que sentimos muchas veces cuando vamos sentados en un autobús pueden disparar esos sistemas de excitación refleja, que procesan tales movimientos como si fueran una forma de contacto íntimo con una pareja que nos interesa, en vez de como el resultado inevitable del traqueteo del motor de combustión interna de un vehículo de grandes dimensiones. La amígdala puede evaluar entonces el contexto y decidir que esa excitación *no es* apropiada ahí, pero esa no la única parte de nuestro organismo que tiene voz y voto en el asunto. A veces la situación nos toma desprevenidos y la amígdala se queda sola librando una batalla perdida contra toda la fisiología subyacente a la excitación que ya ha comenzado a intervenir: sola cual marinero solitario tratando de virar el curso de un petrolero directo hacia el iceberg de un momento de embarazoso bochorno.

Lo que esto nos muestra con alarmante claridad es que la excitación y el deseo sexuales no son la misma cosa; pueden ocurrir (y a menudo ocurren) de forma independiente*. Para entender mejor esa distinción, es importante que consideremos antes de nada cómo funciona el deseo a un nivel más puramente neurológico.

El deseo sexual se procesa sobre todo en el lóbulo temporal del cerebro, cosa lógica (desde el punto de vista de un neurocientífico, al menos) porque buena parte del sistema límbico se compone de áreas de dicho lóbulo y, en especial, de la amígdala y el hipocampo. El sistema límbico es una compleja red de regiones que hace posible que las emociones y los instintos influyan en el razonamiento y el pensamiento, y viceversa. Es evidente que esto debe de tener una importancia vital en lo relativo al deseo sexual, en el que un impulso animal básico condiciona cómo pensamos y cómo actuamos.[23]

La amígdala y el hipocampo están muy activos durante la excitación y el deseo. La amígdala, como ya sabemos, se encarga del componente emocional y determina si la excitación es una respuesta válida. La activación del hipocampo —el centro del procesamiento de los recuerdos— posiblemente explica el flujo de recuerdos excitantes que puede producirse cuando estamos en una situación sexual, o por qué los recuerdos sexuales son muchas veces tan vivos e intensos. Esto ayuda a incrementar y a mantener la excitación, así como a procurar que tengamos frescas en nuestra memoria experiencias previas potencialmente útiles. El deseo sexual también activa el tálamo, otra parte del sistema límbico: una especie de gran estación central del cerebro que difunde información hasta los rincones más recónditos.[24] Todo ello hace que el cerebro «tenga ganas».

---

* El reverso de esa moneda es la disfunción sexual, que habitualmente se produce cuando queremos sexo, pero nuestro cuerpo no parece darse cuenta de ello o no reacciona en consecuencia, y que puede ser causa de mucha infelicidad.

Pero la emoción y las ganas no bastan. La amígdala y las regiones asociadas también están conectadas con las redes que son cruciales para la motivación, entre ellas una particularmente importante es el córtex cingulado anterior, vinculado a su vez con áreas responsables de la orientación de la atención, el pensar bien las cosas, de la regulación emocional y de otras funciones.[25] El cuerpo estriado, que nos impele a buscar interacciones interpersonales y a disfrutar de ellas, también parece desempeñar un papel clave en la emoción y la motivación en una situación específicamente sexual.[26] Y lo cierto es que cuesta imaginarse algo más «interpersonal» que eso, todo sea dicho.

Esto significa que, aun siendo sucesos separados, la excitación y el deseo están normalmente interrelacionados. Por fortuna, muchos de los sistemas que nos permiten experimentar excitación y deseo sexuales (junto con la motivación asociada) en un momento dado son también capaces de «poner el freno» para que no nos dejemos llevar por ataques de lujuria descontrolada cada hora.

Como ya se ha mencionado, la amígdala ayuda a evaluar el contexto emocional. Asimismo, el córtex cingulado anterior no solo es importante para la motivación sexual, sino que, además, resulta crucial para la detección de errores o insuficiencias en el rendimiento y para la regulación de la gratificación apropiada. En resumidas cuentas, determina si lo que estamos haciendo es «suficientemente bueno», y, si no lo es, nos motiva a solucionar el déficit. No hay que dar un gran salto conceptual, entonces, para entender que ese puede ser un motivo de por qué las personas no solo quieren practicar sexo, sino que quieren hacerlo *bien*. Y por eso la «ansiedad por el rendimiento» es un factor muy relevante en la disfunción sexual.[27] También podría explicar por qué consideramos que ciertas personas están «fuera de nuestro alcance»: vista la mucha energía que el cerebro dedica a la autoevaluación y a la imagen de nosotros mismos, es posible que valore a ciertas personas como *demasiado* sexis y nos disuada así de aspirar a ellas sexualmente para ahorrarnos fracasos, críticas y vergüenza potenciales, por muy excitantes que las encontremos, ¿no?

La probabilidad de que eso sea así aumenta si tenemos en cuenta que el área más importante para el control de nuestras ansias sexuales es el córtex orbitofrontal[28], responsable de averiguar si una acción tiene opciones de generar una recompensa o un castigo netos. Si de su cálculo resulta lo segundo, reprime nuestro deseo actuando básicamente como aquella vocecita en nuestra cabeza que nos dice «no lo hagas, que seguramente no te conviene». Y el autocontrol es sin duda muy importante en lo concerniente al sexo. Supongamos que una persona sexi flirtea abiertamente (y en estado de embriaguez) con alguno o alguna de ustedes en una fiesta. Pero usted está casado (o casada). Y ella (o él) también. Y con su mejor amigo (o amiga), de hecho. El córtex orbitofrontal recibe esa información, calcula las consecuencias probables a largo plazo y dice: «Podría ser una experiencia de lo más placentera, pero es una *muy* mala idea».

Ni siquiera hace falta que sea algo tan claro y evidente: basta con que se trate del lugar, del momento o de la persona equivocados, o simplemente de que usted esté demasiado cansado. El córtex orbitofrontal reconoce eso y restringe el comportamiento sexual. En apoyo de esta descripción de la función de dicha región cerebral podemos citar estudios que muestran que los hombres que presentan déficits de actividad en esta región suelen hacer gala de conductas más temerarias, arriesgadas e hipersexuales[29], mientras que otros cuya actividad en el córtex orbitofrontal (por la razón que sea) es exageradamente elevada tienden a quejarse de problemas de disfunción sexual y de disminución de la libido.[30] Por otra parte, las regiones complejas del lóbulo frontal, como el córtex orbitofrontal, están entre las primeras partes del cerebro que el alcohol anula o trastoca, lo cual explica muchas cosas.

Así pues, aunque tenemos todas esas partes del cerebro que nos empujan hacia el sexo, también tenemos otras que intervienen reprimiéndonos. Algo tan intensamente placentero como el sexo puede hacernos felices en el corto plazo, pero nuestros cerebros poseen la sofisticación suficiente como para darse cuenta de que esa no siempre es la mejor idea, y nos muestran (una vez más) que la felicidad para los seres humanos consiste en mucho más que en los placeres y la gratificación instantáneos.

¿Cómo lo pasaste?

No obstante, en el momento en que ya estamos *practicando* sexo, todas esas partes que tratan de disuadirnos pasan a ser superfluas. El sexo requiere normalmente de la sensación de abandonarse o de perderse uno mismo (o una misma) en el instante, por lo que ni el autoanálisis ni la duda son útiles en un momento así. Por consiguiente, el córtex orbitofrontal prácticamente se apaga durante el sexo.[31] Sin embargo, otras muchas áreas van a todo trapo, al tiempo que nuestro cuerpo y nuestro cerebro, excitados, experimentan un placer que continúa incrementándose por momentos. La actividad en el circuito de recompensa, alimentada por la dopamina, funciona a toda máquina, las señales sensoriales del cerebro a los genitales van *in crescendo* y todos los demás sentidos se disparan con la intensidad visceral de todo el proceso. Cuando alcanzamos el orgasmo, nuestros procesos reproductores siguen su curso y nos consume entonces una oleada de placer intenso, muy parecida a un subidón de heroína. Nuestro cerebelo, importante para el control motor, también se sobreestimula (de ahí las extrañas contracciones y expresiones faciales típicas de ese momento).[32]

Esta es una descripción correcta a grandes rasgos, pero los detalles específicos de lo que ocurre en el cerebro durante el orgasmo son más inciertos. Lo que los datos existentes sugieren es que, en el aspecto del placer, hombres y mujeres experimentan orgasmos de forma muy similar[33], pues comparten sistemas de procesamiento de recompensas básicamente idénticos. No obstante, hay estudios que sugieren que, en el caso de las mujeres, el orgasmo desemboca en un «apagado» de muchas de las regiones cerebrales implicadas en el sexo y la emoción y, en especial, de la amígdala, hasta el punto de que no son capaces de sentir emoción alguna.[34] Esto podría significar que, durante el orgasmo, las mujeres *no pueden* sentirse felices, ni sentir ningún otro estado de ánimo ni emoción. Pero no se trata realmente de una mera ausencia de sensaciones: se parece, más bien, al ensordecimiento que produce un tornado o al deslumbramiento que provoca un destello. Simplemente, hay *demasiada* sensación y el cerebro tiene que hacer algo así como disparar los limitadores para evitar una sobrecarga del sistema. Y posiblemente eso es lo que ocurre con el orgasmo; durante unos breves instantes, hay demasiada actividad como para que el aparato que normalmente se encarga del estado de ánimo y la emoción pueda gestionarla. Una teoría de por qué la evolución condujo al desarrollo de un mecanismo como ese lo atribuye a que la fase del orgasmo es la más importante para la función reproductora*, por lo que los centros de las emociones se apagan a fin de impedir sensaciones de ansiedad o aprensión que, de otro modo, podrían perturbar el proceso.

Sin embargo, estudios posteriores mostraron que esas mismas áreas cerebrales evidencian un *incremento* de actividad durante el orgasmo.[35] ¿Cómo es posible que dos estudios muy parecidos

---

* En el caso de los hombres, al menos. Sigue habiendo un debate bastante apasionado sobre la finalidad exacta del orgasmo femenino desde el punto de vista evolutivo. Hay quienes sostienen que ayuda a potenciar el vínculo de pareja, lo que ayuda a la reproducción, pero otros insisten en que no es más que un vestigio evolutivo que está presente en la anatomía de la mujer, pero no tiene ningún fin específico (como los pezones masculinos, por poner otro caso).

sobre el mismo fenómeno produzcan resultados tan escandalosamente diferentes? Un importante factor para explicarlo es *cómo* se hizo que las personas estudiadas alcanzaran el orgasmo. En el estudio en el que los cerebros de las mujeres «se apagaban», eran las parejas de los sujetos participantes quienes los (y las) estimulaban para que llegaran al orgasmo, mientras que el resultado del aumento de actividad cerebral se observó en un estudio donde los sujetos se provocaban ellos mismos (o ellas mismas) el clímax. Una conclusión que cabría extraer de todo ello es que nuestros cerebros procesan el sexo con pareja y el sexo en solitario de un modo radicalmente distinto.

Es lógico que así sea, pues, pese a que tanto de una forma como de otra se alcanza el mismo «punto final», es evidente que nuestros cerebros las perciben de manera diferente; durante la masturbación, nuestro cerebro tiene que «trabajar» mucho más, pues tenemos que *pensar* bastante más para alcanzar el nivel de excitación necesaria. Es un momento en el que están plenamente activos los complejos procesos que subyacen al ejercicio de imaginación de fantasías; aunque usemos material como la pornografía o el arte erótico, seguimos teniendo que imaginar que lo que estamos viendo nos pasa realmente a nosotros, o que estamos dentro de las fotografías o algo por el estilo. Ya hemos visto que los encuentros sexuales imaginados pueden excitarnos, pero algunos estudios han llegado a sugerir que, como ocurre con la atención, nuestros procesos sexuales pueden tener un considerable componente de activación «desde arriba». Eso quiere decir que nuestros cerebros conscientes y pensantes no se ocupan solamente de anticipar, sino que pueden también controlar y hasta inducir la estimulación sexual. Los sujetos a quienes se pide que se toquen los genitales muestran actividad en el córtex somatosensorial, como si *alguien* estuviera tocando sus genitales, lo que implica un solapamiento entre la percepción de la actividad sexual real y la de la imaginada. Algunas mujeres afirman incluso que son capaces de llegar al orgasmo con el *pensamiento*[36] y alcanzar así el clímax sin que medie estimulación física alguna. ¡Imaginen!

Puede parecer disparatado de entrada, pero, a fin de cuentas, los trastornos alimentarios como la anorexia, o los fenómenos como el efecto placebo, existen muy posiblemente porque nuestro cerebro consciente puede «anular» nuestra biología subyacente. Así que ¿por qué no *podría* ocurrir lo mismo en el caso del sexo?

Desde luego, el sexo con un compañero o una compañera sexual es diferente. Ya no hace falta imaginar que se está practicando sexo con alguien cuando realmente se está practicando sexo con otra persona, por lo que esas regiones cerebrales superiores no tienen mucho que hacer entonces y pueden «apagarse».

Así pues, las pruebas indican que, aun cuando existen obviamente muchos elementos compartidos, nuestros cerebros procesan la masturbación y el sexo de forma distinta. Eso explicaría por qué, aunque los humanos seamos capaces de activar en solitario nuestros sistemas de recompensa sexual siempre que queramos (dentro de los límites marcados por la ley), rara vez nos conformemos *solo* con eso y optemos por seguir buscando parejas sexuales. De hecho, los datos dan a entender que, con el tiempo, el exceso en la práctica de la masturbación (en los hombres) echa a perder el bienestar sexual, pues reduce significativamente la libido y la capacidad de excitación sexual.[37] Por suerte, no es algo permanente: la situación regresa a la normalidad tras unos meses de comedimiento. Pero el hecho de que tales síntomas no se hayan observado entre quienes practican sexo con frecuencia con otras personas* es indicativo de que, cuando de sexo se trata,

---

* Esta es un área de estudio complicada, pues no está claro que la «adicción» al sexo sea un trastorno clínico genuino o un fenómeno más sutil que responda a una combinación de varios factores. De ahí que no esté reconocida ampliamente como tal entre la profesión psiquiátrica.

nuestros deseos y nuestra felicidad no se basan simplemente en lograr un placer intenso pero pasajero.

No, necesitamos a alguien. Alguien a quien amar.

DE CÓMO EL CEREBRO HACE EL AMOR

Llegado a este punto, me di cuenta de que había tropezado como quien no quiere la cosa con el que posiblemente era ese momento en el que el sexo se cruza con el amor (romántico). Está muy bien describir el placer que nos da el sexo en términos de sustancias neuroquímicas y de vías y circuitos neurológicos de recompensa, pero no menos revelador resulta descubrir que los efectos de todo ello en nuestro cerebro pueden variar mucho dependiendo de si estamos con una pareja o no. Nos indica que, aunque *podemos* activar en solitario los sistemas de recompensa sexual inductores de placer de nuestro cerebro, ese no es un método muy bueno cuando se trata de lograr la felicidad. Es como saltarse las páginas de una novela brillante para leer directamente su desenlace; sí, así sabemos el final y lo alcanzamos con mucha mayor rapidez y facilidad, pero nos perdemos muchísimo por el camino.

Ahora bien, el amor... es complicado, ¿verdad? El sexo es alborotado y, muchas veces, confuso, pero, al menos, se mueve dentro de unos parámetros reconocibles. Pero ¿el amor? Está por todas partes. Es inmensamente gratificante, pero puede ser psicológicamente devastador. Nos pasamos la vida entera buscándolo y puede que nunca lo encontremos, o que lo encontremos pero no seamos conscientes de ello hasta que sea demasiado tarde. Podemos incluso ser bastante indiferentes a él hasta que nos toma completamente por sorpresa, cuando menos lo esperamos, como quien es atropellado por un tráiler mientras se preparaba un sándwich... en la cocina de su departamento... en el octavo piso de un bloque de viviendas. Y si nos empeñamos en encontrarlo y lo encontramos, por mucho que nos digan que, a partir de entonces, «viviremos felices y comeremos perdices», o que lo compartiremos con nuestra pareja «hasta que la muerte nos separe», y por mucho tiempo y esfuerzo que hayamos invertido en él, no hay garantía alguna de que no se vaya a ir al garete en cualquier momento.

Básicamente, el amor y las relaciones sentimentales románticas son confusas y desconcertantes. Y si yo, un ratón de biblioteca a tiempo completo, con un historial de relaciones sentimentales tan emocionante como una receta de tostadas, quería tener la más mínima esperanza de explicarlos, tendría que buscar el asesoramiento de otras personas más entendidas en la materia. Antes que nada, eso sí, quise asegurarme de que conocía lo máximo posible las bases fundamentales del tema; en este caso, las de cómo nuestros cerebros procesan el amor y cuáles son los efectos que tiene en ellos y, por consiguiente, en nosotros. Y sobre qué ocurre en el cerebro para que una persona en concreto se convierta para nosotros en *la* persona.

Mi supuesto de partida era que existe un vínculo profundo y fundamental entre el amor y el sexo, y que, si bien se puede tener uno sin el otro, en lo relativo a su procesamiento neurológico, ambos coinciden a menudo. Después de todo, una de las «finalidades» principales de tener una pareja sentimental a largo plazo, a juzgar por las pruebas que nos ha dejado la evolución, es criar hijos de un modo más eficaz.[38]

En esencia, el amor tiene sus raíces en la procreación y en el apareamiento, que obviamente influyen en nuestros comportamientos sexuales. En el capítulo anterior vimos que la capacidad humana para formar amistades íntimas probablemente se debía a que la evolución separó y adaptó los sistemas cerebrales que facilitan el vínculo de pareja (la monogamia) a fin de que pudieran aplicarse también en ausencia de apareamiento; pero eso no significa que la función original haya desaparecido en los humanos.

Por una de aquellas asombrosas coincidencias, mientras estaba buscando toda esta información, entré en mi cuenta de Twitter y vi que un colega neurocientífico, el doctor Matthew («Matt») Wall, del Imperial College de Londres, estaba compartiendo en la red su más reciente estudio, uno que habría detectado la presencia de una hormona sexual totalmente nueva (bautizada con el apropiado nombre de kisspeptina [por *kiss,* «beso» en inglés]).[39] Decidí llamar directamente al doctor Wall y pedirle que me lo explicara él mismo. Según me contó, «la kisspeptina se descubrió hace apenas diez años y, al principio, se pensó que podía ser un importante indicador del cáncer.* Luego descubrieron que era una hormona sexual y que es muy importante durante la pubertad».

El doctor Wall me comentó que la kisspeptina no es ajena a ninguno de los aspectos del desarrollo liderado por hormonas durante la pubertad, pues dicha hormona «preside» el proceso en su conjunto desde el cerebro y lo desencadena cual roca que se descuelga por una pendiente y termina generando un desprendimiento en avalancha. De hecho, hay estudios que muestran que la administración directa de kisspeptina en la amígdala (de ratas) provoca un aumento de los niveles de hormonas sexuales (como la testosterona) en el organismo.

El equipo del doctor Wall estaba investigando la posibilidad de que la kisspeptina fuese el elemento de enlace entre las respuestas emocionales y las respuestas sexuales del cerebro, por una parte, y el resto de sistemas sexuales del organismo, por otra. De confirmarse, se evidenciaría la honda conexión entre el amor y el sexo. El grupo del doctor Wall estudió —por primera vez en

---

* Los cánceres son peligrosos porque pueden influir en la actividad de otras células y tejidos y alterarla de tal modo que les permitan proliferar de forma indebida. Y eso es algo que a menudo consiguen mediante la secreción de señales químicas. La kisspeptina se llamó originalmente metastina, seguramente por la idea de que esa podía ser su función.

humanos— los niveles de actividad de las regiones cerebrales más implicadas en la excitación mostrando a los sujetos imágenes negativas, neutras, sexuales o románticas. Y él mismo me dijo que, aunque había incrementos marcados de actividad en dichas regiones cuando los sujetos veían imágenes sexuales en vez de neutras o negativas, «los resultados más notables eran los que se producían cuando veían imágenes románticas, de vínculo afectivo entre miembros de una pareja».

Aunque todavía apenas si se ha iniciado el estudio de esa hormona, el hecho de que la kisspeptina potencie tanto el procesamiento sexual como el romántico en el cerebro humano es indicativo de que ambos están ligados a un nivel bastante fundamental.

Hay otras sustancias neuroquímicas implicadas en ese mismo contexto, desde luego. Muchos estudios han mostrado los papeles cruciales que desempeñan las hormonas/neurotransmisores oxitocina y vasopresina en la formación de los compromisos a largo plazo. De composición química muy similar, ambas se sintetizan en el hipotálamo y las secreta la glándula pituitaria. Si bien los animales no monógamos evidencian en muchos casos niveles de tales sustancias químicas en sus cerebros equivalentes a los de individuos de otras especies más «fieles», la reacción de estos últimos a la presencia de tales sustancias es muy diferente. En los topillos de la pradera*, el bloqueo de la oxitocina en el cerebro inhibe una conducta habitual en sus hembras, que es la de formar lazos con los machos con quienes se aparean. Los animales monógamos también tienden a tener una densidad mucho mayor de receptores de oxitocina en el núcleo accumbens, y si

---

* Una especie muy usada para las investigaciones en este ámbito, pues sus individuos son monógamos, a diferencia de otras especies muy similares (física y genéticamente) a esta, como el topillo de montaña, con las que, por eso mismo, es posible comparar cerebros y localizar mejor las sutiles diferencias que indicarían la fuente de esa tendencia a comprometerse a largo plazo.

tenemos en cuenta que las pistas sensoriales que un individuo asocia con un compañero o una compañera sexual suya activan esa liberación de oxitocina, cabría deducir que la sola presencia de este o esta ya causa en aquel la experiencia del placer y la recompensa.[40]

Si esto es así también en el caso de los seres humanos, podría explicar por qué nos sentimos tan felices y contentos cuando estamos enamorados: básicamente, estamos «drogados» (recuerden que al núcleo accumbens se le atribuye reiteradamente un papel destacado en la adicción a las drogas).[41] Ver a nuestro amado o a nuestra amada nos induce placer. Literalmente. ¡Con razón le tenemos tanto cariño!

Luego está la vasopresina, considerada habitualmente un factor clave en las tendencias de emparejamiento a largo plazo, especialmente en los machos. Los machos de topillo de la pradera y de otras especies monógamas poseen más receptores de vasopresina en la región pálido-estriada, una red compleja de áreas que está integrada por partes como la amígdala, el globo pálido (responsable de la coordinación de los movimientos) y el cuerpo estriado (que incluye el núcleo accumbens).[42] Hay también muchas neuronas vasopresinérgicas que se extienden desde áreas como el cuerpo estriado y la amígdala hasta el prosencéfalo y los lóbulos frontales[43][44], algo generalmente indicativo de un papel con influencia directa en la conducta.

Parece ser que la acción de la vasopresina impulsa a los machos a quedarse con sus compañeras, algo que resulta comparativamente raro en la naturaleza. En apoyo de tal tesis está el interesante hecho de que los genes de los receptores de vasopresina parecen «inestables»[45], ya que el número de tales receptores en la región pálido-estriada varía ostensiblemente entre machos de la misma especie. Y sí, la presencia de pocos receptores de vasopresina en esa región parece dar como resultado una disminución de la tendencia del individuo a formar vínculos de pareja. En esencia, si el individuo en cuestión es menos sensible a la vasopresina, es también menos capaz de conservar (o siquiera de iniciar) una relación a largo plazo. Estos datos se han obtenido en investigaciones con topillos, pero ya existen pruebas de su validez también en humanos[46], lo que podría dar a entender que algunos hombres son biológicamente aversos a las relaciones a largo plazo. A lo mejor, el tópico de la «fobia al compromiso», tan manido y trillado en las comedias televisivas de situación, tiene una base genética después de todo.

EL AMOR ES CIEGO

Que el deseo sexual y el amor están ligados no es ninguna observación novedosa, desde luego. Muchos describen el enamoramiento como una secuencia de lujuria-atracción-apego (u otros términos parecidos).[47] Comenzamos sintiéndonos excitados por alguien que nos resulta sexualmente estimulante. Esto puede evolucionar hacia una atracción por una persona en particular excluyendo a todas las demás, diferenciada de lo que sería una reacción de excitación generalizada ante cualquier individuo sexualmente atractivo. Pensamos en esa persona constantemente porque nuestra mente se siente atraída por ella. Al final, si terminamos formando una relación estable, nos sentimos apegados a ella. La vertiginosa intensidad inicial se apaga, pero la sustituye una sensación de confort, satisfacción, seguridad y familiaridad con la compañía de quien ya es nuestra pareja cada vez a más largo plazo. La felicidad que sentimos en ese momento ya es más la de una persona satisfecha y relajada.

Lo que ocurre exactamente entre el momento en que aún no amamos a una persona hasta aquel otro en que ya la amamos es difícil de determinar. No podemos colocar a alguien en un escáner y decirle: «De acuerdo, enamórese… ¡ahora!». En el caso de los animales monógamos —y, desde luego, de algunos humanos— puede tratarse simplemente de una combinación de situación, disponibilidad y atracción física básica. Un individuo que puede ser una potencial pareja aceptablemente atractiva está disponible y se muestra receptivo a nuestras insinuaciones; en ese momento no tenemos otras opciones alternativas obvias a nuestro alcance ni nada que indique que vayamos a tenerlas en un futuro próximo, así que encontramos lógico formar un vínculo a largo plazo con ese individuo en particular*. Y la mayoría de los animales forman vínculos a largo plazo *tras* el apareamiento, según indican los datos, por lo que todo eso del «nada de sexo hasta después de casarse» parece una creación puramente humana.

Pero eso mismo es interesante y relevante porque muestra una vez más que los humanos y sus voluminosos cerebros insuflan sofisticación en ese tipo de cosas y con ello las vuelven más confusas. Del mismo modo que podemos excitarnos con nuestras propias fantasías abstractas imaginadas o con las palabras escritas en una página, también podemos enamorarnos de alguien *con quien jamás hayamos coincidido en persona*. ¿Cuántas relaciones románticas serias tienen lugar actualmente en el ciberespacio, entre personas que ni siquiera se encuentran en la misma ciudad/país/continente? Da igual el número: el simple hecho de que eso ocurra es una admirable muestra del poder del cerebro humano. O, si lo queremos ver así, de sus defectos. Nos revela que no necesitamos específicamente un compañero o compañera potencial que cumpla con una lista de rasgos físicos para que seamos capaces de enamorarnos de él o de ella.

Ya hemos visto lo rápido y lo fácil que resulta para nuestros cerebros «conectar» con otra persona gracias a lo increíblemente sociable que es nuestra naturaleza, y parece ser que eso influye también en las inclinaciones de nuestro cerebro a formar asociaciones de índole romántica. Nuestras potentes cortezas

---

* Este es un pasaje que escribí por primera vez en el texto de la primera y (por petición de la propia destinataria) última tarjeta de felicitación de San Valentín que le regalé a mi mujer.

cerebrales y su sensibilidad a la comunicación interpersonal implican que algo tan simple como un intercambio de correos electrónicos con otra persona puede revelarnos toda clase de cosas de ella: su sentido del humor, sus actitudes, lo que le gusta y lo que no, sus aspiraciones, etcétera. A partir de ahí, normalmente ya somos perfectamente capaces de formarnos en nuestra cabeza una imagen detallada de alguien, y si resulta que ese alguien nos gusta mucho, ¿por qué no íbamos a enamorarnos de esa persona, aunque sea basándonos en algo tan pequeño como una conversación tipeada?

También he dicho que era un punto débil y lo cierto es que puede serlo, pues significa que nuestro cerebro «crea» en realidad una representación de alguien a partir de una información relativamente limitada, lo que lo obliga a hacer muchas suposiciones y extrapolaciones. Si nuestros cerebros fueran lógicos al 100 %, eso podría estar bien, pero rara vez lo son. Y el cerebro humano suele ser optimista en asuntos como este; cuando se trata de algo que queremos, algo que nos gusta, nuestros cerebros están predispuestos a hacernos felices, por lo que interpretamos o analizamos las cosas aplicándoles un sesgo positivo.[48] Como consecuencia, la imagen que creamos de alguien a partir de unos datos limitados tiende a ser más favorecedora si la interacción que mantenemos con ella es agradable y potencialmente gratificante. Básicamente, nuestros cerebros *quieren* que nos guste, por lo que asumimos que es alguien que merece la pena que nos guste, lo que influye considerablemente en nuestra percepción de ese individuo. Y eso suponiendo que la otra persona esté siendo totalmente sincera sobre sí misma, lo que casi nunca es el caso.

Y así es como suceden fenómenos como el *catfishing*[49]: personas que crean imágenes de sí mismas en la red totalmente ficticias para engatusar a otras y hacer que se enamoren de ellas. El motivo que las lleva a obrar de ese modo es una caja de Pandora psicológica cuya apertura dejaremos para otro momento, pero lo cierto es que el hecho mismo de que sea posible evidencia lo fácil que le resulta al cerebro humano enamorarse de alguien. También muestra que, por felices que nos pueda hacer el amor, a menudo representa una barrera para pensar lógica o racionalmente, insuperable incluso para nuestros formidables cerebros. ¿Por qué ocurre eso?

Varios estudios han revelado que, cuando nos enamoramos de alguien (y mucho), se registra en el sistema nervioso central un incremento considerable de los niveles de dopamina[50], neurotransmisor esencial para experimentar la sensación de gratificación y placer, como ya sabemos. ¿Y qué podría ser más placentero que encontrar al amor de nuestra vida? Ahora bien, el cerebro es aún más sofisticado y la dopamina desempeña muchos papeles diferentes. Es necesaria para los procesos de emoción-motivación que guían nuestras acciones y también regula la *expectativa* de recompensa, lo que significa que estamos permanentemente predispuestos a buscar y conseguir aquello que nos proporciona una gratificación o recompensa. Y eso nos pone en un estado de constante sensibilidad y concentración.[51] Normalmente, un ser humano enamorado se esforzará lo indecible por estar junto al objeto de sus afectos (o al menos por verlo) y eso puede explicar por qué.

Además de la dopamina, se observa un notable aumento de noradrenalina en el cerebro y en el organismo cuando estamos enamorados.[52] Esto potencia la atención, la memoria a corto plazo y la conducta orientada a fines. La noradrenalina, como su nombre implica**, también incide en la secreción y la acción de la adrenalina, el neurotransmisor/hormona que activa la respuesta de «lucha o huida»; de ahí que habitualmente las personas enamoradas parezcan estar nerviosas e inquietas. La noradrenalina también puede provocar insomnio y está especialmente implicada

---

* En Estados Unidos y otros países se la denomina «norepinefrina», y a la adrenalina, «epinefrina». Yo me niego a llamarlas así. Estoy dispuesto a pelearme (literalmente) con quien sea por esto.

en la función cardíaca*, lo que explicaría por qué nuestro corazón parece enloquecer de pronto cuando nos enamoramos.

Como resultado de todo esto, los niveles de serotonina (neurotransmisor aparentemente crucial para que tengamos sensaciones de calma, relajación y bienestar emocional) *disminuyen* cuando estamos enamorados, lo que conlleva importantes consecuencias. Los desequilibrios serotonínicos pueden tener efectos sustanciales en nuestros estados de ánimo[53], y por eso los antidepresivos modernos actúan incrementando los niveles neuronales de serotonina (como ya se comentó en el capítulo 1). Además, perdemos horas de sueño, nos invaden pensamientos intrusos[54] y se alteran nuestras motivaciones y nuestros impulsos, lo que se traduce en que muchas de las cosas que antes nos procuraban placer dejan de parecernos importantes, con lo que terminamos por desatender a nuestros amigos y nuestros pasatiempos habituales, para disgusto de muchos de quienes nos rodean. Son comportamientos observables también en los casos de trastorno obsesivo compulsivo.[55]

Si alguna vez se han enamorado perdidamente de alguien o han estado con alguien a quien le estaba pasando algo así, todo esto les sonará muy familiar. Expresiones como «estar loco (o enfermo) de amor» o «perder la cabeza» por alguien implican inestabilidad, una pérdida de control y de racionalidad en la conducta, lo que parece ajustarse bastante a la realidad. Seguramente no es de extrañar que el estado de enamoramiento durante esa alarmante e intensa fase de atracción pueda ser tan perturbador.

No es una cuestión de reacciones químicas puramente. Parece ser que existe una red específica de regiones cerebrales, entre las que se encuentran áreas conocidas por su papel en la emoción y la motivación, como el putamen, la ínsula y el córtex cingulado

---

* Esto quizá explica por qué el corazón acabó siendo el símbolo del amor y un motivo central de miles de millones de tarjetas de felicitación del Día de San Valentín y de otras fruslerías relacionadas.

anterior[56], que se muestra particularmente activa durante esa fase de atracción. Curiosamente, algunos estudios muestran una *reducción* de la actividad en áreas como la amígdala y el giro cingulado posterior[57], zonas clave para la detección y el procesamiento de emociones y estímulos negativos. Estas y otras áreas responsables del pensamiento crítico y la detección de amenazas se repriman cuando nos enamoramos, lo que explica por qué las parejas de enamorados están tan alegres todo el tiempo, sin que nada parezca molestarlas; las partes de sus cerebros encargadas de detectar y procesar cosas desagradables y de inducir el estrés y las preocupaciones subsiguientes no funcionan igual de bien durante el enamoramiento. Sencillamente, son personas menos capaces de preocuparse por lo cotidiano. Así que, ¡claro que enamorarnos nos hace felices! Nuestro cerebro está entonces inundado de la sustancia química responsable de las sensaciones de placer y gratificación, y nuestra capacidad de sentir estrés e inquietud está disminuida.

Pero los cínicos pueden estar tranquilos, pues todo eso tiene también sus inconvenientes. Uno para nada menor es el hecho de que nuestra capacidad para pensar con lógica en nuestro ser amado queda sustancialmente aminorada. El cerebro tiene ya de por sí sesgos optimistas a la hora de valorar lo que nos gusta, por lo que si, encima, el amor apaga sus funciones de detección de defectos, nos está volviendo prácticamente inmunes a las imperfecciones de la otra persona. ¿Se han preguntado alguna vez por qué hay personas que tienen una relación de pareja con otras que, por decirlo suavemente, nos parecen horribles? Muchos amigos que no han perdido aún su objetividad se exasperan al observar como meros espectadores algo que para ellos desafía toda lógica y toda razón, como es que alguien que les importa sea perjudicado o explotado por otra persona. Enamorarse de alguien es un ejercicio muy exigente para el cerebro y el amor nos hace felices, así que, por inquietante que pueda resultar, nuestros cerebros se esfuerzan al máximo por mantener en nosotros ese sentimiento de amor hacia la otra persona, aun cuando, desde el punto de vista lógico, sea muy mala idea que amemos a alguien así. El amor puede ser «ciego», ciertamente.

Si al final seguimos con la persona de quien nos enamoramos, ese período inicial se termina y llega entonces la fase del «apego», que, con un poco de suerte, dura ya para siempre. A esas alturas nuestro cerebro se ha adaptado a las constantes andanadas del bombardeo químico fluctuante causado por nuestro encaprichamiento inicial y ha recuperado cierta estabilidad; reculan los activadores químicos del estrés (el cortisol, por ejemplo) y la tranquilizadora serotonina recupera niveles previos.

Una de las maneras que el cerebro tiene de mantener esa estabilidad es formando lo que, en esencia, no deja de ser un «modelo mental» de cómo funciona el mundo[58], un modelo en el que podemos basar nuestras decisiones y expectativas en cualquier situación dada. Se forma a partir de todas nuestras experiencias, recuerdos, actitudes, creencias, prioridades, etcétera. Y la persona a la que amamos pasa enseguida a ser una parte importante de ese modelo de mundo; a medida que se va convirtiendo en un elemento prominente en nuestros recuerdos y experiencias felices, nuestro modelo mental se actualiza incluyendo esa presencia constante como un factor de base. La suposición de que nuestra pareja estará siempre ahí es un elemento vital de nuestros planes, nuestro punto de vista, nuestras previsiones, etcétera. Nuestra felicidad, pues, pasa a depender de la continuidad de la presencia de esa persona. Básicamente, por el modo en que funciona el cerebro, si una relación dura lo suficiente, nuestro deseo de mantenerla y alargarla se convierte en una especie de profecía autocumplida.

Como siempre, no obstante, el cerebro tiene incorporados una serie de factores para ayudar a que ese proceso sea así. Algunos estudios muestran que las parejas que llevan décadas juntas y declaran seguir felizmente enamoradas presentan actividad en los centros dopamínicos de recompensa relevantes en el cerebro, lo que, en esencia, equivale a que sean como personas recién enamoradas[59], así que parece perfectamente posible que nuestros cerebros conserven a largo plazo todas esas asociaciones positivas y placenteras. Parte de ello podría deberse a la vasopresina y la oxitocina, que son importantes para el mantenimiento de una relación amorosa, igual que lo son para su formación, como ya hemos visto.

En cualquier caso, ahora tenemos ya más o menos claro cómo funcionan el sexo y el amor en el cerebro, cómo están interrelacionados y cómo nos hacen felices. Los sistemas cerebrales subyacentes a la conducta sexual hacen que sea fácil que nos excitemos y nos sintamos motivados a buscar compañeros o compañeras sexuales, porque el sexo es intensamente placentero y nos hace felices. Pero, si encontramos a una pareja que nos atrae especialmente, y si la conexión tiene la fuerza suficiente, ese otro individuo termina por absorber nuestra atención de una manera concreta. Es entonces cuando nuestro cerebro entra en modo «amor» y llegamos a un estado prolongado de felicidad; al principio, muy intenso, aunque impregnado de ansiedad e irracionalidad, para luego apaciguarse en una felicidad más tranquila y satisfecha que puede durarnos el resto de la vida, porque la relación amorosa se convierte en una parte integral de nuestra percepción del mundo. Y ahí tienen la explicación «cerebral» de cómo el sexo y el amor nos hacen felices.

¡Qué lástima que sea tan escandalosamente errónea!

Consultoría amorosa

Está bien, puede que la palabra exacta no sea «errónea». Todo lo que he explicado hasta aquí acerca de cómo el cerebro humano procesa la intimidad y el amor romántico es técnicamente correcto si nos basamos en lo que nos indican las pruebas disponibles. El problema es que esta elegante y ordenada descripción de cómo actúan y se fraguan el amor y el sexo en el cerebro es, por desgracia, a todas luces inadecuada, pues no explica ninguna de las dificultades del sexo y el amor, como el estigma que sufren quienes sienten deseos sexuales atípicos, o el hecho de que las relaciones amorosas pueden romperse (y, de hecho, se rompen) causando un inmenso malestar psicológico. Fue en ese punto cuando admití por fin que estaba tratando de nadar fuera de mi elemento y decidí contactarme con un consultorio sentimental. ¿Qué otra cosa se suponía que podía hacer?

Mi consultora sentimental de cabecera es la doctora Petra Boynton, que asesora en cuestión de relaciones amorosas a los lectores de numerosas publicaciones, incluido el *Daily Telegraph*. El diario *The Guardian* la describió en una ocasión como «la primera consultora sentimental de Gran Bretaña que se basa en pruebas científicas», pues también es una experimentada psicóloga social especializada en sexualidad humana y relaciones sentimentales, además de autora del libro *The Research Companion*[60], una guía práctica para la investigación psicológica. Por suerte para mí, ella accedió a darme su asombrosamente bien fundada perspectiva sobre cómo los humanos pensamos en el sexo y en el amor en el mundo real.

En primer lugar, le pregunté por qué las personas que se enamoran no siempre viven «felices para siempre», como tan a menudo se nos quiere hacer creer. La doctora Boynton, empleando ese tono amable, a la vez que un tanto cansado del mundo, de quien sabe muchísimo de algo pero pasa demasiado tiempo con personas que se niegan pertinazmente a reconocer lo poco que saben en realidad, puntualizó de inmediato que la respuesta a ese problema estaba implícita en el enunciado de mi propia pregunta, concretamente, en el hecho de que aquello que *se nos quiere hacer creer* deba ocurrir realmente. No se trata tanto de un fenómeno biológico como de uno cultural, como bien lo subraya el hecho de que otras culturas no se adhieran a esa idea.

—Algunas culturas tienen matrimonios más formalizados —me explicó—, concertados incluso, en los que se espera que los esposos lleguen a conocerse *tras casarse*. Con el tiempo, a lo mejor se hacen buenos amigos y descubren que se han enamorado…, o no; es posible que deriven igualmente una gran satisfacción de todo ello, pero sus prioridades pueden girar más bien en torno a tener hijos y esas cosas. En culturas así, la idea de estar juntos mucho tiempo es muy diferente: se trata de mantener la felicidad, la comunicación, el bienestar, el aporte del resto de la familia y todo eso.

Para quienes nos hemos criado en el mundo occidental, alimentados con una dieta de cuentos de hadas, comedias románticas y series televisivas con líneas argumentales sostenidas por largas tensiones sexuales no resueltas entre los protagonistas, la idea de casarse antes de enamorarse, antes incluso de conocerse, puede parecer ridícula, ciertamente. Y, sin embargo, las estadísticas indican que más del 50 % de todos los matrimonios registrados en el mundo han sido concertados de algún modo[61] (principalmente, porque son habituales en la India y, hasta hace poco, en China, dos países en los que vive un tercio de la humanidad).

Así que, si los matrimonios concertados son una realidad para gran parte de la población mundial, resulta obvio que el ideal occidental de hallar a alguien por casualidad, enamorarse de esa persona y luego casarse con ella no es necesariamente la «opción biológica por defecto» de los seres humanos en general. A algunos occidentales, tan orgullosos como estamos de nuestros derechos individuales, nuestra libertad de expresión, nuestra democracia, etcétera, nos entran escalofríos solo de pensar en un matrimonio concertado. Jamás permitiríamos que otras personas dictasen por dónde deben discurrir nuestras relaciones.

Pero en la práctica, según me dejó claro la doctora Boynton, eso es precisamente lo que hacemos. Todo el tiempo. Según ella, la mayoría de nosotros estamos sometidos a la idea de una «escalera de la relación»[62] que determina el modo en que supuestamente deben desarrollarse las relaciones románticas, con unas fases establecidas y un calendario no muy preciso, aunque inevitable, al que deben ajustarse. ¿Han preguntado alguna vez a alguien —o alguien les ha preguntado a ustedes— si «esta relación está yendo a alguna parte»? Puede que sea una pregunta bastante común, pero revela nuestra aceptación subconsciente de que una relación debe encaminarse hacia una meta concreta y no existir porque sí (por mucho que todos esos procesos neurológicos subyacentes parezcan estar ahí precisamente para lo segundo). No se conoce red cerebral alguna del «debemos irnos a vivir juntos antes de los dos años de relación». Pero ya hemos visto que somos capaces de adoptar aspiraciones y metas a largo plazo en el mundo laboral, y que estas pueden afectar a nuestra motivación, nuestro comportamiento y nuestra felicidad. ¿Acaso hay algo que impida que ese mismo proceso influya también en nuestras relaciones románticas? La respuesta, obviamente, es que no, nada.

Esto podría tener una lógica que lo justifique y está claro que funciona para muchas personas, pero encierra también abundantes inconvenientes, pues significa que, cuando dos personas se juntan, ambas manejan una noción preexistente de dónde debe ir a parar su relación y qué forma debería adoptar. Y es muy posible que eso sea algo en lo que no estén de acuerdo. Incluso aunque nos enamoremos, seguimos teniendo todas esas esperanzas, sueños y planes que teníamos antes de conocer a esa persona tan especial. Por desgracia, es perfectamente posible que nos enamoremos de alguien que, activa o pasivamente, represente un obstáculo para que los hagamos realidad. Nuestros cerebros se ven entonces enfrentados a una decisión que deben tomar: ¿qué nos hace más felices: nuestra relación o todos esos otros planes y sueños nuestros? Cuando estamos aún en la fase del enamoramiento inicial, es probable que la balanza se incline bastante del lado de la relación, pero cuando pasa ese momento, la cosa ya está mucho menos clara.

Tal vez usted quiera ser un abogado, un escritor o un profesional de éxito, o puede que sus sueños tengan un componente más interpersonal, más romántico, y quiera casarse, formar una familia y tener una bonita casa en el campo antes de cumplir los 35 años. Entonces, se enamora de alguien, pero resulta que esa relación le complica mucho la materialización de sus sueños. La otra persona tiene sus propias aspiraciones profesionales, que no son compatibles con las suyas; por ejemplo, usted quiere ser un carnicero de primera y esa otra persona es una vegana integrista que no come nada que un pollo haya mirado siquiera, o no quiere tener hijos, o está divorciada y no quiere pasar de nuevo por la experiencia del matrimonio, o lo que sea.

Esto da pie con casi toda seguridad a un mayor o menor grado de disonancia cognitiva: «Yo quiero casarme/ser un abogado de éxito/lo que sea, pero también quiero estar con esta persona a quien amo y que me impide ser esas otras cosas». En algunos casos, nuestros cerebros resuelven la disonancia decidiendo que esas otras cosas no tienen tanta importancia después de todo, y que la persona con la que estamos es lo que más importa. O decidimos más bien que son nuestras metas y sueños los que nos hacen más felices y terminamos por pensar que, «en el fondo, tal vez no amo a esa persona», y ponemos fin a la relación.

Así pues, la razón por la que encontrar el amor no significa automáticamente que este vaya a hacernos «felices para siempre» probablemente está en el hecho de que la vida no se *detiene* sin más porque hayamos encontrado a alguien con quien pasarla. El mecanismo cerebral que hace que nos enamoremos de alguien puede ser muy poderoso, pero no nos absorbe por completo, y la vida nos trae cambios y vuelcos constantes de nuestro bonito y tranquilo *statu quo*. Hay relaciones que pueden durar y que se fortalecen incluso con esos factores, pero otras no resisten las presiones a las que el mundo nos somete.

Quizá el método cerebral de creación y apoyo del sentimiento amoroso tuviera más sentido cuando éramos criaturas más primitivas y pasábamos gran parte de nuestras vidas (más cortas por entonces) en el seno de unas comunidades pequeñas y limitadas.

Pero eso fue hace mucho tiempo. Ahora que estos potentes telencéfalos modernos nuestros nos dotan de una vida interior rica, larga y compleja, y que la vivimos insertos en una sociedad no menos compleja, es evidente que cualquier relación sentimental a largo plazo va a requerir de mucho mayor esfuerzo para que perdure, por muy feliz que nuestro compañero o compañera nos haga en privado. A la fría luz del día, decir que encontrar el amor nos hará «felices para siempre» es como decir que la mejor comida que jamás hayamos saboreado va a saciar nuestra hambre para siempre; por buena que sea, *no lo hará,* porque el mundo no funciona así. Ni el cerebro ni el mundo son estáticos o inamovibles. Lo que nos hace felices hoy puede no hacernos felices mañana, así que cualquier relación, hasta la más sólida, precisa de tiempo y esfuerzo para que dure. Por suerte, al compartirlos con alguien a quien amamos, ese tiempo y ese esfuerzo pueden ser en sí mismos gratificantes y hacernos felices.

Lo cual nos lleva un poco de vuelta al principio, pues una de las maneras en que se supone que se sostiene una relación moderna es «en la cama». Para muchos, una vida sexual sana y activa es la piedra angular de una relación buena y duradera en esta época moderna nuestra. Pero la doctora Boynton también me hizo ver que esa podría ser otra creación cultural más.

—Esa idea de que conocemos a alguien y tenemos cantidades indecibles de experiencias excitantes, eróticas y novedosas con esa persona hasta el día en que nos morimos es relativamente nueva y lo interesante del caso es que está ya en decadencia. Si nos fijamos en los *millennials,* veremos que muchos de ellos tienen circunstancias difíciles con las que lidiar debido a sus problemas económicos; puede que tengan que vivir con sus padres o hacer jornadas laborales más largas, lo que no les deja tanto tiempo para salir y socializar, pero también parecen reconocer (puede que como resultado de eso mismo) que el sexo solo es *una* cosa importante más. De hecho, tienden a declarar que practican mucho *menos* sexo que las generaciones anteriores.[63]

Las actitudes de la sociedad hacia el sexo y la importancia de este en una relación son más flexibles de lo que la mayoría nos imaginamos. Las décadas de los años sesenta y setenta del siglo XX fueron los de la «revolución sexual», gracias a la introducción de la píldora anticonceptiva, el movimiento por los derechos de las mujeres, el reconocimiento de la homosexualidad (catalogada de trastorno mental en Estados Unidos hasta la década de los setenta), etcétera. La medida en que aquel fenómeno fue una reacción adversa a la opresiva manera de entender las normas sexuales en décadas anteriores es algo que corresponde analizar a historiadores y sociólogos, pero de lo que no cabe duda es de que allanó el camino para una sociedad en la que el sexo ha tenido una presencia más destacada. Pero ¿cuál ha sido el efecto de ello en nuestra felicidad?

Hay quienes, además de una escalera de la relación, hablan también de una escalera del sexo, que es aquella que las personas tratan de subir cuando su actitud ante el sexo viene similarmente dictada por expectativas e influencias sociales. ¿Qué «se considera» sexo? Cuando la gente dice que está dispuesta a ir «hasta el final», ¿adónde está yendo? ¿Por qué unas formas de interacción sexual importan más que otras? Además, muchos medios de comunicación modernos representan una vida sexual plena y constantemente activa como algo a lo que aspirar*, algo «saludable». La doctora Boynton no cree que eso sea muy acertado.

—¿De dónde habrá salido esa idea de que el sexo es sano? Nunca lo había sido —me dijo.

Y eso no quiere decir que sea *in*sano; simplemente es. Podría ser análogo a comer: necesitamos comer, es esencial para tener buena salud, pero engullir tarta a puñados será todo lo agradable que se quiera, pero «sano» seguro que no. A lo mejor pasa lo mismo con el sexo. Todo es bueno con moderación, ya saben.

---

* ¡Sí, esto va por ti, *Sexo en Nueva York!*

La verdad es que, en estas cosas, la variación entre personas es mucha, y una de las mejores cosas que alguien puede hacer para ser feliz, como la doctora Boynton no se cansa de recalcar, es pararse un poco a pensar qué funciona mejor para él (o para ella), qué quiere y qué disfruta, en vez de ceñirse a las expectativas de la sociedad a propósito de lo que esa persona debe querer o debe disfrutar. La doctora Boynton también cuestiona con regularidad la idea de que el sexo es una parte vital de una relación. De acuerdo, podemos aceptar que el sexo es lo más íntimo y gratificante que los miembros de una pareja pueden hacer juntos, pero no es *lo único*. Si una pareja está pasando por un período difícil, hay muchas formas de volver a encarrilar las cosas. Pueden iniciarse en algún *hobby* en común o gozar con aquellas cosas que ya les interesaban a ambos, dar hermosos paseos, hacer alguna tarea doméstica que llevaban tiempo dejando para más adelante o, como elocuentemente propuso la propia doctora Boynton, «¿qué tal si prueban tratarse bien el uno al otro, sin más?».

A nivel neuroquímico, toda interacción social positiva provoca la segregación de oxitocina y, si eso potencia los lazos existentes, también fortalecerá una relación. Tal vez no sea tan placentero como el sexo, pero supone mucho menos esfuerzo. Siempre que una pareja atraviesa problemas, parece como si se disparara en nosotros la reacción refleja de imaginar que se deben a alguna dificultad en su vida sexual. Puede que sea así, pero no tiene por qué ser así. Estamos acostumbrados a suponer que tienen «problemas en la cama», pero recuerden que hay otros muchos muebles y habitaciones en la casa.

Por último, y antes de que diéramos por concluida nuestra conversación, la doctora Boynton quiso lanzar una palabra de advertencia a propósito de mi propia investigación. «¿Sabes cuál es el motivo de que tantos artículos y, sobre todo, tantos redactores y directores estén obsesionados con las hormonas y la neurología (en lo relativo al tema del sexo)? Pues que, cuando hablamos de hormonas en el cerebro, no tenemos que mencionar nada de meternos algo en la vagina». O, para el caso, nada de ninguna de las otras cosas en las que el sexo consiste habitualmente, pero sobre las que, al parecer, hemos extendido el dictamen de que son demasiado incorrectas como para mencionar abiertamente.

Al echar la vista atrás a mi trabajo hasta ese momento, me di cuenta de que yo también había caído en esa trampa. Todo era bonito, estéril, para todos los públicos, y absolutamente desprovisto de esos otros aspectos más sucios del sexo. Reconozco que quería que este libro pudiese ser leído por personas de todas las edades y que no lo escondieran en la estantería superior de la trastienda más sórdida de las librerías. Pero, incluso teniendo eso en cuenta, ¿podía decir realmente que había aprendido todo lo posible sobre el sexo y el amor si siempre había mantenido una perspectiva puramente objetiva, académica?

Caí en la cuenta de que no. Fue entonces cuando decidí que había llegado la hora de hablar con la «Chica de la Red».

EL EQUILIBRIO AMOR-SEXO

Pasemos directamente a un rincón oscuro de un bar del centro de Londres, donde estoy sentado frente a una aclamada bloguera y escritora sobre cuestiones de sexo, y donde —lo admito— me siento un tanto paranoico ante la posibilidad de que nos vean juntos. ¿Yo, el divulgador científico para todos los públicos, casado y con hijos, que da multitud de charlas en escuelas, sentado en la misma mesa con la «Chica de la Red» («Girl on the Net», o GotN, para abreviar), alguien cuyas escalofriantemente extensas y variadas proezas sexuales son de dominio público?[64] ¿Cómo afectaría eso a mi imagen de integridad moral?

Luego me di cuenta de que probablemente bien, porque GotN conserva muy bien su anonimato debido a la naturaleza de su trabajo y a las sospechas que proyecta la sociedad sobre cualquiera que se muestre tan abiertamente sexual. Así que nadie la reconocería, de todos modos.

Ese anonimato significa que no puedo contarles mucho sobre GotN, pero les confirmo que es una mujer, que es sorprendentemente alta y que tiene cara y cuatro extremidades. Además de su blog, ha escrito un libro entero dedicado al mantenimiento de una vida sexual plena, activa y variada dentro de una relación de pareja exclusiva y a largo plazo.[65] La doctora Boynton me advirtió de los peligros de asumir que el sexo es la parte más importante de una relación sentimental, sobre todo si nuestro propio impulso sexual está relativamente bajo. Es evidente que GotN no tiene ese problema, pero también lo es que el sexo es muy importante para ella, no solo por su relación, sino por prácticamente todas las facetas de su vida, pues, a fin de cuentas, es así como se la gana*. Me preguntaba yo qué opinaría ella de la tesis de que la gente exagera la importancia del sexo.

Sorprendentemente, tan prolífica entusiasta del sexo estaba bastante de acuerdo.

—Yo nunca he pensado en mi relación y me he dicho «tenemos que practicar más sexo» por tener una noción de *cuánto* sexo deberíamos estar practicando —me confesó GotN—. Yo más bien miro mi relación y pienso: «¿Estoy practicando la cantidad de sexo que necesito para ser feliz, la que es buena para mí?». Para mí *ahora,* no en comparación con quien yo era a los veintipocos o a cualquier otra edad.

Ese es un muy buen argumento. Cuando somos adolescentes, el sexo suele estar en la primera fila de nuestros pensamientos porque estamos alcanzando la madurez sexual y nuestro cuerpo está inundado mucho tiempo de hormonas sexuales que nos ocasionan ese confuso a la vez que poderoso efecto de excitación y

---

* Quisiera aclarar que ella obtiene esos ingresos escribiendo sobre sexo, no que gana dinero con el sexo al modo (mucho más antiguo pero todavía ilegal en este país) que algunos podrían colegir de mis palabras.

deseo en el cerebro. A medida que avanzamos en edad tiende a enfriarse un poco, en muchos casos sencillamente porque nuestros cuerpos y nuestros cerebros van envejeciendo y el sexo es un proceso muy exigente. Pero en la mayoría de personas nunca desaparece del todo. El impulso sexual masculino tiende a ser más consistente día tras día, mientras que el femenino suele remitir y repuntar en sintonía con el ciclo fértil[66], por lo que cabe esperar cierta disparidad entre compañeros y compañeras sexuales en lo tocante al entusiasmo por el sexo.

Pero pese al evidente entusiasmo que en ella despierta, está claro que GotN conoce la diferencia entre «el máximo sexo posible» y el sexo «suficiente». Lo primero probablemente nos conducirá a la frustración, sobre todo en el marco de una relación estable, porque no hay límite máximo a la cantidad de sexo que es *posible* practicar, salvo que queramos dedicarnos a ello todas las horas diurnas y nocturnas los 365 días del año. Así que, con el sexo (como con aquellas personas que se ponen violentas en cuanto beben más de la cuenta), viene bien saber cuándo se ha tenido suficiente.

Además, está el nada desdeñable aspecto de la importancia de la calidad por encima de la cantidad. Lo que excita a las personas y las hace disfrutar varía considerablemente de un individuo a otro. Y ahí fue cuando empezamos a hablar del entusiasmo de GotN por un tipo de sexo más «agresivo», con sus buenos azotes y su parafernalia sadomasoquista. Nada de eso me atrae lo más mínimo, así que no pude menos que preguntarle cómo algo que es a todas luces doloroso puede ser percibido como placentero.

—Creo que es la expectativa en sí, más que otra cosa —me dijo—. Yo me he construido ese escenario en mi cabeza, me he calentado muchísimo, así que cuando finalmente se produce, el dolor es casi catártico y es como si su intensidad hiciera que te sintieras bien.

Aunque es muy posible que eso sea parte de lo que ocurre, un poco más de indagación por mi parte me llevó a descubrir que, especialmente en el caso de las mujeres, ciertas áreas del cerebro particularmente implicadas en el procesamiento del dolor, como la sustancia gris central (o periacueductal), están muy activas durante el sexo.[67] Esto es lógico hasta cierto punto, pues el sexo puede volverse doloroso con facilidad (de hecho, esa es una de las preguntas más habituales que le hacen a la doctora Boynton). No sería descabellado que en el cerebro hubiese evolucionado un sistema para abordar ese problema modulando la sensación de dolor durante la práctica del sexo y haciendo que se percibiera como algo más placentero. Lo cual, a su vez, sería una buena explicación de por qué tantas prácticas y «perversiones» sexuales incorporan el dolor.

Si ustedes son como yo y no sienten interés alguno por entregarse a esa clase de sexo, es difícil comprender cómo debe de ser practicarlo. Pero si alguna vez han disfrutado comiendo platos picantes, podría decirse que ya han transitado más o menos por ese mismo territorio, pues la capsicina, el componente químico que da su característico picante a los ajíes y otros alimentos por el estilo, literalmente activa los receptores del dolor.[68] Y aun así, sigue habiendo personas (como yo) que untan sus comidas en abundante salsa sriracha tailandesa.

No obstante, aunque mi tolerancia al picante en los alimentos es bastante elevada, debo admitir que aquella conversación estaba haciendo que me sintiera muy acalorado y alterado. Y no porque me excitara hablando de temas subidos de tono, sino porque sentía vergüenza de estar comentando tan abierta y despreocupadamente en público la vida sexual de otra persona: no me parecía correcto. Así se lo confesé a GotN, y eso nos llevó a otro tema interesante de nuestra conversación, pues ella opina que el hecho de que lo que se espera generalmente de la gente sea que mantenga el sexo oculto bajo un halo de secreto y privacidad es un factor muy importante a la hora de entender por qué algo como el sexo puede hacer infelices a muchas personas.

—Si pasas unas vacaciones fantásticas —dijo GotN—, puedes contárselo a quien quieras y enseñar las fotos que sacaste. Pero si tienes una orgía maravillosa… ya no puedes.

Quizá sea una comparación jocosa, pero está claro que estamos hablando de algo que puede tener un gran impacto en nuestra felicidad si consideramos el funcionamiento del cerebro y el grado en que nuestra felicidad depende de que gustemos a otras personas y de que ellas nos acepten. Nos guste o no, nuestros impulsos sexuales y los elementos relacionados que nos excitan forman una parte sustancial de nuestra identidad.[69] Y esto difícilmente puede sorprendernos si tenemos en cuenta lo mucho que nuestros cerebros se implican en ellos. Pero, por razones complicadas y, en muchos casos, de muy añeja raigambre, el sexo rara vez es algo de lo que hablamos abiertamente; si lo hacemos, podemos molestar a otras personas. Basta con que nos fijemos en la hostilidad con la que a menudo se recibe la idea misma de enseñar educación sexual en las escuelas.[70] Y si se habla de sexo, tiende a ser dentro de unos parámetros muy restringidos, normalmente centrados en las relaciones heterosexuales en el marco de unas relaciones tradicionales (entiéndase monógamas).

¿Qué ocurre si alguien no está interesado específicamente en eso? Una persona puede no ser heterosexual, por ejemplo. La orientación sexual está determinada por numerosos factores y ni siquiera estamos seguros todavía de la influencia real de muchos de ellos, pero es perfectamente posible que los compañeros o compañeras que forman una pareja de personas del mismo sexo (o cualquier otra combinación) se amolden —consciente o inconscientemente— a ese ideal social de cómo «deben» ser las parejas y el sexo.

Ahora bien, ¿y si las preferencias y los gustos sexuales de alguien se orientan hacia otros focos o abarcan una gama mucho más amplia? La experiencia del sexo tiene un impacto asombrosamente potente en el cerebro, por lo que enseguida aprendemos asociaciones relacionadas con él, y dado que las experiencias entre unas personas y otras difieren en un grado extremo, también nuestras preferencias sexuales finales varían de manera sustancial. Imaginemos que una persona tiene su primer encuentro sexual en el asiento trasero de un coche (algo que, por algún motivo, sucede mucho en las películas). La amígdala y el hipocampo se disparan como locos durante todo ese episodio, así que, especialmente si se trata de su primera vez, el suceso probablemente quedará eficazmente grabado en la memoria del individuo. A partir de entonces, es posible que sienta especial afición por el sexo en el interior de los automóviles. Tal vez la teoría les suene disparatada, pero de ese cariz son la mayoría de nuestras sospechas actuales sobre cómo funcionan el cerebro y el sexo. Por ejemplo, existen indicios de que la expresión sexual en etapas posteriores de la vida está fuertemente influida por el estilo de crianza recibida de los padres.[71] Y qué decir de ese otro estudio, más antiguo, sobre el condicionamiento clásico en humanos que expuso a sus sujetos (varones heteros) a una serie de imágenes eróticas mientras manoseaban una bota de mujer.[72] Con el tiempo, los sujetos comenzaron a mostrar excitación sexual inducida por las botas y por otros tipos de calzado en general. En resumidas cuentas, aquellos psicólogos introdujeron a un puñado de hombres en el fetichismo de los zapatos sin que ellos lo supieran. ¡Todo por la ciencia!

Lo que quiero decir con esto es que es muy fácil terminar teniendo aficiones e intereses sexuales que no se ajustan a la estrecha definición popular de lo que es «normal». ¿Qué hacemos entonces? Se supone que no debemos hablar de ello; no se nos enseña de un modo mínimamente amplio cómo funciona el sexo ni se nos educa en él, y si alguien admite tener necesidades sexuales atípicas, se arriesga a sufrir rechazo social, estigma e incluso violencia. Desde luego, hay ocasiones en que esto es comprensible: hay personas que tienen ansias o predilecciones sexuales que, al materializarse, provocan daños graves en personas inocentes. Con independencia de cómo los adquirieran, esos deseos sexuales no son algo ante lo que la sociedad pueda hacer la vista gorda sin más.

Pero eso no quita que siga siendo muy fácil acabar teniendo unas preferencias sexuales que, siendo perfectamente inocuas si se mantienen entre adultos que consienten practicarlas, son condenadas por la cultura mayoritaria por ser demasiado peculiares e «inusuales». Así que esas personas tienen que elegir entre reprimir o ignorar activamente sus necesidades sexuales (y ya hemos visto lo mucho que el sexo y la excitación influyen en la motivación), darles satisfacción en secreto conservando una fachada de «aceptabilidad» (un modo ciertamente estresante de vivir) o simplemente «salir del armario» y admitirlo todo públicamente, con el consiguiente riesgo de padecer el rechazo y la hostilidad sociales (y, aun dejando a un lado los peligros físicos reales que esto conlleva, ya sabemos que el cerebro es muy sensible al rechazo).

Quizá no sea de extrañar, pues, que quienes tienen preferencias sexuales «alternativas» sean mucho más propensos a padecer problemas de salud mental; la sociedad funciona de tal modo que automáticamente hace que esas personas lleven una existencia mucho más estresante, y eso tiene un precio.[73]

La deducción lógica que cabe extraer de todo lo anterior es que, si usted formara parte desde el principio de una comunidad que mostrara una apertura total a todos los tipos de sexualidad y conductas sexuales diferentes, terminaría siendo una persona más feliz en general. GotN dice que ella misma ha comprobado que es así:

—Existen muchas comunidades y grupos en torno al sexo; los hay para personas con una forma de fetichismo particular, o para gente que escribe sobre sexo, como yo, etcétera. Probablemente estoy haciendo una generalización un tanto exagerada, pero, en esos ambientes, siempre he visto que la gente es totalmente encantadora. Creo que es porque allí están todos y todas tan acostumbrados a tener que explicar su peculiaridad o su particularidad que tienden a ser también mucho más pacientes a la hora de comunicarse y se comunican mejor.

Tiene sentido. Sin la preocupación constante por el rechazo social, si la persona logra sentirse normal, es probable que esté más feliz y satisfecha, por lo que probablemente también sea más paciente y se comunique mejor. Aunque a veces puede haber problemas cuando alguien ajeno a la comunidad en cuestión se junta a hablar con otra persona que sí es miembro de esta.

—Un amigo mío está metido en la cultura fetichista —continuó GotN—. Empezó a salir con una chica a la que también le gustaba el sexo alternativo, pero que no formaba parte de la comunidad. Y un día estaban en la cama y, sin previo aviso, ella va y le mete algo por el...

Lo que siguió fue el relato de una interacción sexual con detalles tan gráficos que no podría siquiera comenzar a reproducirlos aquí, pero baste decir que, cuando terminó de contármelo, la temperatura había subido hasta tal punto que el barniz de nuestra mesa borboteaba. Pero sirvió para poner de relieve la importancia de la comunicación y de la franqueza durante el sexo, porque si nos basamos simplemente en suposiciones (sobre todo, si estas son completamente inventadas) de lo que le gusta a la otra persona, entonces inevitablemente nos equivocaremos en algún momento.

Mucho de eso mismo puede decirse del amor y las relaciones sentimentales también. Pese a sus extrovertidas aficiones sexuales, GotN mantiene una relación que podríamos considerar «convencional»: monógama y a largo plazo. Y, además, vive con su novio. Pero, aunque el sexo es obviamente un aspecto crucial de la relación para ella, y aunque ella y su compañero seguramente lo practican más a menudo que la mayoría de nosotros, eso no los ha conducido a una existencia simplona y descuidada. Al leer su libro se hace evidente que la mayoría de los problemas que los afectan a ella y/o a su novio nacen de otros aspectos de sus vidas. El dinero, formar una familia...: los aspectos habituales, básicamente. Que todo vaya bien «en la cama» no hace que los demás aspectos de la vida desaparezcan como si nada.

Viendo la situación general desde la óptica de esos amigos suyos que practican el poliamor, o que tienen relaciones abiertas, o que son aficionados al intercambio de parejas, y consciente de las enormes suspicacias que despiertan, GotN deja claro que desearía que hubiera más modelos de relación que se consideraran aceptables para que viéramos así en nuestro entorno a más personas felices y sanas que no se ajustan a la convención de las «personas que forman una pareja heterosexual monógama, que se enamoran, se casan, etcétera».

En esencia, GotN también es consciente del problema que encierra la dinámica de «escalera» de las relaciones, pese a no haber utilizado nunca el término.

¿Y QUÉ TIENE QUE VER EL AMOR CON ESO?

La literatura especializada en neurociencia nos muestra que el sexo y el amor tienen unos efectos considerables en el cerebro. Nuestra evolución nos ha llevado a que los busquemos a la más mínima oportunidad y, debido a ello, gran parte de nuestro cerebro se implica en esa búsqueda y experimenta inmensas recompensas cuando los encontramos. Tanto el amor como el sexo llegan al punto de alterar nuestra cognición y nuestra percepción con tal de maximizar la oportunidad de que seamos felices, al menos temporalmente. De ahí a decir que estar en una relación amorosa que satisface todas nuestras necesidades sexuales más básicas es garantía casi segura de que seamos muy felices de verdad, por las muchas recompensas y gratificaciones que nos proporciona, no hay tanto trecho, en realidad.

Ahora bien, ese es un escenario absolutamente ideal que puede funcionar muy bien en la teoría, pero que difícilmente se da en la práctica. Podría decirse que buena parte de todo esto es consecuencia del *excesivo* éxito evolutivo de los humanos y de sus cerebros, y digo excesivo porque ha terminado siendo contraproducente para nosotros. Nuestros cerebros tienen la suficiente potencia como para provocar una excitación real solo con nuestra imaginación, o para que nos enamoremos de alguien basándonos en cómo pensamos que ese alguien es a juzgar por unas pocas fotos y unas pocas líneas de texto en un diálogo. Pero las fantasías rara vez se hacen realidad tal como imaginábamos (lean de nuevo, si no, la anécdota del trío de GotN), y el problema de que nos enamoremos de otra persona tan fácilmente es que no tenemos garantía alguna de que nuestros afectos sean recíprocos. Como millones de enamoramientos adolescentes bien demuestran, es perfectamente posible sentir una fijación total por alguien que ni siquiera sabe de nuestra existencia. Esa puede ser una experiencia desconcertante, estresante y hasta dolorosa. Desde luego, el amor no correspondido no es ninguna fuente de felicidad.

Básicamente, nuestros poderosos intelectos hacen que tengamos ideas muy detalladas de cómo deben ser el amor, el sexo y las relaciones, y dichas ideas condicionan nuestros comportamientos, nuestras motivaciones, nuestras expectativas. Muchas se apoyan en (y son reforzadas por) las actitudes y opiniones sociales imperantes (y, en muchos casos, ilógicas). Y, siendo la especie intensamente social que somos, tendemos a absorber todo eso y a incorporarlo a nuestras propias ideas e ideales. Por desgracia, la vida tiene lugar en el mundo real, al cual a menudo no le importan lo más mínimo nuestros sueños o deseos. Podemos invertir abundante tiempo y esfuerzo en cultivar nuestras aficiones e intereses románticos o sexuales sin obtener recompensa alguna por ello, y ya sabemos lo mucho que nuestros cerebros detestan instintivamente que ocurra eso.

Y si por fin encontramos el amor que tanto buscábamos, eso no significa que la vida se detenga ni que los mecanismos cerebrales que nos llevaron hasta ese punto se desvanezcan desde ese momento. Los sistemas subyacentes a la atracción y la excitación siguen ahí, por lo que es muy posible que nos sintamos «estimulados» por otra persona que no sea nuestra pareja en ese momento, e incluso que nos enamoremos de ella. Es triste, pero ocurre. Una relación sentimental no es algo estático, porque la vida tampoco lo es. Continúan pasando cosas, continuamos viviendo y tenemos que lidiar con lo que va surgiendo.

Puede que esta que haré ahora les parezca una analogía extraña, pero podríamos comparar el hecho de enamorarse con el hecho de adquirir un automóvil. Imagínenselo. Cualquiera de ustedes puede que quiera mucho tener un coche y que a menudo se imagine conduciendo el modelo que le gusta. Al final, se compra uno. Quizá no sea exactamente el que esperaba, o tal vez es mejor incluso. En cualquier caso, ya tiene su coche por fin y está feliz.

Lo que pasa es que el simple hecho de ser propietario (o propietaria) de ese automóvil no es lo importante; no se trata de estacionarlo a la entrada de su casa para contemplarlo y admirarlo. Necesita usarlo, desplazarse con él. Esa cosa que lo hace feliz tiene una finalidad, una función, está activa, igual que una relación amorosa.

Siguiendo con la comparación, ¿podríamos decir que el sexo es como el combustible de ese automóvil? Hay quienes necesitan mucho, otros no tanto; algunos necesitan gasolina «súper», a otros les basta con una «normal» tirando a básica. Pero, en cualquier caso, es un elemento esencial que mantiene el motor en funcionamiento. El combustible es importante, pero no es lo único que el coche necesita; llenar el depósito cada cierto tiempo no basta para asegurarse un funcionamiento fluido. Hay que mantenerlo, arreglarlo cuando algo se estropee, revisarlo periódicamente. Y lo mismo sucede con las relaciones: puede que el sexo sea un aspecto importante, pero, a largo plazo, es improbable que baste por sí solo para sostenerlo todo. El cerebro es un órgano increíblemente complejo y adaptable y termina por acostumbrarse a todo, incluso al sexo si este se vuelve lo suficientemente «previsible».

En general, todo indica que el sexo y el amor pueden hacernos (y a menudo nos hacen) muy felices porque nuestros cerebros les atribuyen mucha importancia y, gracias a ello, nos resultan inmensamente gratificantes. Por desgracia, nuestra sofisticación neurológica y social hace que existan también infinitas maneras y posibilidades de que el sexo y el amor nos hagan terriblemente mal, y que nuestro cómputo global de felicidad disminuya mucho por culpa de ello. Es inevitable que tengamos que pasar por un trabajoso proceso de ensayo y error antes de poder estar seguros de lo que nos gusta y sentirnos totalmente cómodos con quiénes somos. Pero mientras no se nos ocurra construir una sociedad que imponga normas alarmantemente restrictivas y (a menudo) confusas sobre el sexo y las relaciones, no tenemos de qué preocuparnos.

Aun así, no nos queda otra que reírnos, ¿no?

6
NO QUEDA OTRA QUE REÍRSE

«¿Saben por qué el humor es tan importante? Porque es imposible reírse y estar triste al mismo tiempo».

Tan profunda observación salió de la boca de Robert Harper. Aunque nos recuerde un poco a algún filósofo clásico, Harper es más conocido (para el público británico, al menos) por su nombre artístico, Bobby Ball, una mitad del veterano dúo de humoristas Cannon and Ball, una presencia habitual en la televisión del Reino Unido durante las décadas de los años setenta y ochenta del siglo pasado. Él hizo tal afirmación durante una participación como invitado en el programa del también humorista Ian Boldsworth en Fubar Radio. Como soy muy fan de Ian, ese precisamente era el programa que venía escuchando yo en el tren de vuelta a casa desde Londres, con la ligera resaca que sentía tras haber estado mucho rato entrevistado a Girl on the Net.

Y no eran solo los efectos secundarios del alcohol los que me tenían un poco indispuesto; también me incomodaba lo que acababa de averiguar. Esas cosas que todo el mundo da por supuesto que nos hacen felices, y que son el sexo, el amor y el romanticismo, pueden hacernos muy *in*felices si nuestros cerebros se concentran demasiado en ellas a costa de otras que probablemente nos *harían* felices. Por decirlo de otro modo, buscar la felicidad activa e intencionadamente suele ser contraproducente para esa búsqueda en sí. ¿Será esa, quizá, la causa fundamental de mucha de la angustia y el conflicto que se encierran en la esencia misma de lo que significa ser humanos?

Entonces se me ocurrió: tan profunda y existencial revelación había surgido en una conversación en un pub con una fanática del sexo, un diálogo que había comenzado con una anécdota sobre un patético trío sexual. No les miento si les digo que lo ridículo de todo aquello hizo que me viniera la risa. A carcajadas. Asusté a mis compañeros de vagón, pero también me sentí mucho mejor. Y luego escuché a Bobby Ball hablando por mis auriculares, lanzando aquella interesante afirmación suya sobre el humor y la felicidad, y aquello volvió a darme que pensar.

Está demostrado que la risa tiene un efecto muy poderoso en nuestro estado de ánimo; hace que estemos *más felices,* aunque sea brevemente. Y de todos los factores que nos hacen felices, tal vez no haya ninguno tan omnipresente ni instantáneo como la risa y el humor, pues pueden estar disponibles en cualquier situación. Son incluso una última línea de defensa para nuestra felicidad cuando las cosas van terriblemente mal. Frases como «no queda otra que reírse», o «un día nos reiremos al acordarnos de todo esto» son reveladoras del hecho de que, aunque todo se esté desmoronando a nuestro alrededor, aún podemos sentir felicidad si tenemos sentido del humor.

Pero ¿realmente es así? ¿Puede algo tan familiar para nosotros como la risa y el humor tener semejante poder en lo tocante a la felicidad? ¿Qué tiene el humor para afectar así a nuestros cerebros? ¿Y si la comedia y la risa pueden traducirse en felicidad al instante, por qué tienen los humoristas y los comediantes esa fama de ser personas tan desgraciadas? Decidí que necesitaba averiguarlo.

NO QUEDA OTRA QUE REÍRSE... NO, EN SERIO, ¡HAY QUE REÍRSE!

¿Cómo se consigue bajar a un elefante de lo alto de un árbol? Haciendo que se siente sobre una hoja y esperando hasta el otoño.

No es el mejor chiste del mundo, lo reconozco, pero tiene su importancia. Fue el primer chiste que aprendí; uno de mis primeros recuerdos es de mí mismo contándolo en una sala de estar llena de familiares que se partían de la risa conmigo. No tengo ni idea de si estaban tratando simplemente de complacer a tan tierna criaturita o si de verdad pensaban que era una genialidad cómica (piensen que tampoco es que pasara gran cosa en la zona en la que me crie). Sea como fuere, recuerdo muy bien haberme sentido loco de alegría por haber hecho reír a mi familia de ese modo.

Pero ¿por qué nos reímos? ¿Porque acabamos de oír un brillante juego de palabras o de ver una imagen con un pie de foto hilarante? ¿Porque la abuela acaba de caerse a la piscina? ¿Porque alguien le ha puesto pantalones al perro de la casa? ¿Porque el vicario ha expelido una flatulencia mientras celebraba una ceremonia nupcial? Son tantas las cosas que nos hacen gracia en este mundo... Pero ¿por qué los humanos reaccionamos a ellas emitiendo unos ruidos fuertes y raros a causa de unos espasmos involuntarios del diafragma, acompañados de unas contracciones de los músculos faciales que nos hacen sonreír al mismo tiempo? Es evidente que son muchas las emociones que ocasionan una respuesta física correspondiente, sobre todo en forma de expresiones faciales[1], o de la «ruborización» propia de la vergüenza. Pero la risa es ruidosa, prolongada, causa placer y otras sensaciones relacionadas, y puede ser incluso debilitante, según el momento. La risa no es una reacción emocional: es una reacción emocional *desproporcionada*. ¿En qué consiste? Por fortuna, la ciencia tiene algunas respuestas.

En primer lugar, y a pesar de lo que suponen muchos, la risa no es un fenómeno exclusivamente humano; la encontramos también en otros primates, como los chimpancés.[2] Su risa suena distinta de la nuestra: no es tanto un «ja, ja, ja» como el sonido de una «sierra cortando frenética un tablón de madera». No obstante, la risa humana y la de los primates comparten muchas propiedades, como ser una «sonorización predominantemente regular y estable» y un «flujo de aire sistemáticamente egresivo». Además, gracias a unos complejos análisis acústicos, los científicos han dictaminado que estos diferentes tipos de risa derivaron de un mismo tipo, producido por una especie antecesora común, que existió entre diez y dieciséis millones de años atrás.[3] Así que, lejos de ser exclusivamente humana, ¡la risa posiblemente es cuatro veces más vieja que la humanidad misma! Y no solo los humanos y los primates ríen; también lo hacen las *ratas*. Es una risa increíblemente aguda e inaudible para los humanos sin unos equipos especiales de audio, pero, sin duda, existe.[4]

Que esas especies no humanas demuestren su capacidad de reírse hace que este sea un fenómeno más fácil de estudiar. Pero también lleva a que nos preguntemos cómo podemos hacer reír a un chimpancé o a una rata. ¿Haciendo comentarios irónicos sobre lo mayor que está ya el macho alfa y sobre el peculiar estilo con el que sube ahora a los árboles? ¿Les harán gracia los ratones (con sus orejas y sus dientes exageradamente grandes) a las ratas? No, claro que no. Para hacer reír a un simio o a una rata, basta con hacerle cosquillas.

Que esos animales se rían cuando se los cosquillea nos indica que los orígenes de la risa están fundados en el juego. Muchas criaturas muestran comportamientos lúdicos, normalmente en forma de peleas. Pero ¿cómo diferenciamos una conducta lúdica de ese tipo de un ataque físico propiamente dicho de un rival? Pues por la risa, claro. Se dice que la risa evolucionó hasta convertirse en una señal refleja de placer y aceptación, en un modo de decir «esto está bien, puedes seguir» cuando está claro que no hay intención de hacer daño. Se ha llegado a demostrar que la risa prolonga la duración de las interacciones lúdicas[5] (hacer cosquillas sería un ejemplo). También explica por qué disfrutamos tanto riéndonos; significa más juego, lo que es beneficioso para nosotros[6]: por eso la evolución ha hecho que nos sintamos gratificados riéndonos.

La risa —como mínimo, la que se produce inducida por las cosquillas— parece estar gestionada por una red de regiones del cerebro profundo entre las que se incluyen la amígdala, ciertas partes del tálamo, el hipotálamo y regiones inferiores, y determinadas áreas clave del tallo cerebral. Este último, la parte «más primitiva» de nuestro cerebro, controla muchas de nuestras funciones involuntarias esenciales, como el movimiento de los músculos que generan las expresiones faciales y el ritmo respiratorio. Ciertos estudios sitúan en el tegmento superior del puente troncoencefálico (una importante región del tallo cerebral) el centro de coordinación de la risa[7], lo que quiere decir que procesa toda la actividad neurológica que conduce al posterior proceso fisiológico que nos lleva a reírnos.

De todos modos, yo he querido aclarar que se trataba de una risa «inducida mediante cosquillas» porque la causa de la risa tiene mucha importancia respecto de cómo se procesa en el cerebro. No olvidemos que, aunque reírse es agradable, muchas personas *detestan* que les hagan cosquillas, por mucho que a veces eso las haga reír. Ello se debe a que las cosquillas son un fenómeno raro (desde el punto de vista científico, quiero decir).

Lo crean o no, existen dos formas demostradas de cosquillear a alguien.[8] La primera es rozando suavemente la piel: es lo que se llama knismesis, que, según la teoría, produce una sensación parecida a la que se siente cuando un insecto (animal potencialmente venenoso) se posa sobre nuestra piel y ante la que habríamos desarrollado por vía evolutiva una reacción en forma de gesto reflejo de rechazo. Pero también están las cosquillas deliberadas, más firmes y contundentes, como son las que se aplican en los estudios sobre la risa, y que también se conocen con el nombre de gargalesis (de las personas que tienen muchas cosquillas se dice que presentan un síndrome de hipergargalestesia, palabra que, para que lo sepan, valdría 25 puntos en una partida de Scrabble). Es una forma «amistosa» de contacto, por lo que, como es habitual en esos casos, induce una actividad sensorial en el córtex somatosensorial, a la vez que genera placer y actividad relacionada con la recompensa en el córtex cingulado anterior.[9]

Por tanto, las cosquillas *pueden* ser placenteras y, desde luego, nos hacen reír. Pero también inducen actividad en el hipotálamo y otras áreas asociadas, responsables de la respuesta de lucha o huida.[10] En esencia, la gargalesis (en los seres humanos) induce una extraña mezcla de diversión y peligro. Una hipótesis es que se trata de un acto reflejo que la evolución nos legó a fin de indicar sumisión ante un individuo dominante durante las interacciones lúdicas. Esa peculiar reacción refleja de risa y retroceso simultáneos sería así un modo de decir: «Tú ganas, está bien, pero ¡para ya!». Además, es particularmente intensa cuando se aplica a ciertas áreas vulnerables e importantes como las plantas de los pies, la zona del abdomen, las axilas o el cuello. No es difícil imaginar a aquellos antepasados nuestros, más fuertes, pero también más desgarbados, jugando alborotadamente y lesionándose sin querer esas delicadas regiones de su anatomía; de ahí la utilidad de un movimiento reflejo que limitara el daño y evitara agriar relaciones de una especie tan social.

Está claro que no todas las personas odian que les hagan cosquillas; son una de las primeras cosas con las que los bebés humanos se ríen en la vida y constituyen un modo simple y eficaz de que los padres estrechen lazos con sus pequeños y pequeñas. De hecho, los bebés comienzan a reírse hacia los tres meses de vida, antes de saber caminar o hablar, lo que nos revela de nuevo lo fundamental e importante que es la risa. Y las cosas que hacen reír a los bebés son muy indicativas de cómo funciona la risa humana. Por ejemplo, el juego de «¿Dónde ta? ¡Acá ta!», en el que un padre o una madre esconde su rostro al bebé durante unos segundos, tras los que reaparece sorprendiéndolo, hace desternillarse a bebés del mundo entero.[11] También los hacen reír mucho las muecas divertidas, los sonidos de pedos en la barriga y más cosas. ¡Para la comedia! Hay quienes consideran que todos esos son casos de «protohumor», porque son cosas que inducen risa a base de presentar un cambio o una sorpresa inesperados, pero seguros, dentro de un contexto social familiar.[12] Básicamente, el bebé/chimpancé/rata de turno experimenta algo inesperado, pero enseguida se da cuenta de que es inofensivo o, incluso, positivo. Han experimentado algo novedoso, con lo que han aprendido algo nuevo y potencialmente útil, y en ausencia de cualquier peligro o riesgo. Esto es beneficioso para un cerebro funcional, por lo que la risa, placentera como es, se siente como una recompensa que lo alienta. ¿Explica esto, entonces, por qué reímos?

No exactamente. Es un aspecto importante, pero no lo es todo ni mucho menos. Por ejemplo, la mayor parte de las cosas que nos hacen reír a los humanos —incluidas esas otras más simples que acabo de mencionar— no implican interacciones particularmente físicas ni nada que pueda terminar resultando peligroso en sentido alguno. Además, podemos experimentar sensaciones gratificantes y placenteras en silencio: solo tienen que preguntárselo a cualquier adolescente con padres estrictos que haya llevado alguna vez a algún «noviecito» o «noviecita» a casa a altas horas de la noche. Por lo tanto, ¿qué ventaja puede tener esa demostración tan «ostensible» de placer y felicidad a través de la risa?

Ya conocemos el argumento de que, de ese modo, «indicamos que aprobamos la interacción» en cuestión, pero la cosa se enreda un poco si tenemos en cuenta que, a veces, nos reímos cuando *no* nos estamos divirtiendo. Tanto es así que los científicos reconocen actualmente dos tipos distintos de risa: la risa Duchenne (llamada así en honor del neurólogo francés Guillaume Duchenne, por su interesante trabajo sobre un proceso muy relacionado con el de la risa, como es la sonrisa) y la no Duchenne.[13] Como ocurre con la risa, cuando estamos contentos, sonreímos de forma refleja. Una sonrisa es, básicamente, un levantamiento de las comisuras de los labios provocado por el cigomático mayor, un músculo facial. Se trata de un músculo que controlamos plenamente, así que nos resulta fácil sonreír a voluntad. Pero una sonrisa sincera, producida por una sensación genuina de felicidad y placer, también activa el músculo orbicular de los ojos, que levanta las mejillas y forma las clásicas «patas de gallo» en el lateral de los ojos. Esa es una auténtica sonrisa de Duchenne, generadora de un placer real, porque, si bien los humanos podemos controlar fácilmente los músculos de la boca a voluntad, tenemos más dificultades con la musculatura de los ojos.

Esto tiene como consecuencia que la «falsedad» de una sonrisa falsa puede resultar muy evidente. Imagínense que están en una boda y hace horas que los están fotografiando, están probablemente cansados, doloridos y hartos; difícilmente van a estar auténticamente contentos en una situación así, por lo que su sonrisa va a parecer cada vez más forzada. Diciendo «whisky» solo conseguirán activar una parte de todos los músculos necesarios para sonreír. Son incapaces de dar una sonrisa Duchenne y, por eso, en las fotos del día más feliz de la vida de muchas personas, es habitual que parezcan a punto de perder la compostura y lanzarse al cuello de alguien.

Pues esos mismos principios son aplicables también a la risa. Las risas Duchenne son carcajadas auténticas, causadas por una experiencia emocional genuina. Las no Duchenne son principalmente voluntarias (o falsas): elegimos reírnos. Eso, en sí mismo, es muy revelador: me refiero al hecho de que a veces sintamos que *debemos* reírnos aunque no nos sintamos impulsados por reflejo a hacerlo. ¿Cómo es posible?

Mucho de ello se explica por la causa (o la fuente) real de la risa.

¿Te parece gracioso?

Como ya se ha dicho, los humanos no somos la única especie que ríe. De acuerdo. Pero sí parece que somos los únicos seres capaces de tener *humor,* es decir, «la cualidad de ser divertidos o cómicos, especialmente a través de la palabra escrita o hablada». Esta definición está bien, pero se queda muy corta a la hora de expresar lo impresionante que es el humor. Piensen en ello: podemos decir o escribir una secuencia de palabras (y nada más que palabras) que induzcan espasmos de placer y sensaciones de felicidad en quienes las escuchen o lean. ¡Es increíble! Ser capaces de llegar tan fácilmente al cerebro de otra persona y cambiar su estado de ánimo suena a invento de ciencia ficción, la clase de poder que destruía a la humanidad en algún episodio de *The Outer Limits* *. Pero, en esencia, eso es lo que el humor hace. ¿Cómo puede tener ese efecto en nuestro cerebro?

La expresión más obvia del humor es el humilde chiste. A pesar de los tópicos manidos sobre la enemistad a muerte entre humor y ciencia, lo cierto es que se han realizado muchos experimentos y estudios que han usado los chistes para investigar el modo en que el cerebro gestiona el humor, la diversión, la comedia, etcétera.[14] Y, como los científicos son científicos, han producido a partir de ellos un detallado y meticuloso catálogo de los *tipos* de chiste que los seres humanos reconocemos.

En primer lugar, los chistes pueden dividirse entre chistes fonéticos (los que están basados en el lenguaje que oímos o leemos) y los visuales. El ejemplo más básico de ambos es el tan querido como menospreciado doble sentido, que es el tipo de chiste utilizado más a menudo en los estudios sobre el humor. Los dobles sentidos pueden ser visuales o verbales y, básicamente, consisten en presentar elementos concretos que transmiten signi-

---

* Que en América Latina se emitió con el título *Rumbo a lo desconocido.* (*N. del T.*)

ficados diferentes al mismo tiempo. Por ejemplo: «¿Por qué llevaba el golfista unos pantalones de repuesto? Por si hacía un hoyo en uno». Los dobles sentidos visuales (también llamados a veces «chistes visuales») hacen fundamentalmente eso mismo, pero... visualmente. Por ejemplo, ¿vieron cuando una imagen inocua contiene algún elemento que es perceptiblemente fálico, ya sea la pata de una mesa colocada donde no debía estar, o una sombra, o el peinado peculiar de alguien, o lo que sea? Es evidente que *no* es un pene, pero se parece a uno, aunque no haya perdido el aspecto de aquello que realmente es. Y eso es gracioso, porque lo sexual nos da vergüenza (véase el capítulo 5) y nadie dijo que tuviéramos que ser personas maduras y adultas todo el tiempo.

Luego están los chistes semánticos, que desafían o rompen con las reglas de la lógica y el significado. Como ocurre con los fonéticos, estos también pueden tener forma visual o verbal. Un ejemplo verbal sería el siguiente: «Un urogallo entra en un bar y el camarero le dice: "Oye, tenemos un whisky que se llama como tú". A lo que el ave responde: "¿Cómo, Kevin?"». Ja, ja, ja, qué risa, ¿verdad? Sí, pero ¿por qué? De entrada, hay que saber que existe una marca de whisky llamada *The Famous Grouse* («El urogallo famoso»); si el destinatario del chiste lo desconoce, o no sabe suficiente inglés como para traducir el nombre, el chiste no tiene sentido alguno porque es precisamente a esa marca a lo que se está refiriendo el camarero. Pero el sorprendentemente locuaz urogallo no lo capta y responde precisamente como alguien que no ha entendido la gracia, lo que provoca una tensión entre significados posibles (algo que tiene mucha importancia, como veremos en breve).

En cuanto a un ejemplo de chiste semántico visual, imaginémonos una viñeta de un concesionario de coches de segunda mano en la que el vendedor aparece caracterizado literalmente como un payaso. Una imagen surrealista ya de por sí, porque no asociamos a los artistas de circo con tales exposiciones de vehículos a la venta. Pero si conocemos el concepto de los «coches de payasos» que a veces aparecen en los espectáculos circenses (en números en los que de tales vehículos sale una cantidad inesperadamente exagerada de payasos), la escena adquiere toda una capa adicional de sentido y se vuelve «más graciosa». Apreciar el significado, con todas sus implicaciones, es lo que hace que el chiste «funcione» más allá del nivel del estímulo visual básico.

También tenemos el humor visual que se sostiene en un elemento lingüístico, que combina palabras e imágenes. Solo con que pasen algún tiempo en las redes sociales, verán lo que es que los bombardeen a memes y fotos con etiquetas cómicas: la clave es usar imágenes neutrales y subtitularlas con palabras que les confieren un sentido totalmente nuevo e hilarante. Un gato con gesto gruñón puede, si se acompaña de alguna leyenda afinadamente agresiva, dar origen a millones de memes y a películas varias (busquen en Google «gato gruñón» o *«grumpy cat»), lo que demuestra la fuerza del humor visual dependiente del apoyo lingüístico.

También hay que tener en cuenta que los chistes visuales pueden ser «estáticos» (imágenes solas, como la viñeta impresa del payaso vendedor de coches) o «dinámicos» (videos de escenas y situaciones cómicas, representadas o tomadas de la vida real). Los estímulos visuales dinámicos suelen recurrir a situaciones en las que se exhibe alguna conducta inusual o en las que los acontecimientos adoptan un cariz inesperado. En algunos experimentos, a los sujetos se les enseñan episodios enteros de programas de humor o de actuaciones cómicas, que incorporan elementos lingüísticos y verbales, lo que expande más aún el ámbito potencial de humor abarcado. De todos modos, no se *necesita* el lenguaje verbal para que algo visualmente dinámico sea gracioso; y si no, fíjense en Charlie Chaplin.

Precisamente ahí es donde se complica la cosa; es evidente que los chistes varían considerablemente en cuanto a estructura y modo de transmitirlos, pero, entonces, ¿qué tienen en común? ¿Hay algún aspecto o elemento clave que haga que algo sea «gracioso» en el mismo sentido en que una veta de oro puede hacer que una vulgar roca pase a ser «valiosa»? Según los datos neurológicos, es muy posible que sí. Pero es una cuestión más difícil de precisar. Si bien la risa puede localizarse en las regiones del tallo cerebral antes mencionadas o en las áreas motoras complementarias (áreas que algunos estudios sobre la epilepsia han demostrado que tienen la capacidad de inducir risa en el individuo), el humor es más complejo. Si tomamos la totalidad de experimentos con escáner que han examinado el procesamiento del humor en el cerebro, llegaremos a la conclusión de que se han hallado niveles significativos de actividad en (tomen aire) las regiones procesadoras del lenguaje en los lóbulos parietal y frontal, el córtex visual, las estructuras de la línea media cortical (incluido el córtex prefrontal medio), el córtex cingulado posterior y la precuña, el giro temporal superior (anterior y posterior), el surco temporal superior, el córtex cingulado anterior dorsal, la amígdala, el hipocampo y otras muchas áreas más. La imagen de las áreas procesadoras del humor en el cerebro se parece a un plano del subterráneo de Londres, aunque más confuso (si cabe).

Pero es que es inevitable. Los chistes o cualesquiera otras expresiones de humor contienen mucha información, ya sea sensorial, lingüística o semántica. Todo eso debe ser «desentrañado» y procesado por el cerebro a través de numerosas redes y regiones diferentes. No obstante, el análisis de las grandes cantidades de datos disponibles apunta a la existencia de un proceso específico en el cerebro donde todo lo relacionado con los chistes básicamente «converge» hasta formar un sistema concreto que podría muy bien ser el que «reconoce» la gracia de las cosas. Ese sistema está compuesto por regiones que ocupan las confluencias entre los lóbulos temporal, occipital y parietal, una zona que vendría a ser el equivalente cerebral de un aeropuerto que interconectara tres continentes, lo que nos demuestra el amplio alcance y la extensión de los sistemas que alimentan el humor.

Al parecer, lo que hace ese sistema es detectar incongruencias y resolverlas. Se activa cuando reconoce que algo no cuadra con lo esperado o con el modo en que los acontecimientos o los diálogos suelen desarrollarse. Sabemos cómo *deberían* funcionar o ir las cosas, pero muchas veces no funcionan o no van así, y parece ser que ese sistema de nuestro cerebro reconoce las situaciones en las que se incumplen las expectativas. Si la normalidad se subvierte, automáticamente dejamos de saber qué va a ocurrir a continuación, lo que genera en nosotros una tensión cognitiva. Sin embargo, el mismo sistema que detecta la incongruencia (o uno que está muy estrechamente interrelacionado con él; todo sucede tan rápido que ni nuestra mejor tecnología puede seguirlo bien en la actualidad) proporciona un remedio que elimina la incertidumbre y neutraliza la tensión. Como eso es positivo para el cerebro, hace que experimentemos una sensación gratificante.

Básicamente, todo esto significa que, gracias a esos complejos y potentes sistemas presentes en nuestros cerebros, podemos encontrar graciosas cosas que nos resultan sorprendentes, inesperadas o «indebidas» en cierto modo o forma, siempre y cuando terminen demostrándose inocuas o incluso positivas para nosotros. Pensemos en el caso de las cosquillas o de otros comportamientos lúdicos: esas fuentes «primitivas» de risa. Cuando a un animal o a un bebé le hacen cosquillas, para él es una experiencia inesperada; el cosquilleo en sí puede ser una sensación conocida, pero nunca se produce en un momento prefijado. Por lo tanto, durante un instante al menos, existe incertidumbre en torno a lo que es. *Podría* ser algo peligroso, por lo que introduce un elemento de tensión, de preocupación; sabemos lo rápido y sensible que es el cerebro ante cualquier peligro potencial. Por suerte, casi de inmediato nos damos cuenta de que no es algo que deba inquietarnos.

Lo mismo puede decirse cuando un individuo se pone a retozar o a jugar a pelearse con otro, o cuando otro miembro del grupo se cae espectacularmente sobre un charco con barro; ocurre algo inusual, algo incongruente con el hilo previsible de los acontecimientos en la vida cotidiana, y eso produce una inmediata sensación de tensión e incertidumbre. Pero el cerebro averigua enseguida lo que ha pasado y descubre que tan inhabitual suceso no representa ningún peligro inmediato para el individuo. Eso elimina la incertidumbre, desactiva la tensión y hace que el animal o la persona en cuestión experimente algo novedoso, que carece de riesgo inherente. Todas esas cosas son beneficiosas para el cerebro, por lo que se produce una inmediata y potente experiencia de placer. Nos hacen felices.

Todo esto explicaría sobradamente el fenómeno de la risa en otras especies, dada su percepción (mucho más directa y simple) del mundo. Pero nosotros, los humanos, con nuestros abultados telencéfalos, tenemos una existencia mucho más compleja, llena de pronósticos y previsiones, imaginaciones, inferencias elaboradas, creencias, metas, empatía, comunicación sofisticada, una percepción visual densamente detallada y muchas más cosas. Como nuestra existencia implica muchas más «complicaciones», mucho mayor es también la posibilidad de que surjan fenómenos incongruentes o «indebidos» en algún sentido. Se trate de expresiones del lenguaje verbal, de imágenes, de comportamientos o de cualquier otra cosa, si nuestras poderosas mentes les imponen unas reglas o una estructura previsibles, estas pueden cuestionarse o incluso vulnerarse, y eso causa incertidumbre. Pero si tal incertidumbre puede resolverse con rapidez y eficiencia (si puede explicarse, por así decirlo), el alivio y la gratificación son inmediatos y potentes. Y por eso disfrutamos tanto y tan a menudo con el humor; nuestros cerebros tratan de imponer sentido y orden al mundo, pero son tantos los factores que pueden frustrar ese propósito que la evolución nos ha legado un sistema que detecta cuándo ocurre eso y lo resuelve a la mayor brevedad. Y dicha resolución nos resulta beneficiosa, por lo que, además, disfrutamos con ella. Y eso nos hace felices.

Es una teoría, pero es una teoría bastante sólida. Los científicos que se dedican a investigar los chistes, por ejemplo, suelen enseñar a sus sujetos otros «no chistes» parecidos para asegurarse de que la actividad cerebral que están analizando no está causada meramente por los aspectos sensoriales del chiste. A veces, el remate gracioso del chiste original se cambia por un enunciado lógico, por ejemplo: «¿Por qué llevaba el golfista unos pantalones de repuesto? Por si se le hacía un rasgón en los que ya tenía puestos». Otros optan por darle un final más surrealista: «¿Por qué llevaba el golfista unos pantalones de repuesto? Por si el tejón mágico que vive en su rodilla se comía los que ya tenía puestos». En el primer ejemplo, no hay incongruencia alguna, nada que se salga de lo corriente, por lo tanto, tampoco hay motivo alguno para reírse. En el segundo, hay sin duda una incoherencia, pero sin resolución lógica: solo confusión añadida. Tampoco hay en él razón para reírse, porque la incertidumbre no se despeja.[15] No se ha alcanzado nada, no se ha aprendido nada.

Por suerte, el cerebro es muy flexible a la hora de juzgar como válida una solución a la incongruencia generada. La respuesta no tiene por qué ser 100 % lógica; mientras nuestros cerebros puedan decirse «ah, ya veo qué pasa aquí», suele ser suficiente: nos contentamos con una seudoresolución.[16] El urogallo que responde «¿cómo, Kevin?» genera una incongruencia en cuanto al significado de lo que ha dicho el camarero, pero la resolución nos viene dada por el hecho de que caemos en la cuenta de que el ave entiende inglés y tiene un nombre de pila propio. Por eso funciona como chiste. En él no se explica para nada cómo es posible que un urogallo sepa hablar ni por qué un camarero encuentra normal que un ave entre en su establecimiento a tomarse una copa, pero todo eso está bien. Somos conscientes de que nada de eso *ocurrió* en realidad, sino que es algo inventado para un chiste. Así que cualquier tensión introducida por la «situación» (que, de todos modos, sería mínima) se elimina inofensivamente y nos deja la satisfacción de haber resuelto la confusión del diálogo.

Ese sistema de detección/resolución de incongruencias suministra el aspecto cognitivo del humor, pero también existe una actividad correspondiente en las áreas dopaminérgicas mesocorticolímbicas[17], aquellas partes del cerebro de las que ya hemos hablado unos capítulos atrás y que están relacionadas con la recompensa, el placer y las emociones positivas pertinentes, en concreto, la felicidad. Eso es lo que nos aporta los elementos de placer y felicidad del humor. Los pocos datos de que disponemos al respecto dan a entender que el placer y la gratificación o recompensa que se experimentan por medio del humor son cualitativamente diferentes del placer que nos proporcionan otras cosas.[18] Una hipótesis de por qué eso es así es que el placer que derivamos del humor está teñido de la satisfacción de analizar y resolver la incongruencia, lo que implica que el esfuerzo mental dedicado a procesar los chistes y el humor es placentero en sí mismo, y es algo que otras fuentes de placer y felicidad no nos proporcionan. Ya hemos visto que el cerebro es «consciente» de cuánto esfuerzo invierte en algo y de que eso a menudo hace que las cosas resulten más gratificantes. El acto mismo de desentrañar el significado de un chiste o de cualquier otro suceso incongruente es una de las claves de lo que hace que el humor sea agradable, más allá de la resolución final. El viaje es tan importante como el destino, pese a que lo normal es que todo haya procedido y terminado en cuestión de microsegundos.

Ese sistema también explica otros muchos aspectos del humor. Es probable que, cuanto más inteligente sea nuestro cerebro y más rápidamente funcione, mejor detecte y resuelva incongruencias, y puede que hasta sea mejor para preverlas y anticiparse a ellas, con lo que los ejemplos simples requerirán de nosotros muy poco esfuerzo. Eso se traducirá en que se necesitará mayor complejidad para activar nuestro sistema del humor, por lo que probablemente prefiramos chistes más sofisticados o «intelectuales», y no nos destornillemos de risa con el trilladísimo número cómico del hombre disfrazado de mujer. Asimismo explica por qué un chiste nunca nos parece igual de bueno cuando nos lo cuentan por segunda vez; la incongruencia ya ha sido detectada y resuelta anteriormente, así que no queda incertidumbre ni se necesita esfuerzo para resolver nada, con lo que los elementos estimulantes del chiste se reducen sustancialmente. Explica igualmente por qué la ciencia suele considerarse incompatible con el humor; la ciencia consiste principalmente en un ejercicio de reducción de las incertidumbres y las anomalías en nuestro conocimiento de cómo funcionan las cosas, pero precisamente lo incierto y lo anómalo son elementos cruciales en el humor. Puede apreciarse, pues, por qué existe un choque cultural entre ambos.

En definitiva, el humor es la consecuencia de que nuestros cerebros detecten y resuelvan la incongruencia en las diversas facetas de las cosas que experimentamos. Está bien saberlo. El problema es que eso sigue dejando muchas preguntas sin responder. ¿Por qué somos treinta veces más propensos a reírnos cuando estamos en grupo que cuando estamos solos?[19] ¿Por qué hay formas de humor que hacen que nos sintamos mal o, incluso, indignados? ¿De dónde viene realmente nuestro «sentido del humor»? Con explicar el sistema neurológico subyacente no basta: quedaría aún muchísimo por contar de la rica experiencia humana del humor. Sería como decir que una casa está hecha de ladrillos; técnicamente es cierto, sí, pero una pila de ladrillos cualquiera no es una casa. Es evidente que en el producto final completo intervienen muchos otros elementos e influencias y que, sin comprenderlos, no podremos explicar realmente el vínculo entre el humor y la felicidad.

Había llegado la hora de consultar con una experta.

COMO LE DIJO LA ACTRIZ AL OBISPO

En el Reino Unido, si alguien quiere saber más sobre el humor y el cerebro, tiene que hablar con la profesora Sophie Scott, neurocientífica cognitiva del University College de Londres.[20] Además de ser responsable de muchas de las investigaciones realizadas sobre cómo se procesan el humor y la risa en el cerebro, ha hecho también actuaciones como humorista en vivo. Y justo en el momento en que yo estaba escribiendo este capítulo, estaba programada una conferencia suya en la Facultad de Psicología de la Universidad de Cardiff, así que le pedí que nos reuniéramos en el comedor de dicho centro antes del acto para preguntarle sobre su investigación.

—No sabemos a ciencia cierta qué sucede en el cerebro cuando nos reímos, pero sí sabemos que tiene un montón de efectos positivos —me explicó—. Se observa una reducción inmediata de la adrenalina y una disminución a largo plazo de los niveles de cortisol, lo que reduce la tensión y el estrés.[21] También parece ser que incrementa los umbrales de tolerancia del dolor.[22] Se produce incluso una especie de subidón, como el de quienes practican ejercicio, causado por la absorción de endorfinas.[23] No es tan potente como muchos parecen afirmar: decir que «reírse diez minutos equivale a correr una carrera de ocho kilómetros» es absurdo. Pero, aun así, ahí está. No obstante, aunque hay muchas teorías sobre la risa y la diversión, yo creo que centrarnos en eso, en la «diversión», nos lleva a engaño. La risa cumple un papel social mucho más importante que el de la mera expresión de un placer ante el humor.

Eso me sonó extraño. Erróneo, incluso. ¿Con qué otra cosa podía estar relacionada la risa que no fuera el humor? Sin embargo, parece que la profesora Scott cuenta con abundantes pruebas para respaldar su punto de vista, y de hecho, cuantas más vueltas le daba yo a su hipótesis, más obvia me resultaba. Ya vimos al principio que los animales ríen para mostrar que reconocen y alientan la conducta lúdica. ¿Y qué otra cosa es eso sino una forma de comunicación, de interacción social? Hemos visto que gran parte del cerebro humano está dedicado a tales cosas e influido por ellas, y abundan los datos que sugieren que la risa y el humor son expresiones adicionales del impulso innato de nuestro cerebro a limar asperezas con las otras personas.

Por ejemplo, la risa contiene al parecer mucha información que probablemente no tendría si consistiera solamente en el ocioso resultado final de un proceso subyacente previo (pues esto último sería como descubrir que nuestras flatulencias conforman, en realidad, una prolongada transmisión en código Morse). El cerebro reconoce y procesa de formas distintas los diferentes tipos de risa;[24] por ejemplo, la risa que se induce por medio de las cosquillas parece implicar mucho más los procesos de atención consciente, sobre todo teniendo en cuenta que las cosquillas contienen esa extraña mezcla de felicidad y amenaza, y que las induce una actividad física. Otros tipos más «formales» de risa, como la que provocan los chistes y el humor, activan otras regiones cerebrales, muchas de las cuales intervienen en el reconocimiento y el procesamiento de las situaciones sociales. De hecho, hay estudios que sugieren que la risa de cada persona es específica suya, lo que significa que puede ser identificada a través de ella. En muchos casos, eso no resulta especialmente difícil (alguien con quien yo estudié neurociencia graznaba como un ganso cuando algo le hacía gracia), pero lo sorprendente es que es mucho más común y potente de lo que creíamos, pues al menos un estudio ha revelado que podemos identificar a las personas por su risa más fácilmente que por su voz.[25]

No solo la risa tiene un componente social fuerte; lo mismo ocurre con el humor. Entre las múltiples áreas del cerebro que están activas cuando procesamos el humor, unas que utilizamos muy a menudo son las regiones del córtex frontal que se ocupan de la teoría de la mente.[26] La capacidad de inferir lo que otra persona está pensando, de empatizar con ella, de «saber» qué le está pasando por la cabeza en un momento dado, es un elemento fundamental para gran parte del humor. El hecho de que alguien haga o diga cosas que chocan con sus propias opiniones o su manera de pensar constituye un pozo sin fondo de incongruencia de donde extraer risas sin fin: un verdadero manantial de inspiración del que han bebido incontables comedias televisivas de situación. Pregúntenselo, si no: ¿las bromas pesadas serían tan graciosas si la víctima ya se las esperara? La importancia de la conciencia social en el humor está subrayada por estudios que revelan que quienes presentan un sentido de la empatía alterado —debido a factores como una ansiedad social grave[27] o como el autismo[28]— tienen problemas para captar buena parte del humor cuya eficacia depende de que el receptor haga gala de esa capacidad que llamamos «teoría de la mente».

Muchas de las teorías que intentan explicar por qué el humor y la risa evolucionaron en los seres humanos están basadas en el aspecto social de nuestra especie. Hay quienes sostienen que la risa es una manera de indicar seguridad y accesibilidad a los otros miembros del propio grupo o a aquellos individuos con quienes queremos interactuar. A fin de cuentas, una persona que sonríe o ríe nos da la impresión de ser más amable que una que está callada y ceñuda. Sabemos que las interacciones sociales fueron muy importantes para los humanos primitivos (como para los modernos), pero que pueden ser agotadoras y tomar mucho de nuestro tiempo. Es posible que la risa y el humor fueran elementos que la evolución nos legó para favorecer que las interacciones a voluntad: como una especie de semáforos para los contactos interpersonales.

Otra teoría dice que el humor y la risa son un modo de expresar conflicto y agresividad, pero a través de vías seguras y socialmente aceptables, lo que disipa las tensiones y la animosidad de una forma inofensiva.[29] Imaginemos que Walter, un compañero nuestro de la oficina, no deja de beberse la leche que guardamos en el refrigerador del trabajo. Podríamos retarlo a un duelo a pistola, pero eso sería muy arriesgado para nosotros, para Walter y para la probabilidad de conservar nuestros empleos. En cambio, podemos hacer un chiste al respecto, quizá insinuar que Walter debe de estar criando un gato hambriento en alguno de los cajones de su mesa. Da igual. Lo que quiero decir es que, por esta segunda (y más pacífica) vía, le estaremos reprochando su conducta y sacaremos a relucir el problema, pero todos los demás (y puede que hasta Walter) se reirán y disfrutarán con la ocurrencia, con lo que se preservará la armonía social. No es que sea un sistema perfecto ni mucho menos, pero sirve para airear un conflicto sin que la sangre llegue al río. Básicamente, hace que todo el mundo continúe estando feliz.

Y aún hay otra teoría en la que se concibe el humor como un comportamiento de «alarde» o exhibición.[30] Tal vez la pronta resolución de una incongruencia percibida como tal tuviera un importante valor de supervivencia en el pasado remoto, pero ahora la llevamos a cabo (con una frecuencia y una variedad increíbles) por la misma razón que los ciervos machos se enzarzan en batallas innecesarias durante la temporada de apareamiento: para mostrar a otros individuos de la especie (en concreto, a parejas potenciales) que *podemos*. Las muestras manifiestas de humor, de viveza de ingenio y de inteligencia cómica son indicativas de un cerebro de nivel alto. «Mírenme —dice ese órgano nuestro—, contemplen el poder de mis poderosas sinapsis, fíjense en cómo creo y resuelvo incongruencias a mi antojo, sin temor ni duda algunos». También induce placer y felicidad en otras personas. Es obvio que eso aumentará la probabilidad de que gustemos a alguien (una potencial pareja sexual nuestra, a ser posible).

Ahora bien, hablamos de un proceso bidireccional. El humor desempeña un papel considerable en nuestras interacciones sociales, pero los factores sociales también tienen un impacto sensacional en nuestro humor y nuestra risa. Ahí están, por ejemplo, los innumerables y muy manidos estereotipos que sugieren que cada cultura tiene unos rasgos específicos en lo tocante al humor; que si los estadounidenses no captan la ironía, que si los británicos no pueden parar de ser sarcásticos, que si los japoneses tienen una vena sádica, que si los canadienses son indefectiblemente corteses, que si los alemanes no tienen sentido del humor alguno, etcétera. Aunque la mayoría de esas apreciaciones son estupideces sin el más mínimo fundamento, hay estudios que dan a entender que sí se produce una influencia cultural en el terreno del humor;[31] eso sí, no es tan clara ni evidente como semejantes estereotipos podrían hacernos creer. Tiene lógica; si aceptamos que el humor es un fenómeno derivado de la detección de incongruencias, que estas existan dependerá necesariamente de cuándo nos parezca que algo «no es correcto». Y solo sabemos que algo no es correcto en virtud de lo que ya conocemos sobre la forma en que funciona el mundo. Esto depende en muy buena medida de la cultura en la que nos criamos. Por eso, si somos de un lugar donde, por ejemplo, decir que vamos al baño a hacer nuestras necesidades es un comentario común, tendremos una reacción distinta al humor escatológico que si somos de una cultura donde eso se considera incorrecto o de muy mala educación. No es que lo uno sea necesariamente mejor ni peor que lo otro: simplemente, las reacciones serán diferentes.

Otra vía por la que el contexto social afecta nuestra experiencia del humor tiene que ver con nuestra vieja amiga la amígdala. Parece que esta es la parte del cerebro que decide si el humor y la risa son «apropiados» en aquel momento. Por ejemplo, cuando alguien dice «podría decírtelo, pero luego tendría que matarte» como respuesta a una inocua petición de información trivial, como dónde está el papel para la fotocopiadora, la respuesta cortés normalmente es reírse. Es un chiste muy viejo y muy trillado, pero es improbable que quien lo haya dicho deseara realmente que nos pasara algo malo. Sin embargo, si quien pronuncia esas mismas palabras es un extraño que blande un machete a pecho descubierto y a quien acabamos de preguntar qué hace ahí, en nuestro garaje, probablemente ya no nos causaría gracia. La misma frase activa el sistema del humor o no lo activa en función del contexto social, y es la amígdala la que examina la información disponible para tomar esa decisión.

También se *aprende* mucho sobre cuándo es apropiada o está justificada la risa a través de la influencia de otras personas. La profesora Scott me contó que, cuando su hijo Hector era más pequeño, siempre la miraba a ella para ver si se estaba riendo antes de ponerse él mismo a reír. Recuerdo a mi propio hijo de 4 años de edad haciendo eso mismo durante un discurso que pronuncié como padrino de boda en una ceremonia nupcial hace poco. Al parecer, aunque nos reímos por instinto, la observación de otras personas ayuda a que aprendamos poco a poco cuándo y dónde hacerlo. De hecho, un estudio de 2006 reveló que las personas sordas se ríen en los mismos puntos de una interacción que las personas que pueden oír.[32] Como la risa es ruidosa y puede ahogar lo que se esté diciendo en ese momento (por ejemplo, las palabras mismas que han causado esa risa), las personas tienden a reírse al final de las frases o durante las pausas que se hacen para tomar aire. Las personas sordas hacen lo mismo. Eso es importante, porque se comunican —y ríen— mediante la lengua de signos, que es una forma de comunicación *visual;* no se corre riesgo entonces de que la risa dificulte la comunicación de las palabras, por lo que tampoco hay necesidad de esperar las pausas o los puntos entre frases para reír. Pero lo hacen de todos modos, porque el ritmo y la ubicación de las risas se aprenden a muy temprana edad y se integran muy profundamente.

Otra de las cosas extrañas que aprendemos es a reírnos aun cuando no sintamos el irresistible impulso de hacerlo. ¿Se acuerdan de la risa no Duchenne (la risa «falsa») de la que hablábamos antes? Es una risa que no responde a una emoción positiva genuina, sino que la emitimos cuando tenemos la impresión de que reírnos es lo que se espera de nosotros, o cuando sentimos que mejorará una situación incómoda. Supongamos que nuestro jefe cuenta un chiste especialmente penoso en una reunión, o que un conocido nuestro nos ameniza una fiesta relatándonos una anécdota que es mucho menos graciosa de lo que piensa que es. En tales situaciones, no queremos reírnos, pero se espera que lo hagamos. De hecho, no reírnos puede hacer que la situación se vuelva incómoda o tensa, que es algo que queremos evitar a toda costa. Así que nos reímos, pero es una risa al más puro estilo «no Duchenne». Pese a todo, mantiene la armonía, reconoce el esfuerzo de nuestro interlocutor por hacer gracia y puede asegurarnos la continuidad de nuestra condición de miembro aceptable del grupo. Lejos de ser un mal hábito propio de aduladores o de cínicos (aun cuando bien puede serlo según el caso), la risa falsa es una conducta indispensable que procura la armonía y la aceptación sociales, y que hace que nosotros mismos y todos los demás sigamos estando felices y contentos. Hay estudios que muestran que hasta los chimpancés la practican y por idénticas razones.[33]

Y ahí tenemos una explicación —o, para ser más precisos, varias— sobre las diversas formas en que el humor, la risa y la felicidad están interconectados. El humor nos ayuda a resolver anomalías potenciales en aquello que experimentamos y eso es útil para el cerebro, por lo que la evolución ha llevado a que dicho órgano tenga mecanismos que nos recompensen cuando tal resolución tiene lugar. Como resultado, y dado que esos mecanismos *dependen* básicamente del hecho de que apreciemos irregularidades o «incorrecciones» en nuestro mundo, el humor y la risa siguen acompañándonos, disponibles para nosotros, en los peores momentos, cuando todo ha «salido mal». Mientras nuestro cerebro esté intacto, el humor todavía podrá hacernos felices, aunque sea brevemente.

Pero el humor y la risa son tan potentes —y los humanos somos una especie tan social— que han crecido y evolucionado hasta tal punto que desempeñan todavía más funciones sociales. Ahora podemos *crear* incongruencias (también conocidas como «chistes») y resolverlas a nuestra voluntad, exhibiendo así nuestra destreza humorística cual pavo real desplegando su cola. El humor proporciona un refuerzo positivo constante en los diálogos interpersonales y nos hace más atractivos ante los demás (dentro de lo razonable[34]) nos ofrece una vía inocua para desactivar la tensión y el conflicto, y alienta y recompensa la armonía grupal. No es de extrañar, pues, que la risa sea contagiosa y que sea mucho más probable que riamos si estamos en grupo que si estamos solos: ¡es que *para eso es* (sobre todo)! Para propagar la positividad y la armonía entre las personas, quiero decir. Y todas esas cosas contribuyen a que seamos felices.

Por tanto, siguiendo esa lógica, para ser felices deberíamos pasar el máximo tiempo posible recurriendo al humor e inspirando risas en quienes nos rodean. Esa es una fórmula garantizada para ser lo más felices posible, ¿verdad?

¿Verdad?

QUE SALGAN LOS PAYASOS

Si aceptamos ese argumento como válido, entonces quienes trabajan y se ganan la vida en el mundo de la comedia deberían ser (por lógica) mucho más felices que el ciudadano medio. Los humoristas que actúan en vivo, en particular; escribir comedia y realizar otras labores entre bastidores son tareas sin duda gratificantes, pero hacer comedia en directo ante un público significa que no hay separación entre el humor del cómico y la risa que genera, por lo que quienes actúan en espectáculos humorísticos se llevan el paquete completo de ventajas en lo que al cerebro respecta. Deberían ser todo lo felices que podemos ser. Sin embargo, la creencia popular es que son justamente lo contrario. Ahí está el muy anglosajón tópico de las «lágrimas del payaso», que implica que la mayoría de cómicos y artistas de comedia ocultan, tras la risa, un sufrimiento y una pena profundos.

¿Es eso cierto? Y si lo es, ¿por qué? ¿Son los cómicos personas intrínsecamente tristes? ¿O acaso es el uso prolongado de la risa y el humor lo que *los vuelve infelices?* La sal sabe rica en pequeñas dosis, pero si se consume en grandes cantidades, causa estragos en nuestra salud. ¿Ocurre lo mismo con el humor y nuestros cerebros? Esta era una cuestión importante que había que abordar. Así que, dada la relativa escasez de estudios centrados en los cómicos y en su trabajo, opté por acudir directamente a la fuente y, básicamente, preguntar a algunos payasos si lloran y por qué lo hacen. Metafóricamente hablando, por supuesto. Y ahí fue cuando mi amigo Wes Packer entró por primera vez en escena.

Wes es un humorista que actúa en escenarios. En 2006, ganó el prestigioso concurso «So You Think You're Funny» («¿Conque te crees gracioso?») del festival Fringe de Edimburgo, lo que le permitió actuar en el «Just for Laughs» («Solo por reírnos») de Montreal, el mayor festival mundial de la comedia, tras llevar apenas un año actuando como humorista en vivo. Wes parecía destinado a ser una estrella. Sin embargo, esta probablemente sea la primera vez que hayan oído hablar de él, por lo que evidentemente no es un personaje famoso. ¿Qué ocurrió? Somos buenos amigos, así que me imaginé que se lo podía preguntar a él directamente.

Wes y yo nos iniciamos en el mundillo del humor en vivo en Cardiff; la mía era la actuación que venía directamente después de su arrollador número de debut, y me salió horriblemente mal. Como yo, Wes nació y se crio en un valle minero del sur de Gales. Wes también podría catalogarse de cómico «enojado»; se especializa en lanzar furiosas y meticulosas diatribas sobre sus propios errores y fallos, y sobre los del resto del mundo. ¿Es esa ira en el escenario el reflejo de una auténtica insatisfacción en su vida en general? ¿Fue eso lo que lo llevó a dedicarse a la comedia?

—Creo que vi en la comedia una vía de escape —me confesó—. Para nosotros, los jóvenes de la oprimida clase obrera de los valles, las perspectivas no suelen ser muy luminosas, y yo ya me veía pasando la vida en alguna oficina horrorosa, diseñando un sitio web tras otro, cada uno más tedioso que el anterior*. Yo no quería eso. La comedia me parecía una salida divertida de todo aquello.

---

* Wes era ingeniero de *software*.

Con este fin, Wes hizo todo lo posible para forjarse un nombre en ese mundillo, acudiendo a todas las actuaciones posibles. Pero esa demostró ser una estrategia equivocada. Durante su «semana más infernal» llegó a desplazarse en coche por todo el país para participar en cuatro actuaciones en cuatro veladas seguidas, conduciendo un total de 2.400 kilómetros y promediando tres horas de sueño por noche, porque, además, *tenía que ir a su trabajo habitual todas las mañanas.*

—Una vez llegué a casa a las cinco de la madrugada —continuó Wes—, y a las nueve de la mañana ya estaba sentado en el coche a la puerta de un taller mientras mi mujer estaba dentro y yo… no me sentía nada bien. La luz del sol me daba dolor de cabeza, estaba muy fotosensible y cada coche que pasaba cerca me hacía estremecer de dolor. Nada más regresar a casa, me volví a acostar. Puse la alarma para la una del mediodía, pero no me desperté hasta las cinco de la tarde. Tenía una actuación prevista en Londres para una hora después. Obviamente, no podía llegar a tiempo. Así que terminé llamándolos y diciéndoles que se me había averiado el coche.

Cambiemos «coche» por «cabeza» y veremos que la excusa era más que razonable. Pero no toda la culpa fue de la comedia. A Wes se le diagnosticó depresión y ansiedad en 2012, pero él está convencido de que llevaba lidiando con esos problemas desde mucho antes, y tiene la sensación de que eso explica tanto su grave miedo a «perder el control» por sus ataques de ira (un síntoma reconocido de la depresión)[35] como su tendencia refleja a contar chistes en cualquier ocasión de interacción social, o su renuencia a ser más sincero y abierto por temor a dónde podría llevarlo tanta franqueza. Wes dice que el humor se convirtió en algo casi terapéutico, y que los breves instantes que actuaba en los escenarios le inyectaban las energías necesarias para «aguantar» durante los momentos más crudos. ¿Quién nos dice que otros humoristas no entren en el mundo de la comedia por esa misma vía de la «automedicación»?

Por desgracia, ni siquiera el éxito de actuar al fin en escenarios célebres y ante mucho público fue todo lo positivo que Wes esperaba:

—Creo que nunca fui tan feliz como cuando estuve en aquel escenario en Montreal —me dijo—, con acompañamiento musical de una banda local que atronaba el ambiente con música de Tom Jones. Pero después, llegas a casa, vas el lunes a trabajar y el jefe te llama a su despacho para quejarse de un minúsculo error en una hoja de cálculo que cometiste el mes anterior, y te recuerda todo lo que has hecho mal y tú piensas… con lo bien que estaba yo en Canadá la semana pasada, animado por cientos de personas; seguro que tus planillas Excel son importantes para ti, pero a mí me cuesta mucho que me importen una m…

Por desgracia, Wes dejó la comedia en vivo en 2008 y optó a regañadientes por centrarse en su trabajo diurno. Tuvo un regreso triunfal en 2011, pero volvió a retirarse dieciocho meses después, cuando la ansiedad y la depresión volvieron a hacer acto de presencia. Actualmente, en 2017, divorciado y sin nada que perder (según él mismo dice), lo está volviendo a intentar. A lo mejor, la tercera es la vencida.

Está claro que Wes tuvo que soportar mucho estrés con su actividad como humorista, pero buena parte puede atribuirse a la naturaleza estresante que tiene el trabajo del artista en vivo cuando está intentando triunfar en el mundo del espectáculo. Ahora bien, ¿y si realmente triunfa? ¿Qué ocurre entonces?

Para ver si «triunfar en la comedia a lo grande» era importante para la felicidad de un aspirante, hablé con Rhod Gilbert, cómico de fama internacional, estrella de la televisión y la radio, hombre galardonado con premios diversos (incluido el de «galés más sexi» de 2010)[36] y, sobre todo, el humorista más famoso de todos los que figuran en mi agenda de contactos telefónicos. Al final, me reuní con Rhod en Londres, en un pub cercano a su casa. Como Wes y como yo mismo, Rhod es de Gales (del condado de Camarthenshire) e hizo sus primeras presentaciones en el mundo de la comedia después de que su novia de entonces llevara años insistiéndole para que se animara a hacerlo. En aquel momento, ya tenía 33 años y era un director de investigación de mercados entregado a su trabajo y estaba a punto de comprar la empresa en la que trabajaba. Pero, a última hora, se retiró de la operación, renunció a su trabajo y optó por convertirse en humorista a tiempo completo, pese a la enorme disminución de ingresos que involucraba tal cambio personal.

Aunque uno se sentiría tentado a dar por sentado que también ahí actuó la motivación del «escape», Rhod niega haber estado descontento con su empleo anterior. La razón de tan repentino y llamativo cambio de profesión fue simple: se aburrió. Se hartó de investigar mercados tras diez años haciendo eso mismo, así que puso sus miras en la comedia, algo con lo que disfrutaba y que le salía claramente muy bien. A pesar de no tener otra meta que la de poder vivir de aquello, Rhod logró triunfar a lo grande y ahora es una presencia muy habitual en radio y en televisión. Aun así, en el momento de escribir estas líneas, lleva cinco años sin actuar como humorista en vivo. Y el hartazgo vuelve a ser el motivo.

—En mi última gira, hice ciento veintisiete espectáculos en ocho meses —me explicó—, a razón de dos horas y media de comedia cada noche. Agoté todo mi material nuevo para esas actuaciones, así que, al final del *tour,* me tocaba comenzar a preparar más para la gira siguiente, y ahí estaba yo, solo ante una hoja en blanco. No había tenido que enfrentarme a una hoja en blanco en diez años y ese es el momento más duro de todos. No encontré las fuerzas para volver a pasar por todo eso.

Parece ser, si tomamos la experiencia de Rhod como referencia, que incluso un placer innato como el de hacer reír a grupos numerosos de personas, un placer que es el resultado de unos procesos neurológicos profundos y fundamentales, puede desgastarse por una exposición prolongada. ¡El acostumbramiento golpea de nuevo! Aun así, ¿hay algo más en el hecho de ser un humorista de éxito que pueda hacer que una persona sea decididamente *in*feliz? Al parecer, sí.

—Cuando estás empezando en esto de la comedia —continuó—, el mundo generalmente te apoya. La gente te anima, siempre tiene cosas que elogiar de tu número. Pero en cuanto superas un cierto umbral de éxito y gustas a otras personas, salen a relucir quienes dicen que no, que no les gustas. En realidad, se trata más bien de que, hasta cierto nivel, no les gusta lo que haces, pero a partir de ahí, ya no les gustas *tú*.

Así pues, ser un cómico famoso implica que es más probable que uno tenga que enfrentarse más a la crítica (constantemente, de hecho), no menos. Y eso no es agradable. La risa es, como ya hemos visto, un acto inherentemente social con el que se «pretende» obtener aprobación y aceptación de otras personas. Pero difícilmente puede seguir siendo agradable cuando superamos el punto a partir del cual nuestros intentos de provocar risa en un público suscitan las críticas y los insultos de unos extraños. Sabemos que el cerebro humano es extremadamente sensible al más mínimo rechazo, pero imagínense si ese rechazo en cuestión es el de innumerables extraños a quienes simplemente tratábamos de sacar alguna que otra carcajada. Rhod no tiene reparos en admitir que es algo que le cae muy mal, y que no hace nada por «insensibilizarse a las críticas» o algo por el estilo; simplemente se esfuerza al máximo por no enterarse de ellas, por ejemplo, alejándose de toda participación en las redes sociales.

Pero pese a ello, y pese a la imagen de cascarrabias que despliega sobre el escenario, ¿está Rhod feliz con su éxito en realidad? Él dice que sí, que es una persona feliz por default, pero que su felicidad es como hacer malabares, debe tratar de mantener varios platos en el aire al mismo tiempo.

—Este plato representa mi profesión, ese otro mi familia, aquel otro mi situación económica, etcétera. Yo voy dándoles vueltas a todos para que se mantengan girando en el aire. Si alguno se tambalea, me centro en él; cuando el que se tambalea es otro, a ese me dedico. Los mantengo todos sin que se caigan, así que soy feliz. Y no asumo más de lo que puedo manejar; por ejemplo, no dedico energía alguna a todo eso de las redes sociales. No dispongo del tiempo ni de la paciencia para pasar veinticuatro horas diarias interactuando con extraños empeñados en contarme por qué me odian.

¿Qué nos dice acerca del humor y la risa, y con respecto a la felicidad, esa decisión de Rhod de apartarse de las actuaciones humorísticas en vivo? Nos indica que, por omnipresente y potente que pueda ser, el humor no deja de tener sus límites. Las pruebas nos sugieren que la incongruencia, la vulneración de las normas, es algo esencial para que el humor resulte eficaz. ¿No será eso igual de cierto para quienes hacen humor que para aquellos a quienes va dirigido? La monotonía y la familiaridad generan previsibilidad y reducen la novedad, lo cual sabemos que disminuye el placer que se puede obtener de todas esas cosas en cuestión.[37] Es hasta posible que el proceso fundamental del acostumbramiento vaya erosionando con el tiempo los efectos positivos de hacer comedia. En esa situación, los inconvenientes de la vida del humorista comienzan a imponerse a las ventajas y convierten el trabajo más en una tarea rutinaria (por no decir otra cosa) que en un placer.

Aun así, Rhod no lo ha *dejado* todavía. Llevaba tomándose un descanso bastante largo (de cinco años) de las actuaciones como comediante en vivo, y desde nuestra conversación, ha hecho algún que otro intento no definitivo de volver al escenario. Dice que llegó un momento en que actuar se convirtió más en «un alivio» que en «una alegría», y en que las actuaciones eran más una necesidad que un placer; terminó por «perder el entusiasmo», así que dio un paso atrás. Pero la pasión de fondo seguía ahí y ha vuelto a primer plano.

Así pues, ¿qué se necesita para que un cómico diga «hasta aquí hemos llegado»? Para responder a esa pregunta, terminé desplazándome en coche hasta una granja perdida en plena Inglaterra rural. Puede parecer la localización perfecta para una película de miedo, pero, créanme, la historia no acaba con mis mutilados restos enterrados bajo el suelo de un granero abandonado. La granja era el hogar de Ian Boldsworth, el cómico y presentador de radio cuya entrevista a Bobby Ball me había servido de inspiración inicial para analizar la relación entre el humor y la felicidad. Ian era también quien me había introducido en el mundo de los blogs después de leer el que él mismo había escrito acerca de su actuación de 2006 en el festival de Edimburgo. Luego se inició en el *podcasting*. Yo escuchaba sus *podcasts* durante las largas horas de trabajo en el laboratorio, mientras terminaba mi doctorado. Sin Ian, pueden estar seguros de que no estarían ahora leyendo esto. Reunirme con él era un poco como si Luke Skywalker acudiera a reunirse con Obi Wan Kenobi, suponiendo que Obi Wan solo hubiera introducido a Luke en su formación como caballero Jedi por accidente.

Ian, un norteño barbudo y melenudo, de pecho y espaldas muy anchos (imagínense a un vikingo que anda en patineta), tiene por norma ser una persona resueltamente sincera y abierta, incluso en lo relacionado con sus propios problemas de salud mental. Tiene que lidiar con episodios regulares de depresión mayor, y tiene incluso un espectáculo que hizo en vivo en Edimburgo en 2014 donde cuenta la historia de su propio intento de suicidio («Here Comes Trouble» o «Ahora vienen los problemas»). Lo más relevante para lo que yo venía estudiando era que hacía poco se había «alejado» de las actuaciones de comedia en vivo y había decidido limitarlas a un único show al mes. Y yo quería saber por qué.

—Simplemente, había dejado de disfrutarlo —me explicó—. Creo que jamás pensé en el humor en vivo como en una «diversión». Ha habido momentos en que lo ha sido, como cuando dices algo que crees que es gracioso y gusta mucho al público y todos lo estamos pasando muy bien. Y cuando estaba en un dúo cómico, o de gira con otro humorista, eran momentos en que daban ganas de reírse, hacerse el tonto en el escenario. Los disfrutaba mucho. Pero, en general, siempre me he sentido un poco ambivalente sobre la comedia como actividad.

Esa ambivalencia general contribuyó obviamente a que Ian decidiera alejarse un poco de las actuaciones en vivo. Hubo muchas otras muchas razones, también, pero todas pueden resumirse en el hecho de que la comedia se estaba convirtiendo en algo demasiado restrictivo que estaba incorporando demasiados elementos propios del ambiente y la cultura de un trabajo convencional —como unas reglas y unos objetivos profesionales, entre otras cosas— de los que Ian y otros (como Wes) tanto se habían esforzado por apartarse ya de entrada. He oído historias parecidas de otros cómicos y humoristas.

Desilusionado con la escena de las actuaciones en vivo, Ian está actualmente más centrado en su producción para radio, televisión y *podcasts*. Su propia relación con la salud mental lo llevó a crear el galardonado *Mental podcast*[38], rebosante de francas y esclarecedoras discusiones con personas que también están lidiando con sus propios problemas y trastornos. También acaba de grabar *The ParaPod*, donde habla de espíritus, misterios y conspiraciones con su colega humorista y creyente entusiasta en todo lo sobrenatural, Barry Dodds.[39] Ian es innegablemente muy feliz con su situación en el momento presente, haciendo lo que le gusta y como le gusta, sin tener que rendirle cuentas a nadie. Esto solucionaría los problemas antes señalados por Rhod, como la ausencia de novedad y el hecho de que demasiadas personas lo conozcan a uno y lo bombardeen a críticas. Si el humorista sigue haciendo cosas nuevas y cambiando su foco de atención principal antes de que el trabajo se vuelva demasiado «grande» o previsible para él, tal vez pueda seguir siendo feliz, ¿no? Ahora bien, quizá lo más importante para mi investigación fue constatar que el trabajo de Ian ya no depende de hacer reír a nadie. Puede parecer extraño, pero ¿es posible que cuando uno se pasa tanto tiempo experimentando el humor y la risa, le resulte más fácil ser feliz sin ellos? La gente parece sorprenderse a menudo de lo serios o «normales» que los cómicos y humoristas dan la impresión de ser en sus entrevistas y sus conversaciones, de que no sean los personajes que aparentan ser sobre el escenario, donde parecen incapaces de hablar de otro modo que no sea disparando treinta chistes por minuto.

Puede que la risa y el humor nos hagan felices del mismo modo que el dinero, que puede ser muy potente en ese sentido hasta un punto, pero que parece convertirse en algo mucho menos importante en cuanto sentimos que ya disponemos de la «suficiente» cantidad. Ian incluso admite, con cierto sentimiento de culpabilidad, que actualmente siente una satisfacción similar cuando recibe respuestas de ira o enojo (a algo que él haya creado) que cuando recibe elogios.

—Es raro, pero cuando la gente se enoja lo suficiente como para criticar algo que yo he hecho, me siento como si por dentro me dijera a mí mismo «¡muy bien!», porque es evidente que no eran mi público objetivo, así que hay algo en lo que he acertado.

¿Que la comedia puede terminar convirtiendo el rechazo en algo *positivo*? Eso es muy incongruente. Aunque, al mismo tiempo, muy apropiado, dado lo que sabemos sobre cómo funciona en el cerebro.

CUANDO LA RISA SE DETIENE

Por muy bien que lo estuviera pasando hablando con mis amigos e ídolos del mundo del humor y la comedia, todavía tenía pendiente sentarme a reflexionar sobre qué había aprendido (si es que había aprendido algo) acerca de cómo nos afecta el constante uso de —y la exposición a— el humor y la risa. ¿Nos hace infelices o no? Y, en cualquiera de los casos, ¿por qué? Son varios los puntos a ese respecto que merece la pena considerar.

En primer lugar, el humorismo es inmensamente estimulante

y placentero para quien lo practica (o, mejor dicho, para quien sabe practicarlo bien). Recuerden que nuestros cerebros experimentan una recompensa, una pequeña explosión de felicidad, como respuesta a cualquier interacción social positiva, explosión que es más potente todavía si, encima, hacemos reír a la otra persona (o personas). La risa es para nosotros un indicador de aceptación social, aprobación y armonía grupal, y todas esas son cosas que gustan a nuestro cerebro. Por lo tanto, hacer que toda una sala (o un pabellón) llena de personas se ría activa los circuitos de la recompensa en el cerebro más que ninguna otra cosa. La profesora Scott y muchos otros estudiosos han detectado síntomas como vértigo y temblores en los humoristas tras una actuación exitosa. Se entiende, pues, que alguien pudiera «engancharse» a esa sensación.

Durante nuestra charla, Wes lo comparó muy acertadamente con la drogadicción; para los humoristas es habitual considerar que la satisfacción y el placer que se obtienen actuando en el escenario compensan el esfuerzo y el ajetreo constante en torno a la vida del espectáculo (los largos desplazamientos en coche, las horas de sueño perdidas, el autocontrol necesario para interactuar con espontáneos impertinentes o con promotores que no tienen ni idea sin trepanarles el cráneo con un picahielos, etcétera), igual que los adictos están dispuestos a soportar los peligros asociados al consumo de drogas con tal de no dejar de consumirlas. ¿Es esa una comparación justa? ¿Son los cómicos unos meros yonquis de la aprobación social concentrada que el público les suministra? Decirlo así tal vez sea un poco extremo, pero eso no significa que sea una idea carente de fundamento.

Recordemos que la adicción a las drogas da un vuelco a nuestro pensamiento y nuestra motivación reales[40], porque la estimulación intensa y constante del circuito de recompensa modifica literalmente las conexiones entre dicha vía y las regiones del lóbulo frontal responsables de la cognición, la contención, etcétera. De ahí que los adictos se centren tanto en su vicio preferido en detrimento de todo lo demás, incluidas las relaciones interpersonales, la higiene y el respeto por la ley. No estoy diciendo que los cómicos sean unos yonquis del humor que terminan tendidos de cualquier manera sobre un colchón mugriento de alguna «narcoguarida» de la «broma perpetua», contándose chistes sin control, pero es de suponer que en sus cerebros estén presentes los mismos sistemas neurológicos que en los de cualquier persona. Y si cualquiera de nosotros recibiera abundante aprobación y validación social en el escenario varias veces a la semana, cabría esperar que toda necesidad instintiva de aceptación que pudiéramos tener se vería sobradamente colmada y no nos haría falta obtenerla de ninguna otra parte. En comparación con grupos numerosos de espectadores riéndose de lo que les decimos y aplaudiendo y aclamando nuestro nombre, un somero «cumple con las expectativas» en nuestra evaluación bienal de rendimiento en el trabajo se queda en algo bastante pobre, ciertamente. Recuerden que eso mismo fue lo que le pasó a Wes.

Pero ¿por qué puede ser tan estimulante actuar en espectáculos cómicos o de humor? Todos reímos y bromeamos con otras personas todo el tiempo, pero es difícil que experimentemos un «subidón» tan intenso tras una conversación importante o incluso tras una velada con amigos en la que nos hayamos reído mucho. ¿Qué tienen de diferente las actuaciones cómicas? La respuesta es la sensación de *riesgo*. Un público que nos da su aprobación es tremendamente agradable, pero también podría *no* reírse; podría rechazarnos, lo que sería una experiencia muy desagradable (créanme lo que les digo). Ya hemos visto lo mal que el cerebro se toma el rechazo social. De hecho, el tipo de fobia más habitual es el de las fobias sociales[41], que son las que se producen cuando las personas están intrínsecamente aterradas de hallarse en situaciones en las que otros u otras puedan rechazarlas. Esto implica lógicamente que las personas temen más el rechazo social que a animales como las serpientes o las arañas.

Así de potente es *. Un público que no responde (o que incluso nos abuchea) ante nuestros intentos de hacerlo reír es la forma más fuerte de rechazo que podamos imaginar, excepto el rechazo de un compañero o compañera sentimental que rompa con nosotros sin que nos lo esperáramos para nada (créanme también esto que les digo). Eso probablemente explica por qué las personas reaccionan con mayor sorpresa, asombro y horror cuando les digo que me dedico a la comedia en vivo que cuando les digo cualquier otra cosa de mí mismo. ¡Y recuerden que soy un doctor en neurociencia que, en su momento, *llegó a ganarse la vida trozando cadáveres!*

Así pues, si alguien se sube a un escenario para actuar como humorista, en lo que a su cerebro respecta, está experimentando el equivalente en términos de interacción social a un salto de *puenting;* en el plano consciente, sabe que va a estar bien, que no va a sufrir ningún daño físico, pero todo su evolutivo instinto de supervivencia le estará pidiendo a gritos que no lo haga, por lo que su sistema de lucha o huida estará en alerta máxima. De ese modo, si lo hace bien, no solo tendrá una gratificante sensación de aprobación (con el placer consiguiente que ello le reportará), sino que también sentirá el colosal alivio de haberse salvado en una situación de riesgo.[42] No puede sorprendernos, pues, que un buen número de comedia sea capaz (presuntamente) de inducir una sensación de euforia, ni que, de una mala actuación, se diga en inglés que ha sido «la muerte»: «Uf, te has muerto ahí arriba». Está claro que no es tan grave como una muerte en sentido literal, pero es fácil que se tenga la *sensación* de que sí lo es.

---

* Es posible que esto solo signifique que las personas se dan cuenta de que el rechazo social es un suceso más probable en sus vidas, lo que no deja de ser cierto. En las sociedades modernas, la probabilidad de que alguien haga el ridículo en alguna exposición en público es desde luego mucho mayor que la de que sea el blanco del ataque de una tarántula furiosa.

Si el rechazo social es un riesgo tan grande del humor en vivo, tiene lógica que atraiga con mayor probabilidad a personas a quienes no les preocupe tanto la posibilidad de sentirse rechazadas. Hablamos de individuos con una inquebrantable confianza en sí mismos (y de los que hay una nutrida representación en el mundo de la comedia, créanme) o de personas que están insensibilizadas al rechazo social, porque *se han acostumbrado a él*. Los inadaptados, los bichos raros, los marginados, los que no encajan en la sociedad «normal» por razones que tienen que ver con cómo se criaron, con su personalidad o, por qué no, con problemas de salud mental. La comedia en vivo tiene un carácter casi autoselectivo para quienes, por sus problemas emocionales o similares, suelen sentirse rechazados por la mayoría de la población. Es a ellos a quienes cabe esperar ver más a menudo en ese mundillo de la comedia. Y a juzgar por mis propias impresiones a simple vista, así parece ser en realidad.

Es muy posible que el acto mismo de interpretar números cómicos, por mucho que estos giren en torno al humor, los chistes y la diversión, tienda a exacerbar cierta inestabilidad emocional preexistente. Tanto Ian como Wes, que tienen sus propios problemas de salud mental de los que preocuparse, me refirieron ciertas rutinas con las que, voluntariamente o no, terminaban induciendo en sí mismos estados emocionales muy negativos: la rememoración del episodio de su intento de suicidio, en el caso de Ian; los constantes brotes de ira, en el caso de Wes. El cerebro humano es muy sensible a todo lo relacionado con el humor y la risa[43], y muy ducho en interpretar e inferir las emociones de otras personas. Gracias a la teoría de la mente, a la empatía y a todas esas capacidades, interpretar comedia suele exigir un ejercicio de *autenticidad*. Un público tiene que creer que un artista está siendo auténtico, por lo menos hasta cierto grado. De ahí que, si su número contiene elementos de ira o de tristeza o de otras emociones negativas, el único modo para el artista de transmitirlas eficazmente —a menos que sea un actor fantástico— es sintiéndolas de un modo más o menos genuino a base de rescatar recuerdos relacionados, o de ponerse a sí mismo en ese estado mental. Esencialmente, los cómicos pueden terminar en una situación en la que se los recompense (económicamente, pero también con la risa y la aprobación del público) por sentirse infelices. Wes me dijo que había llegado al extremo de buscar cosas con las que enojarse en su vida cotidiana para tener la posibilidad de hablar de ellas en el escenario. Si esto es así para otros cómicos, significa que, gracias al humor y la risa, se los está *condicionando para ser infelices*.[44] Y eso probablemente no sea nada positivo para ellos, en general.

Al parecer, existen realmente factores de origen cerebral que podrían explicar por qué los cómicos, personas especializadas en usar el humor y propagar la risa, tienen más probabilidades de acabar siendo infelices que de ser felices, por contrario a la lógica que, de entrada, nos pueda resultar. No es el caso de muchos de ellos y de ellas, claro está; muchos cómicos son personas sencillamente contentas con la vida y disfrutan con lo que hacen. Pero, si suponemos que el tópico de las «lágrimas de payaso» tiene cierto fundamento porque de algún lado ha tenido que venir, ahora podemos basarlo en un mecanismo neurológico plausible que lo explicaría. Actuar en números cómicos conlleva la aprobación y la validación sustanciales de otras personas, pero también el riesgo de un considerable rechazo. De ahí que quienes están insensibilizados al rechazo social sean más proclives a probar fortuna en ese campo, y que el hecho de que el humor dependa de una percepción de incongruencia implique que quienes poseen una visión «alternativa» del mundo sean también quienes más probabilidades tengan de triunfar en comedia. Pero también supone para ellos tener que «desnudar su alma» de manera habitual para recibir la aprobación de otras personas, y si estas recompensan al cómico por el hecho de exhibir emociones negativas en aras de la comedia, este corre el riesgo de ver alentada y perpetuada toda esa infelicidad suya (intrínseca o autoinducida). Eso, sumado a la naturaleza del trabajo en sí, podría tensar considerablemente la felicidad y el bienestar de quienes se dedican al humor en vivo, sobre todo en aquellos con cerebros y mentes que son inherentemente vulnerables de por sí.[45]

Pero ¿qué nos revela todo esto acerca de la risa, el humor y la felicidad? Está claro que la risa y el humor parecen ser unos ingredientes muy potentes de la combinación de factores que nos hace felices. Están siempre presentes, son versátiles, son fáciles de desplegar y son eficaces al instante, además de reportarnos múltiples beneficios tangibles, como el fomento de la cohesión social, la liberación inocua de tensiones y de agresividad, e incluso cierto efecto protector de nuestra capacidad para resistir el estrés y el trauma y para superarlos. No obstante, a juzgar por lo que muchos cómicos y humoristas me han comentado, da la impresión de que la risa y el humor son suficientemente potentes como para recompensar con creces —y, por tanto, para alentar— el hecho de que esos artistas desarrollen comportamientos desagradables y perjudiciales que puedan resultarles (y que, muchas veces, les resultan) dañinos a largo plazo. Y, si los ejemplos de Rhod y de Ian pueden servirnos de referencia, nuestros cerebros pueden insensibilizarse a la risa y al humor si se exponen a ellos durante el tiempo suficiente.

En general, todo indica que Bobby Ball tenía razón cuando dijo que es imposible reír y estar triste al mismo tiempo (es de suponer que la risa «no Duchenne» no cuenta en ese sentido). Pero solo lo es en los instantes concretos. Al parecer, en el momento mismo en que se están produciendo, la risa y los procesos en que esta se sustenta reprimen o bloquean efectivamente otras emociones más negativas.[46] Pero es un bloqueo bastante fugaz. Además, el humor es el producto derivado del reconocimiento de que algo resulta incongruente o «incorrecto», pero para la detección misma de esa incongruencia es preciso que haya algo (una regla, una norma o una expectativa) que se «vulnere» de entrada. Asimismo, la risa puede tener un papel más social, pero es un papel de realce, facilitador; la risa tiene más que ver con el fortalecimiento de los lazos sociales que con su creación (aunque esta última no es una regla infalible).

Básicamente, pues, es difícil que la risa y el humor existan de forma aislada, sin más; necesitan que haya algo a lo que sirven de respuesta, algo en qué basarse. En cierto sentido, son a la felicidad lo que las especias o los condimentos a una comida. La dosis correcta de especias puede mejorar enormemente un plato o incluso salvar uno bastante malo de entrada. Y hasta la mayor bazofia culinaria del mundo puede rescatarse si la bañamos en kétchup o la saturamos de sal. Lo mismo ocurre con la risa y el humor; pueden mejorar una situación agradable, pueden hacer aceptable una que era mala de entrada, o pueden incluso proporcionarnos destellos de felicidad cuando todo parece estar saliendo terriblemente mal.

¿Quizá los convencería más otra metáfora culinaria? De acuerdo. Probemos con una muy característicamente inglesa. Tal vez el humor y la risa sean como el glaseado del pastel de la felicidad; una felicidad basada exclusivamente en la risa y el humor sería como tener esa capa de glaseado sin el pastel que normalmente esconde por debajo. Puede que parezca bonita, incluso puede recordarnos al pastel de verdad, puede que hasta sepa rica, pero ni es consistente ni puede satisfacernos. Además, si nos excedemos en su consumo, podemos acabar con un empalago muy desagradable, y es muy fácil que se venga abajo con bien poco. Por otra parte, dado que el humor parece depender de la existencia de una sensación de incongruencia, de subjetividad, de imprevisibilidad y de sorpresa, todo indica que el más mínimo intento de formalizarlo, de imponerle unas reglas y una estructura, de convertirlo en fiable y manejable, puede erosionar las propiedades mismas que hacen que valga la pena. ¿Y cómo iba a hacernos felices eso?

Ian lo resumió a la perfección con una historia de cuando los trasladaron a él y a su entonces compañero creativo al departamento de comedia de la BBC para que colaboraran en la redacción de chistes para un programa de televisión que la cadena quería estrenar en poco tiempo:

—Al principio, estábamos encantados, felices, de estar allí. Nos instalaron en un despacho que antes era el de French y Saunders [conocido dúo cómico británico] y no podíamos evitar manosearlo todo, sacarnos fotos con todos los premios que había allí. Pero, al final, nos dimos cuenta de que debíamos ponernos manos a la obra y sentarnos a escribir. Nos iban saliendo cosas y nos hacían reír mucho. Creo que nada de aquello llegó a usarse nunca, pero a nosotros nos divertía. Así que allí estábamos, echándonos unas risas cada poco rato, cuando el director del programa, un cómico famoso, por cierto, asomó la cabeza por la puerta de nuestro despacho y dijo: «Chicos, ¿pueden bajar un poco el volumen? Es que estamos intentando trabajar un poco». Aquello debería haber sido una señal de advertencia para mí; ¡pero si estábamos en el corazón de la comedia en la BBC! ¡La gente tendría que estar oyéndonos reír en todo Londres!

Como decía, eso lo resume todo muy bien, creo yo. Si dedicamos demasiado tiempo y atención al humor y a la comedia, pasan a convertirse en nuestro único foco de atención y podemos llegar al extremo de desaprobar la risa misma.

¿A que es gracioso?

7

El lado oscuro de la felicidad

Yo una vez fui animadora. Apuesto a que eso no es algo que la mayoría de neurocientíficos varones entrados en la treintena y cada día más calvos (como yo) puedan decir de sí mismos. Fue en mi adolescencia. En un acto para recaudar fondos organizado por mis padres, hicimos una parodia de un combate de lucha libre de la WWF*, y a mí me tocó ser una de las animadoras del «malo» de la pelea. Se imaginan una imagen bastante ridícula, ¿verdad? Un adolescente regordete con una peluca dorada y una falda negra agitando pompones como un poseso. Pues sí, así fue la cosa.

Aparte de algún que otro momento ocasional en que me despierto gritando entre sudores fríos, de adulto rara vez he pensado siquiera en mi experiencia como animadora. Está tan alejada de mi imagen actual que difícilmente sale en una conversación o vivencia cotidiana. Si la menciono ahora es porque todos tenemos cosas raras (o incluso algunas que lamentamos)

---

* La World Wrestling Federation, como se la llamaba entonces, durante la época dorada de Hulk Hogan y de «Macho Man» Randy Savage.

en nuestro pasado que preferiríamos no haber hecho o vivido, y que nuestro cerebro nos permite reprimir o minimizar a fin de conservar o garantizar nuestra felicidad. Por lo general, eso está bien; preocuparnos por nuestros fallos y nuestros errores puede dañar nuestra confianza y nuestro bienestar si llevamos tal preocupación hasta el exceso. Ese es un rasgo clave de la depresión clínica.[1] Por otra parte, ignorar o pasar sistemáticamente por encima de toda información que nos resulte negativa, que no nos ayude o que no nos deje en buen lugar puede ser un ejercicio de deshonestidad supina que termine induciéndonos a engaño. Y, en el punto en que estaba de mi investigación, yo había empezado a preocuparme de que yo mismo estuviera cometiendo tal equivocación.

Básicamente, son muchas las cosas que, al final, no había incluido en los capítulos previos: la feroz persecución de la que había sido objeto Charlotte Church desde los tabloides británicos cuando tomaron la arbitraria decisión de atacarla; las respuestas que Girl on the Net había tenido que soportar de hombres que se indignaban hasta extremos homicidas cuando se les decía que las mujeres no les «debían» sexo; las anécdotas que me había contado Lucy Blatter sobre las rivalidades, absurdamente mezquinas, entre miembros de la élite neoyorquina; las alusiones del profesor Chambers a ese mismo tipo de querellas en el mundo de la neurociencia; las cada vez más comunes interacciones de Ian Boldsworth con espectadores maleducados, agresivos e intolerantes, etcétera. En mi defensa aduciré que, de haber incluido *todo* lo que averigüé o me contaron sobre la felicidad y el cerebro, la colección entera de volúmenes de *Juego de tronos* habría parecido un prospecto farmacéutico al lado de este libro. Obviamente, había que descartar cosas. Y como estaba escribiendo un libro sobre la felicidad, no quería llenar sus páginas de contenidos negativos o desagradables; esa no era la historia que aspiraba a contar, así que dejé fuera todo lo triste y sombrío en la medida en que pude. Sin embargo, al final me di cuenta de que el relato del libro hasta este punto corría el riesgo de caracterizar a la humanidad como una especie de individuos trabajadores, amantes de la seguridad, moderadamente hedonistas y aspirantes a románticos, que no necesitaban otra cosa más que gustar y ser aceptados, fuera como fuere.

Pero eso no es verdad, ¿a que no? Los seres humanos somos muchas veces sencillamente horribles, en ocasiones, porque nos alegra hacer o sentir cosas desagradables, peligrosas o ruines sin más. ¿Qué pasa entonces? ¿Por qué el cerebro puede llevarnos a sentir placer y gratificación por hacer cosas malas y desagradables? Aunque de mala gana, finalmente me di cuenta de que, si quería conocer a fondo y rigurosamente cómo funciona la felicidad en el cerebro, iba a tener que tratar de encontrar la respuesta a esas preguntas también. Iba a tener que hacer como Anakin Skywalker y pasarme al lado oscuro.

A TI TE VA UNO, A MÍ ME VA OTRO

La definición de desagradable es «que causa disgusto, descontento o repugnancia», así que lo lógico es que no podamos sentirnos felices cuando estamos experimentando algo desagradable. Pero, si es así, ¿por qué tantas personas parecen disfrutar con cosas desagradables? En muchos casos, la respuesta a esa pregunta es fácil: porque eso no es lo que está sucediendo realmente. Lo malo o lo desagradable suelen ser conceptos sumamente subjetivos. Un ejemplo evidente (al que recurro con mucha frecuencia, pero que resulta muy útil) es la comida y las preferencias culinarias; un mismo alimento puede provocar náuseas en ciertas personas solo con mencionarlo y puede ser un bocado exquisito para muchas otras. Comidas como las ostras, o el queso azul, o la lengua de vaca, o el mazapán, o la que ustedes quieran, parecen gravitar sobre la fina línea que separa lo asqueroso de lo delicioso, y solo el gusto personal de cada uno decide de qué lado de ese límite se decantan finalmente esos alimentos. No puede extrañarnos si tenemos en cuenta lo variables que son las preferencias y la percepción de los gustos[2], no ya entre personas distintas, sino entre situaciones diferentes *para una misma persona*. La presión atmosférica afecta el gusto (lo que explica en parte por qué la comida de los aviones es blanco predilecto de tantos y tantos chistes); también el embarazo y los cambios hormonales y químicos que conlleva causan estragos en el gusto; la edad incide en él; incluso el hecho de oler o ver otra cosa al mismo tiempo altera el sabor de una comida para nosotros. Sí que es cierto que nos comemos las cosas con la vista (el primer bocado, por lo menos).

En realidad, el gusto es un sentido bastante endeble. El cerebro no le dedica muchos recursos, por lo que cuando experimentamos el sabor de algo, una buena parte viene matizada por el olor, la vista, la memoria y las expectativas. Las preferencias culinarias están fuertemente influidas, pues, por las experiencias, las ideas preconcebidas, la cultura, etcétera.[3] Así que, cuando otra persona come algo que creemos que es malo, suele deberse a que su percepción de esa comida es distinta de la nuestra. No es que sea masoquista y esté haciendo algo que detesta: simplemente es que no le parece malo como a nosotros.

Eso mismo puede decirse de los demás sentidos también. Hay personas que no soportan el olor del humo de pipa, mientras que a otras les recuerda a un abuelo querido y evoca en ellas tiernas imágenes del pasado y asociaciones positivas (sobre todo, porque el olor está estrechamente relacionado con la memoria).[4] Hay quienes no soportan la música *heavy metal,* mientras que la vida de otros gira casi exclusivamente en torno a ella. Muchos se burlan a menudo de las modas de los años setenta, pero bien que las permanentes y los pantalones acampanados causaban sensación por entonces. Básicamente, usted no puede calificar de objetivamente mala una cosa que no le guste sin más; es posible que así lo crea usted, porque su cerebro se ha ido formando de tal manera que ahora aquella cosa le resulta detestable. Pero otras personas tienen un cerebro distinto. Ellas *no son usted.*

Podemos hablar de la gran variación que existe entre dos cerebros individuales cualesquiera y nos quedaríamos cortos. Precisamente por ello los estudios neurocientíficos (y de otros campos relacionados) tienden a usar a gemelos idénticos como sujetos[5], pues tienen genes prácticamente calcados y, normalmente, se han criado en el mismo entorno, por lo que han estado sometidos a las mismas condiciones durante sus fases de desarrollo. Las variables innatas *y* las culturales o adquiridas son aproximadamente iguales para ambos individuos en esos casos. De ese modo, si, al llegar a la edad adulta, uno de los gemelos sufre depresión, pero el otro no, podemos examinar en qué se diferencian sus cerebros y concluir con mayor fiabilidad que esa diferencia observada es la que ha conducido a la depresión, pues si la causa fuera genética o estuviera relacionada con el tipo de desarrollo, ambos individuos presentarían el mismo cuadro depresivo. Y viceversa: si *ambos* terminaran padeciendo depresión de adultos a pesar de haber llevado vidas diferentes tras haber completado su desarrollo, lo más probable sería que la causa global fuera un factor genético o de desarrollo temprano.[6] La cosa es más compleja de lo que este breve resumen del diseño de investigación puede dar a entender, por supuesto, pero, sea como fuere, lo cierto es que los gemelos idénticos son una bendición para la ciencia, y no solo para las películas de terror.

No obstante, incluso los gemelos idénticos pueden ser personas muy diferentes una de otra, con cerebros y personalidades marcadamente distintos. ¿Cómo es posible? Pensemos en ello de este modo: reunamos un millón de dados, introduzcámoslos en una lavadora industrial y programemos un centrifugado de veinte minutos (no olviden ponerse protectores para los oídos, pues la experiencia promete ser muy ruidosa). Cuando el programa haya terminado, volquemos todos los dados en el suelo y calculemos la suma total de lo que haya salido en ellos. Luego, vuelvan a proceder exactamente igual que antes y calculen esa segunda suma total. ¿Piensan que obtendrán la misma cifra en ambos casos? Seguro que no. Dados idénticos, lavadora idéntica, procedimiento idéntico y durante idéntico período de tiempo. Pero, aun así, sería un milagro obtener la misma suma exacta dos veces seguidas. Y eso se debe a que, a pesar de las similitudes generales, los componentes individuales están afectados por sus propios movimientos casuales aleatorios y se están afectando mutuamente todo el tiempo. Nuestros genes y nuestro entorno son un poco así cuando producen el cerebro que finalmente tendremos. Solo que, en ese caso, los dados son cien mil millones, y todos ellos tienen mil caras, y la lavadora centrifuga subida a una montaña rusa.

No es de extrañar, entonces, que haya tan sustanciales diferencias de una persona a otra. Ya hemos visto que nos gustan casas y espacios vitales distintos, que tenemos necesidades y deseos diferentes en lo tocante a nuestros trabajos y nuestras aspiraciones, que nos reímos con cosas distintas, que diferimos exageradamente en cuanto a nuestras preferencias sexuales y a lo que nos atrae físicamente, etcétera. No hay nadie que esté «equivocado» por tener los gustos que tiene, nadie que esté haciendo nada «malo» en ese sentido; lo que ocurre, simplemente, es que no hay dos personas exactamente iguales y que lo que las hace felices varía en consecuencia.

No obstante, algunas influencias son persistentes y duraderas y terminan realmente «cargando los dados» a favor de un resultado u otro; si una persona se cría en una familia muy melómana y está rodeada de música todo el tiempo, probablemente tendrá un sentimiento muy especial por lo musical. Puede que adore la música; puede que se rebele contra ella y la deteste; pero probablemente no le será indiferente. Otras influencias, aunque temporales, pueden ser increíblemente fuertes hasta el punto de incidir de manera muy significativa en diversas áreas del cerebro. Ese puede ser el caso de nuestro primer encuentro sexual. Es muy posible, por ejemplo, que alguien cuya primera experiencia sexual fuera con una persona pelirroja, se sienta a partir de entonces atraído para siempre por quienes tengan el pelo de ese color. El cerebro aprende rápido las novedades cuando vienen cargadas de propiedades emocionales y estimulantes[7], por lo que, en este ejemplo en concreto, los procesos de aprendizaje básicos no tardan en establecer la asociación «pelirrojas (o pelirrojos) = placer sexual». Al cerebro le gusta generalizar; no tiene por qué ser la misma pelirroja o el mismo pelirrojo todas las veces, pues bastan unos estímulos similares para producir una reacción similar (aunque sea ya un tanto amortiguada).[8] De ahí se deriva entonces una afición nuestra más ampliada por todas aquellas cosas que comparten unas características preferidas. Por eso nos gustan ciertos grupos o estilos de música, o ciertos géneros de arte o cine, y no solo el ejemplo específico que nos gustó la primera vez. Eso quiere decir también que, si a alguien le gusta algo que nosotros odiamos, será más probable que le gusten también otras cosas que nosotros tendemos a detestar. Las diferencias se van haciendo así más amplias y arraigadas.

De todos modos, antes de que vaguemos de nuevo por la senda del «todos somos diferentes y eso está bien: paz y amor para todos», debemos recordar que podemos hacer muchas cosas que sí son objetivamente malas, en el sentido de dañinas para nosotros, aunque un sinfín de personas disfrute haciéndolas y obtenga felicidad con ello. Dada la aversión al riesgo y la obsesión por la seguridad que supuestamente caracteriza nuestros cerebros, ¿por qué hay tantas personas que disfrutan con los alimentos poco saludables, el alcohol, las drogas, el juego, los deportes violentos y peligrosos, etcétera, aun a pesar de ser constantemente advertidas de su nocividad? Los males y los peligros del consumo de drogas nos son machaconamente recordados desde muy temprana edad[9], como se nos advierte también de los riesgos del tabaco para la salud[10] o de las propiedades químicas y caloríficas de los productos que comemos. Tenemos a nuestra disposición y alcance multitud de dietas ricas en superalimentos que nos limpian el colon y potencian nuestro sistema inmune. Quienes las promocionan poco menos que nos hacen sentir como monstruos asesinos de tiernos cachorritos si se nos ocurre siquiera echar una mirada furtiva a un paquete de galletas. Y, aun así, insistimos en lo insano. ¿Por qué?

Pues porque, repito, el cerebro no hace las cosas con un 100 % de racionalidad. Por ejemplo, aunque constantemente se nos hace saber lo poco saludables o lo peligrosas que son ciertas cosas, el mero hecho de «saberlo» no nos sirve de mucha ayuda. A menudo, las redes sociales se llenan de enlaces a alguna noticia, meme o juego compartido para «concientizar» sobre un problema de salud o un suceso trágico. Aun aceptando que sean campañas 100 % bienintencionadas, muchas voces han venido a insistir en lo mismo[11]: una vez que se aumenta la conciencia ciudadana, ¿qué? La concientización abstracta sobre algo, aunque sea sobre un «algo» peligroso, difícilmente cambia acciones o conductas de la gente. Eso representa un gran problema para quienes tratan de abordar cuestiones de salud pública como la obesidad, o grandes problemas medioambientales como el cambio climático. Parece que, aunque las personas sepamos que algo está mal o es perjudicial, seguimos persistiendo en ello a pesar de todo.[12]

Esto se debe en parte a que nuestros cerebros, pese a lo potentes que son, tienen sus límites. La vida moderna conlleva, entre otras cosas, que se nos bombardee con información de todo tipo y en todo momento de nuestras horas de vigilia. Pero el cerebro solo puede manejar una cantidad máxima de información en un mismo momento. El hecho de que logre absorber y retener todo lo que absorbe y retiene ya raya en lo milagroso, pero significa igualmente que el cerebro debe seleccionar y escoger lo importante e ignorar, minimizar o sencillamente descartar el resto. ¿Cómo decide a qué prestar atención y a qué no?

Durante buena parte del tiempo, la información que se caracteriza por un elemento emocional significativo* o por ciertas propiedades estimulantes (que provocan «excitación»)[13] tiene prioridad sobre otras informaciones más neutras y desprovistas de tales cualidades. Si nos comemos unas bolitas de queso rebozadas o un postre de chocolate de tres capas, nos saben riquísimos; sentimos placer y disfrute porque nuestros cerebros reaccionan positivamente a la dulzura y/o a los alimentos altamente calóricos[14]. Por consiguiente, nuestro cerebro aprende enseguida que «bolitas de queso rebozadas = buenas». Comparen eso con que nos cuenten, en algún folleto o algún soso documental, los efectos a largo plazo de los alimentos grasos en nuestros niveles de colesterol y en nuestras arterias. Tiene un interés potencial para nosotros, pero no es ni por asomo tan estimulante, tan *excitante,* como el acto de comerse realmente esa comida. Así que sí, somos conscientes de que comer queso frito rebozado es «malo» en un sentido abstracto, pero *sabemos* que es increíblemente placentero. Y esto último tiene más probabilidades de influir en nuestra conducta.

Esto también explica por qué, a menos que seamos unos apasionados de esos temas (y reconozco que muchos lo somos), aprender ciencias o matemáticas o cualquier cosa de ese tipo nos resulta difícil; se trata de una información mayormente abstracta, intangible (por definición), sin apenas elementos emocionales o estimulantes. Podemos esforzarnos en retenerla por repetición y repaso, pero eso requiere de esfuerzo y perseverancia. Es mucho trabajo para una nula recompensa inmediata y palpable, lo que lo hace más difícil aún si cabe, ya que las partes de nuestro cerebro que supervisan la gratificación de nuestros esfuerzos no aprueban tal cosa. Por eso puedo recitar mis episodios favoritos de *Los Simpson* de memoria muchos años des-

---

* Que recibe la denominación científica de «valencia emocional», que puede ser positiva (como en el caso de la alegría, por ejemplo) o negativa (como en el caso del miedo).

pués de haberlos visto, pero no conservo recuerdo alguno de qué tema entró en mi último examen de geografía en el colegio, por ejemplo. Solo una de esas dos cosas era importante para mi éxito académico, pero es evidente que a las partes relevantes de mi cerebro no les gustaba. La evolución no nos ha hecho para funcionar así. Y, en cuanto decidimos que algo nos gusta, somos reacios a cambiar de opinión a menos que el contraargumento sea particularmente fuerte.[15]

Se *puede* conseguir, por supuesto. Podemos ser unos enamorados de los coches y de conducirlos, y dejar de subirnos a ellos por mucho tiempo tras sufrir un accidente casi mortal.[16] Por similar motivo, si comemos algo que siempre nos ha gustado y nos intoxicamos, tardaremos tiempo en volver a comerlo de nuevo (si es que volvemos a comerlo algún día). Todavía disponemos de esas partes del cerebro que reconocen y enfatizan el asco y el peligro, y que se disparan cuando hacemos algo que nos autolesiona. Pero también ellas tienen sus límites.

Importan mucho los tiempos; si colocamos la mano sobre un fogón encendido, el dolor es inmediato e instintivamente la retiramos, pues rápidamente nos hemos dado plena cuenta de que lo que acabamos de tocar es peligroso y debe evitarse. Pero ¿y si, por algún extraño trastorno que hiciera que los nervios relevantes condujesen las señales a paso de tortuga, experimentáramos esa sensación de dolor una semana después? No asociaríamos automáticamente el dolor con el fogón, por lo que nada impediría que lo siguiéramos tocando reiteradamente mientras tanto. Cualquier observador externo de una situación así pensaría que la persona en cuestión está loca como una cabra, inmersa en una dinámica autodestructiva, pero esa persona no tendría modo alguno de darse cuenta.

Cuanto mayor es la demora entre la consecuencia y la acción, más difícil le resulta a nuestro subconsciente aprender sistemas para efectuar la conexión.[17] Por desgracia, si comemos alimentos grasos o abusamos del alcohol o de otras drogas, las consecuencias negativas (en forma de un mal estado de salud, por ejemplo) suceden días, meses o incluso años después. Las resacas se sufren a la mañana siguiente, sí, pero horas después de que se hayan disfrutado los efectos placenteros de la bebida. El bloqueo de nuestras arterias y la presión excesiva sobre el corazón por culpa de una dieta hipercalórica son procesos muy paulatinos que, en su mayor parte, ni siquiera podemos sentir. Lo que quiero decir es que «sabemos» que la conducta en cuestión no nos está haciendo ningún bien, pero las regiones más primitivas (y, de todos modos, más potentes) del cerebro, encargadas de relacionar causa y efecto, no llegan a apreciar realmente que eso sea así.

A decir verdad, incluso los procesos conscientes, gestionados por nuestros lóbulos frontales, pueden ser poco fiables por culpa de fenómenos como el sesgo de optimismo[18], que, sin otra base que unos supuestos sin fundamento, nos induce a suponer que las cosas saldrán bien, que la mejor de las situaciones posibles es también la situación más probable. Esto, que puede sernos muy útil —una actitud positiva, optimista, está significativamente relacionada con un mayor bienestar mental y una mejor tolerancia de las situaciones estresantes[19], y puede ayudarnos en cuanto a nuestra motivación y nuestros objetivos—, puede ser también de muy poca ayuda o incluso resultar contraproducente para nosotros. «Podría evitar tener cáncer de pulmón si dejo de fumar, pero probablemente no lo tendré aunque siga fumando, conque ¿qué importa?». Pero, con el tiempo, usted enferma de cáncer de pulmón. Porque ha seguido fumando. ¿Ve cómo funciona la cosa?

No se trata solamente de un ejercicio de ignorancia deliberada por nuestra parte. Los estudios con neuroimagen indican que ciertas regiones cerebrales, concretamente la amígdala y el área rostral del córtex cingulado anterior *, parecen hallarse muy acti-

---

* Áreas que ya hemos mencionado previamente debido a su destacado papel en diversos aspectos de la emoción y la gratificación o recompensa.

vas cuando los sujetos imaginan hechos futuros positivos, pero no cuando los imaginan negativos[20], lo que sugiere que el cerebro atribuye automáticamente mayor peso e importancia a las predicciones optimistas que a las pesimistas. Esto tiene cierta lógica; la planificación y las predicciones son, en términos evolutivos, facultades relativamente nuevas de nuestros cerebros, y las regiones cerebrales más profundas, como la amígdala, no hacen más que reaccionar a las cualidades básicas de todo aquello que se les presenta, por lo que resaltan más lo bueno que lo malo, sin percatarse de que son situaciones hipotéticas, no hechos reales. De ahí que nuestras predicciones estén imbuidas a menudo de un optimismo poco realista.

Hay procesos, sin embargo, con los que el cerebro trata de *impedir* que nos hagamos daño. Los estudios realizados con drogadictos sobre sus comportamientos a largo plazo han mostrado que las drogas adictivas estimulan el circuito dopaminérgico de recompensa, fuente de todo placer y goce del cerebro. Con el tiempo, esa actividad disminuye; gracias a su característica plasticidad, el cerebro cambia para compensar esa presencia constante de la droga, por lo que se necesitan dosis crecientes para inducir los mismos «subidones» que antes, ya que la capacidad de respuesta del circuito de recompensa a la para entonces ya familiar sustancia química externa se ha visto reducida.[21] Antes se suponía que esa disminución de la actividad de recompensa era la que hacía que los consumidores de drogas persistieran en su adicción, y que la alteración de las conexiones entre el circuito de recompensa y las regiones del córtex frontal encargadas de la conciencia, el pensamiento y la conducta conllevaba que los adictos terminaran priorizando la satisfacción de su impulso adictivo por encima del resto de necesidades más «habituales», como socializar, comer, cuidar la higiene personal, etcétera.[22]

Sin embargo, algunos estudios recientes han señalado la existencia de un circuito de *anti*recompensa, una red de regiones cerebrales que provoca reacciones emocionales y físicas negativas a las cosas, incluso a cosas con las que disfrutamos.[23] No está tan estudiado como el circuito de recompensa, pero, al parecer, involucra ciertas regiones de la amígdala y de la estría terminal (próxima al tálamo), tiene conexiones con el córtex frontal, y depende de los neurotransmisores, factor liberador de corticotropina (CRF) y dinorfina.[24] Se han detectado niveles anómalamente elevados de CRF en el líquido cerebroespinal de personas fallecidas por suicidio[25], y las dinorfinas han sido reiteradamente vinculadas con el estrés y la depresión.[26] Se cree que ambos neurotransmisores causan disforia, un profundo estado de desazón y depresión que es básicamente lo contrario de la euforia. En esencia, este sistema de antirrecompensa hace que nos sintamos infelices.

Lo curioso es que, al parecer, se activa cuando experimentamos sensaciones placenteras, aunque su nivel de activación es mucho menor que el del circuito de recompensa (al principio). Experimentamos un placer intenso con algo, sí, pero también cierto dejo de desagrado, pues el cerebro interviene en ese momento para «refrenarnos»*. Sin embargo, hay estudios que indican que el consumo crónico de drogas incrementa paulatinamente la actividad del sistema de antirrecompensa, al tiempo que reduce la del sistema de recompensa. El consumo excesivo de drogas puede así dar al traste con tan delicado equilibrio, lo cual sería el motivo por el que los adictos terminan con un sistema de recompensa que apenas responde a los estímulos, y con un sistema de antirrecompensa exageradamente hiperactivo. Al final, a los drogadictos les cuesta muchísimo sentir felicidad alguna, pero sí pueden sentirse terriblemente *in*felices. Sus cerebros se han desfasado. De ahí que los consumidores crónicos no persistan en la

---

* O puede que sea simplemente para mantener operativo el sistema opuesto. Muchas funciones biológicas están controladas por dos sistemas opuestos, como en el caso de los sistemas nerviosos simpático y parasimpático, y tiene que haber entonces un nivel basal de actividad en cualquiera de los dos para mantener vivas las células que los componen.

droga por placer: muchos de ellos reconocen que solo tratan de sentirse «normales» de nuevo, y que la droga que consumen es ya lo único que calma el sistema de antirrecompensa en sus (para entonces) alterados cerebros.[27]

Eso explica también por qué son tan habituales las recaídas inducidas por estrés en los adictos; el sistema de antirrecompensa opera principalmente a través de los mecanismos de respuesta al estrés[28], por lo que las situaciones estresantes incrementan más aún la actividad del sistema de antirrecompensa. Si damos por supuesto que este sistema está incorporado a todos los cerebros (y no tenemos motivos para pensar que no sea así), y que la vida de todas las personas tiene momentos y hechos más o menos estresantes, nos encontraríamos ante una razón más por la que las personas se dan el gusto de hacer cosas perjudiciales pero placenteras; no lo hacen por hedonismo ni por vicio o indulgencia, sino porque supone un intento real (aunque tal vez inconsciente) de dejar de sentirse infelices. Beber, fumar o comer alimentos poco saludables es malo porque puede hacernos daño y, por tanto, hacer que nos sintamos infelices. Pero, si ya de entrada nos sentimos infelices, ¿qué tendríamos que perder?

¿Odia a tu prójimo?

Así que sí, las personas hacemos habitualmente cosas que perjudican nuestros organismos y nuestros cerebros. Pero, para ser justos, ¿qué puede haber más «nuestro» que eso para hacer con ello lo que nos plazca? Si no dañamos a nadie más, ¿cuál es el problema? Pues el problema es que a menudo sí dañamos a otras personas. Fumadores pasivos, víctimas de agresiones cometidas bajo los efectos del alcohol, problemas de salud autoinfligidos que causan una innecesaria sangría de valiosos recursos sanitarios que se sustraen así de la atención médica del conjunto de la población, etcétera. Y esos son solo los perjuicios indirectos;

todos los días, hay personas que mienten, engañan, agreden, roban, intimidan, manipulan y sabotean directamente para conseguir lo que quieren. Sus metas y deseos, su felicidad, pasan por hacer que otras personas se sientan infelices (muy infelices, incluso, en no pocas ocasiones). ¿No se contradice eso claramente con las conclusiones a las que habíamos llegado antes? Ya hemos visto que gustar y ser aceptados por otros es un factor clave de lo que hace felices a las personas y que hasta los pequeños encuentros sociales placenteros activan el sistema de recompensa, mientras que el más mínimo rechazo nos ocasiona un dolor (psicológico). Luego está la empatía, la cual, pese a ser muy útil en general, implica que podemos experimentar también la infelicidad que están sintiendo otras personas, aunque sea en menor medida que ellas. La lógica nos llevaría a concluir que hacer infelices a otras personas también nos hará infelices a nosotros, ¿no?

Por vía evolutiva, hemos desarrollado incluso unas emociones especiales —la vergüenza y la culpa— con el propósito específico de que nos sintamos mal si hacemos daño a otras personas. Aunque a menudo se hable de ellas indistintamente, lo cierto es que son emociones separadas. La vergüenza se orienta hacia nuestro interior; se centra en nosotros mismos y nos produce una sensación de aflicción e infelicidad cuando «sabemos» que no hemos estado a la altura de nuestras propias expectativas y criterios. La culpa, sin embargo, es más externa; es causada por la constatación de que otras personas son perjudicadas de algún modo por nuestros actos. Ambas emociones están apoyadas por una amplia red neural que comprende las áreas frontal, temporal y límbica del cerebro.[29] En el lóbulo temporal, la vergüenza produce una actividad en el córtex cingulado anterior y en el giro parahipocampal, mientras que la culpa está más relacionada con el giro fusiforme y el giro temporal medio. La vergüenza también genera actividad en el giro frontal medio e inferior del lóbulo frontal, que es donde se produce buena parte de nuestra conciencia de un yo, una identidad y una evaluación propias. La culpa, sin embargo, induce actividad en la amígdala y la ínsula, que es donde se reconocen problemas y peligros de carácter más «externo».

Todo esto es muy interesante, pero lo que quiero decir con ello es que poseemos múltiples mecanismos neurológicos complejos y afianzados que nos impulsan a ser amables y a tratar a otras personas con la debida justicia. Y, sin embargo, muchas veces, los anulamos o los ignoramos y provocamos daño o herimos a otros individuos a niveles que van desde lo trivial hasta lo brutal, todo en aras de conseguir lo que queremos. ¿Qué es lo que pasa?

A veces esa pregunta se responde con aquello de que «quien bien te quiere te hará llorar», es decir, con cierta necesidad de hacer daño a alguien para ayudarlo en el largo plazo. Cortar a alguien en canal y removerle las entrañas no suele coincidir con la idea que tenemos de tratar bien a otra persona, pero eso es lo que hacen los cirujanos a diario en aras de salvar vidas. Y no podemos olvidar el elemento de la subjetividad: lo que algunos consideran un comportamiento antisocial u hostil puede no haber tenido tal intención. Yo hablé una vez con un cristiano evangélico que solía predicar los fines de semana en las grandes arterias comerciales ante la multitud de personas que iban de compras conminándolas a que se arrepintieran de su modo de vida y aceptaran a Jesús. Pero ¿qué tiene de amable o de «cristiano» arengar a unos peatones inocentes con amenazas sobre el fuego del infierno y el juicio final cuando lo único que están tratando de hacer es comprarse unos zapatos nuevos?

Pues, según tales arengadores, mucho, en realidad. Esos cristianos creen realmente que solo adorando incondicionalmente a Dios podrá una persona entrar en el cielo cuando muera, así que todo aquel (o toda aquella) que no lo haga, está condenado a pasar el resto de la eternidad en el infierno. Por consiguiente, lo correcto y lo amable para ellos es impedir tal posibilidad convenciendo a la gente de que se una a su Iglesia y adopte su sistema de creencias. Es el equivalente teológico de conducir a las personas hacia los botes salvavidas en caso de naufragio inminente, aunque eso signifique arruinarles el agradable crucero del que estaban disfrutando. Puede que nosotros no estemos de acuerdo con quienes predican en la calle, pero, desde su perspectiva, ellos nos están haciendo un favor. Están haciendo el bien, o eso me dijo aquel con el que hablé, por lo menos.

Y aun así, pese a todas esas advertencias y defensas que tiene el cerebro para que no caigamos en ello, siguen siendo muchas las ocasiones en que las personas hacen cosas que saben que repercutirán negativamente en otras, pero que les reportarán algún tipo de beneficio o ganancia personal a ellas mismas. En esas situaciones, ¿cómo es que terminamos haciendo más caso al diablito que nos habla desde un lado de la cabeza que al angelito que flota del otro lado?

La metáfora del diablito y el angelito es bastante útil aquí, de hecho, porque, muchas veces (como ya vimos con la particular disposición de los sistemas de recompensa y antirrecompensa), el cerebro tiene diferentes partes «trabajando» para producir resultados opuestos, y cuál de ellas resulta finalmente dominante variará de una situación a otra. Así que tenemos unas regiones cerebrales que nos impulsan a ser amables y afables, pero también tenemos otras áreas que nos animan a velar por nosotros mismos «y que los demás se arreglen solos». Por ejemplo, un estudio con neuroimagen de 2011 a cargo de Luke Chang y un equipo de colaboradores[30] reveló que, cuando jugaban a un juego que consistía en que recibían dinero y luego decidían cuánto de ese dinero devolvían, los sujetos que retornaban la cantidad esperada o solicitada mostraban un incremento de la actividad cerebral en áreas ligadas al procesamiento de la culpa, como la ínsula, mientras que quienes se quedaban más dinero que el que se les pedía evidenciaban una actividad aumentada en regiones vinculadas a la recompensa, como el núcleo accumbens. Entre los muchos hallazgos útiles de ese estudio, estaba la demostración empírica de que la *previsión* del sentimiento de culpa es un importante factor motivador de la conducta; la mera posibilidad de que se sintieran culpables *a posteriori* bastaba para inducir a algunas personas a devolver la cantidad íntegra que habían recibido. No obstante, algunos individuos son menos sensibles a la culpa que otros. Si la posibilidad de recompensa es más estimulante que la de culpa, entonces la persona antepone con mayor frecuencia sus propias necesidades y deseos al bienestar de otros individuos. Y probablemente termina enriqueciéndose en el proceso. Obviamente, esto nos llevaría a un mundo en el que las personas más ricas a menudo serían también las más crueles y egocéntricas. ¿Se imaginan?

Vale la pena señalar también que estos mecanismos neurológicos que nos impulsan a ser amables y amigables son relativamente nuevos (en términos evolutivos). Los que se ocupan del instinto de supervivencia individual y de la gratificación son más primitivos, y están más «afianzados», porque en lo remoto de nuestro pasado evolutivo *éramos* criaturas simples, primarias, que trataban de sobrevivir en una lucha de todos contra todos. Las ventajas y las recompensas de formar parte de un gran grupo social dotado de paz interior vinieron más tarde, cuando nuestros cerebros ya se habían desarrollado en considerable medida. Esto se nos hace más evidente cuando examinamos áreas como el córtex orbitofrontal (recordemos que es esa región del razonamiento superior que echa jarros de agua fría sobre nuestros impulsos sexuales básicos en situaciones donde estos podrían acarrearnos problemas y molestias a mediano o largo plazo). Es como si las regiones cerebrales más complejas colocaran arreos a las partes más «animales» del encéfalo, tiraran de las riendas y les gritaran «¡sooooo!».

Otro ejemplo es el papel que desempeña el giro supramarginal en la empatía. Nuestros cerebros son egocéntricos; todo lo que hacemos o pensamos lo experimentamos desde nuestra propia perspectiva, por lo que, buena parte del tiempo, vemos a los otros individuos y sus acciones a través del filtro de lo que *nosotros* haríamos o pensaríamos.[31] Aunque comprensible, esta puede ser una actitud poco útil cuando tratamos con esas otras personas porque, como se habrán dado cuenta, ellas no son nosotros. Esto es especialmente cierto en lo que se refiere a la empatía, ese hacerse a la idea de lo que las otras personas están pensando o sintiendo, porque nuestros propios sentimientos pueden nublar nuestra percepción de las cosas y confundirnos. Sin embargo, un estudio realizado en 2013 en el Instituto Max Planck por Georgia Silani y un equipo de colaboradores reveló que el giro supramarginal, otra región ubicada en la unión de los lóbulos parietal, temporal y frontal, básicamente «deshace la distorsión egocéntrica» a fin de que podamos empatizar.[32] Es como si el cerebro se pusiera unos anteojos 3D; la imagen revuelta y caótica que veíamos hasta ese momento en la pantalla pasa de ser indescifrable a hacerse descifrable y clara para nosotros, porque nuestros ojos están recibiendo por fin imágenes que tienen sentido para ellos. El giro supramarginal es ese par de anteojos de visión 3D del sistema empático del cerebro. No obstante, solo funciona hasta cierto punto; si nuestro estado emocional es muy diferente del de la persona a la que estamos observando, el giro supramarginal tiene que trabajar mucho más, por lo que nuestra inferencia del estado emocional del otro individuo se vuelve mucho menos precisa.

¿Por qué es relevante todo esto? Porque es mucho menos probable que nos preocupe molestar a alguien si *no podemos detectar que está molesto*. Y lo que esos resultados vienen a decirnos es que, si estamos muy contentos, nos cuesta más reconocer que otra persona no lo está, *incluso aunque seamos nosotros quienes le estemos causando esa infelicidad*. Es habitual, por ejemplo, que de nuestra boca salgan frases como «tranquilo, que a él en el fondo no le importa», o «¿es que fulanita no sabe aceptar una broma?», aplicadas a víctimas incomodadas o irritadas por nuestras acciones egoístas. Esto también explica por qué algunas personas, cuando salen de fiesta por la noche, se molestan con los sin techo cuando les piden limosna (una actitud de la que he sido muchas veces testigo). Su diversión en esos momentos hace que no sean capaces de captar en su justa medida lo desesperada y miserable que debe de ser la situación de la otra persona para que vaya pidiendo dinero a desconocidos por la calle, por lo que la perciben como un incordio y reaccionan a ella con hostilidad en lugar de con compasión. No es justo, no es agradable y no es algo que no podamos evitar (siempre es posible ser considerados con personas que están en una situación mucho peor que nosotros), pero ciertamente nos indica la existencia de una explicación neurológica para el hecho de que algunas personas se comporten, por decirlo suavemente, como unos perfectos imbéciles.

Sorprendentemente, la evolución ha legado a nuestros cerebros varias vías para procurar la armonía social y la felicidad que, muchas veces, reaccionan adversamente y provocan justo lo contrario. Por ejemplo, nuestros cerebros parecen estar diseñados de fábrica para la imparcialidad y la justicia. Cuando otros nos tratan con justicia, se activan los circuitos de recompensa en nuestro cerebro, como cuando comemos chocolate o nos pagan dinero[33], mientras que cuando percibimos una injusticia, se incrementa sustancialmente la actividad del cuerpo estriado, ese viejo amigo nuestro dedicado en cuerpo y alma a la aceptación y la aprobación sociales.[34] Desde luego, el hecho de desear la justicia y de disfrutar con ella es un rasgo evolutivo que sería sin duda una ventaja enorme para cualquier criatura social. Sin embargo, ese anhelo de justicia funciona bien cuando se trata de un grupo pequeño de individuos que tratan de compartir los frutos recolectados en un bosque o la carne que acaban de cazar, pero las sociedades modernas son inmensas y complejas; ya no tenemos visión directa de lo que sucede en las enmarañadas redes de sus infraestructuras o tras las innumerables puertas cerradas de los espacios en los que trabajan y viven sus habitantes, y solo podemos disponer de información limitada de lo que allí acontece.

Debido a esto, ahora vemos muchas veces justicia allí donde no se da en absoluto. Por ejemplo, es muy habitual que la gente critique a quienes reciben ayuda o asistencia económica del Estado. Pero quienes critican no ven la situación de apuro ni el terrible infortunio sufridos por quienes necesitan desesperadamente esa ayuda. No, lo único que ven es que hay personas a quienes se les está regalando algo, algo por lo que otros pagan con impuestos y otras contribuciones. «¡Y eso no es justo!», dicen. Y, desde luego, el hecho de que resulte más difícil empatizar con alguien que está en peor situación que nosotros no ayuda a resolver ese sesgo tan pertinaz como erróneo.

Hablando de sesgos, también existe la llamada «hipótesis del mundo justo», según la cual las personas tenemos la persistente creencia de que el mundo no es azaroso o caótico, sino imparcial y justo, pues las buenas obras son recompensadas y las malas obras, castigadas. Dada la predilección innata del cerebro humano por la justicia y la añadida tendencia a esperar casi siempre lo mejor, es hasta lógico que tengamos esa creencia en que el mundo es ecuánime. Existen pruebas que parecen indicar que la ínsula y el córtex somatosensorial son responsables (al menos, en parte) de que nos aferremos a esa hipótesis.[35] Y esto implicaría una vez más que la creencia en la ecuanimidad del mundo podría ser innata, consustancial a nuestros cerebros. Como el sesgo de optimismo, tal creencia podría ser potencialmente útil; suponer que las buenas obras tienen premio y que nuestros esfuerzos en ese sentido serán reconocidos tarde o temprano sería un factor de motivación muy potente para nuestras metas a largo plazo.

El problema es que el mundo *no es* justo. A las buenas personas les suceden cosas malas sin ninguna razón aparente y muchas personas horribles son grandes triunfadoras en la vida. De ahí que, cuando constatamos la existencia de esos ejemplos, se produzca en nosotros una disonancia: estamos convencidos de que el mundo es justo, pero entonces nos enteramos de que alguien ha sido víctima inocente de una agresión sexual, o vemos que una persona totalmente execrable e inmoral se ha hecho multimillonaria, y eso plantea una contradicción evidente con esa convicción nuestra. Para resolver semejante disonancia, tenemos dos posibilidades: o cambiamos de raíz nuestro sistema de creencias y cuestionamos la naturaleza misma de nuestro modo de ver el mundo (y, si es posible, desactivamos un sesgo que tenemos grabado desde el principio en nuestros cerebros), o bien tratamos de hallar una lógica que explique por qué eso que estamos viendo *es* justo en realidad. Y, a menudo, lo que hacemos por instinto es precisamente lo segundo. ¿Esa mujer a la que violaron? ¡Seguro que se lo buscó! Mira lo provocativa que iba vestida. ¿Ese multimillonario malvado? Bueno, es que así hay que comportarse para triunfar en los negocios, es un mundo muy competitivo, y él da empleo a muchas personas. Así que ¿qué importan unos pocos asesinatos y algún que otro orfanato incendiado en comparación? Y así con todo lo demás.

También hay que tener en cuenta el muy común sesgo de correspondencia (o error fundamental de atribución[36]), que significa que culpamos del infortunio de otras personas a su propia incompetencia o a sus malas decisiones, pero, si lo mismo nos ocurre a nosotros, lo atribuimos a la mala suerte o a las circunstancias externas. Cuanto más tiene en común la otra persona con nosotros, más potente es ese sesgo. Si hablamos de los afectados por una hambruna o por la erupción de un volcán en un país lejano, no nos cuesta tanto imaginárnoslos como víctimas inocentes, pero si se parecen mucho a nosotros, se nos hace más difícil distanciarnos de su infortunio, lo que significa que sentimos más cercana la posibilidad de que algún día nosotros mismos corramos esa misma suerte. Un modo de reducir la ansiedad y el miedo que tal constatación nos provoca es imaginar que, más que víctimas, esas personas han sido simplemente unas idiotas que no pueden culpar a nada ni a nadie de su desgracia más que a sí mismas. De ese modo, ya no tenemos que preocuparnos de que pueda sucedernos a nosotros, porque, claro, nosotros no somos tan idiotas.

Nuestros cerebros poseen todas esas propiedades y mecanismos que nos permiten ser lo más amables posible con los demás, y mantener al mismo tiempo el optimismo y la motivación. Y tal vez en épocas más primitivas eso fuera suficiente para que todos fuéramos felices. Pero, en el mundo moderno, es increíblemente fácil que los acontecimientos y los factores se combinen de tal modo que el amor a la justicia y la actitud optimista que llevamos inscritos en los genes terminen por volverse contraproducentes y acabemos por dañar a otras personas, muchas veces sin pretenderlo.

Ahora bien, no olvidemos tampoco un detalle importante: las personas a menudo *sí* quieren hacer daño a otras personas. Porque sí, porque les gusta. Hace que se sientan felices. ¿Por qué?

¡SOY MÁS FELIZ QUE TÚ!

Un desconocido trató de pelearse conmigo una vez. Yo tenía 18 años, acababa de empezar a estudiar en la universidad y estaba en un negocio de kebab con mis nuevos compañeros de casa tras toda una noche en el pub. Por casualidad, me fijé en un grupo de clientes ruidosos que teníamos justo enfrente y uno de ellos vio que los miraba, le molestó y, visiblemente ebrio, me desafió a salir a resolver la cuestión a puñetazos, repitiendo una y otra vez que pelearse conmigo le «alegraría la noche». Por suerte, yo estaba tan confundido en ese momento que me limité a mirarlo fijamente, tratando de entender qué le pasaba, algo que, al parecer, él interpretó como un gesto de firme desafío, por lo que reculó y volvió a sus papas fritas. Pero, desde aquella noche, han sido muchas las veces que me he preguntado: ¿qué ganaba él con eso? ¿Por qué le atraía tanto la idea de descargar semejante violencia física sobre un perfecto desconocido?

Debo reconocer que aquella noche yo llevaba una camisa de color naranja vivo (no logro recordar por qué me gustaba en aquel entonces; cosas de estudiantes, ¿qué quieren que les diga?). En el surrealista campo de la psicología del color, desde el que se sostiene que los diferentes colores inciden en nuestro estado de ánimo y nuestra conducta[37], se defiende que el naranja puede inducir unas sensaciones de ira y hostilidad de bajo nivel. Quizá mi agresor potencial estaba tan borracho que mi camisa lo angustiaba. No sería la primera vez*. Aunque, claro, ¿no han notado que, habitualmente, a los presos violentos se los obliga a vestir uniformes de color naranja muy vivo? Dado el contexto, no parece la mejor de las ideas.

Dejando la psicología cromática a un lado, hay ocasiones en las que la agresión contra otro congénere nuestro está justificada. Si esa persona nos está atacando o está atacando a otras, es natural que tratemos de impedírselo por los medios que nos parezcan necesarios, que muy posiblemente serán violentos. Pero también hay ocasiones en que nosotros, seres humanos amigables, sociables y cooperativos que solo queremos agradar, optamos por lesionar o dañar a otros que no merecen tal cosa. A veces, incluso nuestra felicidad *depende* de ello. Algo perturbador, si lo pensamos, pero real.

A veces es una simple cuestión de lógica. Nuestra felicidad puede ser incompatible con la de otros individuos. Es el caso, por ejemplo, si lo que nos hace felices es el objetivo de llegar a ser el mejor gimnasta del mundo, pues, para que un individuo logre tal meta, todas las demás personas que quieran ser el mejor gimnasta del mundo deben fracasar y ver frustrado su sueño. Lo mismo ocurre si nuestro fin en la vida —lo que necesitamos para ser felices— es ser la persona con más dinero, o la que tenga el trabajo

---

* También pasé por una fase en la que creía que las camisas hawaianas de colores vivos y chillones eran bonitas y divertidas, por lo que terminé juntando una buena colección de ellas que, por alguna extraña circunstancia, desapareció más o menos al mismo tiempo en que mi esposa y yo comenzamos a vivir juntos.

de más alta categoría, o la que conquiste el corazón del hombre más bello o de la mujer más bella, pues eso significa que nadie más puede cumplir tales objetivos al mismo tiempo que nosotros. En ese fin no hay sitio para más de uno. Alguien tendrá que salir perdiendo.

Pero es ahí donde el cerebro entra en juego. Aunque a los humanos nos gusta vivir en grupos y comunidades grandes, estos grupos —como los de otras muchas criaturas sociales— tienen una jerarquía. Queremos gustar a otras personas, por supuesto, pero también queremos que nos *admiren*. Básicamente, tenemos la necesidad instintiva de ser *mejores* que otros. Es un instinto hondamente arraigado en nosotros, no un mero impulso infanti-loide.

La jerarquía social es característica de una muy amplia diversidad de especies, desde ratones hasta peces y más[38], y motiva buena parte de la conducta animal. La dominación y la subordinación dentro de un grupo constituyen una gran parte de la vida y la estructura comunitaria de un gran número de criaturas sociales, desde los alfas que se sitúan en la cima hasta los marginados y los «últimos monos» (a quienes siempre les toca «recibir») muy abajo. ¿Por qué íbamos a ser distintos los humanos? Al contrario. Nuestra jerarquía social tuvo muchísima relevancia para hacernos como somos hoy en día; manejarnos por una estructura social compleja pudo ser el factor que impulsó la evolución de nuestros cerebros hasta su gran tamaño actual. Para un individuo, comprender su lugar en la jerarquía le exige tener conciencia de sí mismo y capacidad para captar cuál es su posición en relación con la de otros, y *elevar* su estatus (para obtener mayores recompensas y se supone que también mejores oportunidades de apareamiento) es una labor que requiere astucia, ingenio y previsión. Todos estos son procesos complejos, difíciles, que precisan de mucha potencia cerebral, sobre todo cuando hay que tratar con otros individuos de parecida inteligencia que intentan hacer y conseguir exactamente lo mismo.

Estudiar cómo el cerebro humano gestiona las jerarquías sociales no es nada fácil; reunir a un grupo diverso para que sus miembros interactúen mientras están metidos en escáneres de IRMf es mucho pedir, por no decir que se trata de una misión imposible. Pero ciertos estudios con primates como los macacos revelan que los cambios en estatus social causan notables modificaciones físicas en regiones cerebrales como la amígdala, el hipotálamo y el tallo cerebral.[38] Hablamos de áreas profundas, centrales y fundamentales de sus cerebros y de los nuestros, y por poco que estos se parezcan a aquellos en su modo de manejar el estatus social, estarán seguramente muy afectados por tal procesamiento, que sería así claramente un factor muy potente en nuestro modo de pensar y en nuestra conducta, e incidiría en los niveles más profundos de nuestro ser. Una red de regiones separada de aquella, aunque relacionada con ella, que se sitúa en el lóbulo temporal y en el córtex prefrontal parece activarse cuando entran en juego los aspectos más cognitivos del estatus social[39], lo que indicaría que este tiene un papel clave en la planificación y la ejecución de nuestros objetivos y comportamientos.

Y he aquí un importante factor a considerar: las interacciones sociales pueden resultar gratificantes, pero existen pruebas que indican que el estatus social modula ese nivel de recompensa, lo que significa que aquellas interacciones que hacen que incrementemos nuestro estatus en relación con otros individuos son *más* gratificantes aún[40], y por lo tanto, más agradables. Ahí se incluyen cosas como superar en ingenio a alguien en un intercambio de réplicas y contrarréplicas graciosas, ser ascendido con respecto a los demás compañeros de trabajo, ser uno de esos padres/madres que recuerda pasivo-agresivamente a otros que a sus vástagos les va mejor en el colegio que a los demás, conseguir más «me gusta» o retuiteos o seguidores que un rival, la conocida actitud de «no ser menos que el vecino», etcétera. No estoy juzgando a nadie, pues tampoco yo soy inmune a esas dinámicas. Ahora mismo, mientras escribo este libro, sigo comprobando de vez en cuando cómo están yendo las ventas de mi obra anterior comparadas con las de otros autores y amigos (o enemigos mortales). Si el mío está por encima en las listas, siento satisfacción, especialmente si supera a libros de autores o autoras más consolidados. ¿Por qué? Yo no gano nada con semejante «logro», no nos afecta a ninguno, no recibo premio alguno por ello y debo confesar que todo esto hace que me sienta inmaduro e infantil. Pero significa, en un sentido bastante vago, que soy *mejor*. Porque los seres humanos, aunque seamos habitualmente amables unos con otros, también somos competitivos. Somos muy sensibles con nuestro estatus social y nos gusta mucho elevarlo. Básicamente, ganar nos divierte. Ganar nos hace felices, hace que nos sintamos bien con nosotros mismos. Pero para ganar, otros tienen que perder. Y eso no es agradable para ellos. Por mucho que les digamos a nuestros hijos e hijas que ganar no es lo importante, hay partes de nuestro cerebro que se desentienden completamente de esa forma de pensar.

Por desgracia, ese placer que sentimos cuando mejoramos nuestro estatus social puede derivar fácilmente en conductas y actitudes más ruines y desagradables. Hace que tendamos a sentir placer cuando alguien de un estatus superior «baja de categoría». Charlotte Church me habló de cuando la prensa sensacionalista se volvió de pronto en su contra sin un motivo aparente. Ella recibía elogios y loas generalizados, algunos decían de ella que era literalmente un ángel, y estaba presente en la vida cotidiana de innumerables personas. Pero, en cuanto el efecto inicial de la novedad se desvanece, es fácil seguir entreteniendo al público narrándole la caída de un ídolo. El hecho de que alguien que les era presentado a esos seguidores como superior a ellos pase, de pronto, a ser criticado y vilipendiado les provoca una emoción y un placer viscerales, porque consiguen así sentir que son mejores que alguien que estaba «por encima» en la jerarquía. Hay toda una industria mundial basada en explotar ese fenómeno —industria en la que caben desde las revistas «del corazón» hasta los más sórdidos *reality shows*— dedicada a erigir ídolos para destrozarlos a continuación. Cuando se tiene un cerebro tan sensible al estatus social, se puede obtener mucha satisfacción viendo cómo esos que «son creídos» pierden el suyo.

Ese es el motivo por el que burlarnos de otras personas o criticarlas puede darnos tanto placer. Por eso existen los llamados tipos «negativos» de humor, que es el humor que se usa para ridiculizar o humillar[41]; existe una diferencia —científicamente reconocida— entre «reírse de» y «reírse con» alguien. Algunas personas sacan partido de ello para alcanzar el éxito, como esos locutores de radio que hablan con tono deliberadamente ofensivo a su audiencia, o como ciertos gurús polémicos u otros tipos de «villanos» mediáticos. Puede pensarse que esas personas dicen o hacen cosas de dudosa reputación, inmorales o controvertidas solo para llamar la atención, pero lo cierto es que *reciben* la atención que buscan; la plataforma mediática desde la que hablan (cuya prominencia sorprende en muchos casos) hace que quienes están de acuerdo con sus cuestionables opiniones se sientan justificados y aceptados por pensar así. Al mismo tiempo, quienes discrepan —quizá tras haberse sentido llamados inicialmente a escuchar tales ideas desde la indignación por el hecho de que tan reprensible persona se permitiera decir tales cosas y vulnerara así su concepción de la justicia— acaban teniendo la sensación de que son mejores que él o ella, que están por encima de alguien que supuestamente estaría situado en un estatus superior al suyo. Una sensación muy gratificante, aunque ni siquiera se den cuenta de que la están teniendo. No cabe duda de que son muchos más los factores a tener en cuenta, pero esta es una explicación neurológica viable de por qué «nos encanta odiar» y por qué lo hacemos a la más mínima oportunidad.

Así pues, si formamos parte de un grupo, queremos que se nos acepte en él, pero también queremos gozar de un estatus elevado en él. Un modo de conseguirlo es siendo el mejor (o la mejor) en algo que todos estén de acuerdo que vale la pena, o siendo la persona que represente el consenso de una mayoría del grupo. Digamos, por ejemplo, que somos miembros de un club de personas que quieren perder peso, algo muy habitual en estos tiempos. En muchos sentidos, ese prurito competitivo puede servirnos de ayuda: el grupo se formó en torno a la idea de que perder peso es importante, así que quien más kilos pierda será «el mejor». Los clubes de ese tipo mejor organizados conceden incluso premios al «adelgazamiento de la semana» e informan de los progresos de sus miembros a todo el grupo*, supuestamente por esa razón; perder peso exige muchas veces introducir unos cambios en el estilo de vida que son difíciles de mantener —por los múltiples motivos reseñados en páginas previas de este mismo libro—, así que cualquier estímulo o motivación adicional resultará potencialmente útil.

No obstante, hay quienes pueden terminar llevando esa idea demasiado lejos, empeñados en ser quienes mejor representen la esencia del grupo, en llegar más allá que los demás en ese objetivo, en meterse más presión que nadie para ser quienes más peso pierdan porque eso significará que «han ganado». Y el caso, entonces, es que otros miembros del grupo no se conformarán con quedarse sentados y dejar que los otros los venzan, sino que querrán demostrar que también son merecedores de aprobación, por lo que también se esforzarán más y tal vez lo hagan mejor. Y entonces los primeros subirán su apuesta, y luego los segundos competirán más aún con ellos, y así sucesivamente. Al poco tiempo, lo que era la norma en un principio (abstenerse de picar entre comidas, optar por las ensaladas antes que por las papas fritas y perder algún kilo a la semana) se lleva al extremo y todos los miembros del club se dedican a hacer *jogging* doce horas al día y a subsistir con una dieta compuesta exclusivamente de col kale, jugo de zanahoria y algún que otro olisqueo a la foto de un bife.

---

* O eso me han dicho. Yo nunca he sido miembro de ninguno; no lo necesito. Yo soy un Adonis rellenito.

Así es la polarización de grupo[42], ese extraño fenómeno por el que los miembros de un grupo, en principio unido, terminan pensando y comportándose de manera mucho más extrema de lo que lo harían si estuvieran solos. Lejos de equilibrar o de ampliar las posturas individuales de las personas, formar parte de un grupo de miembros con un objetivo o unos ideales parecidos los radicaliza debido a nuestra necesidad de aceptación, aprobación, mejora de estatus, etcétera. Recuerden que nuestra posición en nuestro grupo es un importante elemento del concepto que tenemos de nosotros mismos.[43] Y si alguien es un miembro de bajo estatus, es más probable que se sienta despreciable.[44] Para más ejemplos de polarización de grupo, es decir, de cómo los miembros individuales de unas comunidades bien definidas terminan extremándose y radicalizándose en sus posturas, no hay más que echar un vistazo a toda la política contemporánea.

Que nuestra pertenencia a un grupo forme nuestra identidad es otro importante factor de por qué las personas a menudo tratan mal a otras. Recordemos el número de Dunbar, o lo que decía Charlotte Church de cómo la aprobación de sus amigos significaba más para ella que la de millones de desconocidos, o la alegría inesperada de Ian Boldsworth ante el hecho de que a ciertas personas no les guste lo que él produce: todos estos ejemplos muestran que, si bien nuestros cerebros reaccionan positivamente a la aprobación de otros, esta no tiene por qué ser necesariamente la aprobación de *todos* los demás. Puede que queramos gustar a muchas personas, pero también hay sobrados individuos en el mundo que nos desagradan profundamente, aunque ni siquiera los conozcamos. Recordemos que, en el capítulo 1, vimos que esa encantadora molécula de la amabilidad, la oxitocina, puede volvernos más racistas según las circunstancias.[45] Tenemos pruebas de que la oxitocina aumenta la conciencia y la sensibilidad emocionales, y nadie ha dicho que todas las emociones tienen que ser agradables.

En esencia, a los seres humanos nos encanta formar parte de un grupo. Nuestros cerebros evolucionaron de tal modo que hoy aceptan y alientan esa pertenencia. Nada nos puede parar si estamos en un colectivo. Salvo, claro, otros colectivos. Otros grupos son una amenaza potencial para el nuestro; tienen un aspecto diferente, no suenan como nosotros y tampoco creen en las mismas cosas. ¡Son peligrosos! Los psicólogos sociales distinguen entre los endogrupos y los exogrupos. Nuestro endogrupo puede ser de cualquier tipo: religioso, político, familiar, de gente que comparte una afición... Pero la mayoría de las veces es cultural y, sí, racial. Nacemos y nos criamos en una cultura concreta y entre personas que se parecen a nosotros, por lo que nos identificamos con ellas, extraemos de ellas nuestras ideas sobre cómo funciona el mundo, y, por tanto, terminamos buscando su aprobación y su admiración. Una persona de un exogrupo, alguien con quien no nos identificamos, es una amenaza, es el enemigo.

Algunos estudios han mostrado que la amígdala, de la que conocemos especialmente su forma de procesar el miedo, está más activa en personas que evidencian un fuerte sesgo racial cuando ven rostros de personas de etnias diferentes a la suya[46], y otros estudios sugieren incluso que cuesta más empatizar con alguien de una etnia distinta, aunque esa persona se esté quejando visiblemente de un dolor.[47] Por suerte, podemos moderar esos impulsos que nos suscitan los individuos que no se nos parecen o no se comportan como nosotros (y, a menudo, los moderamos) conviviendo con ellos en los mismos espacios públicos, coincidiendo con ellos de forma regular, pues eso parece expandir nuestra concepción del «endogrupo» y reducir prejuicios poco edificantes.[48] Pero sigue siendo desoladoramente alto el número de personas que no pueden (o no quieren) moderarlos. Llevando esos prejuicios a su máxima expresión «lógica», terminamos viendo a las personas de otros grupos como seres *infrahumanos*. Y es que, si no reconocemos su individualidad o su autonomía, no vemos razón para que nos importe que nos den su aprobación o no, ni para empatizar con ellas, por lo que se convierten en «blancos legítimos» de nuestra persecución y de nuestros ataques en provecho propio.

De ahí que una manera infalible de alcanzar aceptación, buen estatus y validación (y, por tanto, felicidad en cierto sentido del término) sea atacar o hacer daño a quienes no forman parte del endogrupo. Eso explica que muchas personas se comporten agresiva y dañinamente contra otras cuyo único delito es ser diferentes. La violencia directamente homicida es obviamente la peor muestra de esa conducta, pero existen también otros y muy diversos comportamientos de ese tipo, como criticar o acosar públicamente (y de manera fraudulenta) a un rival político, o negarse a atender o a tratar debidamente a personas cuyo color de piel o cuya orientación sexual no se corresponden con los nuestros, o simplemente buscar pelea en pleno estado de ebriedad contra alguien que no sea de un grupo familiar, solo porque casualmente ese día llevaba una fascinante camisa naranja.

Prueba a no pensar si te sientes feliz

A ver si me entienden: el objeto de que yo investigara todo esto era averiguar cómo es posible que las malas experiencias y conductas puedan hacernos felices. Pero lo cierto es que, la mayor parte de las veces, *no* nos satisfacen, sino todo lo contrario. Hacen que nos sintamos pésimo. Un ejemplo: pasar tanto tiempo leyendo sobre esa cuestión me estaba deprimiendo. Tengo mucho aguante en lo que respecta a tratar temas crudos y malsanos (soy un experimentado embalsamador de cadáveres, ¿recuerdan?), pero ese interminable y concienzudo análisis de por qué los humanos nos tratamos unos a otros como basura para nuestro beneficio personal estaba haciendo mella incluso en mi alegre disposición ante las cosas.

La situación llegó a su punto crítico cuando leí lo que Girl on the Net había escrito sobre cómo algunos hombres no soportan la idea de que haya mujeres que no quieran sexo con ellos después de todo «el esfuerzo» que ellos invierten en conseguirlo, y cómo muchas veces se vuelven agresivos y violentos ante tal negativa. Yo ya había encontrado numerosos factores que podían propiciar tan execrables actitudes y comportamientos. Por ejemplo, una de las tristes realidades de nuestra sociedad es que la virilidad y el estatus de los varones se mide a menudo por el número de parejas sexuales femeninas (que, más tristemente aún si cabe, tendemos a llamar «conquistas», un nombre muy revelador, pues difícilmente encontraremos personas que disfruten el hecho de ser conquistadas de verdad). Según ese criterio, los hombres que practican poco sexo (o ninguno) tienen un estatus más bajo, algo que resulta muy molesto para ellos. Además, las formas sexualizadas de la imagen femenina son omnipresentes en nuestros medios de comunicación y nuestra publicidad, lo que hace que resulte prácticamente imposible ignorar el sexo y los impulsos relacionados con él, sobre todo si se tiene en cuenta lo mucho que la excitación masculina se basa en el sentido de la vista, según las pruebas disponibles.[49] Añadamos a ese cóctel la facilidad de acceso a la pornografía en la red —dirigida principalmente a un público masculino heterosexual—, que presenta a las mujeres como receptoras pasivas de sexo para cualquier hombre que pase por allí, y sumemos los interminables ejemplos conocidos de mujeres hermosas casadas o emparejadas con hombres no tan impresionantes desde el punto de vista de su físico solo porque ellos las tratan un poquito bien. Todo esto (y más) podría llevar a ciertos hombres a formarse un concepto de la realidad conforme al cual conseguir sexo es una parte clave de su identidad, y a hacerse la idea de que las mujeres deben proporcionarlo a cualquier hombre que se lo pida y que les demuestre el comportamiento apropiado, o que les diga las palabras mágicas para seducirlas cual clave que abre la caja de caudales de la habitación de un hotel.

Lo que quiero decir —y les pido un poco de paciencia para seguir mi argumento, pues hay a quienes esto les resulta un poco

complicado de entender— es que las mujeres *no* están tan desprovistas de autonomía e individualidad como esos tópicos
podrían hacernos creer; son seres humanos (huy, lo que estoy
diciendo, ¿verdad?) con sus propias inclinaciones y su propia
capacidad de toma de decisiones, y difícilmente van a querer intimar con un hombre que las considere infrahumanas o poco más
que un sofisticado receptáculo de su pasión sexual. Es lógico,
pues, que las expectativas de los hombres que piensan lo contrario se vean a menudo frustradas; el «esfuerzo» que han invertido
no se ve recompensado. El cerebro reacciona muy mal a todo eso,
generando ira y hostilidad hacia las mujeres, y provocando la búsqueda de grupos de personas de mentalidad parecida (normalmente, en la red) con quienes compartir esas frustraciones.
A partir de ahí, entra en juego la polarización de grupo y esos
hombres terminan odiando a las mujeres al máximo y conside-
rándolas el enemigo…

… Y entonces pensé: «Al carajo todo esto, necesito un respi-
ro». Y fui a dar un paseo por la orilla de un lago cercano para
tratar de despejar de mi cabeza los negros sentimientos que me
estaba inspirando mi propia especie en aquellos momentos.

Como de costumbre, caminaba escuchando uno de los *podcasts* de Ian Boldsworth, en esa ocasión uno de los del ya mencionado *ParaPod* que había grabado junto con el también humorista
Barry Dodds, en el que él e Ian comentaban alguna noticia sobre
misterios o fenómenos paranormales o alguna teoría de la cons-
piración; como siempre, Barry defendía la veracidad de tales historias e Ian trataba de desacreditarlas y hacerlas trizas. Los estaba
escuchando cuando Barry sacó a relucir su entusiasmo por la caza
de fantasmas y lo mucho que le encantaban las películas de terror
y los clásicos gore de videoclub como *Holocausto caníbal*. Y eso
volvió a hacerme pensar.

Muchas personas disfrutan claramente con cosas pensadas
para asustar y aterrorizar, aun cuando el propósito de tales sensaciones sea disuadir a quienes las sienten de exponerse de nuevo

a lo que las haya causado. Aunque el poderoso cerebro humano tiene límites, el rigor lógico no es uno de sus corsés: a las personas les resulta fácil experimentar placer con cosas que las asustan, o sentirse impulsadas a buscar cosas que saben que no están bien o que son inmorales, y creer en cosas que no tienen ninguna base racional. Eso no representa anomalía alguna para muchos seres humanos; para ellos es casi tan común como respirar. ¿Cuántos libros sobre asesinos en serie se han publicado? ¿Cuántas veces la gente se pone en una situación de riesgo por la mera emoción de sentirlo? No hay ahí ningún elemento social evidente, y el miedo es inmediato y visceral, por lo que no podemos atribuir todo este fenómeno al hecho de que el cerebro sea lento a la hora de establecer las asociaciones correctas. Entonces ¿qué sucede realmente?

En vez de sumergirme de nuevo en toda esa literatura angustiante y deprimente, pensé que sería mejor preguntar directamente a Barry Dodds qué tienen las cosas lúgubres y horripilantes para que disfrute tanto con ellas.

Describir a alguien como un gran aficionado al gore, al terror y a lo paranormal puede evocar en nosotros la imagen de una persona ojerosa de ojos enrojecidos, tez cetrina, gestos nerviosos, cabello desordenado, quizá, y hasta escasa higiene personal. Barry Dodds es todo lo contario; es un hombre afable y lozano oriundo de la región de Newcastle que lleva el pelo muy cortito (casi rapado) y hace gala de una actitud tan alegre como sufrida ante las constantes burlas que tiene que soportar por dar publicidad a esas aficiones y creencias suyas. También tuvo que interrumpir brevemente nuestra entrevista para ir a rescatar a su gato Sox («Calcetines»), que se había quedado atrapado en una caja cerca de donde él estaba. Desde luego, de siniestro y de escalofriante Barry no tiene ni un pelo. Y sin embargo, le apasionan el gore, el terror y los fantasmas. ¿Por qué?

—Siempre me han atraído las cosas que me dan miedo —fue la sencilla al tiempo que reveladora respuesta de Barry. Su primer recuerdo de haber sentido la emoción del miedo es de una vez que se quedó a dormir en casa de su abuela en Amble (Northumberland), junto al mar—. Mi prima mayor, Sarah, también se quedó con nosotros y me contó historias de fantasmas relacionadas con el embarcadero y el paseo marítimo próximos; me dijo que allí moraba el espíritu de un monje y aquello me *aterró*.

En una visita posterior, cuando él ya tenía 13 años, Sarah también le mostró la primera película de terror que vio en su vida (*Hellraiser II,* un perturbador festival gore sadomasoquista muy ochentoso). Se asustó tanto que dejó de ver el filme a la mitad, pero lo miró al día siguiente, y luego todos los días del resto de su estancia, porque, como dice Barry, la emoción, la euforia que le causaba el miedo era irresistible.

Habrá a quien aquello le parezca un episodio de acoso a un niño por parte de una prima mayor, y puede que lo fuera, pero lo que Barry me describió se ajusta más bien a un caso típico de la teoría de la transferencia de la excitación.[50] Una estimulación intensa —concretamente, la causada por el miedo y por la consiguiente reacción de «lucha o huida» y la adrenalina que inunda en ese momento el sistema de una persona— provoca un incremento de la excitación y de la sensibilidad a dicha estimulación que se prolonga más de lo que dura la fuente misma del miedo original (al sistema le lleva un tiempo regresar a la normalidad). Como consecuencia, ciertos factores hasta entonces neutros se vuelven más estimulantes, porque el cerebro «pone una marcha más» y todo se vuelve más vívido. La excitación producida por lo que da miedo se transfiere a otras cosas que, de otro modo, serían perfectamente corrientes. De ahí el nombre.

Cabe añadir que los circuitos de recompensa de nuestro cerebro no se activan solamente cuando acontece algo agradable, sino también cuando *deja de* suceder algo malo (o *aversivo,* por emplear el término técnico).[51] Nuestro cerebro subconsciente viene a decirnos, en esencia: «No me gustaba eso, fuera lo que fuese, pero ahora ha parado, así que me alegro de haberlo evitado.

Así que ten, un poquito de placer». Nuestro cerebro, encantado de seguir vivo, experimenta en ese momento sensaciones gratificantes que se ven acrecentadas por la excitación residual. Si alguna vez ven a alguien embelesado y tembloroso tras haber visto una película de terror en un cine, sepan que probablemente eso es lo que está pasando en su cabeza.

De todos modos, para que haya recompensa, es necesario que no se pierda un mínimo contexto de seguridad. La persona tiene que saber, a cierto nivel, que el peligro no es real, pues, si no, la aterrorizará (como bien debería hacerlo). Pocos supervivientes de terremotos o de pavorosos incendios en su vivienda le «toman el gusto» a tales catástrofes. La experiencia de Barry fue de terror, sí, pero en un entorno seguro, entre familiares en quienes confiaba. No perdió cierta sensación de control[52] y eso hizo que fuera más probable que pudiera experimentar la parte divertida de estar asustado sin la sensación del peligro, y que terminara «enganchado».

Barry también es un entusiasta cazador de fantasmas: cree en los espíritus, aunque le parece que jamás ha visto uno. Pasa muchos fines de semana en casas y castillos presuntamente encantados acompañado de la sorprendentemente variada gama de aparatos y cachivaches tecnológicos que manejan los modernos buscadores de espectros. Pero incluso esa pasión parece estar arraigada en lo mucho que disfruta con el miedo.

—Lo cierto es que no sé qué haría si *viera* un fantasma —me dijo—. Supongo que me aterraría ver de verdad el espíritu de un muerto y lo que tal visión significaría. Me llevaría un susto de muerte. Pero es que lo divertido es la emoción de estar en medio de la noche en un castillo vacío y dirigirte hacia una puerta tras la que no hay más que absoluta oscuridad, y sentir cómo te bombea la sangre y cómo fluye la adrenalina y se te ponen los pelos de punta, toda esa euforia… es adictiva.

Barry no es el único; el de los buscadores de emociones fuertes es un tipo de personalidad reconocido como tal por muchos científicos[53], y algunos datos genéticos parecen indicar que corresponde a personas que tienen circuitos de recompensa menos sensibles que los del individuo medio, lo que implica que posiblemente *necesitan* la intensa excitación de jugarse la vida para experimentar el mismo placer que muchos de ustedes o yo mismo obtendríamos bebiéndonos una taza de buen café o un sándwich preparado con cariño.[54]

Pero ¿dónde entra el gore en todo esto? Disfrutar la sensación de susto o de miedo es una cosa, pero eso puede conseguirse sin necesidad de contemplar brutales y espantosas perforaciones de cuerpos humanos con objetos afilados o contundentes. Y, sin embargo, muchas personas sienten un placer inquietante con semejantes imágenes. ¿No tendría que ser al revés? ¿No tendrían que repelernos? A muchos sí los repelen; de hecho, la hemofobia es un problema muy serio para algunas personas.[55] Pero sigue habiendo suficientes individuos que gozan con los festivales visuales de vísceras y sangre como para hacer del llamado «porno tortura» un rentable género cinematográfico.

Hay explicaciones para ello. Es posible que entren en juego los mismos procesos que se experimentan durante el terror y el miedo, y que el cerebro reconozca como positivo el hecho de que algo que era muy desagradable no estuviera ocurriendo en realidad. Hay quienes dicen que se debe a una liberación de tensión psicológica[56], pues la percepción (primero) y la desaparición (después) de unas imágenes brutales ocasiona una secuencia de angustia-alivio muy parecida a la del humor, solo que a través de una vía más terrorífica y sangrienta. Podría tratarse también de un mero efecto de la novedad: como esas son cosas que nunca vemos en la vida cotidiana, ser testigos de ellas nos proporciona una emoción, un escalofrío. ¿Acaso será una catarsis? ¿O una curiosidad subyacente que hace que queramos ver cómo hacen daño a otras personas para evitar que eso mismo nos pase a nosotros más tarde?[57]

Probablemente, todas esas cosas tienen algo que ver, y que unas pesen más que otras dependerá de la persona. Pero Barry comentó un detalle que me recordó algo. Él sufre un trastorno obsesivo compulsivo (TOC). Aunque no cree que eso tenga que ver con su interés por el terror y el gore, algunas pruebas señalan que las personas con TOC son más susceptibles de obcecarse en lo que podríamos llamar «pensamientos prohibidos».[58]

Si alguno de ustedes ha pensado alguna vez en engañar a su pareja, o en darle un puñetazo a alguien que le está molestando, o en empujar a un amigo por un precipicio cuando ambos están asomados al borde, o en robar un dinero que nadie está vigilando en ese momento, sepa que ha tenido un pensamiento prohibido. Son esas ideas e impulsos que tenemos, aunque en realidad sentimos que no deberíamos tener, porque sabemos que están mal. Y, aun así, los tenemos. Tranquilícense: no es porque sean retorcidos o malvados; es perfectamente normal.[59] Recuerden que el poderoso cerebro humano puede predecir, imaginar y prever hechos y resultados formándose una simulación que actualiza constantemente: un modelo mental del mundo.[60] Pero el cerebro no se queda ahí quieto, aguardando sin más a que sucedan las cosas; está continuamente poniendo a prueba los límites y valorando opciones. Recuerda un poco a esos procesos en segundo plano que zumban en el interior de una computadora portátil mientras tecleamos en ella. Eso hace que se consideren múltiples opciones de acción posible en cada situación, incluso algunas meramente hipotéticas, y muchas de esas opciones serán inevitablemente desagradables o poco éticas.

Tenemos unas fronteras morales, unos límites y unos tabúes éticos. Algunos de ellos son instintivos (como el hecho de que no queramos ser rechazados por nuestro grupo), pero otros muchos son consecuencia de nuestra cultura y nuestra crianza. Si crecimos en el seno de una familia judía estricta, distraernos pensando en comer un guiso de cerdo sería un pensamiento prohibido, pero si somos agnósticos, no habría problema alguno con tener semejante ensoñación. En la mayoría de culturas, infligir un daño grave a otra persona se considera un acto seriamente inmoral. Y, aun así, es *una opción,* y gracias a todos esos bajos instintos y compulsiones nuestros, es algo en lo que podemos pensar (y en lo que inevitablemente pensamos). A menudo, esas ideas alarmantes aparecen y desaparecen enseguida, descartadas de inmediato. En un sentido técnico, ese es un ejercicio saludable, pues refuerza los límites de nuestro modelo mental del mundo; es como si el cerebro se aproximara a una valla, escuchara un zumbido, se diera cuenta entonces de que está electrificada y retrocediera. «¿Podemos seguir por este camino? ¡No! Muy bien, pues probemos otra cosa». Los pensamientos prohibidos podrían ser la manera que tiene el cerebro de probar dónde están los límites.

Pueden surgir problemas, sin embargo, cuando nos obsesionamos con esas ideas y les damos más valor del que se merecen. Las personas cuyo *locus* de control es externo —aquellas que no creen tener demasiado control sobre su propia vida— parecen más susceptibles de tener pensamientos prohibidos persistentes, posiblemente por la menor confianza en sí mismas que las caracteriza. Como ya se mencionó anteriormente, las personas con TOC también parecen particularmente proclives a eso mismo, a obsesionarse con una idea que debería ser meramente pasajera. Esa es la esencia misma del TOC, en realidad. Pero semejante dinámica conduce a una desgraciada paradoja: cuanto más esfuerzo pone el cerebro en reprimir un pensamiento, más difícil le resulta ahuyentarlo.

Daniel Wegner pidió a unos cuantos de los sujetos de un experimento que realizó en 1987 que no pensaran en un oso blanco.[61] Aquellas personas a quienes solicitó que no pensaran en tal animal pensaron en él *mucho más* que aquellas otras a quienes no había dado tales instrucciones. Esos efectos paradójicos de la represión de pensamientos son habituales. ¿Han tratado alguna vez de obligarse a sí mismos a calmarse para poder dormir? ¿No les ha pasado nunca que han acabado pensando mucho más en comer de lo que es habitual en ustedes porque estaban haciendo dieta?[62]

Lo que ocurre cuando una persona intenta reprimir una idea que no quiere tener es que esta deja de ser un proceso pasivo en el cerebro para convertirse en algo más activo, por lo que una mayor proporción del cerebro se ve implicado y hace que la persona sea más consciente de ella. Esa idea adquiere así prioridad sobre otros pensamientos, y la propia persona comienza a dudar de sí misma y a preocuparse por sus actos, lo que hace que se preocupe *más* y que piense más todavía en la idea, y así sucesivamente. A veces se convierte en una compulsión que la absorbe por completo y afecta su salud y su bienestar. Y a veces hay personas que llegan a llevar esos pensamientos a la práctica y eso es... malo.

Así que si alguno de ustedes es de los que dedica mucho más tiempo de lo habitual a pensar en hacer o en ver cosas desagradables, sepa que tiene la opción de *hacerlas* realmente y de procurarse un alivio y una catarsis... pero por vías seguras e inofensivas. Por ejemplo, presenciando atrocidades brutales en la pantalla de un cine, leyendo historias de asesinos en serie en un libro durante los viajes de ida y vuelta al trabajo, abatiendo a tiros a multitud de personas en un videojuego de inmersión total... Existe un extendido temor a lo que esas experiencias pueden hacernos, pero lo cierto es que también pueden inducir felicidad en nosotros proporcionándonos una vía de escape para esos pensamientos, compulsiones e impulsos más oscuros que nuestros cerebros no dejan de expulsar, pero que la sociedad juzga inapropiados. A veces, el mejor modo de confirmar los límites y satisfacer la curiosidad es tocando la valla electrificada.

Hay posibles inconvenientes, claro está. Puede que la gente se arriesgue a insensibilizarse por una constante exposición a imágenes y actividades violentas, y a que (potencialmente y en último término) acabe ansiando cometer el acto real y no su sucedáneo. Pero no hay pruebas concluyentes de que eso sea así.[63] A nuestros cerebros les continúa siendo fácil separar lo real de lo irreal, por lo que ni siquiera en el caso de que lleguen a insensibilizarse ante la sangre y las vísceras que ven en una pantalla tienen por qué acabar comportándose de forma distinta a como lo han hecho hasta entonces.

De hecho, Barry admitió que su interés por las películas gore se centra actualmente más en la valoración técnica del realismo de unos buenos efectos especiales y de la inventiva a la hora de imaginar maneras novedosas de lesionar un cuerpo humano. No soy yo quien pueda reprocharle nada en ese sentido; recuerdo muchos días en los que me aburría como una ostra de tanto manejar cadáveres, lo que no deja de ser muy revelador sobre el estado de mi propio cerebro. Sin embargo, a Barry continúan aterrorizándolo la caza de fantasmas y cualquier película con cierto elemento de terror más «psicológico». Pero le encanta, porque acepta de buen grado las cosas que lo asustan. Dice incluso que su pánico inicial a hablar en público fue lo que lo impulsó a ser un humorista, lo que lo llevó a hacer un *podcast* y a figurar ahora en este libro. Curiosas las vueltas que da la vida.

Esa es la cuestión; cada persona y cada cerebro son diferentes, a veces radicalmente distintos, por lo que son muchas y variadas las maneras en que se nos puede hacer felices. Es una desgracia que, muchas veces, sea haciendo daño a otras personas o haciéndonoslo a nosotros mismos. Pero todos somos capaces de cosas malas y es natural que, de vez en cuando, pensemos en hacerlas. Es el peso y la importancia que atribuimos a esos impulsos los que determinan la clase de persona que somos y qué percepción última tendrán los demás de nosotros. No obsesionarnos con los pensamientos negativos es lo ideal; reconocer lo que son y dominarlos es a menudo necesario, pero si se vuelven persistentes y ocupan mucho espacio en nuestra cabeza, la sociedad humana —y esa es una de sus ventajas— cuenta con vías para darles salida sin dañar a nadie, como las películas truculentas, los videojuegos y esa clase de cosas.

Cierta catarsis y satisfacción de esos impulsos más oscuros de vez en cuando son importantes para el nivel general de felicidad de la persona, siempre y cuando no perjudiquen a nadie. Los problemas comienzan cuando sí se causa daño a otros. La propia felicidad puede ser importante para ese individuo en particular, pero ¿es más importante que la felicidad, el bienestar o incluso la vida de otros? Cuesta defender que lo sea, sea quien sea el individuo en cuestión. Por desgracia, eso no frena a mucha gente.

Me temo que este es un tema que no tiene una respuesta sencilla. ¿Qué quieren que les diga?: Estamos hablando del cerebro. A veces deberíamos dar rienda suelta a esos impulsos menos agradables nuestros, otras veces jamás deberíamos hacerlo. Dependerá de la situación, del contexto, de la compañía y de numerosas cosas más. Pero si algo deberíamos aprender de todo esto, es que esos impulsos e ideas son *normales,* así que tratar continuamente de reprimirlos o evitarlos por completo nos ocasionará sin duda mucho estrés y dispersión. Y es que no podemos controlar todos nuestros pensamientos tan a fondo, y a veces es mejor dejarse llevar. Lo irónico del caso es que eso significa que decirle a alguien «no te preocupes, sé feliz» es un muy mal consejo para mejorarle el estado de ánimo. Bobby McFerrin tiene muchas cuentas que rendir.

8

LA FELICIDAD CON LOS AÑOS

A mediados de 2017 me ofrecieron una estancia gratuita para mí y mi familia en el complejo vacacional del Parque Nacional de Bluestone, en el oeste de Gales, a cambio de un comentario favorable en la prensa. Sí, esa era la frase final. Me habían dicho que las grandes figuras de los medios de comunicación recibían a menudo regalos de empresas varias que esperaban así obtener de ellos alguna mención positiva, pero en cinco años de colaboración que llevaba con *The Guardian,* lo más que me habían enviado era un vale para un yogur: yo había escrito un artículo chistoso[1] y una responsable de relaciones públicas de una empresa de productos lácteos se puso en contacto conmigo diciéndome que su trabajo consistía en «hacer un seguimiento de todas las noticias sobre yogures» (aunque, para mí, el mero hecho de enterarme de que ese era el trabajo real de alguien había sido ya recompensa suficiente). Así que unas vacaciones gratis me parecieron un agradable cambio de tendencia. Pero el motivo principal por el que acepté fue que, en aquel momento, llevaba tanto tiempo investigando para este libro y redactándolo que casi no había pasado rato alguno con mi familia. Me imaginé que se merecía algo bonito, aunque solo fuera para disipar la constante sensación de culpa que me invadía.

Mi esposa y yo comenzamos entonces a hablar de qué actividades haríamos allí, aunque mi decisión siempre acababa siendo la misma: lo que les guste a los *peques*. La felicidad de mis hijos, que ahora tienen 5 años (el mayor) y 1 (el pequeño), significa para mí más que (literalmente) cualquier otra cosa. Hoy en día voy gustoso a parques infantiles, o chapoteo un rato en la piscina de casa, o juego con naves espaciales de juguete, o paso horas viendo *Peppa Pig*. A los veintipico años, pensar en hacer cualquiera de esas cosas me habría dado escalofríos y habría retomado de inmediato la escritura de ese monólogo de comedia que aún tenía a medias, o la lectura de mis novelas de ciencia ficción, o hubiera visto las películas de toda una colección de DVD.

Pero, claro, mi yo de los 18 años se habría burlado de cómo ese otro yo de los veintipico estaba echando a perder su ya ganada independencia quedándose recluido en casa cuando ahí fuera aguardaba todo un mundo lleno de litros y más litros de alcohol por consumir. Y, a su vez, esa idea habría causado pavor a mi yo de la infancia, que habría preferido pasar el tiempo con sus cómics y sus historietas o en la piscina, o jugando con naves espaciales de juguete. Básicamente, mis hijos me han llevado de vuelta a mi punto de origen.

Esa es una cuestión interesante. Hemos hablado mucho de lo que hace que nosotros y nuestros cerebros nos sintamos felices. Pero lo que nos hace felices en un determinado momento de nuestra vida no tiene por qué seguir provocando la misma sensación en nosotros doce meses, un año o siquiera diez minutos más tarde. Esa es la razón por la que todos esos titulares sensacionalistas sobre alguna nueva tecnología que «nos cambiará el cerebro» son tan engañosos: *todo* lo que experimentamos, desde comer una manzana hasta ir de pesca, «cambia el cerebro» en mayor o menor medida. Es ley de vida: un cerebro estático o fijo es inútil en un entorno en continuo cambio. Un cerebro estáti-co es un cerebro muerto.

Pero ¿no pone eso en cuestión la idea misma de la «felicidad duradera» o del «vivir felices y comer perdices» por siempre jamás que tantas veces nos dicen que es el objetivo mismo de nuestra existencia? ¿Cómo puede ser permanente la felicidad si el cerebro que la crea no lo es? La cuestión es cuán extensos son esos cambios, y cuán «profundos» llegan a ser. ¿Es todo mera-mente superficial, como en un televisor en el que lo que cambian son las imágenes proyectadas en pantalla, pero no el resto del aparato físico que las proyecta? ¿O es algo más análogo al gusano que se metamorfosea en mariposa: una transformación general de todo, hasta de las funciones fundamentales? Es de presumir que la respuesta se encuentre en algún punto medio entre esos extremos.

Pero esa era una respuesta que me sentía obligado a tratar de desentrañar antes de poner punto final a mi investigación. Así que, como colofón, decidí examinar qué diferencias y cambios va experimentando el cerebro en el transcurso de nuestra vida, des-de que nacemos hasta que morimos, y qué significa eso para nues-tra felicidad.

LA FELICIDAD ES UN JUEGO DE NIÑOS

Técnicamente hablando, nuestros cerebros nunca dejan de cambiar; cada nuevo recuerdo que se forma requiere una cone-xión adicional y ese es un proceso que continúa durante toda nuestra vida. No obstante, es durante la infancia cuando nuestros cerebros sufren los cambios más espectaculares. ¿Cómo incide el hecho de que nuestro cerebro esté en esas fases más propiamen-te formativas en nuestra capacidad para sentir felicidad? Básica-mente, ¿qué hace feliz a un bebé? A fin de cuentas, no hay mucho que pueda hacer realmente esa personita salvo gorjear, dormir y llenar pañales con materia que raya en la categoría de los residuos tóxicos. Aunque toda esa limitación característica de los bebés humanos es bastante extraña, si lo pensamos bien.

A los pocos minutos de haber nacido, los potros ya pueden ponerse erguidos, aunque sea con cierta vacilación. Los gatitos o los cachorros de perro, pese a carecer todavía de vista o de oído funcionales, se las arreglan para llegar hasta el vientre de sus madres para mamar. Y, recién salidas de los huevos, las crías de tortuga reptan un largo trecho de playa para, valiéndose de sus patas-aletas, llegar al agua y nadar un océano entero por sí solas. Comparemos eso con los bebés humanos, que necesitan ayuda hasta para mantener la cabeza erguida. Si los humanos somos la especie más inteligente, ¿no deberíamos saber valernos por nosotros mismos ya desde el principio? ¿Por qué no salimos del seno materno recitando sonetos de Shakespeare, pidiendo cafés con leche a los camareros y llevando un maletín de trabajo? Pues, por sorprendente que parezca, son nuestros grandotes cerebros los que tienen la culpa.

Básicamente, para dar cabida a esos cerebros que se expandían con gran rapidez evolutiva, los humanos primitivos tuvieron que desarrollar cabezas y cráneos de mayor tamaño, lo que explica por qué los *Homo sapiens* tenemos frentes más altas que otros parientes evolutivos nuestros de frente más inclinada, como los neandertales.[2] Pero ese fue un crecimiento que se concentró en nuestras cabezas; nuestro tamaño corporal continuó siendo similar al de las medias de los primates más próximos. Como consecuencia de ello, nuestro desarrollo físico se volvió desacompasado: nuestras cabezas crecen «más rápido» que el resto de nuestro cuerpo. El tamaño del cuerpo de un bebé es aproximadamente un 5 % del tamaño de su cuerpo adulto final, pero el de su cabeza es ya aproximadamente un 25 % de lo que será en la edad adulta.[3]

Como las dimensiones del canal del parto están limitadas por el ancho de los sólidos huesos de la pelvis femenina, los bebés nacen teniendo que encajar sus delicadas cabezas por una vía por la que apenas caben. Y como la evolución ha hecho que nuestras cabezas se desarrollen más rápido, nuestros cuerpos no están tan plenamente desarrollados como «deberían» estarlo cuando asoman al mundo. Existen numerosas teorías sobre por qué los bebés humanos nacen a los nueve meses de la gestación, teorías que hacen referencia a la bipedación, a las necesidades energéticas o incluso a la invención de la agricultura.[4] Pero, fuera cual fuese la causa, lo cierto es que los bebés nacen en una fase de desarrollo físico muy previa a la de la mayoría de las demás especies.

Eso podría explicar por qué tantas personas han comparado a los bebés y a sus cerebros en ese momento con una *tabula rasa,* una pizarra «en blanco», sin conceptos ni ideas preconcebidas. En un sentido técnico, eso no es cierto; el cerebro de un recién nacido no es una masa amorfa de neuronas pendiente de ser esculpida por la experiencia. Ciertos aspectos del cerebro vienen ya «programados» de forma innata, como las funciones del tallo cerebral, esenciales para la vida. A ningún bebé hay que enseñarle a respirar o a excretar, por ejemplo (y por fortuna). Hay pruebas que sugieren que, durante el embarazo, se produce también un elevado desarrollo sensorial, incluido el del gusto y el del olfato. Los bebés nacen también con reacciones reflejas incorporadas, como la de asustarse, o la de prenderse de la madre para mamar, así que es obvio que *algún* desarrollo cerebral ha tenido lugar ya a esas alturas.[5]

En cuanto a la felicidad, un importante conjunto de procesos neurológicos que se desarrolla muy temprano —puede que incluso en el útero materno— es el que rige las reacciones emocionales. Los bebés lloran nada más nacer, lo que indica que son conscientes del malestar. Y dejan de llorar cuando se los coloca en brazos de la madre, lo que indica que experimentan la sensación de la protección y puede que hasta la del confort. Algunos estudios realizados con chimpancés huérfanos a quienes se les presentaban unas «réplicas» inertes de madres de su especie mostraron que estos tendían a preferir aquellas que estaban cubiertas de un tejido suave y blando a aquellas otras de superficie más dura, aunque estas últimas fueran las que les daban realmente de comer.[6] Los bebés (sean chimpancés o humanos) y los niños pequeños necesitan instintivamente contacto y abrazos; hace que se sientan felices, aunque no entiendan realmente lo que es ese sentimiento. Y todos hemos visto que los bebés empiezan a sonreír y a reír antes de que sepan andar y hablar.

Las pruebas sugieren que el sistema límbico, esa red difusa de regiones que conecta las emociones con la consciencia y los instintos básicos, se forma a muy temprana edad.[7] Esto es especialmente cierto en el caso de la amígdala, que, como ya sabemos, desempeña numerosas funciones vitales en nuestro procesamiento de las emociones y que, según algunos estudios, tiene nexos con áreas como el cuerpo estriado y partes de la ínsula, nexos que están presentes desde el principio y que se mantienen estables durante la infancia y en edades posteriores. Si aceptamos, como se ha argumentado aquí, que el cuerpo estriado es un elemento integral de buena parte de nuestra cognición y nuestra conciencia sociales, y que la ínsula es clave para muchas respuestas emocionales ligadas al sentido del yo, sería razonable decir que los cerebros de los niños pequeños son capaces de experimentar la reacción emocional relevante ante las cosas buenas y las malas, sobre todo, en el contexto de la presencia de otras personas. Los ejemplos de las cosquillas y del juego del «¿Dónde ta? ¡Acá ta!» que mencionamos antes muestran precisamente que los pequeños disfrutan y agradecen las interacciones con una persona que les inspiran seguridad. Los bebés y los niños pequeños sonríen cuando ven a una persona conocida que consideran benéfica para ellos[8], pero pueden llorar cuando se los pasa a brazos de un extraño a quien no conocen o cuyo aspecto les desagrada. Exactamente el por qué les desagrada no se sabe. Son muy pequeños todavía.

En realidad, podríamos llenar muchos libros con análisis, comentarios y teorías sobre cómo se desarrolla el cerebro humano durante la infancia, y mejores científicos que yo ya lo han hecho. De todos modos, hay ciertos aspectos neurocientíficos y psicológicos interesantes que merece la pena considerar sobre esa fase de la vida en lo tocante a nuestra felicidad en general.

Se supone que la capacidad para reconocer si algo es malo o bueno, y para reforzar ese reconocimiento por medio de las reacciones emocionales pertinentes, es un instrumento crucial para aprender cómo funciona el mundo, y lo es, sobre todo, para un cerebro en rápido desarrollo. Se ha estimado que, durante los primeros años de la infancia, se llegan a formar hasta un millón de nuevas conexiones neurales ¡por segundo! Esto provoca un rápido crecimiento cerebral; el cerebro de un niño está a los nueve meses de vida en la mitad de lo que será su tamaño adulto, en tres cuartas partes cuando tiene 2 años de edad, y en un 90 % cuando ha cumplido ya los 6 años.[9] El cerebro de un niño adquiere experiencias nuevas, positivas y negativas, a un ritmo asombroso. Eso explica por qué los niños son tan preguntones y tan curiosos por todo: enchufes, adornos delicados, aparatos caros o los armarios donde guardamos el líquido limpiador de baño o el disolvente de pintura, da lo mismo. Ya hemos visto lo mucho que el cerebro humano agradece la novedad, pero es que para un niño pequeño, ¡todo es novedoso! Cada una de esas exploraciones y experiencias está formando nuevas conexiones en su cerebro que pueden servirle para el resto de la vida. Por eso se meten en todo. También por eso necesitan dormir tanto en comparación con los adultos, pues sus cerebros precisan de mucho más «tiempo de pausa» para procesar todo eso que han ido adquiriendo mientras estaban despiertos.[10]

Aun con tan frenético crecimiento cerebral durante esos primeros años, lo cierto es que un cerebro nunca es más maleable y absorbente que cuando somos niños. Esa es la razón por la que muchos estudios avisan de los peligros del estrés tóxico.[11] La capacidad de sentir emociones —miedo y angustia incluidos— y de reaccionar a señales sociales se forma en el cerebro al poco de nacer, pero la comprensión y la valoración del contexto y de la situación se adquieren mucho más paulatinamente a través del aprendizaje y la experiencia. Debido a ello los niños son muy sensibles a los entornos estresantes, como aquellos en los que los padres se pelean y se hablan a gritos, o en los que se producen incidentes que dan miedo. No conocen la causa ni lo que significa; no pueden entender que mamá y papá están agotados y que por eso mismo les ha dado por discutir sobre a quién le toca sacar la basura; lo único que captan es que está pasando algo malo, alarmante, y que no pueden hacer nada al respecto, lo que somete a un tremendo estrés a cualquier cerebro, y mucho más a uno tan nuevo como el suyo. El subsiguiente alud de activadores químicos del estrés que invade su organismo puede interferir de verdad en el desarrollo y el crecimiento de su cerebro, y generar problemas de desarrollo cognitivo en las fases posteriores de la vida.[12]

Afortunadamente, esta maleabilidad cerebral puede tener también sus consecuencias positivas. Un estudio de 2012[13] sugiere que el entorno que habitamos cuando tenemos 4 años de edad afectará significativamente la estructura de nuestro cerebro cuando entremos en la edad adulta. En concreto, cuanto más enriquecedor sea ese entorno a los 4 años, más estructuradamente desarrollado estará el cerebro transcurrida un poco más de una década. Por qué los 4 años son una edad tan importante es algo difícil de precisar, pero puede ser una cuestión clave en el desarrollo del cerebro. Por ejemplo, ciertas pruebas indican que nuestros primeros recuerdos se inician más o menos a los cuatro años de edad.[14] ¿Es posible que hasta ese momento el cerebro esté todavía «poniéndose en orden» en cuanto a ciertas funciones importantes y que la formación de recuerdos no sea tan fiable? Sería como un coche que se está poniendo a punto para un largo viaje: introducimos todo nuestro equipaje en el baúl, comprobamos que hemos cerrado bien la casa, nos cercioramos de que el depósito de combustible esté lleno, etcétera. Todos ellos son aspectos importantes del viaje, pero, en realidad, no nos hemos *movido* todavía. Al final, nos sentamos al volante, exclamamos: «¡Vamos allá!» y nos ponemos en marcha. Puede que sea eso lo que el cerebro hace alrededor de los 4 años (en sentido metafórico).

No obstante, el viaje que tiene por delante es largo y el cerebro tiene aún mucho por desarrollar. La teoría de la mente, esa capacidad de captar lo que otros individuos están sintiendo o pensando, se forma al parecer bastante pronto, pero se va perfeccionando y sofisticando a medida que los niños aprenden a reírse y a empatizar con otros.[15] El cociente intelectual infantil también parece ser mucho más variable en función de los factores ambientales (escuelas, maestros, grupos de amigos, etcétera) que el CI adulto, que está más «fijado».[16] Los niños normalmente *necesitan* * estar con otros con quienes puedan interactuar, y pueden ser muy susceptibles a los efectos de la pertenencia a un grupo (polarización, cooperación, rivalidad entre miembros, etcétera), aunque, al mismo tiempo, esos efectos son también muy fácilmente reversibles.[17] Un niño puede tener una violenta pelea con un amigo por un asunto trivial, tras la que ambos juran no volver a hablarse nunca más, y haberla olvidado por completo al día siguiente.

Esta tendencia al comportamiento imprevisible o incoherente es una característica común de la infancia, algo de lo que bien puede dar fe cualquier padre o madre que intenta estar al tanto de los continuamente cambiantes gustos en comida de sus pequeños. Una potencial explicación de ello es que las conexiones entre la amígdala y el córtex prefrontal, donde aparentemente está localizada una buena parte de nuestro pensamiento racional y de

---

* ¿Recuerdan el capítulo 4 y los peligros del aislamiento social? ¿O el capítulo 6 y la importancia del juego entre los compañeros jóvenes? Y eso que nuestros cerebros muchas veces parecen predispuestos a evitar que busquemos esas experiencias.

nuestro razonamiento superior, parecen cambiar drásticamente entre la infancia y la edad adulta. Un amplio estudio al respecto[18] observó que el cerebro de un niño muestra un tipo de actividad que sugiere que la amígdala estimula el córtex prefrontal, de lo que cabe deducir que las reacciones emocionales podrían ser prioritarias respecto del pensamiento lógico, y eso sin duda explicaría los berrinches o esa insistencia en hacer constantemente la misma pregunta («¿hemos llegado?, ¿hemos llegado?, ¿hemos llegado?») cuando no les gusta la respuesta. Podemos decirle «no, todavía no» todo lo que queramos, pero como el niño esté aburrido y frustrado, ese aburrimiento y esa frustración van a ser lo que domine todo su estado consciente en ese momento, no nuestra respuesta lógica.

Sin embargo, en la vida adulta posterior, esa conexión da básicamente un «vuelco» y, de hecho, ciertos registros de actividad parecen indicar que el córtex prefrontal puede pasar a incidir negativamente en la amígdala. En esencia, nuestro pensamiento racional puede anular nuestras respuestas emocionales; una habilidad vital para nosotros, individuos que tenemos que saber movernos por el mundo moderno.

Aunque todo esto es interesante, buena parte de la literatura especializada en el tema sugiere que el factor más importante en la felicidad de un niño es su relación con su cuidadora o cuidador primario. Y aunque, obviamente, no siempre es el caso, esa persona cuidadora suele ser la madre biológica del bebé; aparte de haber sido quien gestó al bebé dentro de su propio cuerpo, esta cuidadora tiene un vínculo posparto con el bebé que está fuertemente regulado por la oxitocina[19], de la que las mujeres que acaban de ser madres presentan muy elevadas dosis en su organismo.[20] De hecho, algunos estudios sugieren que la oxitocina (responsable de buena parte de la interacción y de la felicidad humanas) está ahí, en el cuerpo humano, precisamente por su éxito evolutivo como fomentadora del lazo entre madre e hijo.[21]

Es una relación bidireccional. En los cerebros de las madres*
que ven a su propio hijo o hija reír o llorar también se ha regis-
trado una actividad que es apreciablemente distinta de la que se
observa cuando ven a otros bebés parecidos al suyo hacer lo mismo.[22] Parece que sus cerebros son muy sensibles a su hijo en concreto y al estado emocional de este. Estamos, pues, ante un vínculo materno-filial muy profundo.

También es normal que ese sea el fundamento de la vida de
un niño o una niña, y el factor principal que determina cómo se
desarrolla su cerebro. Para llevar a cabo toda la exploración e
indagación que precisan llevar a cabo para aprender cómo funciona el mundo y, por consiguiente, para ser felices, los niños
necesitan un lugar seguro al que retirarse si las cosas se tuercen
ahí fuera. O, para el caso, una *persona* segura. La teoría del apego es el modelo psicológico predominante en gran parte del estudio moderno de la conducta infantil.[23] Viene a decir que los niños
pequeños se «apegan» mentalmente a la persona cuidadora primaria y la usan como fuente primordial de seguridad y de valoración o reacción acerca de cómo funcionan las cosas. Cómo responden los niños cuando se los aparta de su cuidadora primaria
y luego se los devuelve a ella en el contexto de alguna situación
extraña es un método muy utilizado para evaluar la relación
materno-filial (o paterno-filial) y el funcionamiento infantil.[24] Se
dice que el carácter de ese apego tiene consecuencias trascenden-
tales, entre las que se incluyen el tipo de personalidad[25], el desarrollo profesional[26] o incluso la orientación sexual[27] en etapas posteriores de la vida.

La psicóloga Diana Baumrind intentó definir en 1971 los
tipos ideales de crianza de los hijos y aseguró que el mejor méto-

---

* No ha habido muchos estudios (si es que ha habido alguno) que hayan
investigado ese proceso en cuidadoras o cuidadores primarios que no sean la
madre biológica, pero eso no quiere decir que no se produzca en sus cerebros
igualmente.

do es una combinación de permisividad y disciplina.[28] Según sus hallazgos y otros posteriores, un niño tiene que disponer de margen para explorar, para experimentar cosas nuevas y para trabar nuevas amistades, por lo que permitirle hacerlo es importante para su felicidad. Pero también necesita saber dónde están los límites, sentirse seguro dentro de ellos y poder aprender que el mundo tiene unas reglas. Un concepto importante en lo que respecta a prácticamente todo.

Por desgracia, es muy fácil (al menos, desde el punto de vista del desarrollo neurológico) que los padres vayan demasiado lejos. Demasiada disciplina, presión y castigo de los comportamientos «indebidos» pueden crear hijos triunfadores, pero convencidos al mismo tiempo de que la aprobación y el afecto solo se obtienen rindiendo y teniendo éxito, lo que puede generarles unos elevados niveles de neurosis y unos escasos conocimientos sociales, por no hablar de otros trastornos relacionados como la bulimia.[29] Por su parte, unos padres demasiado permisivos y relajados en la crianza de sus hijos pueden hacer que estos desarrollen una conciencia distorsionada de la vida en sociedad. Tal vez hayan visto a esos chiquitos que están «descontrolados», que son destructivos y alborotadores porque sus padres nunca los retan. Pues es lo que consiguen con su permisividad. Esos niños suelen tener problemas para establecer unas relaciones significativas, porque no siguen las normas sociales que otras personas esperan que sigan y, por ello, son objeto de rechazo. Evidentemente, esto les causa infelicidad. Del mismo modo, toda esa ausencia de reacción de los padres a la conducta de los hijos puede producir en ellos apatía y falta de metas y aspiraciones. Las acciones y las reacciones de nuestros padres son la forma que tenemos de aprender cómo es el mundo, y si ellos no responden a nada de lo que hacemos, es fácil entender que las cosas terminan por parecernos carentes de sentido.[30]

En general, son muchas las cosas que pueden hacer feliz a un niño y muchas de ellas también sirven para los adultos. Pero debido a la naturaleza constantemente cambiante del cerebro infantil, esos motivos de felicidad pueden ser más fugaces y/o más intensos, pueden variar rápidamente de un día para otro. Se trata de una existencia caótica en muchos sentidos; de ahí que la relación paterno y materno-filial sea normalmente el núcleo en el que se fundamenta la construcción de un conocimiento operativo del funcionamiento del mundo. No sería absurdo argumentar, pues, que, si bien hay un sinfín de otras variables a tener en cuenta, la relación paterno o materno-filial es posiblemente la faceta más importante de la felicidad de un niño.

Lo ideal es que la persona cuidadora primaria sea cariñosa, dé ánimos y se muestre coherente. La coherencia es clave porque el niño obtiene de esa cuidadora o cuidador mucho de aquello que necesita saber del mundo y de su funcionamiento. Puede que termine entendiendo el lenguaje hablado con el tiempo, pero aprende otro tanto de la vida simplemente observando e imitando[31] y, como sus capacidades lógica y de razonamiento todavía se están formando y perfeccionando, enviarles mensajes contradictorios —ya sea de obra o de palabra— no ayuda para nada. No basta con decirle a un niño que haga o no haga algo: hay que «dar ejemplo», pues, si no, puede muy bien reconocer la hipocresía de nuestras palabras.

Esto puede ser difícil, porque la vida no es precisamente coherente y los padres y las madres somos seres humanos, a fin de cuentas. Por suerte, no hace falta que seamos coherentes al 100 %; pero sí tenemos que serlo lo suficiente como para que el niño capte la idea general, y un buen padre sabe explicar y reparar cualquier desviación producida por un momento de fatiga o de estrés (muy habituales cuando se tiene niños, por cierto) con respecto a su conducta habitual.[32] Básicamente, si somos buenos con nuestros hijos y les damos un ejemplo digno, es muy probable que sean felices.

Por supuesto, esta no es más que una conclusión aproximada, basada en los datos disponibles que he podido consultar. Tal vez ustedes tengan experiencias e información que difieran por completo de las anteriores. Yo no pretendo decirles aquí cómo deben criar a sus hijos. De hecho, conozco a personas que pueden sentirse muy infelices cuando alguien trata de darles esa clase de consejos.

Diversión adolescente directamente en vena

Yo fui un adolescente rebelde*. Puede que les suene raro viniendo de un científico estudioso como yo, pero es la verdad. El secreto para entenderlo está en el *contra qué* me rebelaba. Yo hacía aquello tan adolescente de rechazar la autoridad, pero mis figuras de autoridad eran mis padres. Mi padre, en particular, había sido una especie de vándalo juvenil en su época. Una vez me acompañó a una reunión de padres del centro educativo y mi profesor de matemáticas, el señor Owen, que también había sido profesor de mi padre a mi edad, le espetó abiertamente que era imposible que yo fuera hijo biológico suyo, teniendo en cuenta las cosas que yo hacía en su clase de matemáticas. Como realmente asistir a clase, por ejemplo.

Así que, cuando pasé por mi fase de rebeldía adolescente, era contra eso que me rebelaba. Mi padre me animaba a salir para que conociera a gente y, quién sabe, charlara con las chicas y todo eso, y yo pensaba: «¡No jodas, viejo! Yo voy a quedarme aquí a leer un *libro*». No era algo que se ajustara precisamente a la imagen arquetípica del «rebelde adolescente», lo sé. Y el hecho de que por entonces yo vistiera una chaqueta de cuero aún lo hacía un poco más embarazoso. Aun así, supongo que de ese modo llegué a ser lo que soy ahora.

En mi defensa, alegaré que yo solo estaba poniendo en práctica un tópico cultural. Las horas límite de llegar a casa, quedar-

---

* Eso fue después de mi experiencia como animadora.

se castigados sin salir, desafiar, discutir a gritos son todos, al parecer, rasgos comunes de una típica relación entre padres e hijos adolescentes. Pero ¿por qué? Si una relación positiva con los padres/cuidadores es tal vez el elemento esencial de la felicidad infantil, ¿a qué viene ese repentino y drástico cambio?

La adolescencia es el período de transición entre la infancia y la edad adulta. En la lengua inglesa, «adolescente» suele equipararse a *teenager* (alguien que tiene una edad comprendida entre los 13 y los 19 años), pero los límites de la adolescencia no están tan claros. Una de sus fases es la pubertad, ese proceso inducido por las hormonas a través del que alcanzamos la madurez sexual. Sin embargo, la pubertad se inicia a partir de los 11 o 12 años de edad en los chicos, y entre los 10 y los 11, en las chicas[33], pero los datos indican que el crecimiento físico y la maduración cerebral prosiguen hasta mediada la veintena, por lo que, aunque ese período de los 13 a los 19 años es aquel en el que transcurre la mayor parte de la adolescencia, dónde empieza y dónde termina sigue siendo tema de discusión.

Da igual. Lo que aquí importa es el efecto que tiene la adolescencia en nuestra felicidad. Y no es precisamente genial. Aunque todos los factores que inciden en la felicidad adulta deberían de hacerlo también en la de los adolescentes, lo cierto es que la imagen que nos transmiten es la de unos seres a menudo malhumorados, gruñones, insolentes, iracundos, que se pasan el día escuchando música deprimente, practicando conductas peligrosas o de riesgo (como beber alcohol, consumir drogas o tener sexo cuando aún son muy jóvenes para ello), durmiendo a todas horas, etcétera. En esencia, la idea generalmente aceptada es que los adolescentes *no son felices.* ¿Por qué? Mucho tiene que ver con los cambios que tienen lugar en sus cerebros.

Curiosamente, nuestro cerebro adolescente tiene *menos* conexiones que nuestro cerebro infantil. Esto se debe a que, aunque el cerebro de un niño puede estar formando millones de conexiones nuevas por segundo, no todas ellas terminan resultando de utilidad. El cerebro de un niño básicamente se dedica a acumular; no tira nada. Sin embargo, aunque es cierto que un cerebro no puede «llenarse», todas esas conexiones neuronales superfluas limitan su eficiencia; los cerebros humanos más capaces tienden a ser los más eficientes, los mejor conectados.[34] El cerebro de un niño está muy lejos de eso. Y eso seguramente explica la tendencia característica a la volubilidad y a confundirse con facilidad.

Pues, bien, durante la adolescencia nuestros cerebros pasan por un proceso llamado «poda».[35] Y es más o menos como suena: se eliminan —se borran— las conexiones (sinapsis) y neuronas excedentes e innecesarias, mientras que aquellas otras que se usan con regularidad se conservan y se refuerzan, lo que mejora el funcionamiento global del cerebro. Puede ser un proceso bastante drástico; algunos cálculos indican que hasta un 50 % de las neuronas y conexiones previamente existentes se suprimen en la poda, sin importar lo que tales conexiones representaran en su día. Por ejemplo, cuando hablé con la Charlotte Church adulta que es hoy, le pregunté por los recuerdos que tenía de su época de estrellato infantil y me confesó que había habido momentos en su vida posterior en los que había estado muy ilusionada de conocer a alguna estrella muy famosa y, cuando lo había hecho, se había dado cuenta de que *ya había actuado con ella* cuando era pequeña. Aunque, claro, si has tenido una infancia tan llena de anécdotas de ese calibre, terminan por volverse normales y corrientes, y el proceso de poda no va a ser nada clemente con ellas.

Esto es algo que puede parecer ilógico. ¿Cómo puede ser que una disminución de las células cerebrales mejore el cerebro? Pero, en el fondo, es como preguntarse cómo puede ser que una estatua clásica se considere superior al bloque de mármol del que ha sido esculpida; en uno y otro caso, «más» no significa «mejor».

Una consecuencia potencial de tan drástica revisión a fondo del cerebro es la mayor necesidad de dormir; un adulto necesita un promedio de ocho horas diarias de sueño nocturno, pero el adolescente típico suele necesitar nueve y puede que hasta diez.[36] ¿No serían más felices los adolescentes si los dejáramos dormir lo suficiente? El problema es que tienen que ir al colegio o al instituto, y las clases empiezan a primera hora de la mañana. Muchos padres, con la mejor de las intenciones, suelen poner mucho empeño en persuadir a sus agotados hijos adolescentes para que sigan un horario «normal» y los retan por haberse pasado la mañana durmiendo. Puede que incluso los presionen para que «se busquen un trabajo» y devuelvan a la economía familiar parte de lo que cuesta mantenerlos. Además, la adolescencia no deja de ser la edad de los exámenes, el momento de la vida que determinará *todo nuestro futuro,* lo que quiere decir que los jóvenes que están dispuestos se pasan las horas estudiando. En general, pues, los cerebros adolescentes necesitan realmente dormir más, pero la vida moderna hace que rara vez puedan hacerlo. Sabemos que la privación de sueño puede perjudicar el estado de ánimo, la felicidad y el funcionamiento cognitivo[37], y sin embargo, los adolescentes pueden pasar por eso durante años. Así que quizá estemos siendo demasiado duros insistiéndoles encima en que se lo tomen con buen humor y sean felices.

También está la pubertad, con todos los cambios físicos (a menudo desagradables) que ocasiona: piel más grasa y acné, pelo que aparece en lugares poco decorosos que estaban lampiños hasta entonces, cambios en la voz (de los chicos), aparición de la menstruación (en las chicas), etcétera. Estas modificaciones son inducidas por la súbita descarga de hormonas sexuales en nuestro torrente sanguíneo.[38] Pero recordemos que esas hormonas también influyen en la excitación sexual, tanto a través de los órganos sexuales como a través de las regiones cerebrales pertinentes. Así que, de pronto, descubrimos que queremos sexo, aunque aún no estamos del todo seguros de lo que es, y en un momento en que nuestras hormonas conspiran para hacernos parecer todo lo raros y poco atractivos y torpes posible.

A menos que eso solo me pasara a mí, claro. Pero, en cualquier caso, son cosas que provocan claramente más frustración que felicidad.

Básicamente, pues, la adolescencia significa que necesitamos más horas de sueño y más sexo, pero también hace que ambas cosas resulten más difíciles de conseguir. Pero ¿esa es razón suficiente para que los adolescentes sean más hostiles y menos felices que los niños y los adultos? Quizá, pero esa no es toda la historia. Las pruebas indican que suceden más cosas en las profundidades mismas del cerebro.

Un interesante artículo del profesor B. J. Casey y su equipo de colaboradores, publicado en 2008[39], sugiere la existencia de un mecanismo neurológico, creado por el propio desarrollo adolescente, que podría explicar muchas de las conductas y tendencias de los seres humanos a esas edades. Por ejemplo, los adolescentes muestran unos niveles más elevados de búsqueda de la novedad: les encanta probar cosas nuevas, incluso aunque sean de dudosa legalidad. También buscan más interacción con sus compañeros, amigos y sus iguales en general (¿les suenan las «bandas» juveniles?). Sin embargo, se pelean y discuten con frecuencia con sus padres. Todo esto, agravado por la mayor tendencia que los adolescentes tienen a asumir riesgos. La manera de expresar toda esa mezcla varía considerablemente; puede que les dé por viajar para experimentar cosas nuevas, conocer a gente y sentirse independientes, o que terminen probando sustancias ilícitas o bebiendo alcohol junto a amigos de ideas parecidas sin tener la edad legal para ello. La personalidad, las circunstancias y los antecedentes son condicionantes muy importantes, entre otros.[40]

Hay quienes dicen que los adolescentes son más impulsivos, pero eso no es así; la impulsividad consiste en hacer algo sin pensar en sus consecuencias potenciales, mientras que, cuando se asumen riesgos, sí se tienen en cuenta los (probables) resultados negativos de la acción, *pero se lleva a cabo igualmente*. La puntualización es importante; los niños pueden ser impulsivos y hacer cosas como intentar comerse objetos peligrosos o meter los dedos en los enchufes porque no saben más. Pero hay estudios que indican que, cuando menos en situaciones hipotéticas, los adolescentes son perfectamente capaces de pensar racionalmente, manejar predicciones y tomar decisiones apropiadas.[41] Simplemente, ocurre que, en las situaciones reales, en «la euforia del momento», tienden a no hacerlo y se muestran mucho más vulnerables a la influencia emocional que a la lógica y el razonamiento. El profesor Casey y sus colegas sostienen que eso se debe a los diferentes ritmos de maduración del córtex prefrontal del cerebro, por un lado, y las regiones del sistema límbico, por el otro.

Durante la época adolescente, nuestros cerebros todavía se están desarrollando, aunque se trata de un desarrollo cualitativamente distinto del observado durante la infancia. Las diferentes partes del cerebro ya están formadas y en funcionamiento, pero cobran preeminencia otros procesos relacionados con el perfeccionamiento, la eficiencia y la especialización de esas áreas. Por decirlo en términos sencillos, durante la infancia, todas las partes de nuestro cerebro se preguntan: «¿A qué me dedico yo exactamente?». Durante la adolescencia, la pregunta es distinta: «Ya sé cuál es mi trabajo, pero ¿cómo debo hacerlo?».[42]

La maduración adolescente acarrea cambios y un aumento de la actividad y de la eficiencia de las áreas encargadas de la emoción, el placer y la felicidad de las que ya hemos hablado aquí largo y tendido: los sistemas límbicos (como la amígdala) y los ganglios basales subcorticales, que comprenden muchas regiones como, entre otras, el cuerpo estriado y el núcleo accumbens. Dichas regiones son también las responsables de la expectativa de recompensa y, a través de la acción de las neuronas dopamínicas ligadas a regiones controladoras de la conducta —como el córtex prefrontal, por ejemplo—, gobiernan e inducen el comportamiento que busca una gratificación. Dicho de otro modo, hacen que queramos cosas y nos impulsan a conseguirlas.

Cuando ya somos adultos, no estamos tan condicionados por esas poderosas influencias primarias; como hemos visto aquí, nuestro córtex prefrontal (racional, regulador de los impulsos) puede evaluar las consecuencias a largo plazo de las conductas impulsadas por las emociones y orientadas a la gratificación, decir «no, eso no es una buena idea» y cancelarlas. El problema es que, durante la adolescencia, las regiones emocionales que incentivan la búsqueda de recompensa maduran más deprisa que las regiones prefrontales. Posiblemente no nos extrañe que sea así, en vista de que las regiones de la emoción y la recompensa están más consolidadas y son menos «complejas», pero eso significa que, durante un período prolongado de nuestra vida, tienen mayor influencia sobre nuestros comportamientos que las partes más disciplinadas de nuestro cerebro, todavía en desarrollo, aun tratando de entenderse a sí mismas. En varios sentidos, se parece mucho al dilema de la emoción frente al pensamiento al que nos enfrentamos cuando aún somos niños, pero elevado a niveles más complejos. No se trata simplemente de que las partes recién formadas del cerebro estén intentando hacerse oír unas por encima de las otras, sino que es algo más sutil y sofisticado. Tiene menos de tertulia-debate de telebasura que de *Juego de tronos*.

Imagínense a alguien montando a caballo. El animal que es su cabalgadura en ese momento hace gran parte del trabajo, pero el jinete tiene total control. Sin embargo, en un determinado instante, esta persona se da cuenta de que no sabe adónde se dirige, así que se detiene unos segundos para consultar un mapa y suelta las riendas, por lo que, durante ese breve lapso de tiempo, es el caballo el que está al mando. En menos que canta un gallo, el jinete da con sus huesos en el suelo, hundido hasta las rodillas en algún riachuelo o barrizal. Pues bien, usando esta analogía, el córtex prefrontal es el jinete, los sistemas límbicos subcorticales son el caballo. En esencia, dejar que los elementos menos sofisticados asuman el control implica que terminaremos en lugares y situaciones poco propicios. Como suele ocurrirles a los adolescentes.

Eso explica mucho sobre las acciones y las reacciones de los adolescentes. Sí, es verdad que son perfectamente capaces de pensar con claridad y con calma en situaciones hipotéticas, que no incitan respuestas emocionales. Pero la mayoría de situaciones de la vida real sí presentan un importante componente emocional que influye con fuerza en las conductas y las decisiones adolescentes, dada la disposición interna de sus cerebros en esa fase de sus vidas. Si le preguntamos a un adolescente si odia a sus padres, probablemente nos responderá que no, que en absoluto. Pero si sus padres le dicen que no puede salir o que no le van a comprar el teléfono celular de último modelo, probablemente les gritará: «¡Los odio!», porque, *en ese breve instante,* eso es más o menos lo que siente; un fugaz a la vez que intenso estallido emocional puede ser más potente que la lógica y la razón para un cerebro adolescente. Luego, saldrá dando algún portazo, como es tradicional en tales casos. Esa configuración cerebral también explica la displicente actitud de los adolescentes hacia el riesgo; sus cerebros son más susceptibles a los impulsos emocionales, la estimulación inmediata y la gratificación, y menos receptivos a la valoración de las consecuencias a largo plazo y al pensamiento racional. *Normal* que nos obsequien con conductas más «arriesgadas».

La maduración del sistema límbico y de los circuitos de recompensa también significa que lo que antes nos hacía felices pierde de pronto su eficacia, y que aquello de lo que tan encariñados estábamos nos resulta ahora infantil y nos avergüenza. El incremento de la eficiencia y la influencia del cuerpo estriado y de la amígdala, con todas sus funciones sociales correspondientes, provoca posiblemente una mayor necesidad de camaradería y aceptación, y un más agudo deseo de mejora del estatus social, con la consiguiente obsesión adolescente clásica por estar entre los «populares» de la clase o del grupo. Es evidente que esas súbitas ganas de explorar, darse el gusto y estar «ahí arriba» a toda costa (es decir, sin que importe el riesgo que haya que asumir) es algo que no va a entusiasmar a sus padres, ni mucho menos, y que estos inevitablemente tratarán de frustrar. Y aunque sea con la mejor de las intenciones, que se nos nieguen nuestras necesidades e impulsos básicos es algo que nos ocasiona irritación y estrés.[43] Además, como los adolescentes son más sensibles al estrés y a la irritación, también arremeten más a menudo contra los padres y las figuras de autoridad. En general, aquellos seres que hasta entonces les proporcionaban estabilidad y seguridad pasan a percibirse como barreras para el crecimiento y el autodescubrimiento, por lo que están más molestos con ellos que agradecidos.

Aunque esas conductas que comportan infelicidad pueden parecer meras excentricidades consustanciales al desarrollo de un cerebro humano cada vez más complejo, todo parece indicar que existen por algún motivo. Las ratas y los primates —criaturas sociales ambos— también muestran unos comportamientos similares o análogos durante sus fases adolescentes[44], lo que nos daría a entender que deben de suponer una ventaja y la que sigue es una explicación de por qué tal vez es así.

Cuando adquirimos la madurez sexual, lo ideal (desde un punto de vista evolutivo) es que vayamos a buscar potenciales parejas sexuales nuestras y tratemos de «cortejarlas». La acentuación del impulso sexual sumada a las ganas de conocer a nuevas personas y de asumir riesgos serían tendencias muy valoradas para lograr tal fin. Contra este propósito, sin embargo, actuarían las preferencias (preexistentes) por ceñirse a lo conocido y lo seguro y por eludir responsabilidades quedándose en la compañía y la cercanía del grupo familiar. No obstante, discutir con frecuencia con los padres (o estar molesto con ellos) entrañaría que el adolescente tenga más probabilidades de emprender el vuelo por su propia cuenta y, con ello, de mejorar sus probabilidades de aparearse y de tener éxito en lo que le queda de vida.

No todos los adolescentes se comportan así, claro está. Cada uno madura a su modo y a su ritmo. Es evidente que algunos se mantienen muy centrados y responsables durante toda la adolescencia, pero lo más probable es que eso sea más difícil para ellos (desde un punto de vista neurológico) de lo que sería si fueran ya adultos. Y quizá el principal problema de la felicidad de los adolescentes no esté en los cambios neurológicos que experimentan, sino en el hecho de que la sociedad moderna apenas si los tiene en cuenta. Los adolescentes y sus recién desarrollados cerebros son individuos sexualmente conscientes/motivados; quieren independencia y control sobre sus vidas, experimentar cosas nuevas y conocer gente. Sin embargo, la sociedad impone múltiples restricciones en ese sentido —ya sea por motivos de edad, económicos o culturales— dirigidas a impedirles hacer muchas de esas cosas. Puede que sea comprensible —aunque no necesariamente aceptable— que la propia sociedad que causa esas frustraciones adolescentes sea la diana con la que los adolescentes las pagan en forma de vandalismo u otras actividades ilegales.

Cruel ironía del destino es el hecho de que se espere de los adolescentes que se comporten como adultos responsables sin que, al mismo tiempo, se les reconozcan más derechos que a los niños (por ejemplo, en el Reino Unido, a los 14 años deben elegir asignaturas que definirán sus vidas posteriores, pero no se les permite beber cerveza hasta los 18), aun cuando —neurológicamente hablando, por lo menos— no son ni una cosa ni la otra. Son adolescentes. Quizá hasta que el resto de la sociedad reconozca —y se adapte debidamente a— esa realidad, será improbable que los adolescentes sean fehacientemente felices, pues, de momento, lo que sucede es que sus necesidades y sus deseos pasan, casi de un día para otro, a entrar en conflicto con buena parte del mundo en el que viven. Hasta que ese reconocimiento y esa adaptación ocurran, su felicidad dependerá seguramente de aquellas vías que tengan permitidas para dar salida a tanta agresividad, estrés y necesidad contenida de estímulos nuevos. Posiblemente, los escalofriantemente violentos y gráficos videojuegos de hoy en día son una de esas vías de escape, sobre todo aquellos que se juegan en línea y que permiten conectarse y conversar con otros jugadores y vencerlos en combates virtuales.

En ese sentido, es posible que, lejos de alentar malas conductas y corromper sus frágiles mentes, los videojuegos violentos sean lo único que mantiene a algunos adolescentes felices y relativamente equilibrados, y que, sin ellos, tengan realmente un problema. Eso no es lo que muchos alarmistas quieren oír, pero, oigan, no disparen al mensajero: tal vez son ustedes los que tienen que aprender a contenerse.

Una manera adulta de entender la felicidad

Y tras la adolescencia, llega la edad adulta. Libertad e independencia... ¡bieeeeen! Autosuficiencia y responsabilidad... ¡buuuuu, fuera! A decir verdad, se trata de una mezcla ambivalente.

Como ocurre con el comienzo de la adolescencia, la cuestión de «¿en qué momento nos convertimos en adultos?» tampoco es fácil de responder. Un «adulto biológico», según la literatura científica especializada, suele ser un individuo que ha alcanzado el estadio de la madurez sexual. Pero, para los humanos, eso significaría el *inicio* de la pubertad. Entonces, ¿son adultos los niños o las niñas de 11 años? La mayoría estaríamos en desacuerdo con tal aseveración. Puede que sirva para otras especies —los roedores, por ejemplo— que solo viven unos pocos años. Pero los seres humanos —criaturas de vida larga con una fase juvenil peculiarmente prolongada[45]— decidimos en su momento que eso no nos parecía correcto y, por ello, desarrollamos el concepto del «adulto social», que es aquello que una persona es cuando las convenciones y las leyes de la sociedad estipulan que ha alcanzado una determinada edad o hito en la vida. Tales convenciones o leyes varían considerablemente de una sociedad a otra.

En términos neurocientíficos, tampoco es fácil precisar el punto en el que el cerebro ha «terminado» oficialmente de desarrollarse y de madurar. Ya hemos visto que el cerebro tiene diferentes partes que maduran a ritmos distintos. Muchas pruebas indican que algunas siguen haciéndolo hasta superada la veintena, e incluso otras, como el cuerpo calloso (el «puente» entre los dos hemisferios) y el lóbulo frontal, que son áreas importantes para el funcionamiento ejecutivo y para el control consciente, dan señales de un desarrollo continuo hasta los 25 años de edad.

Digamos, pues, que, a efectos neurológicos, a los 25 años ya somos «plenamente adultos». Si asumimos una esperanza de vida típica de 70 años (aunque esta parece no parar de aumentar[46]), podemos afirmar que somos adultos durante la mayor parte de nuestra existencia, por lo que podemos también suponer que es nuestro cerebro adulto el que decidirá si sentimos felicidad «duradera». Nuestra personalidad, nuestro temperamento, nuestros gustos y aversiones, nuestras capacidades y disposiciones, se van grabando en nuestro cerebro durante la fase de desarrollo y son aquellas cosas las que determinan lo que nos hace felices, en qué medida y por qué.

Pero ¿están fijadas de manera inamovible? Tal vez cabría esperar que el cerebro adulto esté mucho más «fijado» de lo que lo está en etapas previas de la vida, y es cierto que, en no pocos sentidos, así es. Cuando enseñé a mis hijos pequeños un teléfono móvil inteligente o una tableta por primera vez, en apenas cinco minutos ya estaban usando esos aparatos igual de bien que yo (aunque bien es cierto que yo, niño de los años ochenta, sigo considerando las pantallas táctiles un artilugio rayano en la brujería). Sin embargo, si alguna vez han intentado enseñar a un pariente mayor a usar esas cosas, sabrán que puede ser una misión un tanto ardua.

Durante muchos años, se creyó de manera generalizada que el cerebro adulto es básicamente un ente «fijo» que tiene todas las neuronas y conexiones importantes que necesitamos. Es verdad que aprendemos cosas nuevas y que actualizamos nuestros conocimientos todo el tiempo, lo que significa que constantemente se forman nuevas conexiones que se integran en las redes que gobiernan el aprendizaje y la memoria.[47] Pero, en lo que a la estructura física general y las principales conexiones se refiere (es decir, en lo tocante a lo que nos hace ser «lo que somos»), el cerebro adulto está «hecho», o eso se había creído durante mucho tiempo. Sin embargo, en años recientes, ha ido apareciendo una corriente continua de pruebas que revelan que el cerebro adulto *puede* cambiar y adaptarse, e incluso crear neuronas nuevas, y que las experiencias pueden remodelar el cerebro, incluso en edades avanzadas.[48] Recordemos el estudio sobre los taxistas mencionado en el capítulo 2, según el que la conducción y el esfuerzo de orientación constantes por las caóticas calles de Londres hacen que en el cerebro de esas personas aumente el tamaño del hipocampo: esto nos revela que la estructura del cerebro adulto presenta cierta maleabilidad. De todos modos, algo parece estar muy claro: se necesita mucho más esfuerzo y tiempo para modificar un cerebro adulto que para hacer lo mismo con un cerebro más joven.[49]

La inteligencia, por ejemplo, que es un producto de la eficiencia y la complejidad de numerosas conexiones cerebrales, es mucho más difícil de modificar en la edad adulta.[50] *Puede* hacerse, pero solo dedicando a ello un tiempo y un esfuerzo considerables, a cambio de muy poco beneficio apreciable. Existen sobrados productos y juegos que prometen «mejorar la capacidad cerebral», pero ese es un mensaje que puede inducir a engaño, por no decir otra cosa. Hacer crucigramas y sudokus todos los días mejora sin duda nuestras aptitudes, pero solo en lo que a resolver crucigramas y sudokus respecta, pues la relación entre cerebro e inteligencia es mucho más intrincada y versátil; con esos pasatiempos, solo se perfecciona una faceta muy concreta de lo que en realidad es un sistema muy sofisticado. Es como si un general descubriera que su ejército tiene la mitad de efectivos de lo que a él le gustaría y decidiera entonces enviar a un soldado al gimnasio durante un mes entero para aumentar su fuerza y su masa muscular. Al final del período tendría un soldado más fuerte y musculoso, pero no un mayor ejército, por lo que no habría solucionado realmente el problema inicial. No significa que lo que se ha obtenido por ese procedimiento sea algo malo o ineficaz; de hecho, puede dar resultados impresionantes en sus muy circunscritos usos concretos. Pero difícilmente se va a cambiar elemento básico alguno de ese modo.

De modo que sí, el cerebro adulto *puede* cambiar, pero se necesita un tiempo y un esfuerzo considerables para ello, en comparación con cerebros más jóvenes. Ya pasó por todo el tumultuoso desarrollo por el que pasó por alguna razón; no podemos reprocharle que no quiera volver a pasar por eso de nuevo.

¿Qué hace feliz al cerebro adulto? No estamos en disposición de dar una respuesta breve y sucinta a esa pregunta, lo siento. Todo lo comentado en los capítulos previos se refiere a cerebros adultos, pero lo más o menos válido que sea para el de cada uno de nosotros en concreto es algo que cada uno o cada una debe valorar por su cuenta. No hay dos personas exactamente iguales y lo que hace que cada una de ellas se sienta feliz (ya sea una bonita casa, una familia y unos amigos, el amor y el sexo, la risa y el humor, los éxitos deportivos, triunfar profesionalmente, ser muy ricos y famosos, crear obras maestras o simplemente leer un libro) depende de quiénes son y de cómo responden sus cerebros a esos factores. A la mayoría de personas, muchas de esas cosas (o todas ellas) las harían felices, pero en momentos diferentes y por razones distintas. Por la forma en que evolucionamos hasta ser lo que somos y por el mundo que hemos creado en torno a nosotros, son infinitas las cosas que pueden hacer que un cerebro adulto moderno se sienta feliz.

Y es una suerte, la verdad, pues si existe un factor que afecta a los cerebros de todas las personas, ese es el estrés. Los activadores químicos del estrés, como el cortisol, los circuitos de detección de amenazas de nuestro cerebro, los procesos de producción de miedo de la amígdala, la reacción refleja de lucha o huida, etcétera, son todos elementos ancestrales y muy arraigados en nuestros cerebros que hacen que reaccionemos intensamente a cualquier elemento potencialmente peligroso o amenazador. Sin embargo, un inconveniente de la enorme expansión del intelecto humano es que ahora es mucho más fácil que sintamos estrés, porque son también muchos más los peligros y amenazas de los que somos «conscientes». En un animal más simple, el estrés puede estar causado por sensaciones como «estoy seguro de que hay un depredador por aquí cerca, en algún sitio» o «hace ya mucho que no encuentro comida». Los seres humanos tienen un catálogo mucho más extenso de estresores: ¿y si me quedo sin trabajo?, ¿les gusto a mis suegros?, ¿tengo suficiente dinero para gastar?, ¿soy ya demasiado mayor para formar una familia?, ¿y si nunca visito París?, ¿cómo puedo ayudar a las víctimas de esa tragedia que ha ocurrido lejos de aquí?, ¿por qué siento este dolor en el pecho?, la economía no va muy bien, mi wi-fi se ha apagado, etcétera.

Ser adulto es sinónimo de estrés. Antes, nuestros padres tomaban todas las decisiones importantes y lo pagaban todo; ahora dependemos de nosotros mismos. Sí, claro que podemos salir cuando queramos, comer lo que nos venga en gana y encontrarnos con quien nos plazca, pero también debemos pagar todas esas cosas y cuidar de nuestra salud a largo plazo, y decidir si esas personas con las que hemos quedado son inofensivas o de fiar, porque eso es algo de lo que normalmente no tenemos garantía alguna. Los niños, en general, están protegidos de las consecuencias, y a los adolescentes les preocupan menos que la obtención de una gratificación inmediata, pero los adultos normalmente no tienen más remedio que afrontarlas. Con tantas decisiones y acciones que podrían torcerse y volverse en nuestra contra, está claro que la adultez es una edad estresante. Y eso aun cuando no se es responsable del bienestar de otras personas, como muchos adultos sí lo son.

Eso no es muy bueno para la salud. El estrés crónico y constante es un problema de ingentes dimensiones en el mundo desarrollado por sus muchas consecuencias médicas[51], y porque hemos construido un entorno en el que el estrés habitual es un elemento más de la vida. Es mucha la tensión que un cerebro puede soportar antes de alcanzar su límite, pero, en todo caso, esa capacidad varía de una persona a otra. Precisamente por ello, en 1977, los psicólogos Zubin y Spring postularon el modelo de vulnerabilidad-estrés de las enfermedades mentales.[52] Se trata de una manera muy directa de conceptualizar el hecho de que, cuanto más vulnerable es una persona al estrés, menos estrés hace falta para provocarle un ataque nervioso y para que desarrolle algún problema de salud mental. Quienes tienen una vida más difícil, o pasan por más situaciones difíciles, o tienen historiales previos de mala salud mental, tendrán menores recursos cerebrales disponibles para abordar cualquier estrés adicional que surja, mientras que quienes pasan por la vida como si esta fuera una balsa de aceite probablemente podrán olvidar con mayor facilidad cualquier breve período de adversidad, si es que alguna vez les surge alguno.

Y ahí entra en juego la importancia de la felicidad. Algunos estudios revelan que las cosas que nos hacen felices, que incrementan la actividad en el circuito de recompensa, parecen combatir directamente los efectos físicos del estrés en el cerebro y en el organismo.[53] Además de agradable en sí, la búsqueda de la felicidad podría muy bien ser el factor necesario para mantener al máximo posible el nivel de resistencia de nuestro cerebro adulto al estrés y ayudarnos así a lidiar con los problemas y los riesgos que la vida inevitablemente nos presenta.

La cosa no es *tan* sencilla, evidentemente. Nada relacionado con el cerebro lo es. Lo que nos hace felices puede terminar causándonos estrés, y viceversa. Darnos el gustazo de comer alimentos deliciosos y calóricos es un inmenso placer que sabemos que reduce el estrés, pero si abusamos de esas comidas, aumentaremos de peso y nuestra salud se resentirá, lo que causará estrés. Para muchas personas, viajar a destinos exóticos es una manera infalible de sentirse felices[54], pero exige un tiempo y un dinero que tal vez necesiten para ahorrarse estrés más adelante. Y a la inversa: someterse al estrés de los exámenes, el entrenamiento, las dietas, etcétera, puede ayudarnos a conquistar metas a largo plazo que nos hagan felices más adelante. Estamos, pues, ante un sistema complejo y confuso cuya complejidad y confusión vamos resolviendo sobre la marcha, siempre que la vida y las circunstancias nos lo permitan (pues muchas veces no es así).

Lo que quiero decir con todo esto es que, para un cerebro adulto, experimentar felicidad puede ser mucho más una necesidad que un lujo. Por supuesto, aunque para mí es fácil poner de relieve la importancia de que procuren ser felices por el bien de su cerebro, lo cierto es que las personas no existimos en un vacío. Formamos parte de una gran comunidad (o de múltiples comunidades más pequeñas) y ya hemos visto lo mucho que el cerebro humano anhela la aprobación de los demás. Por desgracia, lo que nos hace felices puede no contar con la aprobación de las otras personas, y lo que estas suponen (o *insisten)* que nos hará felices puede muy bien dejarnos indiferentes. Ya lo vimos en el capítulo 5 al hablar de la «escalera de la relación», un ejemplo de cómo las normas y las expectativas sociales hacen que, en el mundo occidental, las personas se guíen por un modelo prefijado y bastante restrictivo de cómo deben funcionar las relaciones románticas (un modelo que cada vez más personas están descubriendo que no les da lugar para aquello que las hace felices). Las expectativas de la sociedad son factores muy poderosos y es fácil que se interpongan en el camino hacia la felicidad individual.

Por ejemplo, una de las principales fuentes de estrés y de felicidad del humano adulto es tener hijos. Traer una vida al mundo tiene enormes consecuencias para el progenitor o la progenitora, y la evolución, muy astuta ella, ha instalado en nuestros cerebros numerosas características para animarnos a ello, como, entre otras, la tendencia a sentir afecto y felicidad y a estar motivados para comportarnos cariñosamente con cualquier cosa que se asemeje, ni que sea de lejos, a un bebé humano[55]; de ahí que llenemos nuestras casas de cachorros, gatitos y otras mascotas con cabezas y ojos grandes, y personalidades aparentemente infantiles. Y si son nuestros propios retoños, entonces la empatía, la vinculación emocional y los instintos protectores se disparan por las nubes. Es normal, pues, que, al llegar a cierta edad, nos vengan las ganas de ser padres o madres.

¿A todos? No, hay personas a las que no. Tanto si se debe a una peculiaridad de su química cerebral, a un tema de salud, a alguna influencia del entorno, o sencillamente a que lo han pensado bien y han decidido que eso no es para ellos, hay muchos seres humanos que no tienen hijos ni piensan tenerlos nunca. Saben qué cosas los hacen (o los harán) felices y la reproducción no es una de ellas.

Una de esas personas es la periodista británica especializada en tecnología Holly Brockwell, que, entre otras cosas, es fundadora y editora del sitio web sobre tecnología y estilos de vida Gadgette, orientado al público femenino.[56] Pero, además de eso, ha causado un gran revuelo por la franqueza con la que emprendió una campaña en solitario para convencer al servicio público de salud británico (el NHS) de que la esterilizaran quirúrgicamente, propósito que finalmente consiguió hacer realidad.[57] Esto la ha hecho sufrir un aluvión de reacciones adversas, críticas y condenas de perfectos desconocidos a través de la red, una ofensiva que todavía no ha cesado. Pero ¿por qué? ¿Por qué iba a importarle a nadie que una mujer a quien no conocen haga lo que quiera con su propio cuerpo? Jamás conocerán a los hipotéticos hijos que hubiese podido llegar a tener; al NHS esto le sale más barato que subvencionarle un tratamiento vitalicio de anticonceptivos o atender cualquier parto que pudiera tener en el futuro; además, las vasectomías y los abortos están permitidos; y si tenemos en cuenta que son ya más de 7.000 millones de seres humanos los que poblamos el planeta, no creo que nuestra especie corra ningún peligro de extinción en un futuro más o menos previsible. Entonces, ¿dónde está el problema? Estos argumentos terminaron por convencer a los responsables del NHS, así que ¿por qué todavía hay personas que se meten con ella por esto? Supuse que sería mejor preguntárselo directamente a la propia Holly: ¿por qué estaba tan segura de que no quería tener hijos?

—Jamás he sentido la necesidad de tenerlos, en ningún momento —me dijo—. Pero, cuando era más joven, me dijeron que eso «se me pasaría con la edad» y yo supuse que la gente sabía bien de lo que hablaba, más que yo, así que me imaginaba que, llegado el momento, querría tener hijos. De ahí que, durante un tiempo, la imagen que me hacía de mí misma en el futuro incluyera el hecho de tener descendencia, aun cuando siempre me asustara la idea. Al final me di cuenta de que la gente no sabía realmente de lo que hablaba y que mi deseo de no querer hijos era totalmente válido y mucho más común de lo que parece. Descubrí, por ejemplo, que ni mi propia madre quería tener hijos, pero que, como aquellos eran otros tiempos, no había podido elegir la opción que yo elegí.

No cabe duda de que los tiempos están cambiando en cuanto al aumento del margen de elección y autonomía con el que los jóvenes de hoy están creciendo, una libertad que probablemente es buena para su felicidad en general, aunque a mucha gente parezca asustarle tal posibilidad. Holly me contó que había llegado incluso a conocer a hombres presuntamente interesados en no tener más que alguna cita puntual con ella que se indignaron cuando ella les habló de su firme deseo de no tener hijos; uno de ellos se levantó de la mesa de una ronda de citas rápidas a los tres minutos de estar sentado con ella en cuanto se enteró. ¡En una cita rápida! Y aunque no seré yo quien reduzca nunca el valor de una mujer adulta a sus atributos físicos, si tuviera que describir el aspecto de Holly, ciertamente no se me ocurriría usar en ningún caso el calificativo de «poco atractiva». Seguramente, el cretino de aquella cita rápida celebra el Día de la Madre como si fuera el de san Valentín.

Holly incluso se esfuerza al máximo por dejar claro que, aunque no quiere tener hijos, no *odia* a los niños. Ama a sus sobrinas con locura. Simplemente, no quiere hijos propios.

—Lo mío no es aversión a los niños —continuó—, sino a lo que sé que sería mi vida si los tuviera. Me conozco lo suficiente como para saber que sería muy infeliz siguiendo ese camino. Por supuesto, si, por lo que fuera, terminara cuidando a un niño o una niña, quiero creer que lo querría y cuidaría de él o de ella como mi madre me quiso y me cuidó a mí, pero en el mismo sentido en que a alguien le puede ir bien en un trabajo en el que no deja de estar pendiente del tiempo que le queda para irse a casa, es decir, sería más feliz si se dedicara a la profesión de sus sueños. En la vida ideal para mí, no tienen cabida los hijos propios.

Al parecer, la sola idea de que una mujer no quiera tener hijos ofende a mucha gente. Tal vez ponga en cuestión una creencia central de la sociedad —la de que a las mujeres les encantan los niños— en la que la visión del mundo de muchas personas parece estar fundada.[58] No tiene nada que ver con ellas, pero ya hemos visto cómo unas personas pueden atacar a otras porque así se sienten más felices. Quizá haya quienes piensan que incluso la están ayudando, como esos predicadores cristianos callejeros que arengan a los «pecadores» que pasan por su lado. ¿Quién sabe? Lo que importa es que, cuando se es adulto, es importante —tal vez incluso necesario— ser feliz, pero a veces nuestra felicidad depende de que aceptemos a los demás. Ese es el problema de la edad adulta, supongo; por mucho que nuestros cerebros estén «maduros» ya para entonces, todos seguimos interpretando y aprendiendo cosas sobre la marcha, en un mundo que también cambia constantemente. Una estresante existencia, ¿verdad?

Finalmente

Ya he dicho que se necesita mucho tiempo y mucho esfuerzo para modificar un cerebro adulto. El esfuerzo es algo que invertimos con cuidado, pues así, con sumo celo, lo procesan nuestros cerebros. Pero ¿y el tiempo? El tiempo sigue pasando, nos guste o no. Por asombroso, desconcertante, increíblemente complejo y alarmantemente poderoso que el cerebro humano pueda parecer, no deja de ser un mero órgano biológico, una parte del cuerpo. Y el cuerpo envejece. Ese desgaste va cobrándose un precio y, como ya se imaginarán, eso puede influir muchísimo en nuestra felicidad.

Aun en el caso de que nuestros cerebros pudieran ser invulnerables a los efectos físicos de la edad, nuestros cuerpos no lo son, por lo que tenemos ahí un motivo seguro de disminución última de nuestra felicidad. Nuestros huesos y músculos se debilitan, nuestras articulaciones y nuestros dedos se vuelven más rígidos, vamos perdiendo vista y oído, nuestras arterias se van endureciendo, nuestra libido se va apagando, etcétera, etcétera. Todo esto puede hacer que nos sintamos infelices, aunque solo sea por el hecho de que compromete nuestra capacidad para hacer/experimentar aquellas cosas que normalmente nos procuran placer. ¿Que disfrutamos haciendo senderismo y visitando galerías de arte? Difícilmente podremos si esas caderas nos molestan o si necesitamos arreglar ese problemita de cataratas que no nos deja ver.

De hecho, no tiene que ser algo tan drástico. A lo mejor, usted se siente feliz impresionando a los demás con su belleza o atractivo, pero llega una edad en la que se le cae el cabello o se le encanece, pierde la elasticidad de la piel y le salen arrugas, y todas estas cosas le dificultan sobremanera seguir causando esa buena impresión, sobre todo en este mundo nuestro tan obsesionado por la imagen y la juventud. Aunque, bueno, yo solo puedo *suponer* que se lo dificultan, pues siendo como soy alguien cuyo cabello empezó a mostrar pronunciadas entradas a la tierna edad de 18 años, ese no es un dilema del que vaya a tener que preocuparme ya.

Y eso por no hablar de la posibilidad de enfermar gravemente, que aumenta a medida que nos hacemos mayores. La probabilidad de que una persona enferme concretamente de una de las grandes enfermedades graves que se conocen es relativamente baja en general, pero cuanto más tiempo vivimos, más susceptible se vuelve nuestro organismo de contraer alguna, y más posibilidades hay de que algún gen díscolo o algún riesgo medioambiental no percibido haya obrado una influencia nociva en nuestros sistemas vitales. Cuantos más días continuemos tirando los dados, más oportunidades nos damos de sacar una jugada maldita en algún momento. Además, muchas afecciones graves e incapacitantes suelen inducir en el paciente una depresión o algún trastorno similar de ansiedad o del estado de ánimo[59], porque no es fácil vivir con ellas. De hecho, las «enfermedades terminales» deben de estar en el primer lugar (o muy cerca de él) de la lista de factores potencialmente estresantes y mermadores de los mecanismos cerebrales de afrontamiento.

La edad tiene también otras consecuencias, no tan físicas, que pueden derivar en infelicidad. Una es la desaparición de esa meta o aspiración por la que nos habíamos esforzado toda la vida y que, a partir de cierto momento, deja de tener sentido, pues, o bien somos ya demasiado mayores para tratar de alcanzarla, o bien ya hemos cumplido nuestros objetivos y no necesitamos intentar lograrlos de nuevo. Como sagazmente señaló Kevin Green, puede que liberarnos de nuestro trabajo, nuestras obligaciones económicas y toda responsabilidad nos parezca un fin idílico, y para muchas personas, la libertad que resulta de tal estado es sin duda maravillosa, pues les permite hacer todas aquellas cosas que siempre habían querido hacer. Pero la pérdida súbita de una rutina diaria, una responsabilidad, un *sentido* en la vida, puede ser ciertamente debilitante y producir en las personas toda clase de consecuencias psicológicas negativas, como la depresión[60], que perjudican también nuestro bienestar físico. Y ese es un problema que no es ninguna nimiedad cuando somos mayores.

También conviene recordar que nadie vive para siempre, y que cuanto más viejos nos hacemos, más probable es que experimentemos lo que se siente cuando se van muriendo los amigos, los familiares o hasta nuestras parejas. El duelo es una emoción totalmente natural, pero también muy potente y puede que necesitemos mucho tiempo para adaptarnos a la nueva situación y superarla. De hecho, hay personas que ni siquiera pueden avanzar y se vuelven más aisladas y «adictas» a los recuerdos de los fallecidos, hasta el punto de requerir de una intervención terapéutica apropiada.[61]

Y, para colmo, aunque a menudo se nos dice que «respetemos a nuestros mayores», nuestra sociedad no siempre predica con el ejemplo. Las personas de más edad suelen ser marginadas e ignoradas por los grandes medios de comunicación y hasta por sus propias familias, que bastante tienen ya con sus propias vidas, metas y responsabilidades. Cuidar de un padre, madre o pariente de salud progresivamente delicada es una gran responsabilidad que se vuelve cada vez más exigente con el tiempo. Si le sumamos el hecho de que los familiares cercanos suelen estar repartidos por áreas geográficas crecientemente extensas dada la mayor facilidad del transporte actual y dadas las características del trabajo moderno, la consecuencia de todo ello puede ser que las personas mayores terminen desatendidas y prácticamente olvidadas, y la fragilidad creciente derivada de su edad hace que ellas poco puedan hacer para remediarlo. Acaban siendo víctimas de la soledad, un problema de primer orden entre un grupo de edad, el de las personas de edad avanzada, que no deja de aumentar en nuestras sociedades[62], y como precisan de ayuda y asistencia en su vida cotidiana, son individuos que pierden autonomía, sufren más estrés y son más infelices, lo que perpetúa a su vez este círculo vicioso.

Todo esto ya sería grave si el cerebro humano se mantuviera más o menos igual con la edad. Pero lo cierto es que también se degrada. El cerebro es el órgano más energético del cuerpo humano, y todos esos exóticos y constantes procesos que realiza van haciendo mella en su estructura. La edad ataca al cerebro de muchas formas distintas[63], pero particularmente relevante es su efecto en forma de progresivo agotamiento de los sistemas de la dopamina y la serotonina. La dopamina es crucial para que sintamos muchas emociones y para la funcionalidad del sistema de recompensa, por lo que esa disminución tiene un impacto obvio en nuestra capacidad de ser felices. La serotonina es un transmisor clave para la estabilidad del ánimo y también influye en el ciclo del sueño.[64] Las personas mayores tienden a no necesitar dormir tantas horas, pero eso puede provocar problemas cognitivos y en el estado de ánimo. Aun suponiendo que no exista ningún trastorno neurodegenerativo de fondo que conduzca a estados como la demencia (un riesgo permanente en edades avanzadas)[65], el cerebro envejecido es menos flexible, menos eficiente, menos «absorbente» en relación con lo que era en su mejor momento. Puede ser incluso menos capaz de procesar emociones con la eficacia con la que las procesaba antaño[66], lo que evidentemente afecta la felicidad de la persona. Así son las cosas: la entropía termina por invadirlo todo.

Soy consciente de que este panorama que les estoy dibujando es bastante deprimente y les pido disculpas por ello. Pero supuse que sería mejor decir las noticias malas primero para que los consejos y la información sobre lo que se puede hacer para impedir o combatir toda esa negrura suenen incluso mejor. Todo lo que he descrito en los párrafos previos solo es «inevitable» si no se hace esfuerzo alguno por solucionar los efectos del envejecimiento, pero, afortunadamente, existen muchas opciones en ese sentido, algunas de ellas legadas por la mismísima evolución.

En primer lugar, actualmente está apareciendo una corriente constante de estudios que muestran que el ejercicio regular es un factor fiable de freno de no pocos aspectos negativos de la vejez.[67] Tiene mucha lógica, pues, como ya se ha dicho, el cerebro es un órgano del cuerpo y el ejercicio incrementa el ritmo metabólico y mejora la salud del corazón y los sistemas asociados, lo que significa que se bombea más sangre y más nutrientes a todo el organismo y, por tanto, que el cerebro recibe mayores reservas de minerales y energía para mantenerse activo. Y eso le resulta muy positivo.

De hecho, un cerebro activo es un cerebro sano, y las personas con niveles educativos más altos parecen mostrar una resistencia muy superior al declive cognitivo, incluso aunque el resto de mecanismos físicos que propiciarían tal degeneración de nuestro conocimiento estén igual de avanzados.[68] Por fortuna, nunca somos demasiado viejos para educarnos; salvo algún trastorno grave del sistema de la memoria (que, todo sea dicho, también es una posibilidad más presente en la vejez, sobre todo a través de fenómenos como la demencia), nuestra capacidad para aprender cosas nuevas persiste toda la vida. Recibir lecciones o clases diversas puede no traducirse en un beneficio para nuestra carrera profesional a esas edades, pero eso no significa que *no* sea beneficioso.

Muchas ciudades de todo el mundo han introducido ya parques de juegos diseñados para las personas mayores[69] con el propósito de que puedan hacer más ejercicio y mejorar así su salud y su bienestar, pero de un modo pretendidamente más divertido e interactivo. Nada de malo tiene que nos sintamos niños de nuevo, si eso nos hace felices.

He ahí otra cuestión, por cierto: la nostalgia. Solemos pensar que las personas mayores miran con cariño al pasado y siempre están afirmando que, «en sus tiempos», todo era mejor. En cierto sentido, es lógico que lo vean así; es normal que nos guste más pensar en una época en la que estábamos en la flor de la vida y no en un momento presente en el que estamos envejecidos y no podemos valernos tanto por nosotros mismos. Pero eso puede ir demasiado lejos a veces, cuando los recuerdos de las personas, distorsionados e influenciados por el sesgo de optimismo del cerebro en lo que a la memoria respecta[70], interfieren en la existencia del día a día presente. Durante años, muchos psicólogos y terapeutas varios estaban sinceramente convencidos de que la nostalgia era una especie de trastorno[71] o, cuando menos, un comportamiento cognitivo negativo que nos distraía del aquí y el ahora para concentrarnos en un punto inaccesible y exagerado del pasado.

En la actualidad, sin embargo, ya existen pruebas que nos indican que la nostalgia (a la edad que sea) es en realidad un proceso muy *positivo* y puede aumentar nuestra motivación, nuestra sociabilidad y nuestro optimismo, características todas ellas que potencian nuestro bienestar y nuestra felicidad.[72] La lógica por la que ahora tenemos esa concepción favorable de la nostalgia radica en que pensar con regularidad que nuestro pasado *fue bueno* implica que conservamos cierta conciencia de nuestros propios logros y capacidades, y podemos aceptar más fácilmente que pueden suceder (y que suceden) cosas positivas, lo que sencillamente hace que nos sintamos mejor. Parece ser que la nostalgia no es tanto un proceso de duelo por una pérdida como de valoración de lo conseguido en su día: es más un sacar brillo mentalmente a nuestros trofeos que un hundirnos en la miseria llorando por ese novio o novia que nos ha dejado.

Evidentemente, también esto puede llevarse a un extremo: que las personas mayores voten en masa a favor del retorno de un mundo del pasado, idealizado y casi ficticio, no es bueno para casi nadie (véase el caso del *brexit*). Hace que añoremos aquellos tiempos en que la nostalgia era considerada un problema, lo que vendría a ser el colmo de lo paradójico.

Por último, la mejor manera de retrasar los inconvenientes típicos del envejecimiento para el cerebro parece ser la sociabilidad, ese elemento común a mucho de lo relacionado con nuestra felicidad. El aislamiento y la soledad son, según los indicios, los factores (no físicos) más perjudiciales para el bienestar psicológico de la generación de edad más avanzada, así que todo aquello que puede proteger a esas personas de situaciones así es una garantía de mejora de la felicidad.[73] De ahí que las personas mayores digan tanto aquello de que «solo quieren alguien con quien hablar»: somos humanos, la evolución nos ha inyectado la necesidad de estar rodeados de otras personas y nadie ha envejecido hasta el punto de haber alcanzado un estadio evolutivo nuevo en ese sentido.

De hecho, puede decirse que ahí radica la razón principal por la que las personas pueden llegar a envejecer tanto. Los seres humanos vivimos muchos más años que otras especies similares y pervivimos aun mucho después de que hayamos alcanzado el punto máximo de nuestra utilidad física o reproductiva, lo que, si lo pensamos bien, poco tiene de «selectivo» desde un punto de vista evolutivo. Existen muchas teorías sobre por qué llegamos a durar tanto, pero un factor que parece tener especial importancia en ese sentido es la influencia positiva de los *abuelos* en la supervivencia de los más jóvenes y de la comunidad en general.[74] Los miembros de edad más avanzada de una comunidad humana primitiva tal vez no fueran una gran ayuda a la hora de cazar o de realizar las tareas más físicas, pero sí eran perfectamente capaces de cuidar de los bebés y los niños, y no necesitaban dedicar tiempo a buscar parejas ni a ninguna de esas otras agotadoras actividades. Los niños recibían cuidado y atención, los conocimientos aprendidos por generaciones previas se transmitían así directamente a las más jóvenes, había manos adicionales para las labores cotidianas... Las ventajas de mantener a los mayores cerca eran muchas y muy diversas, por lo que parece.

Ser abuelo o abuela confiere a la generación de los mayores todo un nuevo conjunto de responsabilidades (preferiblemente menos exigentes) en las que centrarse en un momento en que sus propios hijos ya son adultos e independientes. No es de extrañar, pues, que muchos de ellos estén indisimuladamente ansiosos por tener nietos, como mis propios padres y mis suegros lo estaban. Pero se trata de una relación bidireccional: los nietos reciben atención y los abuelos consiguen atenderlos. Todos salen ganando.

Obviamente, no todo el mundo tiene la fortuna de tener familiares suficientemente cercanos (emocional o geográficamente) como para que eso sea posible en su caso. Pero sí parece que mantenerse en contacto con otras personas es lo que necesitamos para seguir siendo felices y para retrasar el inevitable destino del cerebro con la edad.

Y uso el adjetivo «inevitable» con toda la intención. Por mucho esfuerzo que dediquemos a preservar nuestra agudeza mental y nuestra alegría, llegará un momento en que todo eso se detendrá. Porque moriremos. Eso no lo podemos evitar, lo siento. Todo ser humano y su cerebro son finitos. Nuestra vida terminará en algún momento, aunque no sepamos cómo ni cuándo. Pero esto último viene muy bien. Es quizá el único caso en que la incertidumbre *disminuye* el estrés y nos mantiene animados.

Sin embargo, he ahí precisamente un inconveniente importante de tener un cerebro como el humano. Gracias a lo potente que es y a las muchas cosas que nos permite conocer, y gracias a la avanzada ciencia médica que nos ha permitido crear y que tan asumida tenemos hoy en día, actualmente es perfectamente posible saber —de manera aproximada— cuándo vamos a morir. Hoy podemos diagnosticar enfermedades terminales y facilitar una prognosis para ellas, con lo que la persona afectada es entonces totalmente consciente de cuánto tiempo de vida le queda, al menos, dentro de un margen de error bastante controlado.

¿Qué puede hacerle una noticia así a un cerebro y a la felicidad de una persona? ¿Cómo se recupera uno de eso, mentalmente hablando? Es algo que siempre me ha desconcertado, alarmado y asombrado a partes iguales, desde una perspectiva psicológica. Y no estoy hablando de los elementos místicos o teológicos de una situación así, pues esa es materia para los filósofos y para los eruditos pertinentes.

Una persona que no tiene tiempo para semejantes reflexiones es Crispian Jago, ateo y escéptico declarado, amante de los discos de vinilo, cornuallés y ocurrente. Conocí a Crispian por su faceta como organizador de Skeptics in the Pub, cuya delegación en Cardiff yo mismo fundé y dirigí durante unos años. Sin embargo, en 2016, descubrió que tenía un cáncer terminal, incurable, y que le quedaban dieciocho meses de vida.[75]

A sus actuales 50 años de edad, transcurridos doce de los dieciocho meses previstos, tornados ya su pelo y su barba rojizos característicos en blancos a causa de la quimioterapia, pregunté a Crispian cómo había hecho para conciliar la felicidad con una muerte inminente.

—Cuando me dijeron que mi cáncer se había reproducido y se había extendido —me explicó—, y que era inoperable y terminal, la felicidad no es la emoción que mejor describiría cómo me sentí. Me sentí estafado, sobre todo después de haber trabajado tanto y haberme labrado un porvenir bastante propicio para disfrutar de una buena jubilación. En ningún momento llegué a sentirme especialmente enojado, pero sí tuve una sensación de mala suerte y, todo sea dicho, de autocompasión.

Sí, Crispian se ajusta a ese tópico del británico que siente la necesidad de disculparse por autocompadecerse al enfrentarse a una enfermedad terminal.

Tras varios meses de abatimiento y de comprensible malestar, en este último medio año ha notado que la felicidad volvía a él.

Ha tenido que estar la mayor parte del año de baja de su trabajo, así que ha terminado haciendo la clase de viajes que tenía previstos para su jubilación. Ha visto cómo sus hijos adolescentes ingresaban en buenas universidades y sabe que les irá muy bien en la vida. Y, como él mismo señala, «he sido capaz de ver las cinco jornadas del primer partido internacional de críquet en el campo de Lord's sin interrupciones por culpa del trabajo».

Un comentario interesante de Crispian fue que, durante su quimioterapia, ha tenido sus buenas y sus malas jornadas. Hay días en que, después de la sesión, se siente pésimo, y otros en los que se siente bien. Siendo como es racional y analítico por naturaleza, detectó que los días buenos parecían coincidir con aquellas ocasiones en las que se encontraba con viejos amigos y admiradores, que han ido a verlo mucho más que antes, desde su diagnóstico. Consciente de ello, se ha esforzado al máximo por rodearse de las personas que le importan y parece que le está funcionando.

—El hecho de tener un cáncer terminal me ha demostrado, más allá de toda duda, que realmente me quiere muchísima gente, tanto amigos como familiares —me dijo—. Las personas no suelen molestarse en decírtelo cuando no piensan que te vas a morir pronto. Sin embargo, da la impresión de que, si tienes la muerte cerca, se esfuerzan mucho más por decirte lo mucho que significas para ellas. Eso también me hace muy feliz.

Parece ser que las interacciones placenteras con otras personas, y el cariño y la aprobación mutuos que las acompañan, es lo que mayor impacto ha tenido en Crispian. Si hay alguna confirmación más rotunda del poder que las relaciones positivas con otras personas tienen para hacernos felices, me temo que hará falta alguien mucho más capaz que yo para descubrirla. Muchas personas pueden recurrir a Dios y a la espiritualidad en momentos así, pero como ateo declarado que es, Crispian no tiene tiempo para esas cosas. Él insiste en que lo ha ayudado tener la mente clara y no andar preocupado por el juicio final, ni la vida eterna, ni nada de eso.

—Tras varios meses apenado a raíz de mi pronóstico —reconoció— ha regresado la felicidad, inesperada, y todo gracias a los amigos, la familia, la relajación, los recuerdos felices, el poder mirar hacia atrás sin arrepentirme de nada y el pensamiento crítico.

Quizá podría decir más al respecto, pero ¿qué iba a añadir yo en realidad? A pesar de su situación, gracias a todos esos aspectos positivos que ha adoptado y aceptado, Crispian parece tener un cerebro ciertamente feliz. Lo cual justamente era aquello a lo que yo había tratado de seguir la pista todo este tiempo.

EPÍLOGO

¿Vieron cuando se ponen en marcha para un largo viaje en coche, tras haber estado horas haciendo el equipaje y comprobándolo todo, y, antes siquiera de llegar al final de la calle, esa insistente vocecita en su cabeza se dispara y comienza a decirles que hay una última cosa importante que se han olvidado, o que no han hecho, o que no deberían haber hecho? ¿Me dejé la calefacción encendida? ¿Puse comida suficiente en la pecera para los peces? ¿Me he *cerciorado* de dejar una llave bajo el felpudo para cuando mi madre venga luego a comprobar que todo está bien en la casa? Diría que el dormitorio estaba en llamas cuando lo miré, ¿no debería haber hecho algo al respecto? Y así sucesivamente.

Esa es justamente la sensación que se tiene cuando se acaba de escribir un libro como este, solo que multiplicada por un millón. Sin embargo, en mi propia defensa, alegaré que *sé* que sin duda he olvidado incluir numerosas cosas relevantes. Hace poco, le conté a una amiga que había terminado mi investigación sobre la felicidad y ella me preguntó qué pensaba yo de esas encuestas internacionales que clasifican los países según lo más o menos felices (o infelices) que son. Aquello me dejó pensativo y paralizado durante un incómodo rato tras el que reaccioné lanzando un grito gutural mientras me arañaba repetidamente la cara con las uñas.

Por cierto, me gustaría aprovechar la ocasión para disculparme públicamente ante la susodicha amiga, a quien no he vuelto a ver desde entonces.

Tras aquello, he consultado esas encuestas internacionales sobre la felicidad, de las que la más sólida parece ser el «Índice para una vida mejor» de la OCDE (Organización para la Cooperación y el Desarrollo Económicos), cuya primera edición se publicó en 2011 tras una década de trabajos y estudios. Viene en formato de herramienta interactiva que permite medir cómo es de buena la vida del ciudadano medio de cada país, y calcular lo «feliz» que el país es en conjunto. Desolado, en un primer momento, consideré la posibilidad de reescribir capítulos enteros para incorporar toda esa información, pero, entonces, eché un vistazo a las categorías medidas por el índice, que son las que utiliza para evaluar el bienestar de la persona media. Son la vivienda, los ingresos, el empleo, la comunidad, la educación, el medioambiente, el compromiso cívico, la salud, la satisfacción con la vida, la seguridad y el balance vida-trabajo.

Bien mirado, yo ya había cubierto todos esos factores de un modo u otro. Algunos los he abordado de manera directa y detallada, otros pueden explicarse en el contexto de las propiedades neurológicas que he comentado en otros apartados. Y, a decir verdad, nunca fue mi intención *medir* la felicidad; solo quería ver qué hace feliz a nuestro cerebro y por qué. El hecho de que un proyecto multinacional preparado durante años llegue a conclusiones similares a las mías, deducidas tras mi torpe inmersión en la literatura científica entremezclada con mis entrevistas con personas varias a quienes preguntaba «¿y usted qué piensa?», era para mí indicación suficiente de que, después de todo, tal vez algún mérito tenga lo referido en los capítulos previos.

En cualquier caso, no cabe duda de que hay cosas que no he incluido. ¿Por qué nos hace feliz el deporte —consistente a menudo en un acto de competición física agresiva—, ya sea como practicantes o como meros espectadores? ¿Por qué las reuniones familiares, acontecimientos supuestamente felices, terminan tantas veces cargadas de estrés y amargas recriminaciones? ¿Todo lo que se ha hablado aquí del sexo tiene la misma validez para las personas homosexuales o bisexuales? ¿Y para las personas transgénero? ¿Y qué sucede con quienes padecen problemas de salud mental de algún tipo? ¿Cómo encaja todo eso en el modo en que nuestros cerebros nos hacen felices? Una de las razones por las que no podía dar respuesta a todas esas preguntas es simplemente porque no tenía suficiente espacio; a fin de cuentas, este es un tema ingente que abarca mucho más de lo que un libro de tamaño razonable puede aspirar a incluir. En otros casos me limitaban sencillamente los datos científicos disponibles. La sociedad y lo que se considera «normal» pueden cambiar rápidamente, mucho más que unas prácticas como las científicas, que implican una preparación y unos cálculos concienzudos durante décadas. Es, pues, difícil responder a esa clase de preguntas de manera objetiva si las pruebas y los datos disponibles no las han tenido en cuenta aún.

Pero ¿qué es lo que he descubierto aquí en definitiva? Después de todo esto, ¿cuál es el secreto de la felicidad duradera, según lo que sé ahora sobre cómo el cerebro humano la aborda? Pues bien, a nadie que haya leído todo lo dicho hasta aquí debería sorprender que diga que no parece que haya ninguno. La felicidad no se almacena en el cerebro cual lingotes de oro en el baúl de un tesoro que aguarda a que alguien con la llave correcta lo abra y se lo gaste. El cerebro humano nunca ha sido (y jamás será) así de simple, directo y coherente. Lo cierto es que hay muchísimas cosas que se pueden hacer para estimular nuestro cerebro del modo adecuado para que nos haga sentir felices, pero cada una de esas posibilidades o vías tiene sus limitaciones y hasta contraindicaciones.

Por ejemplo, es difícil ser feliz si no se tiene un hogar propio, un lugar que proporcione un refugio seguro donde dejar el mundo exterior (grande y temible) al otro lado de la puerta de entrada y recuperar el control sobre el entorno. Pero tiene que ser el *tipo* correcto de hogar: tiene que cumplir con suficientes requisitos nuestros como para que nos sintamos cómodos en él, consideremos que nos representa de verdad, cumpla con nuestros (muy particulares y, a menudo, arbitrarios) criterios, etcétera. Y, por importante que pueda ser en tantos sentidos para nuestra felicidad y más cosas, nuestro hogar suele venir muy condicionado por otros factores más externos, como el trabajo y los asuntos familiares.

Nuestro trabajo es otra de las cosas que pueden hacernos felices, siempre que mantengamos un buen balance entre trabajo y vida. No obstante, el criterio para considerar «equilibrado» ese balance varía considerablemente de una persona a otra, y la naturaleza misma del mundo laboral implica que, si bien nuestros empleos pueden ser muy satisfactorios y gratificantes por vías a las que nuestros cerebros responden fácilmente, también pueden ser muy deprimentes y desagradables, y pueden desencadenar un estrés y unas reacciones emocionales negativas que nuestros cerebros activan con facilidad. Algunas personas, por muy diversas razones, terminan teniendo unos cerebros a los que les gusta trabajar cuanto más mejor, mientras que otros sufren si tienen que hacer un poquito más de lo mínimo imprescindible. Además, la naturaleza misma de buena parte del trabajo moderno hace que este tenga muchos efectos diferentes sobre nosotros y sobre cómo percibimos nuestro lugar en el mundo.

Mucho de lo anterior se reduce a una cuestión de dinero, por supuesto. Necesitamos dinero para vivir y necesitamos trabajar para tener dinero. Parece ser que a nuestros cerebros los hace felices la recompensa económica que el trabajo reporta, pero solo hasta cierto punto. Si llega un momento en que tenemos más dinero del que *necesitamos* para procurarnos nuestra supervivencia en este complicado mundo nuestro, la relación entre dinero y felicidad comienza a desdibujarse y a cambiar, y otros factores pueden pasar a ser prioritarios. Nuestro cerebro es perfectamente capaz de reconocer semejante variación en nuestra situación económica, y un nuevo conjunto de temas y prioridades pasan a ser así las que determinan a partir de entonces nuestro éxito. O nuestro fracaso.

Y es que todos queremos triunfar, al menos de algún modo o forma. Porque queremos o, mejor dicho, *necesitamos* la aprobación de otras personas. Somos una especie social; son muchas las teorías que argumentan que nuestra habilidad para hacer amigos e interactuar con otros individuos es lo que propició que nuestros cerebros adquirieran la potencia que los caracteriza, y lo cierto es que resulta increíble la cantidad de aptitudes y funciones de nuestro cerebro orientadas a potenciar nuestra comunicación y nuestra interacción con quienes nos rodean. De ahí que la aprobación de los demás, se produzca como se produzca, sea tan valorada por los sistemas subyacentes de nuestro cerebro y, por eso mismo, nos haga felices. Podríamos sentirnos tentados a afirmar, pues, que, cuanto mayor es el número de personas a las que gustamos, más felices somos, y que por eso la fama es algo que tanta gente anhela.

Aunque, claro, tampoco la cosa es tan simple en este caso. Al igual que sucede con el dinero, en cuanto se llega a cierto punto de fama, esta comienza a volverse menos intensa y gratificante para la propia persona famosa, que se da cuenta de que es el respeto y la aprobación de sus congéneres más cercanos y queridos lo que la hace más feliz. Sin ese apoyo, uno podría terminar «descarrilando» en cualquier momento.

Además, aunque no queramos fama, es muy probable que sí ansiemos la aprobación y el afecto de alguien especial, tanto en el sentido mental como en el físico. El amor y el sexo son enormes factores interconectados de nuestra felicidad, por mucho que a menudo sean tratados de un modo muy diferente. Tan fundamentales son ambos para nuestra existencia cotidiana, y tanto es lo que nuestra evolución nos ha preparado para tratar de obtenerlos, que tienen numerosos efectos significativos (y, a menudo, desestabilizadores) en nuestro cerebro que alteran nuestro comportamiento, nuestra forma de pensar e incluso nuestra percepción. Muchos de esos efectos hacen que nos sintamos felices, eufóricos incluso, pero pueden ser también conflictivos y complicados, y cuando las personas convierten el amor y el sexo en *los* objetivos de su vida, estos pueden contribuir a que ellas mismas se vuelvan más infelices con el tiempo. Y es que amor y sexo forman *parte* de la vida, pero no son su fin. No hay una línea de meta que cruzar, ni una pantalla de *game over* que aparezca ante nuestros ojos cuando comenzamos una relación estable con una pareja sentimental. La vida sigue y nosotros también. Por felices que pueda hacernos (y que nos hace), cuando buscar el amor se convierte para nosotros en una especie de caza del tesoro definitivo, nos arriesgamos a dejarnos arrastrar por una imagen distorsionada de cómo funciona el cerebro y del sentido que tiene todo esto.

También la risa y el humor son elementos fundamentales, placenteros y generalizados de la felicidad. Todo el mundo disfruta con ellos, los utiliza, los busca, porque nos afectan de muchas maneras y han desarrollado varias y diversas funciones en el cerebro humano moderno. Pero, por muy genial que sea el humor y por muy felices que pueda hacernos, todo indica que basar nuestra vida en él no es ninguna garantía de felicidad fiable y duradera. En ciertas circunstancias, puede incluso hacer más mal que bien.

Tampoco hacernos daño a nosotros mismos o a otras personas es una barrera automática e infranqueable para la felicidad. Debido a la infinidad de propiedades de nuestros desconcertantes cerebros, hay muchos casos en los que lo que nos hace felices también nos perjudica o nos impulsa a dañar a otras personas. Los supuestos y los mecanismos básicos del cerebro humano no se han puesto al día todavía con los muchos elementos y características de nuestro complejo y avanzado mundo moderno, lo que significa que, a menudo, terminamos hallando la felicidad en cosas que entran en conflicto directo con los instintos de supervivencia o con la armonía social: ya saben, eso que se supone que debe importarnos de verdad.

Solo que, como ya hemos visto, lo que nos importa y deja de importarnos no es algo inamovible. Nuestro cerebro, que somos nosotros mismos a fin de cuentas, cambia a medida que nos hacemos mayores y vamos pasando por diferentes estadios de la vida y del desarrollo personal, y esos cambios pueden tener lugar en los niveles biológicos más profundos del cerebro, lo que significa que lo que nos hacía felices cuando éramos más jóvenes puede ya no tener el mismo efecto apenas unos pocos años de edad más adelante.

Estaría bien sacar de todo lo anterior una especie de consejo resumido a propósito de lo que hay que hacer para ser felices, ¿verdad? Pues me temo que no voy a poder ayudarlos con eso. Todas las personas con las que hablé, desde los científicos hasta las superestrellas, o desde los humoristas hasta los lujuriosos del sexo, o desde los multimillonarios hasta quienes miran ya cara a cara a la muerte, han hallado la felicidad a su personal y particular modo, a través de las diferentes sendas por las que la vida las ha llevado. Si acaso, todo este proceso me ha vuelto más escéptico ante quienes afirman conocer la «clave» o el «secreto» de la felicidad duradera. Ahora estoy bastante seguro de que no existe tal cosa, o de que, si existe, es distinta para cada individuo, por lo que recomendar un mismo enfoque para toda la población es, cuando menos, de una ingenuidad incomprensible. Pero, en cualquier caso, si a ustedes les funciona el consejo que escuchan de boca de otros, no se repriman. Eso es lo brillante del cerebro humano: que no hay casi nada que no incorpore o a lo que no reaccione, sea cual sea la lógica o el razonamiento lógico que pudiera haber detrás, y eso mismo puede decirse más o menos de cómo procesa nuestra felicidad.

Aun así, si me pusieran una pistola en la sien e insistieran en que les señalara un hilo común que conecte todo lo que he descubierto sobre el cerebro y sobre cómo este trata la felicidad, les diría que mucho de lo que nos hace felices depende de las *otras personas*. Son otras personas las que comparten casa, trabajo o aficiones con nosotros; nos esforzamos por impresionarlas, buscamos su aprobación, compartir su intimidad, su amor, su risa; nos satisface vencerlas en diversos sentidos, y también podemos temer a otras personas, o sentir felicidad haciéndoles daño, por desagradable que esa idea les resulte a muchos. Si hasta nos gustan tanto las otras personas que incluso nos hace tremendamente felices crear nuevos seres humanos. Salvo que sean ustedes de los que no quieren tenerlos. Eso también está bien.

Supongo que es verdad eso que dicen de que ninguna persona es una isla. Es verdad en un sentido literal, pues ningún ser humano es una gran masa de tierra rodeada de agua por todos lados, aunque eso es una trivialidad. Pero también lo es metafóricamente: si hubo algún momento en nuestro pasado evolutivo en el que los humanos (o las criaturas que fuéramos entonces) podían llevar una feliz existencia en mutuo aislamiento, hace mucho que terminó. Somos una especie social y, si bien valoramos nuestro espacio propio y nuestra privacidad como ninguna otra cosa, saber que hay personas ahí fuera nos proporciona tranquilidad y consuelo. Gran parte de nuestra existencia está organizada en torno a nuestras interacciones con los demás, y muchas de esas interacciones afectan consiguientemente nuestra felicidad.

Yo no soy ninguna excepción; después de todo, acabo de pasar muchos meses escribiendo un libro entero para entretener a unos perfectos desconocidos. Y ustedes acaban de dedicar su tiempo a leerlo. Espero que se hayan sentido felices haciéndolo.

AGRADECIMIENTOS

Si la aprobación de los demás es una parte muy importante de lo que nos hace felices, entonces estoy a punto de alegrar a muchas personas, porque este libro jamás habría llegado a existir sin ellas.

Muchísimas gracias a mi tantas veces sufridora, pero siempre comprensiva esposa Vanita, que mantuvo el orden en nuestras vidas mientras yo me pasaba semanas interminables arrancándome los pocos pelos que me quedan por los nervios que la escritura de este libro me hacía pasar.

Gracias a mis queridos hijos Millen y Kavita. Esto es lo que papá estaba haciendo todos esos fines de semana que pasé encerrado en el despacho.

Gracias a Chris Wellbelove, mi agente, quien un día decidió escribir un inesperado correo electrónico a un bloguero de ciencia de nivel mediano para preguntarle: «¿Ha pensado alguna vez en escribir un libro?», cosa que no había hecho hasta entonces, curiosamente. Y ahora miren lo que ha pasado.

A Tash Reith-Banks, Celine Bijleveld, los varios James y el resto del personal de la red de ciencia de *The Guardian,* gracias por saber trasladar mis divagadoras palabras hasta los lectores y dejarme así tiempo para dedicarme a cosas como esta de escribir libros.

A Fred Baty y Laura Hassan, editores de Faber, personas extraordinarias e increíblemente pacientes que lograron reprimirse de explicarme lo que un «plazo de entrega» significa de verdad, mi más sincera gratitud. El suyo debe de haber sido un esfuerzo hercúleo.

A Donna, Steve, Sophie, John, Lizzie y toda la gente de las oficinas centrales de Faber que, no sé cómo, consiguieron convertir mis divagaciones sin fin en algo que los lectores realmente quisieran leer, también les debo infinitas gracias. La alquimia es un juego de niños en comparación.

Y, por último, son muchas las personas que me ayudaron con este libro, y si bien no son pocas las que he mencionado en el texto mismo, siempre pienso que el verdadero mérito último les corresponde a los neurocientíficos, los psicólogos y otros científicos de verdad, ya sean aquellos con quienes hablé, aquellos cuyos trabajo he citado o simplemente aquellos otros que están ahí ahora mismo, llevando a cabo las investigaciones que no cesan de expandir el acervo de conocimientos de nuestra civilización.

Yo he pasado por lo mismo, sé lo que es. Intentar conocer la realidad del cerebro con los recursos disponibles actualmente es como ser ese Sísifo que continuamente intentaba empujar la ingente roca cuesta arriba. Solo que, en nuestro caso, alguien ha engrasado el suelo de la pendiente, para hacerlo más difícil. Y nuestra roca está hecha de abejas. Abejas vivas y furiosas.

No es algo que me propusiera de inicio, pero cada vez más, en estos últimos años, he terminado por convertirme en una especie de portavoz de cabecera de la comunidad neurocientífica cuando los medios de comunicación necesitan a alguien que les explique algo relacionado con este campo. Supongo que tengo cierta facilidad para esas cosas. Pero soy plenamente consciente de que no soy yo quien está haciendo el verdadero trabajo de campo: yo me limito a ser el mensajero.

Simplemente, quería que quedara constancia impresa de que, como todo buen científico, yo simplemente alcanzo a ver lo que veo porque me he subido «a hombros de los gigantes» que han llevado nuestra disciplina hasta donde hoy está. Pero yo no estoy yendo en realidad a ninguna parte: me limito a disfrutar de las vistas.

Notas

1. La felicidad en el cerebro

[1] Burnett, D., «Role of the hippocampus in configural learning», Universidad de Cardiff, 2010.

[2] Arias-Carrión, O. y E. Poppel, «Dopamine, learning, and reward-seeking behavior», *Acta Neurobiologiae Experimentalis*, 67, 4, 2007, págs. 481-488.

[3] Zald, D. H., *et al.*, «Midbrain dopamine receptor availability is inversely associated with novelty-seeking traits in humans», *Journal of Neuroscience*, 28, 53, 2008, págs. 14372-14378.

[4] Bardo, M. T., R. L. Donohew y N. G. Harrington, «Psychobiology of novelty seeking and drug seeking behavior», *Behavioural Brain Research*, 77, 1, 1996, págs. 23-43.

[5] Berns, G. S., *et al.*, «Predictability modulates human brain response to reward», *Journal of Neuroscience*, 21, 8, 2001, págs. 2793-2798.

[6] Hawkes, C., «Endorphins: the basis of pleasure?», *Journal of Neurology, Neurosurgery and Psychiatry*, 55, 4, 1992, págs. 247-250.

[7] Pert, C. B. y S. H. Snyder, «Opiate receptor: demonstration in nervous tissue», *Science*, 179, 4077, 1973, págs. 1011-1014.

[8] Lyon, A. R., *et al.*, «Stress (Takotsubo) cardiomyopathy–a novel pathophysiological hypothesis to explain catecholamine-induced acute myocardial stunning», *Nature Reviews Cardiology*, 5, 1, 2008, pág. 22.

[9] Okur, H., *et al.*, «Relationship between release of beta-endorphin, cortisol, and trauma severity in children with blunt torso and extremity trauma», *Journal of Trauma*, 62, 2, 2007, págs. 320-324; comentario en pág. 324.

[10] Esch, T. y G. B. Stefano, «The neurobiology of stress management», *Neuroendocrinology Letters*, 31, 1, 2010, págs. 19-39.

[11] Weizman, R., *et al.*, «Immunoreactive [beta]-endorphin, cortisol, and growth hormone plasma levels in obsessive-compulsive disorder», *Clinical Neuropharmacology*, 13, 4, 1990, págs. 297-302.

[12] Galbally, M., *et al.*, «The role of oxytocin in mother-infant relations: a systematic review of human studies», *Harvard Review of Psychiatry*, 19, 1, 2011, págs. 1-14.

[13] Renfrew, M. J., S. Lang y M. Woolridge, «Oxytocin for promoting successful lactation», *Cochrane Database of Systematic Reviews*, 2, 2000, pág. Cd000156.

[14] Scheele, D., *et al.*, «Oxytocin modulates social distance between males and females», *Journal of Neuroscience*, 32, 46, 2012, págs. 16074-16079.

[15] De Dreu, C. K., *et al.*, «Oxytocin promotes human ethnocentrism», *Proceedings of the National Academy of Sciences*, 108, 4, 2011, págs. 1262-1266.

[16] Dayan, P. y Q. J. Huys, «Serotonin, inhibition, and negative mood», *PLOS Computational Biology*, 4, 2, 2008, pág. e4.

[17] Harmer, C. J., G. M. Goodwin y P. J. Cowen, «Why do antidepressants take so long to work? A cognitive neuropsychological model of antidepressant drug action», *British Journal of Psychiatry*, 195, 2, 2009, págs. 102-108.

[18] Jorgenson, L. A., *et al.*, «The BRAIN Initiative: developing technology to catalyse neuroscience discovery», *Philosophical Transactions of the Royal Society B*, 370, 1668, 2015.

[19] Zivkovic, M., «Brain culture: neuroscience and popular media», *Interdisciplinary Science Reviews*, 40, 4, 2015.

[20] Pearl, S., «*Species, Serpents, Spirits, and Skulls: Science at the Margins in the Victorian Age* by Sherrie Lynne Lyons», *Victorian Studies*, 53, 1, 2010, págs. 141-143.

[21] Greenblatt, S. H., «Phrenology in the science and culture of the 19th century», *Neurosurgery*, 37, 4, 1995, págs. 790-804; comentario en págs. 804-805.

[22] Sample, I., «Updated map of the human brain hailed as a scientific tour de force», *Guardian*, 20 de julio de 2016.

23 Aggleton, J. P., *et al.*, *The Amygdala: A Functional Analysis*, Oxford University Press, 2000.

24 Oonishi, S., *et al.*, «Influence of subjective happiness on the prefrontal brain activity: an fNIRS study», en Swartz, H., *et al.*, «Oxygen transport to tissue XXXVI», *Advances in Experimental Medicine and Biology*, 2014, págs. 287-293.

25 Kringelbach, M. L. y K. C. Berridge, «The neuroscience of happiness and pleasure», *Social Research*, 77, 2, 2010, págs. 659-678.

26 Berridge, K. C. y M. L. Kringelbach, «Towards a neuroscience of well-being: implications of insights from pleasure research», en H. Brockmann y J. Delhey (eds.), *Human Happiness and the Pursuit of Maximization*, Srpinger Netherlands, 2013, págs. 81-100.

27 Witek, M. A., *et al.*, «Syncopation, body-movement and pleasure in groove music», *PLOS One*, 9, 4, 2014, pág. e94446.

28 Zhou, L. y J. A. Foster, «Psychobiotics and the gut-brain axis: in the pursuit of happiness», *Neuropsychiatric Disease and Treatment*, 11, 2015, págs. 715-723.

29 Foster, J. A. y K.-A. M. Neufeld, «Gut-brain axis: how the microbiome influences anxiety and depression», *Trends in Neurosciences*, 36, 5, 2013, págs. 305-312.

30 Aschwanden, C., «How your gut affects your mood», *FiveThirtyEight*, 19 de mayo de 2016, fivethirtyeight.com.

31 Chambers, C., «Physics envy: Do "hard" sciences hold the solution to the replication crisis in psychology?», *The Guardian*, 10 de junio de 2014.

32 Chambers, C., *The Seven Deadly Sins of Psychology: A Manifesto for Reforming the Culture of Scientific Practice*, Princeton University Press, 2017.

33 Cohen, J., «The statistical power of abnormal-social psychological research: a review», *Journal of Abnormal and Social Psychology*, 65, 3, 1962, p. 145.

34 Engber, D., «Sad face: another classic psychology finding–that you can smile your way to happiness–just blew up», 2016, slate.com.

2. EN NINGÚN LUGAR COMO EN CASA

1 Raderschall, C. A., R. D. Magrath y J. M. Hemmi, «Habituation under natural conditions: model predators are distinguished by approach direction», *Journal of Experimental Biology*, 214, 24, 2011, pág. 4209.

[2] Oswald, I., «Falling asleep open-eyed during intense rhythmic stimulation», *British Medical Journal*, 1, 5184, 1960, págs. 1450-1455.

[3] Schultz, W., «Multiple reward signals in the brain», *Nature Reviews Neuroscience*, 1, 3, 2000, pág. 199.

[4] Almeida, T. F., S. Roizenblatt y S. Tufik, «Afferent pain pathways: A neuroanatomical review», *Brain Research*, 1000, 1, 2004, págs. 40-56.

[5] Dickinson, A. y N. Mackintosh, «Classical conditioning in animals», *Annual Review of Psychology*, 29, 1, 1978, págs. 587-612.

[6] Parasuraman, R., y S. Galster, «Sensing, assessing, and augmenting threat detection: behavioral, neuroimaging, and brain stimulation evidence for the critical role of attention», *Frontiers in Human Neuroscience*, 7, 2013, pág. 273.

[7] Larson, C. L., *et al.*, «Recognizing threat: a simple geometric shape activates neural circuitry for threat detection», *Journal of Cognitive Neuroscience*, 21, 8, 2008, págs. 1523-1535.

[8] Durham, R. C. y A. A. Turvey, «Cognitive therapy vs. behaviour therapy in the treatment of chronic general anxiety», *Behaviour Research and Therapy*, 25, 3, 1987, págs. 229-234.

[9] Szekely, A., S. Rajaram y A. Mohanty, «Context learning for threat detection», *Cognition and Emotion*, 2016, págs. 1-18.

[10] Suitor, J. J. y K. Pillemer, «The presence of adult children: a source of stress for elderly couples' marriages?», *Journal of Marriage and Family*, 49, 4, 1987, págs. 717-725.

[11] Dinges, D. F., *et al.*, «Cumulative sleepiness, mood disturbance, and psychomotor vigilance performance decrements during a week of sleep restricted to 4-5 hours per night», *Sleep*, 20, 4, 1997, págs. 267-277.

[12] Agnew, H. W., W. B. Webb y R. L. Williams, «The first night effect: an EEG study of sleep», *Psychophysiology*, 2, 3, 1966, págs. 263-266.

[13] Sample, I., «Struggle to sleep in a strange bed? Scientists have uncovered why», *Guardian*, 21 de abril de 2016.

[14] Rattenborg, N. C., C. J. Amlaner y S. L. Lima, «Behavioral, neurophysiological and evolutionary perspectives on unihemispheric sleep», *Neuroscience and Biobehavioral Reviews*, 24, 8, 2000, págs. 817-842.

[15] Mascetti, G. G., «Unihemispheric sleep and asymmetrical sleep: behavioral, neurophysiological, and functional perspectives», *Nature and Science of Sleep*, 8, 2016, págs. 221-238.

[16] Burt, W. H., «Territoriality and home range concepts as applied to mammals», *Journal of Mammalogy*, 24, 3, 1943, págs. 346-352.

17 Eichenbaum, H., «The role of the hippocampus in navigation is memory», *Journal of Neurophysiology*, 117, 4, 2017, págs. 1785-1796.

18 Hartley, T., *et al.*, «Space in the brain: how the hippocampal formation supports spatial cognition», *Philosophical Transactions of the Royal Society B*, 369, 1635, 2013.

19 Jacobs, J., *et al.*, «Direct recordings of grid-like neuronal activity in human spatial navigation», *Nature Neuroscience*, 16, 9, 2013, págs. 1188-1190.

20 Rowe, W. B., *et al.*, «Reactivity to novelty in cognitively-impaired and cognitively-unimpaired aged rats and young rats», *Neuroscience*, 83, 3, 1998, págs. 669-680.

21 Travaini, A., *et al.*, «Evaluation of neophobia and its potential impact upon predator control techniques: a study on two sympatric foxes in southern Patagonia», *Behavioural Processes*, 92, 2013, págs. 79-87.

22 Misslin, R. y M. Cigrang, «Does neophobia necessarily imply fear or anxiety?», *Behavioural Processes*, 12, 1, 1986, págs. 45-50.

23 Quintero, E., *et al.*, «Effects of context novelty vs. familiarity on latent inhibition with a conditioned taste aversion procedure», *Behavioural Processes*, 86, 2, 2011, págs. 242-249.

24 Brocklin, E. V., *The Science of Homesickness*, Duke Alumni, 2014.

25 Bhugra, D. y M. A. Becker, «Migration, cultural bereavement and cultural identity», *World Psychiatry*, 4, 1, 2005, págs. 18-24.

26 Silove, D., P. Ventevogel y S. Rees, «The contemporary refugee crisis: an overview of mental health challenges», *World Psychiatry*, 16, 2, 2017, págs. 130-139.

27 Holmes, T. y R. Rahe, «The Holmes-Rahe life changes scale», *Journal of Psychosomatic Research*, 11, 1967, págs. 213-218.

28 Zhang, R., T. J. Brennan y A. W. Lo, «The origin of risk aversion», *Proceedings of the National Academy of Sciences*, 111, 50, 2014, págs. 17777-17782.

29 Ickes, B. R., *et al.*, «Long-term environmental enrichment leads to regional increases in neurotrophin levels in rat brain», *Experimental Neurology*, 164, 1, 2000, págs. 45-52.

30 Young, D., *et al.*, «Environmental enrichment inhibits spontaneous apoptosis, prevents seizures and is neuroprotective», *Nature Medicine*, 5, 5, 1999.

31 Hicklin, A., «How Brooklyn became a writers' mecca», *The Guardian*, 7 de julio de 2012.

32 Quintero, E., *et al.*, «Effects of context novelty vs. familiarity on latent inhibition with a conditioned taste aversion procedure», *Behavioural Processes*, 86, 2, 2011, págs. 242-249.

[33] Bouter, L. M., et al., «Sensation seeking and injury risk in downhill skiing», *Personality and Individual Differences*, 9, 3, 1988, págs. 667-673.

[34] Smith, S. G., «The essential qualities of a home», *Journal of Environmental Psychology*, 14, 1, 1994, págs. 31-46.

[35] Hall, E. T., *The Hidden Dimension*, Doubleday, 1966 (trad. cast.: *La dimensión oculta*, Siglo XXI, México, D. F., 1972).

[36] Aiello, J. R. y D. E. Thompson, «Personal space, crowding, and spatial behavior in a cultural context», *Environment and Culture*, 1980, págs. 107-178.

[37] Lourenco, S. F., M. R. Longo y T. Pathman, «Near space and its relation to claustrophobic fear», *Cognition*, 119, 3, 2011, págs. 448-453.

[38] Kennedy, D. P., et al., «Personal space regulation by the human amygdala», *Nature Neuroscience*, 12, 10, 2009, págs. 1226-1227.

[39] Evans, G. W. y R. E. Wener, «Crowding and personal space invasion on the train: Please don't make me sit in the middle», *Journal of Environmental Psychology*, 27, 1, 2007, págs. 90-94.

[40] Schwartz, B., «The social psychology of privacy», *American Journal of Sociology*, 1968, págs. 741-752.

[41] Berman, M. G., J. Jonides y S. Kaplan, «The cognitive benefits of interacting with nature», *Psychological Science*, 19, 12, 2008, págs. 1207-1212.

[42] Ulrich, R., «View through a window may influence recovery», *Science*, 224, 4647, 1984, págs. 224-225.

[43] Dobbs, D., «The green space cure: the psychological value of biodiversity», *Scientific American*, 13 de noviembre de 2007.

[44] «Tiny house movement», Wikipedia, 2017, wikipedia.org/wiki/Tiny_house_movement (trad. cast.: «Movimiento Pequeñas Casas», https://es.wikipedia.org/wiki/Movimiento_Peque%C3%B1as_Casas).

[45] Bouchard, T. J., «Genes, environment, and personality», *Science*, 1994, pág. 1700.

[46] Oishi, S. y U. Schimmack, «Residential mobility, well-being, and mortality», *Journal of Personality and Social Psychology*, 98, 6, 2010, pág. 980.

[47] Jang, Y. y D. E. Huber, «Context retrieval and context change in free recall: recalling from long-term memory drives list isolation», *Journal of Experimental Psychology: Learning, Memory, and Cognition*, 34, 1, 2008, pág. 112.

[48] Rubinstein, R. L., «The home environments of older people: a description of the psychosocial processes linking person to place», *Journal of Gerontology*, 44, 2, 1989, págs. S45-S53.

[49] Winograd, E. y W. A. Killinger, «Relating age at encoding in early childhood to adult recall: development of flashbulb memories», *Journal of Experimental Psychology: General*, 112, 3, 1983, pág. 413.

[50] Lollar, K., «The liminal experience: loss of extended self after the fire», *Qualitative Inquiry*, 2009.

[51] Jones, R. T. y D. P. Ribbe, «Child, adolescent, and adult victims of residential fire: psychosocial consequences», *Behavior Modification*, 15, 4, 1991, págs. 560-580.

[52] Kim, K. y M. K. Johnson, «Extended self: medial prefrontal activity during transient association of self and objects», *Social Cognitive and Affective Neuroscience*, 2010, págs. 199-207.

[53] Proshansky, H. M., A. K. Fabian y R. Kaminoff, «Place-identity: physical world socialization of the self», *Journal of Environmental Psychology*, 3, 1, 1983, págs. 57-83.

[54] Anton, C. E. y C. Lawrence, «Home is where the heart is: the effect of place of residence on place attachment and community participation», *Journal of Environmental Psychology*, 40, 2014, págs. 451-461.

3. TRABAJO Y CEREBRO

[1] «University of Bologna», Wikipedia, 2017, wikipedia.org/wiki/University_of_Bologna (trad. cast.: «Universidad de Bolonia», https://es.wikipedia.org/wiki/Universidad_de_Bolonia).

[2] Wilson, M., «Stunning documentary looks at life inside a marble mine», *Fast Company*, 14 de noviembre de 2014, fastcodesign.com.

[3] «What percentage of your life will you spend at work?», ReviseSociology.com, 2016, @realsociology.

[4] Work-related Stress, Anxiety and Depression Statistics in Great Britain, Health and Safety Executive («Estadísticas sobre estrés, ansiedad y depresión relacionados con el trabajo en Gran Bretaña», Agencia Ejecutiva para la Salud y la Seguridad), 2016, hse.gov.uk/statistics/causdis/stress.

[5] Number of Jobs, Labor Market Experience, and Earnings Growth: Results from a Longitudinal Survey, Bureau of Labor Statistics («Número de empleos, experiencia laboral y aumento de ingresos: Resultados de un estudio longitudinal», Oficina de Estadística Laboral, EE.UU.), 2017, bls.gov/news.release/nlsoy.toc.htm.

[6] Erickson, K. I., C. H. Hillman y A. F. Kramer, «Physical activity, brain, and cognition», *Current Opinion in Behavioral Sciences*, 4, Suplemento C, 2015, págs. 27-32.

[7] Swaminathan, N., «Why does the brain need so much power?», *Scientific American*, 29, 4, 2008, pág. 2998.

[8] Sleiman, S. F., *et al.*, «Exercise promotes the expression of brain derived neurotrophic factor (BDNF) through the action of the ketone body β-hydroxybutyrate», *Elife*, 5, 2016, pág. e15092.

[9] Godman, H., «Regular exercise changes the brain to improve memory, thinking skills», *Harvard Health Letters*, 2014.

[10] White, L. J. y V. Castellano, «Exercise and brain health–implications for multiple sclerosis», *Sports Medicine*, 38, 2, 2008, págs. 91-100.

[11] Kohl, H. W. y H. D. Cook, «Physical activity, fitness, and physical education: effects on academic performance», en *Educating the Student Body: Taking Physical Activity and Physical Education to School*, National Academies Press, 2013.

[12] Gonzalez-Mulé, E., K. M. Carter y M. K. Mount, «Are smarter people happier? Meta-analyses of the relationships between general mental ability and job and life satisfaction», *Journal of Vocational Behavior*, 99, Suplemento C, 2017, págs. 146-164.

[13] Thorén, P., *et al.*, «Endorphins and exercise: physiological mechanisms and clinical implications», *Medicine and Science in Sports and Exercise*, 1990.

[14] Almeida, R. P., *et al.*, «Effect of cognitive reserve on age-related changes in cerebrospinal fluid biomarkers of Alzheimer disease», *JAMA Neurology*, 72, 6, 2015, págs. 699-706.

[15] Scarmeas, N. y Y. Stern, «Cognitive reserve: implications for diagnosis and prevention of Alzheimer's disease», *Current Neurology and Neuroscience Reports*, 4, 5, 2004, págs. 374-380.

[16] Kurniawan, I. T., *et al.*, «Effort and valuation in the brain: the effects of anticipation and execution», *Journal of Neuroscience*, 33, 14, 2013, pág. 6160.

[17] Hagura, N., P. Haggard y J. Diedrichsen, «Perceptual decisions are biased by the cost to act», *Elife*, 6, 2017, pág. e18422.

[18] Herz, R. S. y J. von Clef, «The influence of verbal labeling on the perception of odors: evidence for olfactory illusions?», *Perception*, 30, 3, 2001, págs. 381-391.

[19] Elliott, R., et al., «Differential response patterns in the striatum and orbito-frontal cortex to financial reward in humans: a parametric functional magnetic resonance imaging study», *Journal of Neuroscience*, 23, 1, 2003, pág. 303.

[20] Holmes, T. y R. Rahe, «Holmes-Rahe life changes scale», *Journal of Psychosomatic Research*, 11, 1967, págs. 213-218.

[21] Howell, R. T., M. Kurai y L. Tam, «Money buys financial security and psychological need satisfaction: testing need theory in affluence», *Social Indicators Research*, 110, 1, 2013, págs. 17-29.

[22] Sheldon, K. M. y A. Gunz, «Psychological needs as basic motives, not just experiential requirements», *Journal of Personality*, 77, 5, 2009, págs. 1467-1492.

[23] Roddenberry, A. y K. Renk, «Locus of control and self-efficacy: potential mediators of stress, illness, and utilization of health services in college students», *Child Psychiatry and Human Development*, 41, 4, 2010, págs. 353-370.

[24] Abramowitz, S. I., «Locus of control and self-reported depression among college students», *Psychological Reports*, 25, 1, 1969, págs. 149-150.

[25] Williams, J. S., *et al.*, «Health locus of control and cardiovascular risk factors in veterans with Type 2 diabetes», *Endocrine*, 51, 1, 2016, págs. 83-90.

[26] Lefcourt, H. M., *Locus of Control: Current Trends in Theory and Research*, Psychology Press, 2014.

[27] Pruessner, J. C., *et al.*, «Self-esteem, locus of control, hippocampal volume, and cortisol regulation in young and old adulthood», *NeuroImage*, 28, 4, 2005, págs. 815-826.

[28] Lewis, M., S. M. Alessandri y M. W. Sullivan, «Violation of expectancy, loss of control, and anger expressions in young infants», *Developmental Psychology*, 26, 5, 1990, pág. 745.

[29] Leavitt, L. A. y W. L. Donovan, «Perceived infant temperament, locus of control, and maternal physiological response to infant gaze», *Journal of Research in Personality*, 13, 3, 1979, págs. 267-278.

[30] Colles, S. L., J. B. Dixon y P. E. O'Brien, «Loss of control is central to psychological disturbance associated with binge eating disorder», *Obesity*, 16, 3, 2008, págs. 608-614.

[31] Rosen, H. J., *et al.*, «Neuroanatomical correlates of cognitive selfappraisal in neurodegenerative disease», *NeuroImage*, 49, 4, 2010, págs. 3358-3364.

[32] Maguire, E. A., K. Woollett y H. J. Spiers, «London taxi drivers and bus drivers: a structural MRI and neuropsychological analysis», *Hippocampus*, 16, 12, 2006, págs. 1091-1101.

[33] Gaser, C. y G. Schlaug, «Brain structures differ between musicians and non-musicians», *Journal of Neuroscience*, 23, 27, 2003, págs. 9240-9245.

[34] Castelli, F., D. E. Glaser y B. Butterworth, «Discrete and analogue quantity processing in the parietal lobe: a functional MRI study», *Proceedings of the National Academy of Sciences of the United States of America*, 103, 12, 2006, págs. 4693-4698.

[35] Grefkes, C. y G. R. Fink, «The functional organization of the intraparietal sulcus in humans and monkeys», *Journal of Anatomy*, 207, 1, 2005, págs. 3-17.

[36] Oswald, A. J., E. Proto y D. Sgroi, «Happiness and productivity», *Journal of Labor Economics*, 33, 4, 2015, págs. 789-822.

[37] Farhud, D. D., M. Malmir y M. Khanahmadi, «Happiness and health: the biological factors–systematic review article», *Iranian Journal of Public Health*, 43, 11, 2014, pág. 1468.

[38] Zwosta, K., H. Ruge y U. Wolfensteller, «Neural mechanisms of goal-directed behavior: outcome-based response selection is associated with increased functional coupling of the angular gyrus», *Frontiers in Human Neuroscience*, 9, 2015.

[39] Elliot, A. J. y M. V. Covington, «Approach and avoidance motivation», *Educational Psychology Review*, 13, 2, 2001, págs. 73-92.

[40] Cofer, C. N., «The history of the concept of motivation», *Journal of the History of the Behavioral Sciences*, 17, 1, 1981, págs. 48-53.

[41] Lee, W., et al., «Neural differences between intrinsic reasons for doing versus extrinsic reasons for doing: an fMRI study», *Neuroscience Research*, 73, 1, 2012, págs. 68-72.

[42] Benabou, R. y J. Tirole, «Intrinsic and extrinsic motivation», *Review of Economic Studies*, 70, 3, 2003, págs. 489-520.

[43] Lepper, M. R., D. Greene y R. E. Nisbett, «Undermining children's intrinsic interest with extrinsic reward: a test of the "overjustification" hypothesis», *Journal of Personality and Social Psychology*, 28, 1, 1973, págs. 129-137.

[44] Lapierre, S., L. Bouffard y E. Bastin, «Personal goals and subjective well-being in later life», *International Journal of Aging and Human Development*, 45, 4, 1997, págs. 287-303.

[45] Agnew, R., «Foundation for a general strain theory of crime and delinquency», *Criminology*, 30, 1, 1992, págs. 47-88.

[46] Higgins, E. T., et al., «Ideal versus ought predilections for approach and avoidance distinct self-regulatory systems», *Journal of Personality and Social Psychology*, 66, 2, 1994, pág. 276.

47 Leonard, N. H., L. L. Beauvais y R. W. Scholl, «Work motivation: the incorporation of self-concept-based processes», *Human Relations*, 52, 8, 1999, págs. 969-998.

48 Neal, D. T., W. Wood y A. Drolet, «How do people adhere to goals when willpower is low? The profits (and pitfalls) of strong habits», *Journal of Personality and Social Psychology*, 104, 6, 2013, pág. 959.

49 Bem, D. J., «Self-perception: an alternative interpretation of cognitive dissonance phenomena», *Psychological Review*, 74, 3, 1967, pág. 183.

50 Utevsky, A. V. y M. L. Platt, «Status and the brain», *PLOS Biology*, 12, 9, 2014, pág. e1001941.

51 Pezzulo, G., *et al.*, «The principles of goal-directed decision-making: from neural mechanisms to computation and robotics», *Philosophical Transactions of the Royal Society B*, 369, 1655, 2014.

52 Leung, B. K. y B. W. Balleine, «The ventral striato-pallidal pathway mediates the effect of predictive learning on choice between goal-directed actions», *Journal of Neuroscience*, 33, 34, 2013, pág. 13848.

53 Media, O., Nuffield Farming Scholarships Trust, 2017, nuffieldscholar. org.

54 Miron-Shatz, T., «"Am I going to be happy and financially stable?" How American women feel when they think about financial security», *Judgment and Decision Making*, 4, 1, 2009, págs. 102-112.

55 Moesgaard, S., «How money affects the brain's reward system (why money is addictive)», reflectd.co, 21 de marzo de 2013.

56 Hyman, S. E. y R. C. Malenka, «Addiction and the brain: the neurobiology of compulsion and its persistence», *Nature Reviews Neuroscience*, 2, 10, 2001, pág. 695.

57 Sharot, T., *The Optimism Bias: A Tour of the Irrationally Positive Brain*, Vintage, 2011.

58 Howell, *et al.*, «Money buys financial security and psychological need satisfaction: testing need theory in affluence», *Social Indicators Research*, 2012.

59 Holmes, T. y R. Rahe, «The Holmes-Rahe life changes scale», *Journal of Psychosomatic Research*, 11, 1967, págs. 213-218.

60 Saarni, C., *The Development of Emotional Competence*, Guilford Press, 1999.

61 Rodriguez, T., «Negative emotions are key to well-being», *Scientific American*, 1 de mayo de 2013.

62 Adkins, A., «U. S. employee engagement steady in June», GALLUP, 2016.

[63] Spicer, A. y C. Cederström, «The research we've ignored about happiness at work», *Harvard Business Review*, 21 de julio de 2015.

[64] Van Kleef, G. A., C. K. De Dreu y A. S. Manstead, «The interpersonal effects of anger and happiness in negotiations», *Journal of Personality and Social Psychology*, 86, 1, 2004, págs. 57-76.

[65] Ferguson, D., «The world's happiest jobs», *Guardian*, 7 de abril de 2015.

[66] Peralta, C. F. y M. F. Saldanha, «Can dealing with emotional exhaustion lead to enhanced happiness? The roles of planning and social support», *Work and Stress*, 31, 2, 2017, págs. 121-144.

[67] Mauss, I. B., *et al.*, «The pursuit of happiness can be lonely», *Emotion*, 12, 5, 2012, pág. 908.

4. La felicidad son las otras personas

[1] Theeuwes, J., «Top-down and bottom-up control of visual selection», *Acta Psychologica*, 135, 2, 2010, págs. 77-99.

[2] LoBue, V., *et al.*, «What accounts for the rapid detection of threat? Evidence for an advantage in perceptual and behavioral responding from eye movements», *Emotion*, 14, 4, 2014, págs. 816-823.

[3] Jabbi, M., J. Bastiaansen y C. Keysers, «A common anterior insula representation of disgust observation, experience and imagination shows divergent functional connectivity pathways», *PLOS ONE*, 3, 8, 2008, pág. e2939.

[4] Clarke, D., «Circulation and energy metabolism of the brain», *Basic Neurochemistry: Molecular, Cellular and Medical Aspects*, 1999, págs. 637-669.

[5] Miller, G., *The Mating Mind: How Sexual Choice Shaped the Evolution of Human Nature*, Anchor, 2011.

[6] Dunbar, R. I., «The social brain hypothesis and its implications for social evolution», *Annals of Human Biology*, 36, 5, 2009, págs. 562-572.

[7] Flinn, M. V., D. C. Geary y C. V. Ward, «Ecological dominance, social competition, and coalitionary arms races: why humans evolved extraordinary intelligence», *Evolution and Human Behavior*, 26, 1, 2005, págs. 10-46.

[8] Reader, S. M. y K. N. Laland, «Social intelligence, innovation, and enhanced brain size in primates», *Proceedings of the National Academy of Sciences of the United States of America*, 99, 7, 2002, págs. 4436-4441.

[9] Spradbery, J. P., *Wasps: An Account of the Biology and Natural History of Social and Solitary Wasps*, Sidgwick & Jackson, 1973.

[10] Gavrilets, S., «Human origins and the transition from promiscuity to pair-bonding», *Proceedings of the National Academy of Sciences of the United States of America*, 109, 25, 2012, págs. 9923-9928.

[11] West, R. J., «The evolution of large brain size in birds is related to social, not genetic, monogamy», *Biological Journal of the Linnean Society*, 111, 3, 2014, págs. 668-678.

[12] Bales, K. L., *et al.*, «Neural correlates of pair-bonding in a monogamous primate», *Brain Research*, 1184, 2007, págs. 245-253.

[13] Dunbar, R. I. M. y S. Shultz, «Evolution in the social brain», *Science*, 317, 5843, 2007, págs. 1344-1347.

[14] Pasquaretta, C., *et al.*, «Social networks in primates: smart and tolerant species have more efficient networks», *Scientific Reports*, 4, 2014, pág. 7600.

[15] Van Gestel, S. y C. van Broeckhoven, «Genetics of personality: are we making progress?», *Molecular Psychiatry*, 8, 10, 2003, págs. 840-852.

[16] Matsuzawa, T., «Evolution of the brain and social behavior in chimpanzees», *Current Opinion in Neurobiology*, 23, 3, 2013, págs. 443-449.

[17] Gunaydin, Lisa A., *et al.*, «Natural neural projection dynamics underlying social behavior», *Cell*, 157, 7, 2014, págs. 1535-1551.

[18] Gardner, E. L., «Introduction: addiction and brain reward and antireward pathways», *Advances in Psychosomatic Medicine*, 30, 2011, págs. 22-60.

[19] Loken, L. S., *et al.*, «Coding of pleasant touch by unmyelinated afferents in humans», *Nature Neuroscience*, 12, 5, 2009, págs. 547-548.

[20] Iggo, A., «Cutaneous mechanoreceptors with afferent C fibres», *Journal of Physiology*, 152, 2, 1960, págs. 337-353.

[21] «Insular cortex», Wikipedia, 2017, wikipedia.org/wiki/Insular_cortex (trad. cast.: «Ínsula», https://es.wikipedia.org/wiki/%C3%8Dnsula).

[22] Kalueff, A. V., J. L. La Porte y C. L. Bergner, *Neurobiology of Grooming Behavior*, Cambridge University Press, 2010.

[23] Claxton, G., «Why can't we tickle ourselves?», *Perceptual and Motor Skills*, 41, 1, 1975, págs. 335-338.

[24] Keverne, E. B., N. D. Martensz y B. Tuite, «Beta-endorphin concentrations in cerebrospinal fluid of monkeys are influenced by grooming relationships», *Psychoneuroendocrinology*, 14, 1, 1989, págs. 155-161.

[25] Gispen, W. H., *et al.*, «Modulation of ACTH-induced grooming by [DES-TYR$_1$]-γ-endorphin and haloperidol», *European Journal of Pharmacology*, 63, 2, 1980, págs. 203-207.

[26] Dumbar, R., «Co-evolution of neocortex size, group size and language in humans», *Behavioral and Brain Sciences*, 16, 4, 1993, págs. 681-735.

[27] Dunbar, R. y R. I. M. Dunbar, *Grooming, Gossip, and the Evolution of Language*, Harvard University Press, 1998.

[28] Crusco, A. H. y C. G. Wetzel, «The Midas touch», *Personality and Social Psychology Bulletin*, 10, 4, 1984, págs. 512-517.

[29] Dumas, G., *et al.*, «Inter-brain synchronization during social interaction», *PLOS ONE*, 5, 8, 2010, pág. e12166.

[30] Livingstone, M. S. y D. H. Hubel, «Anatomy and physiology of a color system in the primate visual cortex», *Journal of Neuroscience*, 4, 1, 1984, págs. 309-356.

[31] Rizzolatti, G., *et al.*, «From mirror neurons to imitation: facts and speculations», *The Imitative Mind: Development, Evolution, and Brain Bases*, 6, 2002, págs. 247-266.

[32] Wicker, B., *et al.*, «Both of us disgusted in my insula», *Neuron*, 40, 3, 2003, págs. 655-664.

[33] Schulte-Rüther, M., *et al.*, «Mirror neuron and theory of mind mechanisms involved in face-to-face interactions: a functional magnetic resonance imaging approach to empathy», *Journal of Cognitive Neuroscience*, 19, 8, 2007, págs. 1354-1372.

[34] Shamay-Tsoory, S. G., J. Aharon-Peretz y D. Perry, «Two systems for empathy: a double dissociation between emotional and cognitive empathy in inferior frontal gyrus versus ventromedial prefrontal lesions», *Brain*, 132, 3, 2009, págs. 617-627.

[35] De Waal, F. B. M., «Apes know what others believe», *Science*, 354, 6308, 2016, p. 39.

[36] Brink, T. T., *et al.*, «The role of orbitofrontal cortex in processing empathy stories in four- to eight-year-old children», *Frontiers in Psychology*, 2, 2011, pág. 80.

[37] Hall, F. S., «Social deprivation of neonatal, adolescent, and adult rats has distinct neurochemical and behavioral consequences», *Critical Reviews in Neurobiology*, 12, 1-2, 1998.

[38] Martin, L. J., *et al.*, «Social deprivation of infant rhesus monkeys alters the chemoarchitecture of the brain: I. Subcortical regions», *Journal of Neuroscience*, 11, 11, 1991, págs. 3344-3358.

[39] Metzner, J. L. y J. Fellner, «Solitary confinement and mental illness in US prisons: a challenge for medical ethics», *Journal of the American Academy of Psychiatry and the Law*, 38, 1, 2010, págs. 104-108.

[40] Izuma, K., D. N. Saito y N. Sadato, «Processing of the incentive for social approval in the ventral striatum during charitable donation», *Journal of Cognitive Neuroscience*, 22, 4, 2010, págs. 621-631.

[41] Buchanan, K. E. y A. Bardi, «Acts of kindness and acts of novelty affect life satisfaction», *Journal of Social Psychology*, 150, 3, 2010, págs. 235-237.

[42] Bateson, M., D. Nettle y G. Roberts, «Cues of being watched enhance cooperation in a real-world setting», *Biology Letters*, 2, 3, 2006, págs. 412-414.

[43] Rigdon, M., *et al.*, «Minimal social cues in the dictator game», *Journal of Economic Psychology*, 30, 3, 2009, págs. 358-667.

[44] Weir, K., «The pain of social rejection», *American Psychological Association*, 43, 2012.

[45] Woo, C. W., *et al.*, «Separate neural representations for physical pain and social rejection», *Nature Communications*, 5, 2014, pág. 5380.

[46] Wesselmann, E. D., *et al.*, «Adding injury to insult: unexpected rejection leads to more aggressive responses», *Aggressive Behavior*, 36, 4, 2010, págs. 232-237.

[47] Farrow, T., *et al.*, «Neural correlates of self-deception and impression-management», *Neuropsychologia*, 67, 2014.

[48] Morrison, S., J. Decety y P. Molenberghs, «The neuroscience of group membership», *Neuropsychologia*, 50, 8, 2012, págs. 2114-2120.

[49] D'Argembeau, A., «On the role of the ventromedial prefrontal cortex in self-processing: the valuation hypothesis», *Frontiers in Human Neuroscience*, 7, 2013, pág. 372.

[50] Fischer, P., *et al.*, «The bystander-effect: a meta-analytic review on bystander intervention in dangerous and non-dangerous emergencies», *Psychological Bulletin*, 137, 4, 2011, pág. 517.

[51] Gonçalves, B., N. Perra y A. Vespignani, «Modeling users' activity on Twitter networks: validation of Dunbar's number», *PLOS ONE*, 6, 8, 2011, pág. e22656.

5. AMOR O SEXO, CUESTE LO QUE CUESTE

[1] Clark, C., «Brain sex in men and women-from arousal to orgasm», *BrainBlogger*, 2014.

[2] Laeng, B., O. Vermeer y U. Sulutvedt, «Is beauty in the face of the beholder?», *PLOS ONE*, 8, 7, 2013, pág. e68395.

[3] Järvi, T., *et al.*, «Evolution of variation in male secondary sexual characteristics», *Behavioral Ecology and Sociobiology*, 20, 3, 1987, págs. 161-169.

[4] Georgiadis, J. R. y M. L. Kringelbach, «Intimacy and the brain: lessons from genital and sexual touch», en Olausson, H., *et al.* (eds), *Affective Touch and the Neurophysiology of CT Afferents*, Springer, 2016, págs. 301-321.

[5] Cazala, F., N. Vienney y S. Stoléru, «The cortical sensory representation of genitalia in women and men: a systematic review», *Socioaffective Neuroscience and Psychology*, 5, 2015, pág. 10.3402/snp. v5.26428.

[6] «The neuroscience of erogenous zones», 2017, www.bangor.ac.uk/psychology/news/the-neuroscience-of-erogenous-zones-15794.

[7] Turnbull, O. H., *et al.*, «Reports of intimate touch: Erogenous zones and somatosensory cortical organization», *Cortex*, 53, 2014, págs. 146-154.

[8] Georgiadis, J. R., «Doing it... wild? On the role of the cerebral cortex in human sexual activity», *Socioaffective Neuroscience and Psychology*, 2, 2012, pág. 17337.

[9] Aggleton, E. J. P., *et al.*, *The Amygdala: A Functional Analysis*, Oxford University Press, 2000.

[10] Baird, A. D., *et al.*, «The amygdala and sexual drive: insights from temporal lobe epilepsy surgery», *Annals of Neurology*, 55, 1, 2004, págs. 87-96.

[11] Newman, S. W., «The medial extended amygdala in male reproductive behavior: a node in the mammalian social behavior network», *Annals of the New York Academy of Sciences*, 877, 1, 1999, págs. 242-257.

[12] Goldstein, J. M., «Sex, hormones and affective arousal circuitry dysfunction in schizophrenia», *Hormones and Behavior*, 50, 4, 2006, págs. 612-622.

[13] Shirtcliff, E. A., R. E. Dahl y S. D. Pollak, «Pubertal development: correspondence between hormonal and physical development», *Child Development*, 80, 2, 2009, págs. 327-337.

[14] Alexander, G. M. y B. B. Sherwin, «The association between testosterone, sexual arousal, and selective attention for erotic stimuli in men», *Hormones and Behavior*, 25, 3, 1991, págs. 367-381.

[15] Van Anders, S. M., «Testosterone and sexual desire in healthy women and men», *Archives of Sexual Behavior*, 41, 6, 2012, págs. 1471-1484.

[16] Rajfer, J., «Relationship between testosterone and erectile dysfunction», *Reviews in Urology*, 2, 2, 2000, págs. 122-128.

[17] Sarrel, P. M., «Effects of hormone replacement therapy on sexual psychophysiology and behavior in postmenopause», *Journal of Women's Health and Gender-Based Medicine*, 9, 1 (Suplemento 1), 2000, págs. 25-32.

[18] Sarrel, P., B. Dobay y B. Wiita, «Estrogen and estrogen-androgen replacement in postmenopausal women dissatisfied with estrogenonly therapy: sexual behavior and neuroendocrine responses», *Journal of Reproductive Medicine*, 43, 10, 1998, págs. 847-856.

[19] Purves, D., G. Augustine y D. Fitzpatrick, «Autonomic regulation of sexual function», *Neuroscience*, Sinauer Associates, 2001.

[20] Ishai, A., «Sex, beauty and the orbitofrontal cortex», *International Journal of Psychophysiology*, 63, 2, 2007, págs. 181-185.

[21] Ortega, V., I. Zubeidat y J. C. Sierra, «Further examination of measurement properties of Spanish version of the Sexual Desire Inventory with undergraduates and adolescent students», *Psychological Reports*, 99, 1, 2006, págs. 147-165.

[22] Montgomery, K. A., «Sexual desire disorders», *Psychiatry*, 5, 6, 2008, págs. 50-55.

[23] Gray, J. A., «Brain systems that mediate both emotion and cognition», *Cognition and Emotion*, 4, 3, 1990, págs. 269-288.

[24] Swerdlow, N. R. y G. F. Koob, «Dopamine, schizophrenia, mania, and depression: toward a unified hypothesis of cortico-striatopallidothalamic function», *Behavioral and Brain Sciences*, 10, 2, 1987, págs. 197-208.

[25] Shenhav, A., M. M. Botvinick y J. D. Cohen, «The expected value of control: an integrative theory of anterior cingulate cortex function», *Neuron*, 79, 2, 2013, págs. 217-240.

[26] Gola, M., M. Miyakoshi y G. Sescousse, «Sex, impulsivity, and anxiety: interplay between ventral striatum and amygdala reactivity in sexual behaviors», *Journal of Neuroscience*, 35, 46, 2015, pág. 15227.

[27] McCabe, M. P., «The role of performance anxiety in the development and maintenance of sexual dysfunction in men and women», *International Journal of Stress Management*, 12, 4, 2005, págs. 379-388.

[28] Welborn, B. L., *et al.*, «Variation in orbitofrontal cortex volume: relation to sex, emotion regulation and affect», *Social Cognitive and Affective Neuroscience*, 4, 4, 2009, págs. 328-339.

[29] Spinella, M., «Clinical case report: hypersexuality and dysexecutive syndrome after a thalamic infarct», *International Journal of Neuroscience*, 114, 12, 2004, págs. 1581-1590.

[30] Stoléru, S., *et al.*, «Brain processing of visual sexual stimuli in men with hypoactive sexual desire disorder», *Psychiatry Research: Neuroimaging*, 124, 2, 2003, págs. 67-86.

[31] Freeman, S., «What happens in the brain during an orgasm?», 2008, health.howstuffworks.com/sexual-health/sexuality/brain-duringorgasm.htm.

[32] Pfaus, J. G., «Reviews: pathways of sexual desire», *Journal of Sexual Medicine*, 6, 6, 2009, págs. 1506-1533.

[33] Georgiadis, J. R., *et al.*, «Men versus women on sexual brain function: prominent differences during tactile genital stimulation, but not during orgasm», *Human Brain Mapping*, 30, 10, 2009, págs. 3089-3101.

[34] Komisaruk, B. R. y B. Whipple, «Functional MRI of the brain during orgasm in women», *Annual Review of Sex Research*, 16, 1, 2005, págs. 62-86.

[35] Komisaruk, B., *et al.*, «An fMRI time-course analysis of brain regions activated during self stimulation to orgasm in women», *Society for Neuroscience Abstracts*, 2010.

[36] Hunter, A., «Orgasm just by thinking: is it medically possible?», 19 de julio de 2010, cbsnews.com.

[37] Park, B. Y., *et al.*, «Is internet pornography causing sexual dysfunctions? A review with clinical reports», *Behavioral Sciences*, 6, 3, 2016, pág. 17.

[38] Opie, C., *et al.*, «Male infanticide leads to social monogamy in primates», *Proceedings of the National Academy of Sciences*, 110, 33, págs. 13328-13332.

[39] Comninos, A. N., *et al.*, «Kisspeptin modulates sexual and emotional brain processing in humans», *Journal of Clinical Investigation*, 127, 2, 2017, pág. 709.

[40] Cho, M. M., *et al.*, «The effects of oxytocin and vasopressin on partner preferences in male and female prairie voles (Microtus ochrogaster)», *Behavioral Neuroscience*, 113, 5, 1999, págs. 1071-1079.

[41] Gardner, E. L., «Introduction: addiction and brain reward and antireward pathways», *Advances in Psychosomatic Medicine*, 30, 2011, págs. 22-60.

[42] Nephew, B. C., «Behavioral roles of oxytocin and vasopressin», en T. Sumiyoshi (ed.), *Neuroendocrinology and Behavior*, InTech, 2012.

[43] Bales, K. L., *et al.*, «Neural correlates of pair-bonding in a monogamous primate», *Brain Research*, 1184, 2007, págs. 245-253.

[44] Young, L. J. y Z. Wang, «The neurobiology of pair bonding», *Nature Neuroscience*, 7, 10, 2004, págs. 1048-1054.

[45] Lim, M. M., *et al.*, «Enhanced partner preference in a promiscuous species by manipulating the expression of a single gene», *Nature*, 429, 6993, 2004, pág. 754.

[46] Lim, M. M., E. A. D. Hammock y L. J. Young, «The role of vasopressin in the genetic and neural regulation of monogamy», *Journal of Neuroendocrinology*, 16, 4, 2004, págs. 325-332.

[47] Fisher, H. E., *et al.*, «Defining the brain systems of lust, romantic attraction, and attachment», *Archives of Sexual Behavior*, 31, 5, 2002, págs. 413-419.

[48] Brown, N. J., A. D. Sokal y H. L. Friedman, «The complex dynamics of wishful thinking: the critical positivity ratio», *American Psychologist*, 68, 9, 2013, págs. 801-813.

[49] Kottemann, K. L., «The rhetoric of deliberate deception: what catfishing can teach us», Universidad de Luisiana en Lafayette, 2015.

[50] Aron, A., *et al.*, «Reward, motivation, and emotion systems associated with early-stage intense romantic love», *Journal of Neurophysiology*, 94, 1, 2005, págs. 327-337.

[51] Fisher, H., «The drive to love: the neural mechanism for mate selection», *New Psychology of Love*, 2006, págs. 87-115.

[52] Savulescu, J. y A. Sandberg, «Neuroenhancement of love and marriage: the chemicals between us», *Neuroethics*, 1, 1, 2008, págs. 31-44.

[53] Dayan, P. y Q. J. Huys, «Serotonin, inhibition, and negative mood», *PLOS Computational Biology*, 4, 2, 2008, pág. e4.

[54] Portas, C. M., B. Bjorvatn y R. Ursin, «Serotonin and the sleep/wake cycle: special emphasis on microdialysis studies», *Progress in Neurobiology*, 60, 1, 2000, págs. 13-35.

[55] Hesse, S., *et al.*, «Serotonin and dopamine transporter imaging in patients with obsessive-compulsive disorder», *Psychiatry Research: Neuroimaging*, 140, 1, 2005, págs. 63-72.

[56] Wood, H., «Love on the brain», *Nature Reviews Neuroscience*, 2, 2, 2001, pág. 80.

[57] Zeki, S., «The neurobiology of love», *FEBS Letters*, 581, 14, 2007, págs. 2575-2579.

[58] Johnson-Laird, P. N., «Mental models and human reasoning», *Proceedings of the National Academy of Sciences*, 107, 43, 2010, págs. 18243-18250.

[59] Acevedo, B. P., *et al.*, «Neural correlates of long-term intense romantic love», *Social Cognitive and Affective Neuroscience*, 7, 2, 2012, págs. 145-159.

[60] Boynton, P. M., *The Research Companion: A Practical Guide for Those in Social Science, Health and Development*, Taylor and Francis, 2016.

[61] «Arranged/forced marriage statistics», *Statistic Brain*, 2016, statisticbrain.com/arranged-marriage-statistics.

[62] Gahran, A., *Stepping Off the Relationship Escalator: Uncommon Love and Life*, Off the Escalator Enterprises, 2017.

[63] Twenge, J. M., R. A. Sherman y B. E. Wells, «Changes in American adults' reported same-sex sexual experiences and attitudes, 1973-2014», *Archives of Sexual Behavior*, 45, 7, 2016, págs. 1713-1730.

[64] Girl on the Net, «Sexy stories, mostly true», 2017, girlonthenet.com.

[65] Girl on the Net, *Girl on the Net: How a Bad Girl Fell in Love*, BLINK Publishing, 2016.

[66] Wilson, G. D., «Male-female differences in sexual activity, enjoyment and fantasies», *Personality and Individual Differences*, 8, 1, 1987, págs. 125-127.

[67] Levin, R. y A. Riley, «The physiology of human sexual function», *Psychiatry*, 6, 3, 2007, págs. 90-94.

[68] McQuaid, J., «Why we love the pain of spicy food», *Wall Street Journal*, 31 de diciembre de 2014.

[69] Person, E. S., «Sexuality as the mainstay of identity: psychoanalytic perspectives», *Signs: Journal of Women in Culture and Society*, 5, 4, 1980, págs. 605-630.

[70] Weaver, H., G. Smith y S. Kippax, «School-based sex education policies and indicators of sexual health among young people: a comparison of the Netherlands, France, Australia and the United States», *Sex Education*, 5, 2, 2005, págs. 171-188.

[71] Potard, C., *et al.*, «The relationship between parental attachment and sexuality in early adolescence», *International Journal of Adolescence and Youth*, 22, 1, 2017, págs. 47-56.

[72] Hoffmann, H., E. Janssen y S. L. Turner, «Classical conditioning of sexual arousal in women and men: effects of varying awareness and biological relevance of the conditioned stimulus», *Archives of Sexual Behavior*, 33, 1, 2004, págs. 43-53.

[73] Hatzenbuehler, M. L., J. C. Phelan y B. G. Link, «Stigma as a fundamental cause of population health inequalities», *American Journal of Public Health*, 103, 5, 2013, págs. 813-821.

6. No queda otra que reírse

[1] Winston, J. S., J. O'Doherty y R. J. Dolan, «Common and distinct neural responses during direct and incidental processing of multiple facial emotions», *NeuroImage*, 20, 1, 2003, págs. 84-97.

2 Davila-Ross, M., *et al.*, «Chimpanzees (pan troglodytes) produce the same types of "laugh faces" when they emit laughter and when they are silent», *PLOS ONE*, 10, 6, 2015, pág. e0127337.

3 Ross, M. D., M. J. Owren y E. Zimmermann, «Reconstructing the evolution of laughter in great apes and humans», *Current Biology*, 19, 13, 2009, págs. 1106-1111.

4 Panksepp, J. y J. Burgdorf, «50-kHz chirping (laughter?) in response to conditioned and unconditioned tickle-induced reward in rats: effects of social housing and genetic variables», *Behavioural Brain Research*, 115, 1, 2000, págs. 25-38.

5 Weisfeld, G. E., «The adaptive value of humor and laughter», *Ethology and Sociobiology*, 14, 2, 1993, págs. 141-169.

6 Pellis, S., y V. Pellis, *The Playful Brain: Venturing to the Limits of Neuroscience*, Oneworld Publications, 2013.

7 Wild, B., *et al.*, «Neural correlates of laughter and humour», *Brain*, 126, 10, 2003, págs. 2121-2138.

8 Selden, S. T., «Tickle», *Journal of the American Academy of Dermatology*, 50, 1, 2004, págs. 93-97.

9 Claxton, G., «Why can't we tickle ourselves?», *Perceptual and Motor Skills*, 41, 1, 1975, págs. 335-338.

10 Berman, R., «The psychology of tickling and why it makes us laugh», *Big Think*, 2016, bigthink.com.

11 Stafford, T., «Why all babies love peekaboo», *BBC Future*, 2014, bbc.com.

12 Vrticka, P., J. M. Black y A. L. Reiss, «The neural basis of humour processing», *Nature Reviews Neuroscience*, 14, 12, 2013, págs. 860-868.

13 Messinger, D. S., A. Fogel y K. L. Dickson, «All smiles are positive, but some smiles are more positive than others», *Developmental Psychology*, 37, 5, 2001, págs. 642-653.

14 Scott, S., «Beyond a joke: how to study laughter», *The Guardian*, 10 de julio de 2014.

15 Chan, Y. C., *et al.*, «Towards a neural circuit model of verbal humor processing: an fMRI study of the neural substrates of incongruity detection and resolution», *NeuroImage*, 66, 2013, págs. 169-176.

16 Hempelmann, C. F. y S. Attardo, «Resolutions and their incongruities: further thoughts on logical mechanisms», *Humor*, 24, 2, 2011, págs. 125-149.

17 Franklin Jr., R. G., y R. B. Adams Jr., «The reward of a good joke: neural correlates of viewing dynamic displays of stand-up comedy», *Cognitive, Affective and Behavioral Neuroscience*, 11, 4, 2011, págs. 508-515.

[18] Pessoa, L. y R. Adolphs, «Emotion processing and the amygdala: from a "low road" to "many roads" of evaluating biological significance», *Nature Reviews Neuroscience*, 11, 11, 2010, pág. 773.

[19] Scott, S. K., *et al.*, «The social life of laughter», *Trends in Cognitive Sciences*, 18, 12, 2014, págs. 618-620.

[20] Prof. Sophie Scott, 2017, ucl.ac.uk/pals/people/profiles/academicstaff/sophie-scott.

[21] Berk, L. S., *et al.*, «Neuroendocrine and stress hormone changes during mirthful laughter», *American Journal of the Medical Sciences*, 298, 6, 1989, págs. 390-396.

[22] Dunbar, R. I., *et al.*, «Social laughter is correlated with an elevated pain threshold», *Proceedings of the Royal Society B: Biological Sciences*, 279, 1731, 2012, págs. 1161-1167.

[23] Manninen, S., *et al.*, «Social laughter triggers endogenous opioid release in humans», *Journal of Neuroscience*, 37, 25, 2017, pág. 6125.

[24] Wildgruber, D., *et al.*, «Different types of laughter modulate connectivity within distinct parts of the laughter perception network», *PLOS ONE*, 8, 5, 2013, pág. e63441.

[25] Philippon, A. C., L. M. Randall y J. Cherryman, «The impact of laughter in earwitness identification performance», *Psychiatry, Psychology and Law*, 20, 6, 2013, págs. 887-898.

[26] Uekermann, J., *et al.*, «Theory of mind, humour processing and executive functioning in alcoholism», *Addiction*, 102, 2, 2007, págs. 232-240.

[27] Samson, A. C., *et al.*, «Perception of other people's mental states affects humor in social anxiety», *Journal of Behavior Therapy and Experimental Psychiatry*, 43, 1, 2012, págs. 625-631.

[28] Wu, C.-L., *et al.*, «Do individuals with autism lack a sense of humor? A study of humor comprehension, appreciation, and styles among high school students with autism», *Research in Autism Spectrum Disorders*, 8, 10, 2014, págs. 1386-1393.

[29] Raine, J., «The evolutionary origins of laughter are rooted more in survival than enjoyment», *The Conversation*, 13 de abril de 2016.

[30] Gervais, M. y D. S. Wilson, «The evolution and functions of laughter and humor: a synthetic approach», *Quarterly Review of Biology*, 80, 4, 2005, págs. 395-430.

[31] Goldstein, J. H., «Cross cultural research: humour here and there», en A. J. Chapman y H. C. Foot (eds.), *It's a Funny Thing, Humor*, Elsevier, 1977.

[32]   Provine, R. R. y K. Emmorey, «Laughter among deaf signers», *Journal of Deaf Studies and Deaf Education*, 11, 4, 2006, págs. 403-409.

[33]   Davila-Ross, M., *et al.*, «Chimpanzees (pan troglodytes) produce the same type of "laugh faces" when they emit laughter and when they are silent», *PLOS ONE*, 10, 6, 2015, pág. e0127337.

[34]   Cowan, M. L. y A. C. Little, «The effects of relationship context and modality on ratings of funniness», *Personality and Individual Differences*, 54, 4, 2013, págs. 496-500.

[35]   Benazzi, F. y H. Akiskal, «Irritable-hostile depression: further validation as a bipolar depressive mixed state», *Journal of Affective Disorders*, 84, 2, 2005, págs. 197-207.

[36]   WalesOnline, «No joking but comedian Rhod is Wales' sexiest man», 2010, walesonline.co.uk/lifestyle/showbiz/no-joking-comedian-rhodwales-1878454.

[37]   Krebs, R., *et al.*, «Novelty increases the mesolimbic functional connectivity of the substantia nigra/ventral tegmental area (SN/VTA) during reward anticipation: evidence from high-resolution fMRI», *NeuroImage*, 58, 2, 2011, págs. 647-655.

[38]   Boldsworth, I., *The Mental Podcast*, 2017, ianboldsworth.co.uk/themental-podcast.

[39]   Boldsworth, I., *The ParaPod*, 2017, ianboldsworth.co.uk/project/theparapod.

[40]   Hyman, S. E. y R. C. Malenka, «Addiction and the brain: the neurobiology of compulsion and its persistence», *Nature Reviews Neuroscience*, 2, 10, 2001, pág. 695.

[41]   Heimberg, R. G., *Social Phobia: Diagnosis, Assessment, and Treatment*, Guilford Press, 1995 (trad. cast.: *Fobia social: Diagnóstico, evaluación y tratamiento*, Martínez Roca, Barcelona, 2000).

[42]   Atkinson, J. W., «Motivational determinants of risk-taking behavior», *Psychological Review*, 64, 6 (1.ª parte), 1957, pág. 359.

[43]   Samson, A. C. y J. J. Gross, «Humour as emotion regulation: the differential consequences of negative versus positive humour», *Cognition and Emotion*, 26, 2, 2012, págs. 375-384.

[44]   Gil, M., *et al.*, «Social reward: interactions with social status, social communication, aggression, and associated neural activation in the ventral tegmental area», *European Journal of Neuroscience*, 38, 2, 2013, págs. 2308-2318.

[45] Goh, C. y M. Agius, «The stress-vulnerability model: how does stress impact on mental illness at the level of the brain and what are the consequences?», *Psychiatria Danubina*, 22, 2, 2010, págs. 198-202.

[46] Gelkopf, M., S. Kreitler y M. Sigal, «Laughter in a psychiatric ward: somatic, emotional, social, and clinical influences on schizophrenic patients», *Journal of Nervous and Mental Disease*, 181, 5, 1993, págs. 283-289.

7. EL LADO OSCURO DE LA FELICIDAD

[1] Flett, G. L., K. R. Blankstein y T. R. Martin, «Procrastination, negative self-evaluation, and stress in depression and anxiety», en J. R. Ferrari, J. H. Johnson y W. G. McCown (eds.), *Procrastination and Task Avoidance*, Springer, 1995, págs. 137-167.

[2] Sørensen, L. B., *et al.*, «Effect of sensory perception of foods on appetite and food intake: a review of studies on humans», *International Journal of Obesity*, 27, 10, 2003, pág. 1152.

[3] Myers Ernst, M., y L. H. Epstein, «Habituation of responding for food in humans», *Appetite*, 38, 3, 2002, págs. 224-234.

[4] Brennan, P., H. Kaba y E. B. Keverne, «Olfactory recognition: a simple memory system», *Science*, 250, 4985, 1990, págs. 1223-1226.

[5] Maldarelli, C., «Here's why twin studies are so important to science and NASA», *Popular Science*, 1 de marzo de 2016, popsci.com.

[6] Kendler, K. S., *et al.*, «A Swedish national twin study of lifetime major depression», *American Journal of Psychiatry*, 163, 1, 2006, págs. 109-114.

[7] Kensinger, E. A. y S. Corkin, «Two routes to emotional memory: distinct neural processes for valence and arousal», *Proceedings of the National Academy of Sciences of the United States of America*, 101, 9, 2004, págs. 3310-3315.

[8] Hoffmann, H., E. Janssen y S. L. Turner, «Classical conditioning of sexual arousal in women and men: effects of varying awareness and biological relevance of the conditioned stimulus», *Archives of Sexual Behavior*, 33, 1, 2004, págs. 43-53.

[9] Dusenbury, L., *et al.*, «A review of research on fidelity of implementation: implications for drug abuse prevention in school settings», *Health Education Research*, 18, 2, 2003, págs. 237-256.

[10] Freeman, B., S. Chapman y M. Rimmer, «The case for the plain packaging of tobacco products», *Addiction*, 103, 4, 2008, págs. 580-590.

11 Christiano, A. y A. Neimand, «Stop raising awareness already», *Stanford Social Innovation Review*, primavera de 2017.

12 Marteau, T. M., G. J. Hollands y P. C. Fletcher, «Changing human behavior to prevent disease: the importance of targeting automatic processes», *Science*, 337, 6101, 2012, pág. 1492.

13 Dolcos, F., K. S. LaBar y R. Cabeza, «Dissociable effects of arousal and valence on prefrontal activity indexing emotional evaluation and subsequent memory: an event-related fMRI study», *NeuroImage*, 23, 1, 2004, págs. 64-74.

14 Volkow, N. D., G.-J. Wang y R. D. Baler, «Reward, dopamine and the control of food intake: implications for obesity», *Trends in Cognitive Sciences*, 15, 1, 2011, págs. 37-46.

15 Petty, R. E. y P. Brinol, «Attitude change», *Advanced Social Psychology*, 2010, págs. 217-259.

16 Beck, J. G. y S. F. Coffey, «Assessment and treatment of PTSD after a motor vehicle collision: empirical findings and clinical observations», *Professional Psychology: Research and Practice*, 38, 6, 2007, págs. 629-639.

17 Clark, R. E. y L. R. Squire, «Classical conditioning and brain systems: the role of awareness», *Science*, 280, 5360, 1998, págs. 77-81.

18 Sharot, T., *The Optimism Bias: A Tour of the Irrationally Positive Brain*, Vintage, 2011.

19 Cummins, R. A. y H. Nistico, «Maintaining life satisfaction: the role of positive cognitive bias», *Journal of Happiness Studies*, 3, 1, 2002, págs. 37-69.

20 Sharot, T., *et al.*, «Neural mechanisms mediating optimism bias», *Nature*, 450, 7166, 2007, págs. 102-105.

21 Koob, G. F. y M. Le Moal, «Plasticity of reward neurocircuitry and the "dark side" of drug addiction», *Nature Neuroscience*, 8, 11, 2005, págs. 1442-1444.

22 Arias-Carrión, O. y E. Poppel, «Dopamine, learning, and rewardseeking behavior», *Acta Neurobiologiae Experimentalis*, 67, 4, 2007, págs. 481-488.

23 Koob, G. F. y M. Le Moal, «Addiction and the brain antireward system», *Annual Review of Psychology*, 59, 2008, págs. 29-53.

24 Gardner, E. L., «Introduction: addiction and brain reward and antireward pathways», *Advances in Psychosomatic Medicine*, 30, 2011, págs. 22-60.

25 Arató, M., *et al.*, «Elevated CSF CRF in suicide victims», *Biological Psychiatry*, 25, 3, págs. 355-359.

26 Knoll, A. T. y W. A. Carlezon, «Dynorphin, stress, and depression», *Brain Research*, 1314C, 2010, pág. 56.

27 Koob, G. F. y M. L. Moal, «Drug abuse: hedonic homeostatic dysregulation», *Science*, 278, 5335, 1997, pág. 52.

28 «A tale of anxiety and reward–the role of stress and pleasure in addiction relapse», *The Brain Bank North West*, 2014, thebrainbank.scienceblog.com.

29 Michl, P., *et al.*, «Neurobiological underpinnings of shame and guilt: a pilot fMRI study», *Social Cognitive and Affective Neuroscience*, 9, 2, 2014, págs. 150-157.

30 Chang, Luke J., *et al.*, «Triangulating the neural, psychological, and economic bases of guilt aversion», *Neuron*, 70, 3, 2011, págs. 560-572.

31 Gilovich, T., V. H. Medvec y K. Savitsky, «The spotlight effect in social judgment: an egocentric bias in estimates of the salience of one's own actions and appearance», *Journal of Personality and Social Psychology*, 78, 2, 2000, pág. 211.

32 Silani, G., *et al.*, «Right supramarginal gyrus is crucial to overcome emotional egocentricity bias in social judgments», *Journal of Neuroscience*, 33, 39, 2013, págs. 15466-15476.

33 Wolpert, S., «Brain reacts to fairness as it does to money and chocolate, study shows», *UCLA Newsroom*, 21 de abril de 2008.

34 Tabibnia, G. y M. Lieberman, «Fairness and cooperation are rewarding», *Annals of the New York Academy of Sciences*, 1118, 1, 2007, págs. 90-101.

35 Denke, C., *et al.*, «Belief in a just world is associated with activity in insula and somatosensory cortices as a response to the perception of norm violations», *Social Neuroscience*, 9, 5, 2014, págs. 514-521.

36 Blackwood, N., *et al.*, «Self-responsibility and the self-serving bias: an fMRI investigation of causal attributions», *NeuroImage*, 20, 2, 2003, págs. 1076-1085.

37 O'Connor, Z., «Colour psychology and colour therapy: caveat emptor», *Color Research and Application*, 36, 3, 2011, págs. 229-234.

38 Utevsky, A. V. y M. L. Platt, «Status and the brain», *PLOS Biology*, 12, 9, 2014, pág. e1001941.

39 Costandi, M., «The brain boasts its own social network», *Scientific American*, 20 de abril de 2017.

40 Gil, M., *et al.*, «Social reward: interactions with social status, social communication, aggression, and associated neural activation in the ventral

tegmental area», *European Journal of Neuroscience*, 38, 2, 2013, págs. 2308-2318.

[41] Samson, A. C. y J. J. Gross, «Humour as emotion regulation: the differential consequences of negative versus positive humour», *Cognition and Emotion*, 26, 2, 2012, págs. 375-384.

[42] Isenberg, D. J., «Group polarization: a critical review and metaanalysis», *Journal of Personality and Social Psychology*, 50, 6, 1986, pág. 1141.

[43] Scheepers, D., *et al.*, «The neural correlates of in-group and selfface perception: is there overlap for high identifiers?», *Frontiers in Human Neuroscience*, 7, 2013, pág. 528.

[44] Murphy, J. M., *et al.*, «Depression and anxiety in relation to social status: a prospective epidemiologic study», *Archives of General Psychiatry*, 48, 3, 1991, págs. 223-229.

[45] De Dreu, C. K., *et al.*, «Oxytocin promotes human ethnocentrism», *Proceedings of the National Academy of Sciences*, 108, 4, 2011, págs. 1262-1266.

[46] Hart, A. J., *et al.*, «Differential response in the human amygdala to racial outgroup vs. ingroup face stimuli», *NeuroReport*, 11, 11, 2000, págs. 2351-2354.

[47] Avenanti, A., A. Sirigu y S. M. Aglioti, «Racial bias reduces empathic sensorimotor resonance with other-race pain», *Current Biology*, 20, 11, 2010, págs. 1018-1022.

[48] Zebrowitz, L. A., B. White y K. Wieneke, «Mere exposure and racial prejudice: exposure to other-race faces increases liking for strangers of that race», *Social Cognition*, 26, 3, 2008, págs. 259-275.

[49] Rupp, H. A. y K. Wallen, «Sex differences in response to visual sexual stimuli: a review», *Archives of Sexual Behavior*, 37, 2, 2008, págs. 206-218.

[50] Cummins, R. G., «Excitation transfer theory», *International Encyclopedia of Media Effects*, 2017, págs. 1-9.

[51] Blaszczynski, A. y L. Nower, «A pathways model of problem and pathological gambling», *Addiction*, 97, 5, 2002, págs. 487-499.

[52] De Brabander, B., *et al.*, «Locus of control, sensation seeking, and stress», *Psychological Reports*, 79, 3 (2.ª parte), 1996, págs. 1307-1312.

[53] Patoine, B., «Desperately seeking sensation: fear, reward, and the human need for novelty», *The Dana Foundation*, 13 de octubre de 2009.

[54] Bouter, L. M., *et al.*, «Sensation seeking and injury risk in downhill skiing», *Personality and Individual Differences*, 9,3, 1988, págs. 667-673

55 McCutcheon, K., «Haemophobia», *Journal of Perioperative Practice*, 25, 3, 2015, pág. 31.

56 Burnett, D., «James Foley's murder, and the psychology of our fascination with the gruesome», *Telegraph*, 20 de agosto de 2014.

57 Varma-White, K., «Morbid curiosity: why we can't look away from tragic images», TODAY.com, 19 de julio de 2014.

58 Brakoulias, V., *et al.*, «The characteristics of unacceptable/taboo thoughts in obsessive-compulsive disorder», *Comprehensive Psychiatry*, 54, 7, 2013, págs. 750-757.

59 Roberts, P., «Forbidden thinking», *Psychology Today*, 1 de mayo de 1995.

60 Johnson-Laird, P. N., «Mental models and human reasoning», *Proceedings of the National Academy of Sciences*, 107, 43, 2010, págs. 18243-18250.

61 Wegner, D. M., *et al.*, «Paradoxical effects of thought suppression», *Journal of Personality and Social Psychology*, 53, 1, 1987, págs. 5-13.

62 Mann, T. y A. Ward, «Forbidden fruit: does thinking about a prohibited food lead to its consumption?», *International Journal of Eating Disorders*, 29, 3, 2001, págs. 319-327.

63 Etchells, P. J., *et al.*, «Prospective investigation of video game use in children and subsequent conduct disorder and depression using data from the Avon longitudinal study of parents and children», *PLOS ONE*, 11, 1, 2016, pág. e0147732.

8. La felicidad con los años

1 Burnett, D., «Women and yogurt: what's the connection?», *The Guardian*, 30 de agosto de 2013.

2 Straus Jr., W., y A. J. E. Cave, «Pathology and the posture of Neanderthal man», *Quarterly Review of Biology*, 32, 4, 1957, págs. 348-363.

3 Lee, M., «Why are babies' heads so large in proportion to their body sizes?», livestrong.com, 13 de junio de 2017.

4 Barras, C., «The real reasons why childbirth is so painful and dangerous», bbc.com, 22 de diciembre de 2016.

5 Shonkoff, J. P. y D. A. Phillips (eds.), «From neurons to neighborhoods: the science of early childhood development», National Research Council (NRC) e Institute of Medicine (IOM), 2000.

6 Harlow, H. F., «Love in infant monkeys», *Scientific American*, 1959.

[7] Houston, S. M., M. M. Herting y E. R. Sowell, «The neurobiology of childhood structural brain development: conception through adulthood», *Current Topics in Behavioral Neurosciences*, 16, 2014, págs. 3-17.

[8] Stafford, T., «Why all babies love peekaboo», bbc.com, 18 de abril de 2014.

[9] Center on the Developing Child, «Five numbers to remember about early childhood development», 2009, www.developingchild.harvard.edu.

[10] Dahl, R. E., «Sleep and the developing brain», *Sleep*, 30, 9, 2007, págs. 1079-1080.

[11] Danese, A. y B. S. McEwen, «Adverse childhood experiences, allostasis, allostatic load, and age-related disease», *Physiology and Behavior*, 106, 1, 2012, págs. 29-39.

[12] Shonkoff, J. P., *et al.*, «The lifelong effects of early childhood adversity and toxic stress», *Pediatrics*, 129, 1, 2012, págs. e232-e246.

[13] Avants, B., *et al.*, «Early childhood home environment predicts frontal and temporal cortical thickness in the young adult brain», reunión anual de la Society for Neuroscience, 2012.

[14] Jack, F., *et al.*, «Maternal reminiscing style during early childhood predicts the age of adolescents' earliest memories», *Child Development*, 80, 2, 2009, págs. 496-505.

[15] Brink, T. T., *et al.*, «The role of orbitofrontal cortex in processing empathy stories in four- to eight-year-old children», *Frontiers in Psychology*, 2, 2011, pág. 80.

[16] Neisser, U., *et al.*, «Intelligence: knowns and unknowns», *American Psychologist*, 51, 2, 1996, pág. 77.

[17] Sherif, M., *et al.*, *Intergroup Conflict and Cooperation: The Robbers Cave Experiment*, Wesleyan, 1954/1961.

[18] Houston, S. M., *et al.*, «The neurobiology of childhood structural brain development: conception through adulthood», *Current Topics in Behavioral Neurosciences*, 16, 2014, págs. 3-17.

[19] Galbally, M., *et al.*, «The role of oxytocin in mother-infant relations: a systematic review of human studies», *Harvard Review of Psychiatry*, 19, 1, 2011, págs. 1-14.

[20] Wan, M. W., *et al.*, «The neural basis of maternal bonding», *PLOS ONE*, 9, 3, 2014, pág. e88436.

[21] Magon, N. y S. Kalra, «The orgasmic history of oxytocin: love, lust, and labor», *Indian Journal of Endocrinology and Metabolism*, 15, 7, 2011, pág. 156.

[22] Noriuchi, M., Y. Kikuchi y A. Senoo, «The functional neuroanatomy of maternal love: mother's response to infant's attachment behaviors», *Biological Psychiatry*, 63, 4, 2008, págs. 415-423.

[23] Schore, A. N., «Effects of a secure attachment relationship on right brain development, affect regulation, and infant mental health», *Infant Mental Health Journal*, 22, 1-2, 2001, págs. 7-66.

[24] Ainsworth, M. D. S., *et al.*, *Patterns of Attachment: A Psychological Study of the Strange Situation*, Psychology Press, 2015.

[25] Wiseman, H., O. Mayseless y R. Sharabany, «Why are they lonely? Perceived quality of early relationships with parents, attachment, personality predispositions and loneliness in first-year university students», *Personality and Individual Differences*, 40, 2, 2006, págs. 237-248.

[26] Blustein, D. L., M. S. Prezioso y D. P. Schultheiss, «Attachment theory and career development», *The Counseling Psychologist*, 22, 3, 1995, págs. 416-432.

[27] Potard, C., *et al.*, «The relationship between parental attachment and sexuality in early adolescence», *International Journal of Adolescence and Youth*, 22, 1, 2017, págs. 47-56.

[28] Baumrind, D., «The influence of parenting style on adolescent competence and substance use», *Journal of Early Adolescence*, 11, 1, 1991, págs. 56-95.

[29] Haycraft, E. y J. Blissett, «Eating disorder symptoms and parenting styles», *Appetite*, 54, 1, 2010, págs. 221-224.

[30] Baumrind, D., «Current patterns of parental authority», *Developmental Psychology*, 4, 1 (2.ª parte), 1971, pág. 1.

[31] Foster, A. D. y M. R. Rosenzweig, «Learning by doing and learning from others: human capital and technical change in agriculture», *Journal of Political Economy*, 103, 6, 1995, págs. 1176-1209.

[32] Landry, S. H., *et al.*, «Does early responsive parenting have a special importance for children's development or is consistency across early childhood necessary?», *Developmental Psychology*, 37, 3, 2001, págs. 387-403.

[33] Kaplowitz, P. B., *et al.*, «Earlier onset of puberty in girls: relation to increased body mass index and race», *Pediatrics*, 108, 2, 2001, pág. 347.

[34] Neubauer, A. C. y A. Fink, «Intelligence and neural efficiency: measures of brain activation vs. measures of functional connectivity in the brain», *Intelligence*, 37, 2, 2009, págs. 223-229.

[35] Santos, E. y C. A. Noggle, «Synaptic pruning», en S. Goldstein y J. A. Naglieri (eds.), *Encyclopedia of Child Behavior and Development*, Springer, 2011, págs. 1464-1465.

[36] Carskadon, M. A., «Patterns of sleep and sleepiness in adolescents», *Pediatrician*, 17, 1, 1990, págs. 5-12.

[37] Owens, J. A., K. Belon y P. Moss, «Impact of delaying school start time on adolescent sleep, mood, and behavior», *Archives of Pediatrics and Adolescent Medicine*, 164, 7, 2010, págs. 608-614.

[38] McClintock, M. K. y G. Herdt, «Rethinking puberty: the development of sexual attraction», *Current Directions in Psychological Science*, 5, 6, 1996, págs. 178-183.

[39] Casey, B. J., R. M. Jones y T. A. Hare, «The adolescent brain», *Annals of the New York Academy of Sciences*, 1124, 1, 2008, págs. 111-126.

[40] Spear, L. P., «The adolescent brain and age-related behavioral manifestations», *Neuroscience and Biobehavioral Reviews*, 24, 4, 2000, págs. 417-463.

[41] Reyna, V. F. y F. Farley, «Risk and rationality in adolescent decision making: implications for theory, practice, and public policy», *Psychological Science in the Public Interest*, 7, 1, 2006, págs. 1-44.

[42] Lenroot, R. K. y J. N. Giedd, «Brain development in children and adolescents: insights from anatomical magnetic resonance imaging», *Neuroscience and Biobehavioral Reviews*, 30, 6, 2006, págs. 718-729.

[43] Henry, J. P., «Biological basis of the stress response», *Integrative Physiological and Behavioral Science*, 27, 1, 1992, págs. 66-83.

[44] Philpot, R. M. y L. Wecker, «Dependence of adolescent noveltyseeking behavior on response phenotype and effects of apparatus scaling», *Behavioral Neuroscience*, 122, 4, 2008, págs. 861-875.

[45] Walter, C., *Last Ape Standing: The Seven-Million-Year Story of How and Why We Survived*, Bloomsbury Publishing USA, 2013 (trad. cast.: *El último superviviente: Siete millones de años de historia, 27 especies que nos precedieron pero sólo una permaneció*, Ariel, Barcelona, 2013).

[46] Weon, B. M. y J. H. Je, «Theoretical estimation of maximum human lifespan», *Biogerontology*, 10, 1, 2009, págs. 65-71.

[47] Deng, W., J. B. Aimone y F. H. Gage, «New neurons and new memories: how does adult hippocampal neurogenesis affect learning and memory?», *Nature Reviews Neuroscience*, 11, 5, 2010, págs. 339-350.

[48] Rakic, P., «Neurogenesis in adult primate neocortex: an evaluation of the evidence», *Nature Reviews Neuroscience*, 3, 1, 2002, págs. 65-71.

[49] Shephard, E., G. M. Jackson y M. J. Groom, «Learning and altering behaviours by reinforcement: neurocognitive differences between children and adults», *Developmental Cognitive Neuroscience*, 7, 2014, págs. 94-105.

[50] Nisbett, R. E., *et al.*, «Intelligence: new findings and theoretical developments», *American Psychologist*, 67, 2, 2012, págs. 130-159.

[51] Esch, T. y G. B. Stefano, «The neurobiology of stress management», *Neuroendocrinology Letters*, 31, 1, 2010, págs. 19-39.

[52] Goh, C. y M. Agius, «The stress-vulnerability model: how does stress impact on mental illness at the level of the brain and what are the consequences?», *Psychiatria Danubina*, 22, 2, 2010, págs. 198-202.

[53] Ulrich-Lai, Y. M., *et al.*, «Pleasurable behaviors reduce stress via brain reward pathways», *Proceedings of the National Academy of Sciences of the United States of America*, 107, 47, 2010, págs. 20529-20534.

[54] Milman, A., «The impact of tourism and travel experience on senior travelers' psychological well-being», *Journal of Travel Research*, 37, 2, 1998, págs. 166-170.

[55] Glocker, M. L., *et al.*, «Baby schema in infant faces induces cuteness perception and motivation for caretaking in adults», 115, 3, *Ethology*, 2009, págs. 257-263.

[56] «Holly Brockwell», en www.hollybrockwell.com.

[57] Brockwell, H., «Why can't I get sterilised in my 20s?», *The Guardian*, 28 de enero de 2015.

[58] Feldman, S., «Structure and consistency in public opinion: the role of core beliefs and values», *American Journal of Political Science*, 1988, págs. 416-440.

[59] Moussavi, S., *et al.*, «Depression, chronic diseases, and decrements in health: results from the World Health Surveys», *Lancet*, 350, 9590, 2007, págs. 851-858.

[60] Pinquart, M., «Creating and maintaining purpose in life in old age: a meta-analysis», *Ageing International*, 27, 2, 2002, págs. 90-114.

[61] Bonanno, G. A., *et al.*, «Resilience to loss and chronic grief: a prospective study from preloss to 18-months postloss», *Journal of Personality and Social Psychology*, 83, 5, 2002, pág. 1150.

[62] Chang, S. H. y M. S. Yang, «The relationships between the elderly loneliness and its factors of personal attributes, perceived health status and social support», *Kaohsiung Journal of Medical Sciences*, 15, 6, 1999, págs. 337-347.

[63] Peters, R., «Ageing and the brain», *Postgraduate Medical Journal*, 82, 964, 2006, págs. 84-88.

[64] Myers, B. L. y P. Badia, «Changes in circadian rhythms and sleep quality with aging: mechanisms and interventions», *Neuroscience and Biobehavioral Reviews*, 19, 4, 1996, págs. 553-571.

[65] Whalley, L. J., «Brain ageing and dementia: what makes the difference?», *British Journal of Psychiatry*, 181, 5, 2002, pág. 369.

[66] Ebner, N. C. y H. Fischer, «Emotion and aging: evidence from brain and behavior», *Frontiers in Psychology*, 5, 2014, pág. 996.

[67] Chapman, S. B., *et al.*, «Shorter term aerobic exercise improves brain, cognition, and cardiovascular fitness in aging», *Frontiers in Aging Neuroscience*, 5, 2013.

[68] Almeida, R. P., *et al.*, «Effect of cognitive reserve on age-related changes in cerebrospinal fluid biomarkers of Alzheimer disease», *JAMA Neurology*, 72, 6, 2015, págs. 699-706.

[69] «Elderly playgrounds», *Injury Prevention*, 12, 3, 2006, pág. 170.

[70] Sharot, T., *The Optimism Bias: A Tour of the Irrationally Positive Brain*, Vintage, 2011.

[71] Burnett, D., «"Your film has ruined my childhood!" Why nostalgia trumps logic on remakes», *The Guardian*, 1 de junio de 2016.

[72] Sedikides, C. y T. Wildschut, «Past forward: nostalgia as a motivational force», *Trends in Cognitive Sciences*, 20, 5, 2016, págs. 319-321.

[73] Zhou, X., *et al.*, «Counteracting loneliness», *Psychological Science*, 19, 10, 2008, págs. 1023-1029.

[74] Caspari, R., «The evolution of grandparents», *Scientific American*, 305, 2, 2011, págs. 44-49.

[75] Jago, C., «Always look on the bright side of death», 2017, http://rationalcancer.blogspot.com.

Índice analítico y onomástico